邵景均自选集

（1977—2021）

邵景均◎著

首都师范大学出版社
CAPITAL NORMAL UNIVERSITY PRESS

图书在版编目(CIP)数据

邵景均自选集 / 邵景均著 . —北京:首都师范大学出版社,2024.6
ISBN 978-7-5656-8267-4

Ⅰ.①邵… Ⅱ.①邵… Ⅲ.①社会科学—文集 Ⅳ.①C53

中国国家版本馆 CIP 数据核字(2024)第 079686 号

SHAOJINGJUN ZIXUANJI

邵景均自选集

邵景均 著

责任编辑 李军政

首都师范大学出版社出版发行

地 址 北京西三环北路 105 号
邮 编 100048
电 话 68418523(总编室) 68982468(发行部)
网 址 http://cnupn.cnu.edu.cn
印 刷 北京印刷集团有限责任公司
经 销 全国新华书店
版 次 2024 年 6 月第 1 版
印 次 2024 年 6 月第 1 次印刷
开 本 710mm×1000mm 1/16
印 张 27.75
字 数 523 千
定 价 78.00 元

出版说明

　　本书是邵景均自选的论文集，为作者从 1977 年到 2021 年的作品中选取的文章。

　　本书所选取的文章绝大多数已经公开发表过，但因为所发表的报刊不同，导致文章的格式、体例等不尽相同。我们尽量统一了文章的格式、体例等，但有些地方仍旧保留了文章的原貌，比如文章的注释。原来文章有注释的，我们予以保留；原来文章没有注释的，我们不再添加。

　　本书所选文章时间跨度非常大，所以会出现一些"不合时宜"的地方，比如作者 1977 年的文章，此时"文化大革命"刚结束不久，文章尚有那个年代的特征。我们认为从某种意义上来讲，这正是本书的价值所在。

前　言

一切为了人民幸福、社会进步

这部文选，是笔者 1977 年至 2021 年 45 年间部分文章的结集，每年选 1—4 篇，共 109 篇。

1977 年至 2021 年这 45 年，是打倒"四人帮"、结束"文化大革命"后，中国共产党领导中国人民阔步迈向中华民族伟大复兴的 45 年，是中国共产党百年历史上非常重要的 45 年。面对 45 年来的各种风险和挑战、诸多问题与困难，中国共产党始终坚持中国特色社会主义的前进方向和发展道路，坚持改革开放，坚定不移地带领全国各族人民不畏艰险，奋勇向前，取得了一个又一个举世瞩目的伟大成就。人民更加幸福，国家更加强盛，日益接近中华民族伟大复兴的宏伟目标。

文章合为时而著。这 45 年间，笔者紧紧围绕社会发展、改革开放和党的领导、从严治党的伟大理论与实践，深入思考，广泛研究，精心写作，根本目的是想为人民幸福、社会进步尽点绵薄之力。鉴于作者的工作岗位和职业关注，2000 年前的重点写作方向是社会发展与领导，2001 年后的重点写作方向是党的建设和反腐败斗争。

回顾这 45 年"思想的脉动"，笔者深深感受到时代的进步性，也感受到自己的时代局限性。希望得到读者的批评指正。

感谢北京市社会科学联合会、北京市习近平新时代中国特色社会主义思想研究中心对本书出版的支持！感谢首都师范大学出版社！

目　　录

1977 年

年度背景 1976 年 10 月，党中央粉碎"四人帮"。按照党中央部署，1977 年全党全国的工作重点是深入开展揭批"四人帮"斗争，拨乱反正。8 月，党的十一大召开，宣告"文化大革命"结束。

罗思鼎要把人们引向何处

罗思鼎的《秦王朝建立过程中复辟与反复辟的斗争——兼论儒法论争的社会基础》(载《红旗》一九七三年第十一期，以下简称《斗争》)，是一篇宣扬唯心史观的坏文章。

我们不是历史学家，手中没有足够的历史资料，不可能对秦王朝建立过程中各个阶级的思想和行动作详尽的分析，对《斗争》说到的历史，也不想妄加评论。但是，对那些形形色色的历史唯心主义观点决不能听之任之，必须给予批判。

一、是谁建立了中国的统一？

秦王朝统一中国，是中国历史上具有划时代意义的大事件。在这个大事件中，谁的活动起决定性作用？两千年来剥削阶级的传统回答是："秦始皇。"

奇怪的是，在今天又有人借肯定秦始皇的历史作用之名，大肆宣扬"英雄创世"说。《斗争》的结尾说：秦始皇"是建立和维护中国统一的地主阶级政治家。这就是历史的结论。"看，说得如此肯定，又如此庄重，中国的统一，概出于秦始皇之功。这果真是"历史的结论"吗？不是！

战国时代，是封建制代替奴隶制的时期。当时，七国的统治者为了各自的利益，连年进行相互掠夺的战争，严重地破坏了社会生产力。广大人民深受其害，迫切要求有一个统一的国家，摆脱割据混战的局面。当时的新兴地主阶级也要求统一。统一中国已经成为当时广大劳动群众和新兴地主阶级的共同愿望。在由奴隶制向封建制过渡的社会变革中，起决定作用的是以奴隶阶级、农民阶级为主体的人民群众。如果没有奴隶和农民积极参加，地主阶级的斗争怎么会取得胜利？《斗争》这篇文章的副题是"兼论儒法论争的社会基础"，文章开头装腔作势要"弄清从秦孝公到秦始皇这一百五十年间复辟和反复辟斗争的历史及其各个阶级的特点"。但在文章里，这个"社会基础"就是剥削阶级的帝王将相；奴隶阶级，尤其是农民阶级的特点却丝毫不见。反复辟斗争的功绩，都记在了封建帝王将相身上。怎么能够说是秦始皇"建立"了"中国统一"呢？把统一中国的功绩统统归于秦始皇一个人，是对毛主席的"奴隶们创造历史"英明论断的背叛，是对马克思主义唯物史观的反动。这不是什么"历史的结论"，而是颠倒历史！

在这里，有必要说一下秦始皇。马克思主义承认人民群众是创造历史的动力，也从来没有否认过英雄的作用。伟大领袖毛主席对新兴地主阶级的政治领袖秦始皇作过高度评价，称他是厚今薄古的专家，痛斥了历史上的反动统治阶级对秦始皇的攻击。秦始皇顺应当时社会发展的必然趋势，在建立和巩固封建制的斗争中，在统一中国的斗争中，有着杰出的贡献。他沉重打击奴隶主阶级的复辟活动，实行"焚书坑儒"的革命措施，推行统一的经济制度、政治制度、法律制度以及统一的文字，等等，都是有利于统一的封建国家的建立和巩固的。但是秦始皇毕竟是地主阶级的领袖，他所采取的一切政策和措施，归根结底是站在地主阶级的立场上，为了地主阶级的利益。在推翻奴隶制、统一中国的过程中，他和广大人民站在一条战线上。但是一旦奴隶制被推翻，统一的封建国家基本巩固，他和他所代表的地主阶级就会抛开人民，对人民进行残酷的剥削和压迫。然而竟有号称共产党员的人，只讲英雄，不讲奴隶，不去歌颂人民群众的丰功伟绩，却狂热鼓吹帝王将相"建立""中国统一"，并声称"这就是历史的结论"。这不是歪曲历史、抹杀人民群众创造历史的动力作用吗？

二、秦王朝因何而亡？

《斗争》是怎样分析秦王朝的灭亡的呢？它说："秦王朝是历史上地主阶级建立的第一个王朝。这个剥削阶级在当时刚取得政权不久，由于缺乏统治的经验，激化了它同农民的阶级矛盾。陈胜、吴广揭竿而起……"这里把秦王朝的灭亡归咎于"缺乏统治的经验"！这显然不是马克思主义的阶级分析方法。这种观点的实质，就是美化剥削阶级，美化被农民起义推翻的秦王朝统治集团，污蔑农民革命。

说到统治经验，从《斗争》这篇文章来看，秦王朝的统治经验并不"缺乏"，而是十分丰富。秦国从秦孝公、商鞅变法起，到建立封建制，再到秦始皇，整整是七代国君，一百五十余年。地主阶级在这么长的时间内，经历了那么多"激烈的变法与反变法、复辟与反复辟的斗争"，可以说已经积累了相当多的统治经验。否则，便不会多次粉碎强大的奴隶主阶级的复辟阴谋。秦始皇执政后的一系列活动，更说明秦王朝统治集团的统治经验是丰富的。《斗争》也说："其一，铲除以吕不韦为首的集团，保证了统一战争的胜利和秦王朝的建立；其二，实行'焚书坑儒'的革命措施，巩固了地主阶级政权。"说以秦始皇为中心的统治集团"缺乏统治的经验"，岂不是对秦始皇的贬低？岂不贻笑大方？其实，所谓"缺乏统治的经验"，无非是为被农民革命推翻的秦王朝唱一首招魂曲罢了！

秦王朝不是亡于"缺乏统治的经验"，也不是亡于封建制。封建制代替奴隶制是人类社会一大进步，是社会发展的必然结果。当封建制度得到巩固后，地主阶级和奴隶主阶级之间谁胜谁负的问题已经基本解决。这时，秦始皇及秦二世便更加暴露出剥削阶级代表人物骄奢淫逸的本性，加紧剥削和奴役人民，搞得怨声载道。秦王朝的专政对象已经由奴隶主阶级转向广大人民，使秦王朝统治集团同农民的矛盾日益激化。"地主阶级对于农民的残酷的经济剥削和政治压迫，迫使农民多次地举行起义，以反抗地主阶级的统治。"秦王朝如此短命，其直接原因只能从它对人民的剥削压迫太残酷去说明，此外还能有什么理由呢？

有的人总企图避开秦王朝统治集团的剥削阶级本性，避开它对人民的反动暴力去谈秦的灭亡。结果当然只能是对秦王朝灭亡的惋惜、同情和对农民革命的污蔑、咒骂。《斗争》乞灵于"缺乏统治的经验"来自圆其说。然而其说"圆"不了，免不了前后矛盾，破绽百出。无数事实证明，用反马克思主义的唯心史观去解释历史现象，总是显得那么蹩脚、荒唐。尽管有时表面气势汹汹，但是一旦用马列主义、毛泽东思想的望远镜、显微镜去观察，便暴露出其色厉内荏的本质，经不起问几个"为什么"。这也说明，不管打着什么旗号的唯心史观，都是要破产的。

三、《斗争》的出现说明了什么？

我们尊重自己的历史。但这是尊重历史的辩证的发展，而不是颂古非今，不是赞扬任何封建的毒素。我们批判儒家反动思想，不等于我们是地主阶级的政治派别——法家，而是要反对倒退，坚持继续革命。我们肯定秦始皇的进步作用，更不等于我们就是地主阶级的帝王，而是要厚今薄古，打击妄图复辟的反动派。我们需要总结历史经验，古为今用，但是我们不能跪倒在历史脚下。无产阶级是人类历史上最伟大的阶级，在无产阶级面前，剥削阶级的代表人物不过是一抔黄土。"惜秦皇汉武，略输文采；唐宗宋祖，稍逊风骚。一代天骄，成吉思汗，只识弯弓射大雕。俱往矣，数风流人物，还看今朝。"

《斗争》的出现不是偶然的、孤立的事件。尤其在当前它鲜明地代表一种反动的政治倾向。

我们同他们的根本分歧之一，就是奴隶们创造历史还是"英雄和奴隶共同创造历史"即"英雄创造历史"的问题。斗争的结果，反动谬论被抛进了历史的垃圾堆。今天，《斗争》又把"英雄创造历史"从垃圾堆里翻出来，公然把奴隶制向封建制转变时期的人民革命史篡改为英雄活动史、帝王将相史。险恶用心，昭然若揭。

我们要搞马克思主义、巩固无产阶级专政，难道对《斗争》这样的文章不应该加以批判吗？难道还允许它宣扬的毒素来毒害我们吗？有错误就要批判，有毒草就要铲除，这历来是我们共产党人的战斗风格！

原载《人民日报》1977 年 2 月 22 日

1978 年

年度背景　3月，中共中央召开全国科学大会，指出四个现代化的关键是科学技术的现代化，强调重视人才。人民解放军在党中央领导下加强军队的建设和整顿。12月，党的十一届三中全会作出了"把全党的工作重点转移到经济建设上来、实行改革开放"的历史性决策。

忠良相别　德才并举

1978年春天，党中央召开全国科学大会，预示着科学春天的到来，更预示着人才春天的到来。科学发现、发明靠的是人才，科学成果的推广和应用，也是靠人才。从这个意义上说，人才是科学发展和社会进步的"根"。在国家发展过程中，需要各方面人才，但最重要的是管理国家事务的领导人才。如何认识领导人才，选用什么样的人领导我们的国家及各地区、各单位、各部门的工作是建设社会主义现代化强国要解决的头等大事。

选人治国是几千年来社会政治生活的老题目。在我国历史上，官吏向有忠、奸相别之说。忠君报国，"文死谏、武死战"的官吏被誉为忠臣；陷害忠良、弄权误国的则被骂为奸臣。似乎，君主只要尽除奸臣，任用忠臣，王权统治就能得到巩固；作为臣子，做忠臣就能流芳千古，当奸臣必会遗臭万年。这种忠奸相别的传统习惯，一直影响到今天。不但人民群众常常用"奸臣"这个字眼表示对那些坏官的切齿痛恨，用"忠臣"赞颂那些忠于党忠于人民的好干部，而且在一部分领导干部那里，也把选"忠"不选"奸"作为选拔干部的唯一标准，认为"只要忠诚老实、肯听话、不搞阴谋诡计就可以"。

对于治理国家来说，"奸佞"当除自不必说；难道"忠臣"就都能治国而不能误国吗？

对这个问题，唐朝人魏徵提出过不同看法。他给唐太宗举过这样的例子：古代的龙逢、比干（殷纣王时的大臣），敢于"面折廷争"，以死报国，算得上大忠臣，可是他们面对昏君无能为力，治理国家办法不足，最后"身诛国亡"；舜、禹时的皋陶、契等人，很有才干，帮助君主掌管刑法，教化人民，使得君臣"俱享尊荣"，国泰民安。显然，皋陶、契不同于龙逢、比干那样比较缺少才干的忠臣，而是有大才的忠臣，即良臣。这说明，忠臣并不是一概都能治理好国家的。依靠无才的忠臣会误国；依靠良臣，才会治理好国家。魏徵对唐太宗说："臣幸得奉事陛下，愿使臣为良臣，勿为忠臣。"唐太宗高兴地接受了他的意见。

魏徵在忠、奸相别论之外，又提出一个忠、良相别论，疾呼"为良臣，勿为忠臣"。他所主张的，是要君主重视有才干的人，充分使用人的才干；在选拔官员的时候，不能只用"忠"这一个标准，必须坚持德、才的统一。他的这个思想，今天看来也是正确的。

历史上所谓"忠"，主要是指人对一定阶级的政权的根本态度，是拥护而不是反对，是执行而不是抵制。官员的这种政治态度，对于统治集团治理国家至关重要。一个根本反对某个统治集团的人，不可能会运用权力为这个阶级的政治、经济利益好好服务。因此，无论哪一个统治集团，都把忠于自己的政权作为选拔、任用官员的最基本条件。中国共产党也不例外。在我国，如果某个人不是忠于党、忠于人民政权，那就没有资格担任党和国家的各级领导工作。

当前，全国人民都在关心这样一个问题：怎样才能使科学技术和文化落后的中国在不太长的时间里赶上世界先进国家的发展水平。有一点是非常明确的：各级领导者必须懂得些现代科学技术，以现代化的工作姿态领导现代化建设。无法设想，对技术、业务一窍不通的人，能够把技术日益复杂、专业化日益增强的现代化生产组织管理得井井有条；也无法想象，办事拖拖拉拉、官僚主义严重、工作效率极低、靠画圈圈过日子的人会适应现代化生产中"争分夺秒"这一基本要求。领导干部不应该空谈政治，只会所谓"政治领导"，在业务上长期当外行，也不应该停滞在过去领导个体生产或小规模生产的水平上，而应该努力学习和掌握现代自然科学、技术科学、管理科学和各门具体的社会科学，锻炼和提高适应现代化建设要求的领导才干和业务才干，努力成为某一行的专家。

我们反对"选忠臣"，不是反对干部做人民的"忠臣"，而是反对那种只重视政治态度，不重视才干，不管工作能力如何而滥加任用的倾向，也反对以"选忠臣"为掩护搞"任人唯亲"。任何人的忠诚态度，都有着严格的对象。讲"忠"，首先就是要搞清：对谁忠诚，是谁的忠臣。有些领导干部热衷于"选忠臣"，并不是真的要选拔肯听党的话、对人民忠诚老实的人，而是打个金字招牌，挑选忠于自己或对自己有利的人，搞"任人唯亲"。比如，有的人"唯我独尊"的"老大"思想严重，不愿和意见不同的人共事，谁对他百依百顺阿谀逢迎谁就是"忠臣";有的人官迷心窍,生怕选上有才干的人把自己取而代之,谁浑浑噩噩蠢笨如牛对他的职位和权力没有威胁谁就是"忠臣";有的人利欲熏心,总想贪占便宜,谁能为他"走后门"、拉关系谁就是"忠臣";有的人图谋不轨,野心勃勃,一心想拉拢亲信,结党营私,谁和他臭味相投、狼狈为奸谁就是"忠臣";还有的人糊里糊涂,自己也弄不清选什么样的人才好,看谁顺眼能投其所好,谁就是"忠臣"。诸如此类选出来的"忠臣",绝不会是人民的忠诚战士。那种为个人或小集团"选忠臣"的思想和行为应该受到抵制和批判。否则,我们党就会被这股祸水腐蚀乃至变质。

人才,是人民群众在社会实践中的智慧结晶。人才辈出是社会兴旺的表现。人尽其才,才尽其用,革命和建设事业才会飞跃发展。我们党在半个多世纪的革命斗争和执政实践中总是强调重视人才、发现人才、使用人才、保护人才,形成了一条以提高思想觉悟、培养革命才干为显著特征的"任人唯贤"的干部路线,才保证了革命和建设的胜利。我们应该牢牢记取这个宝贵经验,自觉地运用这个经验,争取四化目标早日实现。

写于 1978 年 5 月

抓人心、抓人才是治军的根本

最近领导通知我,决定让我转业到地方工作。我自 1969 年应征入伍以来,先后在连队和团机关、军机关工作,把一生最美好的青春时光贡献给了人民军队。我深深地热爱我们的军队,无比留恋部队生活。为了表达我对我军的热爱,特在离开部队之前写下这份建议书性质的文章,供首长们在领导军队建设与整顿中参考。不管它的命运如何,唯鉴此心而已。

十年"文化大革命"给我军建设带来许多新问题。1975 年邓小平副主席主持军委工作,指出军队"总的是好的",但"问题还不少",主要是"肿、散、骄、奢、惰"。这使人们的头脑清醒了一点。打倒"四人帮"后,开始"抓纲治军",取得了一定的成绩。但问题仍然很多,应该着眼于军队建设的长远要求,从根本上考虑一下如何治军的问题。

古今中外,关于治军的理论、方法、经验、教训,许许多多。军队的各级领导干部都应该尽可能多地学习和研究,以开阔视野,增长知识。根据我对毛主席建军思想的学习,以及在部队 10 年的体会和调查研究,我认为,治军的根本在于抓人心、抓人才。

在战争和军队建设的一切因素中,人的因素第一。军队建设固然要大力加强技术装备的现代化，但它是靠人掌握的。在我军的历史上，以劣势装备打败日本、美国和国民党军队优势装备的战例俯拾皆是，那是因为我们"人"比他们强。是我们的"人"吃得好、长得壮吗？不是，是我们人心齐，人才多，充分发挥了人的主观能动性。人心向背是战争胜负的根本性因素。这里讲的人心，包括全体人民之心，但主要是直接参战的军队中将士之心。有了人心这个基础还不够，还要有人才。没有一大批帅才、将才和技术战术人才，也不可能打胜仗。在抗日战争时期，当日本鬼子大举进攻中国时，全国一切有良心的人无不想把日本人立刻打回去，可谓人心所向。但是，如果没有共产党、八路军、新四军以及其他爱国军队中一大批帅才、将才的有效指挥，没有千千万万智勇双全的基层官兵的浴血奋战，又怎么可能取得抗战胜利呢？同样一支部队，在庸才指挥下屡屡打败仗，改换人才指挥就是一支百战百胜的常胜军，这样的事例在历史上不是太多了吗？关于人心、人才的作用，在战争年代人们很容易理解和记住，也有抓人心、抓人才的自觉性。问题是，在今天的和平时期，许多人，包括许多军队高、中级领导干部，这个观念淡薄了，更多地重视了别的东西，而把人心、人才这两个最重要的问题忽视了，就出现了许多问题。

在人心方面。由于林彪与"四人帮"的干扰破坏，军队里也搞以人划线、层层站队，派性斗争严重，许多人不知何去何从，结果人心乱了、散了。这是受全国性政治斗争影响的，此为其一。其二，一些领导干部长期养尊处优，接触基层干部战士少了，下部队摆官架子，动辄训人，与广大干部战士离心离德。其三，部队思想政治工作越来越流于形式，下级对上级报喜不报忧，干部战士不敢谈真实思想，怕"扣帽子"、"打棍子"。其四，上级对下级及基层干部战士信任不够、关心不够，帮助解决实际困难不够。

在人才方面，同样是受林彪与"四人帮"的影响，以派划线，顺我者昌，逆我者亡，提拔重用了许多"跟得紧"的人。这些人"政治嗅觉"很灵敏，但大都惯于看风使舵，没有治军方面的真才实学，称不上是人才。而许多善于带兵的人才，却由于"站错了队"或"跟得不紧"而被处理转业、复员。一些领导干部对下属干部去留升降的决定，不是根据德才状况，而仅凭个人好恶、关系。由于现在处于和平时期，军队没有打仗这个硬任务，似乎让谁带兵都可以，用错了人也不大可能很快见到恶果。于是，一些领导干部就大搞"任人唯亲"。现在，部队干部聚在一起，常常议论这样的事：某某人在部队管理和训练上很有办法、很有成绩，却被处理转业了；某某人不会带兵，却是"朝中有人"被提升了。于是，一阵无可奈何的哀叹，感到心凉。在基层连队，也开始有了这种现象。

　　尽管上述问题是当前我军建设的支流，但如果不加以警惕，不认真解决，很难说会带来什么后果。"千里之堤，毁于蚁穴"。即使是防微杜渐，也应该高度重视抓人心、抓人才的问题。为此，我建议：

　　1. 深入学习毛主席建军思想，广泛学习和宣传历史上抓人心、抓人才以治军的范例，提高全军抓人心、抓人才的自觉性。抓人心，就是抓人的思想、人的精神、人的情感、人的意志、人的积极性的充分发挥。抓人才，就是把人才提拔到相应的岗位上，并使其充分发挥才干；注重人的才干的培养训练，使其能够创造性地做好本职工作。早在我军初创时期，就注重加强思想政治工作。毛主席在《井冈山的斗争》中说："经过政治教育，红军士兵都有了阶级觉悟，都有了分配土地、建立政权和武装工农等常识，都知道是为了自己和工农阶级而作战。因此，他们能在艰苦的斗争中不出怨言。"在抗日战争时期，毛主席进一步指出："军队的基础在士兵，没有进步的政治精神贯注于军队之中，没有进步的政治工作去执行这种贯注，就不能达到真正的官长和士兵的一致，就不能激发官兵最大限度的抗战热忱，一切技术和战术就不能得着最好的基础去发挥它们应有的效力。"这就是说，抓人心，首先就要解决为谁当兵、为谁打仗的问题。

　　历史经验一再证明，人心向背，决定国家的命运，也决定军队的命运。"人心齐，泰山移"；"人心散，石击卵"。如果官兵之间、上下级之间、友军之间貌合神离，离心离德，不尊重，不信任，甚至怨恨甚重，那么这样的军队决不会打胜仗。所以，凡是清醒的统帅，无不想方设法抓住人心。春秋时期，鲁庄公以衣食分与冻馁之人，以"牺牲玉帛"敬告天神，以明察狱讼使人无冤等手段，动员了全国军民，战胜了齐军入侵。汉高祖刘邦在关键时刻违心地以封真齐王换"假齐王"的方法，笼络住了大将韩信，取得了对项羽军的最后胜利。刘备在长坂坡战役失利后，以"摔孩子"的举动，稳定了军心，保存了实力。古代有识之士懂得："君能尽心于民，则民宜尽心于君，庶可以一战。"大军事家孙武子说："视卒如婴儿，故可与之赴深溪；视卒如爱子，故可与之俱死。"意思是说，你要想让部属和士兵为你冒险、送死，必须像对待婴儿、爱子一样爱护他们，赢得他们的心。大军事家克劳塞维茨把"精神要素"划归为战略要素中的"第一类"，告诫统帅们对它"不要轻视"。不仅是军事家，连文学家也知道人心的重要。宋代大文学家苏洵这样说过："为将之道，当先治心。"这话说得不错。列宁明确指出："在任何战争中，胜利属于谁的问题归根到底是由那些在战场上流血的群众的情绪决定的。"所以，你想打胜仗，不管你愿意不愿意，不管你用什么方法，总得能抓住你部属和士兵的心，使他们愿意或者被迫愿意为你出力、打仗。人民军队与剥削阶级军队在抓人心上有根本的区别。剥削阶级军队更多地利用利益诱导式、欺骗式、实用主义的方法，而人民军队则以思想教育为主，着眼于从根本利益上讲清问题，激发人的斗志。毛主席说："掌握思想教育，是团结全党进行伟大政治斗争的中心环节。"

2. 与干部战士打成一片，随时掌握思想动态。有些领导干部高高在上，不了解下情，凭老经验办事，这是造成思想工作薄弱的重要原因。有人说，剥削阶级军队要抓人心，是因为他们的政治目的、军事目的往往不得人心，不抓人心就没有人为他们打仗；被压迫阶级的军队要抓人心，是因为群众觉悟不高，不抓人心就不能夺取政权；现在我们胜利了，军队上下都知道当兵打仗为了祖国和人民，抓人心的问题已解决了，还抓什么人心？这种认识是片面的。抓人心具有丰富的内涵，而且人心是处于变化之中，既不是用一句"为人民当兵"所能概括的，也不是用一两次思想教育就能一劳永逸的。人民解放军是个大学校。要把指战员培养成坚强、智慧的人民战士，就要从思想、精神、情感、意志等各个方面严格要求。我们所生活的客观世界是在不断变化的，人们的思想、情绪也在变化。回想林彪与"四人帮"当权的时候，一些原本认为"人心向背"问题解决得很好的老干部，不是也有迷茫、迟疑、动摇甚至退让、屈服、变节的吗？有卖身投靠的，有暗送秋波的，有趋炎附势的。老干部的"人心"尚且如此变化多端，年轻的干部战士思想情绪怎么可能是一碧秋水呢？因此，各级领导干部应该尽可能多地深入下级和连队，同干部战士谈心，倾听他们的呼声，了解他们的真实想法，这样在思想政治工作中才能做到对症下药。

3. 少喊空洞口号，少做表面文章，思想工作要有创造性，要同解决干部战士的实际问题结合起来。打仗是真刀真枪的，人心向背是实打实的，靠空洞口号和表面文章解决不了问题。这些年来，干部战士对形式主义的政治学习、大而化之的思想教育非常反感，希望思想政治工作能实在一些，能与解决实际问题结合起来。这个要求并不过分。在思想政治工作中，当然要教育干部战士大公无私、公而忘私，但是，这同保证合理的个人利益并不矛盾。恩格斯有句名言："思想一旦离开利益，就会使自己出丑。"在我们这个社会里，人总是有个人利益问题的。个人的工作与进步、老婆孩子的生活条件、自己和家人的身体健康、亲友同事的正常交往等，都不可能不考虑，这方面的实际问题也不能不努力解决，这与"自私自利"不是一回事。试想，该晋级的不晋级，该让家属随军的不让随军，该转业留城市的不让在城市，人的心情能够愉快吗？再讲大道理又有多少用处？反过来，当组织上把这些应该解决的问题解决了，有时不用多讲什么道理，"抓人心"的问题就解决了。毛主席早就讲过，要关心群众生活，注意工作方法。决不能把干部战士的生活当作小事看待，这些"小事"是与人心向背的大局直接相连的。

4. 发扬民主作风，实行官兵一致。在旧军队里，只讲服从，不讲民主；只讲等级，不讲官兵一致。我们的军队反其道而行之，凝聚了人心，增强了战斗力。毛主席在总结红军初创时期的经验时，曾这样说："红军的物质生活如此菲薄，战斗如此频繁，仍能维持不敝，除党的作用外，就是靠实行军队内的民主主义。官长不打士兵，官兵待遇平等，士兵有开会说话的自由，废除烦琐的礼节，经济公开……尤其是新来的俘虏兵，他们感觉国民党军队和我们军队是两个世界。他们虽然感觉红军的物质生活不如白军，但是精神得到了解放。同样一个兵，昨天在敌军不勇敢，今天在红军很勇敢，就是民主主义的影响。"受我军无产阶级性质所决定，有效地实行了政治民主、军事民主、经济民主，坚持官兵一致，这是我军不可战胜的重要法宝。在新的历史时期，决不能丢掉它，而应该继续发扬光大。这不但有利于调动干部战士的积极性，避免雇佣思想，而且能够集思广益，为搞好军队建设提出更多更好的建议，还能够有效地监督各级领导干部正确实施领导。当前，需要把军队内三大民主和官兵一致原则通过一系列切实可行的制度加以巩固，否则难以落到实处。

5. 坚决实行"任人唯贤"的干部路线。抓人才，关键是正确选拔各级领导干部。毛主席指出："政治路线确定之后，干部就是决定的因素。因此，有计划地培养大批的新干部，就是我们的战斗任务。""共产党的干部政策，应是以能否坚决地执行党的路线，服从党的纪律，和群众有密切的联系，有独立的工作能力，积极肯干，不谋私利为标准，这就是'任人唯贤'的路线。"为了保证各级领导干部都是德才兼备的人，除了上级领导机关对其加强考察、监督以外，还应该创造多种形式，广泛听取下级乃至战士的意见。由于干部是决定因素，所以对干部的选拔、使用和轮换应该慎之又慎。既要防止庸才、奴才和奸佞之徒走上领导岗位，又要防止人才流失。目前，确有一些德才兼备的人才得不到重用，有的被晾在不重要的岗位上，有的则被排挤，因此不少有才干的人要求转业到地方工作。虽说地方事业也是党的事业，但从军队的重要性讲，应尽可能把人才留住，并用到合适的岗位上。用一个人才，不仅能搞好一个单位、一个方面的工作，而且能振奋一大批干部战士的精神，使他们感到上级"有真事"，愿意在自己服气的干部领导下做工作。如果用的不是人才，而是庸才、奴才、奸佞小人，那么不但工作做不好，而且也会把人心搞散，大家干工作就没有劲头。即使从抓人心的角度考虑，也应该抓好人才的使用。

6. 广开渠道,培养使用各类人才。现代军队的技术装备水平越来越高,人才需求量相当大。除去传统的军政领导干部以外,还需要大批有各种专业技术特长的人才。因此,选拔培养干部应该多形式、多渠道。专业技术人才应尽可能通过相关院校培养。对于军政领导干部,也应通过军校培养,但是,一定要通过战士阶段。好官应从好兵中成长起来,没有当过好兵的人,很难能当个好官。对于准备提拔到高、中级领导岗位上的干部,应该有政历要求。比如,在团以上领导岗位上任职的,应在连队正职岗位上工作过并有所成就;在师以上领导岗位上任职的,应在团级正职岗位上工作过并有所成就。这样,他们才能比较真切地了解战士、了解基层、了解部队,才不至于成为赵括那样"纸上谈兵"的统帅。对于人才,要做到知人善任,又要善于爱护。毛主席讲,爱护干部的办法是,指导他们,提高他们,检查他们的工作,对于犯错误的干部要热忱地帮助他们改正错误,而不是一棍子打死,还要照顾他们的困难。真正的人才,一般都有自己的特点。在使用人才时,要考虑到他们的特点,不可求全责备,更不可"削足适履"。

我们的民族多灾多难,我们的军队历经坎坷。我们应该珍惜今天的大好局面,按照党和人民的要求,抓住人心,抓好人才,切实把军队建设好,担负起保卫祖国、保卫人民、保卫社会主义的历史重任。

写于 1978 年 12 月

1979 年

年度背景　全党开始贯彻十一届三中全会精神，把工作重点转移到社会主义现代化建设上来，并结合深入批判"四人帮"，加强社会主义民主法治建设和思想政治工作。

还是要讲一点精神

人总要有一点精神。共产党人必须有革命精神和科学态度，否则就无以区别于其他政党，不能完成革命的历史使命。然而，当前有些同志却对开展思想工作和发扬革命精神不够重视。他们认为，林彪、"四人帮"只讲精神，不讲物质，把人们的思想搞乱了；要拨乱反正，就必须"反其道而行之"，来个只抓物质，不讲精神。

林彪与"四人帮"在物质与精神的问题上确实把人们的思想搞乱了。这个乱主要表现在两个方面，一是离开物质讲精神，鼓吹"精神万能"，走向了主观唯心主义；二是只讲对他们篡党夺权有利的"精神"，不讲劳动人民的优秀品质和真正的无产阶级革命精神。因此，拨乱反正、反其道而行之，就应该结合物质讲精神，把革命精神贯注于物质生产和物质生活中去。决不能认为，林彪、"四人帮"搞"精神万能"，我们就不能讲精神。

我们是辩证唯物论者，承认物质决定精神，社会意识的发展最终取决于社会生产的发展。同时也承认，物质并不能代替精神，精神的发展有它相对的独立性。并不是生产发展了，人的思想觉悟就自然而然地提高了。在我国，不是哪里生产力水平高，那里的人民群众思想觉悟就高。事实说明，抓物质代替不了抓精神；搞四个现代化，搞生产，不应忘记努力提高人民群众的思想觉悟。

有的同志看到一些资本主义国家生产发展得快，就以为我们也可以不搞政治思想工作，单纯用"经济手段"管理生产。这是片面的、错误的认识。在一定社会条件下，生产力发展的快慢，取决于人们的生产积极性。在资本主义国家，资本家为了发财而竞争，工人为了不失业也要竞争。在社会基本矛盾没有激化之前，这两种竞争可以带来一定的生产、科研积极性，促进生产力的发展。我国的社会制度与资本主义国家根本不同。在调动劳动者积极性方面的方法主要有两条：一是切实贯彻"各尽所能，按劳分配"的原则，给予公平的劳动报酬和适当的物质鼓励；二是加强思想教育和政治工作，进行精神鼓励。这两条是不能分开的。我国30年社会主义建设的经验证明，各行各业的先进典型并不是用金钱刺激出来的，也不是用经济手段制裁出来的，而是既抓物质又抓精神，以抓精神为主，提高了人们的生产积极性创造出来的。相反，最近我们看到一些工业单位，由于不抓政治思想工作，只靠奖金刺激，结果工人的生产积极性倒下降了，有的甚至不给奖金不干活，多一分钟"白活"也不干。这些事难道不值得我们深思吗？实践证明，毛泽东关于把进步的政治精神贯注于群众之中，以激发人民群众最大限度的革命热忱和建设热忱的思想，仍然闪耀着真理的光辉，仍然是我们的指路明灯。

原载《大众日报》1979年5月3日

1980 年

年度背景 2月，党的十一届五中全会通过《关于党内政治生活的若干准则》。全党掀起学习贯彻这一准则的热潮，提高为人民服务的自觉性，保持党的先进性。

坚持党的先进性

共产党的领导，是无产阶级革命事业胜利的根本保证。在现代中国，没有任何政治力量能像共产党那样，把全国各族人民的力量集合起来，干一番轰轰烈烈的社会主义事业；也没有哪一个政治派别，能像共产党那样，具有敏锐的历史洞察力和极大的历史主动性，不断地带领人民走向新的胜利。党的领导这样重要、这样有力，就在于它是无产阶级的先锋队，具有无产阶级政党的先进性。

按照马克思主义观点，党的先进性，是党相对于无产阶级其他部分而言、代表无产阶级和人类社会发展方向的一种政治属性。它始终"强调和坚持整个无产阶级的不分民族的共同利益"，并且是无产阶级中"最坚决的始终推动运动前进的部分"；它以科学的辩证唯物主义和历史唯物主义作为自己的指导思想，比一般群众更深刻地"了解无产阶级运动的条件、进程和一般结果"。党的先进性，是无产阶级革命性与科学性的统一。按照这种先进性建设起来的中国共产党，是阶级的、觉悟的、战斗的、联系群众的、有纪律的无产阶级政党。

党的先进性体现在党的实践活动中。根据时间、地点、条件不同，它会有不同的表现和要求。是否坚持党的先进性，是党的任何组织和个人都面临的实际问题。它要求人们用实际行动作出正确回答，以利于加强党的领导，改善党的领导。

当前，坚持党的先进性，特别要加强党的纪律。没有纪律，不可能形成无产阶级政党。共产党强调严格的纪律，完全是为了增强党改造客观世界和主观世界的力量。

以"个人服从组织，少数服从多数，下级服从上级，全党服从中央"为主要内容的党的纪律，是党的事业胜利的保证。"文化大革命"中，一些坏人为了篡党夺权，首先从破坏党的组织纪律入手，把破坏党的纪律的人捧为"反潮流勇士"，把遵守纪律的党员污蔑为"奴隶""绵羊"。现在，"文化大革命"虽然结束了，但那时的一些谬论，仍然像梦魇一样纠缠着人的头脑，违反党纪国法的行为时有发生。为此，必须加强党的纪律建设，增强每个共产党员执行党的纪律的自觉性，制止和纠正那些破坏党的纪律、违背党的先进性的种种行为。只有加强党的纪律性，党的先进性才会显示出巨大的威力。

坚持党的先进性，要不断加强学习，接受新事物，研究新问题。在社会主义现代化建设时期，党面临着一系列新的复杂的问题。能否尽快认识、掌握建设四个现代化的规律，是对党的先进性和党的领导的一个严峻考验。

领导大规模的经济建设，我们党的确没有经验。如果不学习经济理论，不学习业务技术，不学习国内外先进经验，是很难工作的。然而有些领导同志，不爱学习，不深入实际，不研究新问题，甘心当外行或者当似懂非懂的"万金油"干部。有的人遇到问题凭着想象、凭着权力"瞎折腾"，结果是劳民伤财。由于不善于学习，致使目光短浅，工作指导上没有预见性。今天看到一步"棋"，大张旗鼓地干下去，明天一看错了，又慌里慌张退回来，造成政策不稳定，说话没信用。试想，这种领导状态，怎么能体现党的先进性？又怎么能不影响党的威信、削弱党的领导呢？

值得注意的是，有些党员干部常常用这样的话为自己不学习而造成的无能为力辩解："领导不领导四化是个态度问题，能不能领导好是个水平问题。"言下之意，只要我态度"端正"，水平高低无所谓。且不说这样的领导者对四化的态度是否真的端正；难道"水平问题"就能那么轻松地一讲了事吗？共产党为什么能领导群众？不就是因为她远见卓识、有"水平"把群众引向胜利吗？假如她只有"态度"没有"水平"，还有什么先进性和领导成就可谈呢？任何没有"水平"的领导，都将落在群众后面、时代后面，终将为群众和时代所抛弃。

"党组织的作用和名副其实的党的领袖的作用，也正在于通过本阶级一切肯动脑筋的分子所进行的长期的、顽强的、各种各样的、多方面的工作，获得必要的知识、必要的经验、必要的（除了知识和经验之外）政治敏感，来迅速而正确地解决各种复杂的政治问题。"列宁这一论断，正确地说明了党的先进性是由党员的先进作用体现的。只要我们党三千八百万党员都能按照列宁指示的这一方向去做，那么，党的先进性就有了保证，党的领导一定会得到改善和加强，现代化建设中一系列经济问题、政治问题一定会得到正确的解决，建成社会主义现代化强国的宏伟目标就一定能实现。

原载《大众日报》1980 年 1 月 31 日

党员干部要做社会公仆

全心全意地为人民服务，老老实实地做社会公仆，是每个党员干部应有的政治本色。《关于党内政治生活的若干准则》规定："各级领导干部都是人民的公仆，只有勤勤恳恳地为人民服务的义务，没有在政治上、生活上搞特殊化的权利。"坚决贯彻这些规定，对于改善和加强党的领导，加速社会主义现代化建设具有重要的意义。

"社会公仆"这个概念，并不是从来就有的。历史上，剥削阶级的政权及执政者，都是以压迫和剥削劳动人民、谋取私利作为行动的出发点，骑在劳动人民头上当官做老爷。无产阶级是人类历史上最伟大的阶级。从无产阶级创建第一个政权——巴黎公社起，就从实践上把那种少数人统治多数人的不合理现象纠正过来，国家机关及其工作人员像"仆人"对待"主人"那样，尊重人民的意志和权利，努力为人民谋利益。这样的国家机关及其工作人员，被马克思、恩格斯称为"社会公仆"。共产党是由马列主义武装起来的无产阶级先进政党。它清楚地懂得，人民群众是历史的主人；党除了无产阶级和人民群众的利益之外，并无自己的特殊利益；只有正确地代表人民的利益和意志，做社会公仆，才能领导人民。

做社会公仆，主要的不是个理论问题，而是个实践问题。衡量国家机关及其工作人员是不是社会公仆，不能只听他怎么说，而要看他实际上怎么做。近年来，有的干部在生活上热衷于搞特殊化，总想比群众高一等，所谓"理由"之一是："过去出生入死打天下，吃过那么多苦，作过那么大的贡献，现在有一点特殊的享受还不应该吗？"这种话，似乎在情理之中，其实很没道理。第一，中国的"天下"不是哪一个人、哪几个人打下来的，而是党和人民共同打下来的。"任何党员、任何领袖和英雄，他在共产主义事业中，只能做一部分工作，尽一部分责任。"尽管他可能比某个人、某些人的贡献大一些，苦吃得多一些，但是，他毕竟是"沧海一粟"，有什么资格要比群众特殊呢？第二，"吃多大的苦就得享多大的福"，这不是共产党的道理，而是旧的传统观念。共产党讲的是"先天下之忧而忧，后天下之乐而乐"，讲的是不计报酬的劳动，绝不是为了个人享受特权而吃苦、奋斗。对共产党人说来，"吃过苦"并不能成为搞特殊化的理由。为人民做过好事的，人民不会忘记他，都要给予一定的政治待遇和生活待遇，这是党和人民对干部的关心爱护。但是，如果利用职权大捞一把，那就丧失了共产党员应有的思想和品质，是共产党人的耻辱！

　　要做一个合格的社会公仆，必须认真学习马克思主义理论，彻底改造世界观，增强为人民服务的自觉性。还应该按照《关于党内政治生活的若干准则》的规定，"采取自上而下和自下而上相结合、党内和党外相结合的方法，加强党组织和群众对党的领导干部和党员的监督。"这样，才能更好地保持党员干部"社会公仆"的本色，使党的领导得到改善和加强，保证四化建设的顺利进行。

原载《大众日报》1980 年 4 月 24 日

1981 年

年度背景　3月，理论界隆重纪念巴黎公社110周年，结合中国实际，深入探讨社会主义基本理论问题。6月，党的十一届六中全会通过《关于建国以来党的若干历史问题的决议》。全党结合庆祝中国共产党建党60周年，开展《决议》的学习教育。

党的领导与人民的权力

在社会主义国家里，究竟谁的权力是至高无上的？共产党在国家政治生活中处于什么地位？怎样加强和改善党的领导，充分保证人民当家做主的权利？在纪念巴黎公社110周年的时候，应对这些重大问题进行深入探讨。

一、社会主义国家人民的权力是至高无上的

马克思、恩格斯指出：巴黎公社"实质上是工人阶级的政府"，是"新的真正民主的国家政权"。公社的一切权力属于以工人阶级为主体的人民群众。在公社，人民群众第一次获得了真正的选举权。公社的行政、司法和国民教育方面的一切职位都由人民选出的人担任。人民群众完全按照自己的意志挑选那些与自己同甘共苦、忠实为人民服务的人，不允许野心家和向上爬的人以及言而不行的空谈家担负领导工作。在公社，人民群众对各级领导人员具有监督权和罢免权。公社委员定期回选区听取选民的质询，接受选民的批评；他们一经被发现不能代表选民的意志和利益，便被撤换。在公社，人民群众具有管理企业的权力。公社把逃亡业主的和停工的工厂，交给工人生产协作社。在公社，人民群众有了真正的言论自由和集会、结社权。群众广泛地组织了各种各样的团体，几乎每天都有两万人自由地在俱乐部集会，谈论国家大事。公社查封了反人民、反公社的报刊，在许多革命报刊上开辟了"无产者论坛""劳动者论坛"，广泛地刊登人民群众的意见和要求。在公社，人民群众也掌握了军事、外交、司法等各项权力。这一切表明，在公社，人民掌握了自己的命运、国家的命运，具有至高无上的权力。这是巴黎公社的一条根本原则。

巴黎公社是无产阶级夺取政权，建立社会主义国家的第一次伟大尝试。公社的事业"是劳动人民谋求政治经济的完全解放的事业，是全世界无产阶级的事业"。坚持社会主义，必须坚持巴黎公社的根本原则，保证人民群众在国家生活中具有至高无上的权力，否则，就是背离社会主义。所谓人民的权力至高无上，是指人民群众享有管理国家事务和其他社会事务的最高权力；任何个别的社会集团、组织和个人都不能超越这个权力，或者单独行使这个权力。

为什么在社会主义国家里，人民的权力是至高无上的？

首先，这是由社会主义国家的性质决定的。社会主义以前的国家，不管它采取什么样的组织形式，其实质都是剥削阶级专政，即少数人对广大人民群众的统治。社会主义制度是对以往剥削制度的根本否定。社会主义国家的本质，是无产阶级专政。其主要内容，就是广大人民群众当家作主，对少数反人民、反社会主义的剥削阶级残余实行专政。这种国家性质决定了人民群众在国家生活和社会生活中是最尊贵的。他们不再受任何形式的剥削和压迫。他们的劳动价值得到最大尊重。他们不是完成某种任务、实现某项目标的工具和手段，而是一切社会活动的主人。

其次，实现人民当家作主，是发展社会主义事业的需要。历史活动是群众的事业。"群众生气勃勃的创造力是新社会的基本因素……生气勃勃的创造性的社会主义是由人民群众自己创立的。"在剥削制度下，劳动人民处于无权地位。他们生产的产品，自己不能支配，反而成为异己的力量、压迫自己的力量。因此，人民群众往往缺乏生产积极性和创造性，不能充分发挥自己的聪明才智，创造更多的社会财富。社会主义社会消灭了人剥削人、人压迫人的制度，人民获得当家作主的权利。这就使人民群众思想解放，心情舒畅，发扬主人翁的责任感、积极性、首创精神和自我牺牲精神，保证社会劳动生产率不断增长，创造出更多的社会财富；也能使广大群众以社会主人的姿态，有力地打击剥削阶级残余的破坏活动，监督国家机关和领导干部，克服其官僚主义、不正之风和保守习气，巩固社会主义的国家政权和建设成果，在各个方面显现出社会主义制度的无比优越性。

在当今世界的社会主义国家里，由于生产力水平低下以及其他原因，还不可能实现马克思所设想的一切生产资料归全社会所有的那种全民所有制。生产资料公有制基本上采取国家所有制和集体所有制两种形式，由人民选举的代表，即干部行使对生产资料的管理权。这种情况下，国家的政治体制、企业的管理体制是否能够充分发扬民主，国家机关工作人员和企业事业管理人员是否真正代表人民的根本利益和愿望，人民群众对他们是否真正具有监督权和罢免权，这对于巩固、发展社会主义制度具有极为重要的意义。没有人民的民主权利，就不能保证生产资料公有制的社会主义性质；扼杀了民主就会导致公有制的变质、社会主义国家的变质。

二、党的领导是人民当家作主的根本保证

讲人民的权力是至高无上的，那么还要不要党的领导？有的人把党的领导与人民的权力对立起来，认为加强党的领导就必须限制人民的权力；扩大人民的权力就不能要党的领导。实际上，这是不懂得：没有一个马克思主义政党的领导，人民不可能赢得和保持当家做主的权利，党在政治方面的根本任务就是要实现人民当家作主的各项权利。

巴黎公社失败的一个重要原因，就是没有一个马克思主义政党的领导。据此，马克思、恩格斯多次强调建立无产阶级政党的必要性，指出："工人阶级在反对有产阶级联合权力的斗争中，只有组织成为与有产阶级建立的一切旧政党对立的独立政党，才能作为一个阶级来行动。"按照他们的意见，在实现无产阶级革命的最终目标——消灭阶级以前，无产阶级政党的领导都是绝对必要的。

第一，只有在共产党的领导下，社会主义才能成为人民群众争取自身解放的自觉运动。社会主义事业，从本质上讲，是无产阶级和人民群众争取解放的事业。历史已经证明，无产阶级的解放运动只是在有了共产党以后，才走上了"自觉"的轨道。因为社会主义的思想和理论并不是从工人运动中自发地产生的。工人阶级的自发运动，只能形成工联主义的意识。而科学社会主义是由无产阶级的思想家（马克思、恩格斯）在总结工人运动的经验、总结人类文化的遗产的基础上创立的。马克思、恩格斯在确立科学社会主义理论的时候，就努力把科学社会主义理论同工人运动结合起来，争取把各种工人政治组织改造成为由无产阶级先进分子组成的工人政党。这个党是一个自觉的阶级政党。它比一般群众更有远见卓识，能够依据对客观规律的认识，正确地把握历史发展的方向，科学地预见未来。它对人类的解放运动更有信心和勇气，对阻碍历史前进的没落腐朽的事物敢于斗争、善于斗争。只有在这样一个党的领导下，人民争取解放的斗争才能少走弯路，少受损失，从一个胜利走向另一个胜利。

第二，只有共产党，才能启发人民群众认识自己的根本利益，并引导人民群众为自己的根本利益而奋斗。马克思主义认为，人民是能够为自己的利益而斗争的。怎样使人民认识自己的利益、维护自己的利益呢？这不仅需要党的理论、路线的引导，而且需要党在人民群众中进行大量的政治思想工作

和组织工作。只有全心全意为绝大多数人谋利益的共产党才能正确处理个人利益与集体利益、局部利益与整体利益、眼前利益与长远利益的关系，并引导人民为自己的根本利益而奋斗。党比一般群众更了解实现人民群众的根本利益的条件、进程和一般结果。党最关心人民群众的切身利益，敢于同损害人民群众切身利益的现象作斗争。只有在党的领导下，人民当家做主的权利才不至于成为一句空话。

第三，只有共产党的领导，才能对反动势力实行有效的专政，保障人民的民主权利。当前在我国，阶级斗争虽然已不是社会的主要矛盾，但也不可小看。面对唯恐天下不乱者的破坏，剥削阶级残余分子的反抗以及剥削阶级思想作风的腐蚀影响，必须在党的领导下进行坚决的斗争。"没有在斗争中百炼成钢的党，没有为本阶级全体忠实的人所信赖的党，没有善于考察群众情绪和影响群众情绪的党，要顺利地进行这种斗争是不可能的。"没有党的领导，就不可能对极少数敌人实行有效的专政，以充分保证绝大多数人民的民主权利。

三、改善党的领导才能充分体现人民当家作主

坚持党的领导，改善党的领导，发扬社会主义民主，这是当前我国政治制度改革总的方向。实现人民当家作主的权利，必须坚持党的领导，而坚持党的领导必须改善党的领导。

改善党的领导，必须改革党和国家的领导制度，克服权力过分集中、官僚主义、特权思想等弊端，改变党政不分，以党代政，以政代企的领导体制。党是一切社会主义事业的领导者。为了加强党的领导，党必须摆脱那些行政的、经济的、技术的管理事务，把党的领导集中于路线方针政策的领导、思想的领导和组织的领导。为了加强党的领导，党不应包揽一切，包办代替，而应该充分发挥行政的、司法的、群众团体和企事业单位的积极性、主动性，特别要创造条件来保证人民代表大会真正起到人民权力机关的作用，保证各种企事业真正由人民群众参加管理，以便充分发挥人民群众主人翁的责任感。

改善党的领导，必须加强党的思想政治工作。当前，有些人由于不懂科学社会主义基本原理，认识不清社会主义民主和资产阶级民主的本质区别和关系，很容易受资产阶级自由主义和无政府主义的影响。有些人不懂历史唯物主义基本原理，认识不清历史是英雄豪杰创造的还是人民群众创造的，很容易犯夸大个人作用，提倡个人崇拜，无视人民群众历史地位和作用的错误。因此，必须加强思想政治工作，在人民群众中宣传党的理论、路线、方针、政策，使其变成人民群众的自觉行动。

改善党的领导，必须发扬党的优良传统和作风，切实克服某些党员干部中存在的不正之风。毛泽东指出："以马克思列宁主义理论思想武装起来的中国共产党，在中国人民中产生了新的工作作风，这主要的就是理论和实践相结合的作风，和人民群众紧密联系在一起的作风以及自我批评的作风。"党的历史经验说明，党的路线方针政策同党的作风之间的关系是相依为命的。仅仅满足于路线方针政策的正确，而忽视党的作风建设，是非常错误的。其结果必然会妨碍正确路线方针政策的贯彻执行。这些年来，有些党员干部官僚主义作风严重，脱离群众、脱离实际，靠强迫命令开展工作。这种作风严重地危害了党的领导，危害了人民的权力，必须改掉，回归到党的优良作风上来。

我国的社会主义比当年巴黎公社具有更广泛更深刻的内容，世界情况也发生了重大变化。但是"公社的原则是永存的，是消灭不了的；在工人阶级得到解放以前，这些原则将一再表现出来"。按照公社的根本原则，改善党的领导，保障人民当家作主的各项权利，是我们今天最重要的政治任务。

原载《东岳论丛》1981 年第 2 期

热爱祖国　投身四化

把全党工作的着重点转移到社会主义现代化建设上来，在不太长的历史时期内，把我国建设成为具有现代化农业、现代化工业、现代化国防、现代化科学技术的社会主义强国。十一届三中全会的这一伟大决策，极大地振奋了全中国人民，振奋了广大港澳地区同胞、海外侨胞和外籍华人。两年多来，有多少人在自己的工作岗位上为四化建设流血流汗，埋头苦干；又有多少海外赤子为四化建设献计献策献力量！大家有一个共同的信念：在今天，爱不爱我们伟大的祖国，集中到一点，就看能不能投身到四化建设中去。

有人认为，讲爱国主义，就是意味着当外敌入侵、民族危亡时能够奋起抗敌，英勇战斗；意味着当远离故土、身居异国时，也能够思念祖国，保持和发展祖国优秀思想和文化，为祖国的富强贡献力量，除此之外，谈不上什么爱国不爱国。对爱国主义的这种理解，显然是狭隘的。列宁说："爱国主义是由于千百年来各自的祖国彼此隔绝而形成的一种极为深厚的感情。"这种感情的物质表现，必然是长久的、多方面的。对于在祖国大地上和平生活的人们来说，同样存在着怎样对待祖国的问题。实际上，抵御外来侵略，保卫祖国安全，仅仅是爱国主义的起码要求。无产阶级爱国主义的伟大目标，则是建立和完善社会主义制度，准备条件向共产主义过渡，在全社会建设高度的物质文明和精神文明，使祖国繁荣昌盛，人民生活幸福。要达到这一目标，无论从哪个方面看，都离不开高度发展的社会生产力。"自然界中一切现象都有物质原因作基础，同样，人类社会的发展也是由物质力量即生产力的发展所决定的。"我们搞四化建设，就是发展社会生产力，归根结底，这是推动社会发展的决定力量。实现了四个现代化，我们的社会主义制度就有了强大的物质基础而得到巩固，社会主义精神文明就有了物质文明的推动而得到发展，我们就有条件生产更多更高级的生活资料供人民消费，有条件把祖国的山川湖海打扮得更加美丽。到那时，我们才能真正把贫穷落后的帽子甩进太平洋，我们的祖国才能以崭新的面貌出现在世界的东方。四化建设，是一种多么伟大的爱国壮举啊！

天下兴亡，匹夫有责。关心国家命运，牢记国民职责，自觉地挑起复兴民族、富国强民的重担，是中华民族一切爱国主义者的优良传统。今天，每一个热爱祖国的中国人，都应该听党的话，把个人的前途、理想同祖国的命运联系在一起，在各自的工作岗位上，为四化建设贡献力量。有的青年认为自己工作太平凡，无法为祖国作出大的贡献。其实，一个真正的爱国者，完全可以在自己的工作岗位上表现出对祖国的热爱。雷锋不就是这样吗？他的爱国主义思想，就是表现在平凡的工作中。能在平凡的工作中作出不平凡的贡献，这就是了不起的爱国行为。我们每一个人都有自己的工作岗位，这就是为社会主义祖国做贡献的岗位。从我做起，从现在做起，从本职工作做起，为四化建设添砖加瓦，是今天最现实的爱国主义行动。

"爱祖国！"这是一个多么庄严的口号，又是一个多么令人鼓舞、催人奋发的口号！爱国主义是推动中华民族前进的巨大精神力量。我们的先辈曾高举爱国主义的旗帜一代又一代地为祖国奋斗过；如今，我们要接过先辈手中的爱国主义旗帜，踏着先辈的足迹，为四化建设，为祖国繁荣昌盛继续奋斗！光荣属于永远为祖国贡献力量的人们！

原载《大众日报》1981 年 4 月 23 日

1982 年

年度背景　9 月，中国共产党第十二次全国代表大会召开。邓小平提出了"建设有中国特色的社会主义"的新命题。胡耀邦向大会作了《全面开创社会主义现代化建设新局面》的报告。全国掀起学习贯彻十二大精神的高潮。

不能离开共产主义讲社会主义

对于宣传共产主义思想，目前有一种错误观点：共产主义是遥远无期的事，我们身处社会主义社会，只能讲社会主义的东西。你要讲共产主义思想道德吗？他说现在是社会主义，只能提倡社会主义思想道德。你要讲共产主义劳动态度吗？他说现在是社会主义，得"钱、劳相等"。你要讲在党内和人民内部建立一种平等的、互助合作的同志式关系吗？他说行不通，现在是社会主义，讲平等就没办法领导了。总之一句话，只因为"现在是社会主义"，就不能讲共产主义。

能够离开共产主义来讲我们今天的社会主义吗？当然不能！

科学社会主义与共产主义是一个不可分的整体。作为思想体系，科学社会主义不过是共产主义的另一种说法。作为社会运动，科学社会主义同共产主义也是一回事。作为社会制度，社会主义是共产主义的低级阶段。从广义上讲，社会主义社会也是共产主义社会。社会主义社会虽然同共产主义社会的高级阶段有许多质的差别，但它并不是一个独立的社会形态，而是从属于共产主义社会形态的。因此，社会主义同共产主义是不能分开的。如果硬要把二者分开，那社会主义就不成其为科学社会主义了。

只有在共产主义思想指导下，社会主义社会才能产生和发展。在人类历史上，共产主义首先是作为思想体系出现于世的。在这种思想体系指导下发生的共产主义运动，推动无产阶级解放事业从一个胜利走向另一个胜利。它的最终目的是建立起共产主义的社会制度。在中国，正是由于有了这种伟大的思想，无数革命前辈才出生入死，勇于同强大的敌人拼搏；正是由于有了这种伟大的运动，三座大山才被摧毁，社会主义制度才建立起来；也正是由于有了共产主义思想和共产主义运动,我们的社会主义事业才取得了今天这样伟大的胜利。社会主义社会是共产主义运动发展到一定阶段的社会表现。如果在社会主义社会里不讲共产主义思想的指导作用,不坚持共产主义运动,那无异于从一个活生生的人体内取走心脏,哪里还有生机和发展呢?

共产主义是分辨真假社会主义的试金石。在当今世界上,有许多国家和政党宣称自己的目标是建立社会主义制度,其中,未免鱼龙混杂。怎样识别他们呢?唯一的办法就是看他们对待共产主义的态度。凡是坚持马克思主义的共产主义思想体系,坚持无产阶级解放的共产主义运动,以实现共产主义社会为最终目标的,就是科学社会主义,否则就不是。在我们国内,也有把科学社会主义与非科学社会主义混淆的现象,也有一个识别的问题。例如,有的人把"给多少钱,干多少活"看作是社会主义分配原则的体现。这实则大谬。社会主义分配原则是"各尽所能,按劳分配",里面包含有共产主义劳动态度的内容。如果不讲"各尽所能",一味地讲"钱劳相等""给多少钱,干多少活",那同资本主义的雇佣思想有什么两样呢?再比如,受生产资料公有制决定,党内和人民内部必须是一种平等的、互助合作的同志式关系,领导与被领导关系是建立在这个基本关系之上的。那种认为平等了就不能领导,总想骑在别人头上作威作福的思想,能说是社会主义的吗?只能说是封建专制主义的思想残余。所以,只有以共产主义思想为指导才能明辨是非,划清社会主义与封建主义、资本主义的界限。

坚持共产主义才能正确把握社会主义社会的发展方向。我们今天的社会主义社会离共产主义社会的高级阶段的确有很长一段距离,我们的路线、方针、政策,一定要从今天的社会实际情况出发,再也不能犯超越阶段的错误了。但同时要了解,共产党人的理想是实现共产主义。我们现在的一切努力都是向着共产主义大目标的。坚持这个大目标,就能够明确知道社会主义社会里哪些东西要消灭,哪些东西要创造条件加以改造,从而保证社会主义社会健康地向前发展。否则,离开共产主义讲社会主义,只能使人民堕入烟雾,迷失前进方向。

党的十二大报告指出:"我们每天的生活都包含着共产主义,都离不了共产主义。社会主义社会是向着未来共产主义高级阶段的目标不断前进的。"这为我们正确认识今天的社会主义社会,以及社会主义同共产主义的关系,指明了方向。我们应该很好地学习和领会,以便从社会实际情况出发,积极扩大共产主义思想阵地,不间断地推进共产主义运动,脚踏实地地朝着共产主义社会高级阶段前进。

原载《大众日报》1982 年 10 月 13 日

共产主义信念的建立与巩固

共产党人在思想修养中，历来重视加强共产主义信念的坚定性。党的十二大再次号召全党要坚定共产主义信念，并把它作为社会主义精神文明的主要内容之一加以强调。每个共产党员都应该响应党的号召，怀着坚定的共产主义信念，投身到全面开创社会主义现代化建设新局面的伟大斗争中去，投身到伟大的共产主义事业中去。为了坚定共产主义信念，弄清楚共产主义信念的历史必然性以及确立共产主义信念所必需的条件，是完全必要的。

所谓共产主义信念是什么意思呢？我认为，它指的是无产阶级的一种思想状态，包括两个内容：坚信共产主义必然胜利；立志为共产主义奋斗。其中，"立志为共产主义奋斗"是共产主义信念确立的最终表现和根本标志。

一、共产主义信念的产生及启示

共产主义信念在人类历史上是怎样产生的呢？从根本上说，它产生于无产阶级解放运动的社会实践中，来源于对人类社会发展规律的科学认识。它是人类理想发展史上两次大的否定的结果。

一定的信念与一定的理想密切相连；一定的理想又是一定的社会条件的产物。列宁指出："剥削的存在，永远会在被剥削者本身和个别'知识分子'代表中间产生一些与这一制度相反的理想。"在奴隶社会、封建社会中，这种被剥削者的理想主要表现为反对剥削压迫，反对贫富对立，主张财产公有和人类平等。我国古文献《礼记·礼运篇》中就记载了大约 2400 年前人们对理想社会的向往和描述，即"天下为公"的"大同世界"说。另外，古代农民起义多次提出"太平世界"的理想曾广泛流传。在古代西方，也有类似我国"大同世界"的"黄金世界""理想国"之说。这些美好的理想在历史上曾经唤起并鼓舞广大劳动人民去为推翻压迫制度而斗争，与这些理想相适应的观念对人类思想的发展都产生了一定影响。但是，这种理想和信念是在生产力水平低下的社会环境中产生的，主要反映了农民等小生产者对当时社会发展的认识，因而有着巨大的局限性：它以落后的小生产为基础；带有复古主义性质，而不是推动社会向前发展；有着浓厚的平均主义、禁欲主义和宗教主义色彩。这种局限性决定了这种理想、信念的空想性和历史唯心主义性质，必然遭到新思想的否定。

随着近代资本主义生产方式的兴起，早期无产阶级在历史上出现了。由于它与新的生产方式的结合，眼界放宽了，在许多方面克服了古代劳动人民理想社会观中空想主义和唯心主义的东西，形成了本质上要使人们从资本的奴役下解放出来，实现人的自由平等和全面发展的近代社会主义的理想和信念。从16世纪莫尔的"乌托邦"，17世纪康帕内拉的"太阳城"，到18世纪的摩莱里、马布利，再到19世纪初的圣西门、傅立叶、欧文的社会主义学说，即表现了这种理想和信念。它的矛头所向是资本主义制度；它的主张不是复古，而是要建立高于资本主义制度的新的社会制度。这是近代社会主义超出古代理想社会观的最主要之点。近代社会主义思想的出现，为人类理想发展史开拓了新的领域，是人类理想发展史上第一次大的否定。

从16世纪到19世纪的近代社会主义，虽然看到资本主义矛盾的不可克服，要建立一种新的社会制度来解决这个矛盾，但是，他们认识不到社会发展规律，只是认为资本主义不符合人类理性；以为只要劝说资本家赞成他们的理想社会，放弃剥削，以为只要人们跟他们去搞社会主义实验，就可以实现他们那个连细节都设想得很周全的社会主义。因此，这只能是空想社会主义。这种社会主义信念并没有为广大无产阶级和劳动人民所接受，更没有形成轰轰烈烈的群众运动。

到了19世纪三四十年代，无产阶级作为一个成熟的阶级登上了历史舞台。在其革命实践中形成了崭新的思想体系——马克思主义的科学共产主义，建立了崭新的共产主义理想和信念。科学共产主义学说不是工人运动的自发产物，而是马克思、恩格斯通过亲身参加无产阶级革命运动和进行大量的科学研究工作创立的。它揭示了人类社会发展的一般规律和资本主义社会发展的特殊规律。科学共产主义的产生，彻底克服了空想社会主义的缺陷，把人类历史上劳动人民最美好的理想置于了科学的基础上。只是到了这时，人类才第一次出现了有科学根据的伟大信念——共产主义信念。从此，人类追求美好社会的信念，不再是虚幻的、朦胧的了，而是实实在在的；不再是只属于少数志士仁人，而是属于无产阶级和广大人民群众；不再是一次又一次地落空，而是一步又一步地实现着。100多年来，共产主义信念成为亿万人民进行无产阶级革命和社会主义建设的巨大动力。这一事实进一步说明，经过人类理想发展史上第二次大的否定而出现的共产主义信念，是人类理想信念发展史上最伟大的革命变革。

从共产主义信念产生的漫长历史过程中，我们能够看到什么呢？

第一，共产主义信念是历史发展到一定阶段的产物，具有历史的必然性。如同生产力发展到一定阶段必然出现社会主义的生产关系一样，当人类认识世界的能力提高到一定水平，当无产阶级革命运动发展到一定阶段，必然要产生共产主义的理想和信念。树立共产主义理想，坚定共产主义信念，是历史发展的要求，是坚持社会进步的表现。

第二，共产主义信念是无产阶级特有的思想状态，具有鲜明的无产阶级性。离开无产阶级立场，背叛无产阶级的利益，就谈不上共产主义信念的建立。

第三，共产主义信念不是无产阶级一般的思想状态，而是无产阶级在同资产阶级和一切剥削阶级斗争中所形成的思想状态。脱离无产阶级革命事业，也无法树立共产主义信念。

第四，共产主义信念不是工人在同资本家斗争中自发形成的思想状态，而是经过对人类发展规律认真的科学研究，真正认识了社会发展规律之后才形成的。就大多数人来说，没有科学共产主义思想体系的学习教育，就没有共产主义信念。

共产主义信念产生的历史以及从中得出的结论，是我们认识共产主义信念问题的基础，也是探讨在社会主义社会建立和巩固共产主义信念所需条件的重要依据。对这一历史了解得越清楚，理解得越深刻，就越有助于增强坚定共产主义信念的自觉性。

二、社会主义制度的建立，为共产主义理想信念的传播与巩固创造了极为有利的条件

如果说，在无产阶级夺取政权以前，共产主义还仅仅是一种思想和运动，能不能成为美好的社会制度还为一些人所怀疑，那么在社会主义制度建立以后，实践就证明了共产主义社会的实现是完全可信的。这是因为，社会主义社会是共产主义社会的低级阶段，已经具备了生产资料公有制，消灭了人剥削人、人压迫人这样一些共产主义社会的基本特征。而且，随着社会主义社会的发展，共产主义因素正在不断地扩大。在社会主义社会里，立志为共产主义奋斗的共产党成为执政党。一方面，党通过各种形式大力宣传共产主义，帮助广大人民群众认识共产主义的科学性、正确性，进而树立共产主义信念；另一方面，党又善于把马克思主义的基本原理同社会主义的实践结合起来，正确地引导人们走向共产主义社会。事实告诉我们，坚持社会主义道路，坚持人民民主专政，坚持党的领导，坚持马列主义、毛泽东思想，是建立和巩固共产主义信念最根本的条件。

事物都是一分为二的。"文化大革命"以来，不是有些青少年在生活的道路上迷茫、徘徊，甚至违法犯罪吗？不是有的党员干部的共产主义信念动摇了吗？为什么我们在这样一个以共产主义为指导思想的社会主义国家里，经过了半个世纪的共产主义宣传和教育，有的人仍然不能树立起共产主义信念？

有的人树立后又动摇了，背叛了？其根本原因有两条：

一是我们的社会主义社会是从半殖民地半封建社会脱胎而来，又处于资本主义社会包围之中。在国内，虽然剥削阶级已经不存在了，但是剥削阶级残余还存在，旧社会的痕迹还在各个方面顽强地表现着。特别是在意识形态领域内，共产主义的思想道德与旧的思想道德的斗争一直存在着，有时还很激烈。这种客观实际当然要反映到人们头脑中去，影响着共产主义信念的建立和巩固。

二是由于我国经济文化比较落后，多数人的理论修养比较差，因而对于社会发展规律缺乏深刻的理解，对共产主义的真谛缺乏正确的认识。所以，当形势发生重大变化的时候，当工作重点转移的时候，当眼前出现困难的时候，免不了要发生动摇，对共产主义的理论和实践发生怀疑。

三、现阶段树立共产主义信念的基本途径

这个问题，须从内因与外因、个人与社会两个方面来讲。

社会环境如何，直接影响着人们的思想。这就要求社会各个方面，特别是党政机关、群众团体等对社会有重大影响的部门，要积极创造有利条件，帮助每个人树立起共产主义信念。这里，总的方针是坚持四项基本原则，同时，根据当前社会的实际情况，做好以下工作。

其一，坚定不移地贯彻执行党关于社会主义现代化建设的总路线，大力发展社会生产力。只有这样，才能从根本上打开人们的眼界，进一步认识社会发展的规律性，理解科学共产主义学说的正确性和树立共产主义信念的必要性。从而进一步看到社会主义制度的优越性，看到共产主义必然胜利的光明前途，自觉地为共产主义奋斗。

其二，坚决打击国内外敌对势力各种形式的进攻和侵蚀。敌对势力和各种犯罪分子为了扩大他们的影响，实现他们的目的，总是要用物质和精神的手段腐蚀人们的思想，动摇人们的共产主义信念。坚决打击他们的进攻，才能纯洁和巩固人们的共产主义信念。

其三，努力建设社会主义的精神文明，深入细致地开展思想政治工作。社会主义精神文明的普及，必然是共产主义思想阵地的扩大。宣传共产主义思想，教育人们树立共产主义信念，渠道很多，其中最主要的一条是开展细致的思想政治工作。所谓细致，就是说，一要有的放矢，二要方法得当，要具体情况具体分析。

其四，要保持党的领导不发生错误。这一是指党的路线、方针、政策不发生错误，这是主要的；二是指各级党的组织、干部和党员在贯彻党的路线、

方针、政策时不发生错误。在我国，由于党是领导核心，因而党的领导正确与否必然影响各方面，也影响人们的共产主义信念。在广大工厂、农村等基层单位，人们往往从领导和周围党员的言论和模范作用中来理解共产主义，确定自己对共产主义的态度。所以，常常出现这种状况：哪个单位干部、党员模范作用好，群众的共产主义思想觉悟就高，反之，就低。这告诉我们，要教育广大群众树立共产主义信念，共产党员，特别是党的领导干部必须首先确立共产主义信念，成为坚强的共产主义战士。

对于个人来说，社会环境只是外因，更应该重视内因的决定作用。

第一，要站稳无产阶级立场，坚持为无产阶级和人民群众谋利益。从共产主义信念产生的历史过程已经看到，共产主义信念仅仅属于无产阶级，只有站稳无产阶级立场的人才有可能理解共产主义，自觉地为共产主义奋斗。今天在中国，有的人站在小私有者的立场上看待共产主义，有的人站在所谓"超阶级的公正立场"上看待共产主义，还有的人过去认为共产主义"无限美好"，曾经在枪林弹雨中为它战斗过，而今却不愿再为共产主义奋斗了。这样的人怎么会有共产主义的坚强信念呢？所以，首要的问题是阶级立场问题，必须下决心为无产阶级和人民群众谋利益。

第二，要学习共产主义的理论与实践，加强马克思主义的理论修养。共产主义信念是建立在对人类社会发展规律的深刻理解上的，凭个人经验，凭朴素感情，不能代替理论上的理解。只有加强马克思主义的理论修养，从共产主义运动的理论和实践中去理解共产主义的必然性、科学性，才能真正成为坚定的共产主义者。

第三，要学会辩证地全面地看问题，正确对待困难。经验告诉我们，一般说来，在革命事业顺利的情况下，人们的共产主义信念容易得到巩固，而在遇到挫折、困难的时候容易发生动摇。而真正的共产主义战士，永远是乐观主义者，因为从整个历史发展趋势看，最后的胜利是他们的。从这个高度看，形势不利仅仅是暂时的现象，困难都是前进中的困难，是可以克服的。在"文化大革命"中，有许多老同志尽管被打进"牛棚"、监狱，但仍然对共产主义充满信心，坚贞不渝，历史证明他们是正确的。

第四，积极参加社会主义实践，在实践中建立和巩固共产主义信念。一切真知都来源于实践。共产主义信念只能在无产阶级解放运动中建立和巩固。共产党人重视理论，目的仅仅在于它能够指导实践；离开实践就从根本上失去了理论学习的意义，当然也就失去了理论对建立共产主义信念的意义。当前，社会主义现代化建设的伟大实践已经在我国各条战线展开。这是学习共产主义、认识共产主义的最好课堂。积极投身到这一伟大实践中去，在实践中认真改造世界观，就能够使共产主义信念在我们心中牢固地树立起来。

原载《东岳论丛》1982 年第 6 期

1983 年

年度背景　10月，党的十二届二中全会作出《中共中央关于整党的决定》，开始全面整党。12月，全国隆重纪念毛泽东诞辰90周年。

整顿党的组织　加强党的领导

整顿和纯洁党的组织，历来是无产阶级政党建设中最重要的问题之一，也是加强党的领导的重要基础和前提。这首先是因为，组织问题在整个无产阶级革命事业中占有举足轻重的地位。早在1904年，列宁就指出："无产阶级在夺取政权的斗争中，除了组织而外，没有别的武器……无产阶级所以能够成为而且必然会成为不可战胜的力量，就是因为它根据马克思主义原则形成的思想统一是用组织的物质统一来巩固的。"如果党没有一个坚强的集中统一的组织，就无法形成强大的政治力量，党对革命的领导也就会落空。其次，正因为党的组织是无产阶级革命的重要武器，所以，一方面，党的敌对势力总是企图钻到它的内部去破坏它；另一方面，它又必须服从于无产阶级革命实践的发展，不断适应新形势、新任务的要求。这样，党的组织就必然有一个不断纯洁、不断整顿的问题。只有不断纯洁和整顿党的组织，才能不断提高党的战斗力，加强党的领导。在社会主义现代化建设的今天，更是如此。

整顿党的组织，才能使各级党组织真正成为坚强的战斗指挥部，正确地贯彻执行党的路线、方针和政策。十一届三中全会以来，党的思想路线、政治路线和组织路线是正确的，党在各个方面的基本方针和基本政策也是正确的。要把这些正确的路线、方针、政策付诸实践，取得应有的效果，必须经过各级党组织的积极努力。几年来，党的多数组织能够结合本地区、本单位的实际情况，正确而坚决地执行党的路线、方针、政策，表现了党的领导的巨大威力。但也确实有些党组织很不得力。有的党组织"软"，软弱无力，甚至处于瘫痪状态，对某些"硬"问题不敢摸，不敢碰，听之任之。有的党组织"散"，党员之间、干部之间不团结，七股八岔，拧不成一股绳。有的党组织"懒"，既不认真学习研究党的方针政策，又不深入实际调查研究，高高在上，照抄照转，官僚主义严重。如果对这样的党组织不进行认真整顿，党的路线、方针、政策在他们那个地方不还是一纸空文吗？

整顿党的组织，加强党组织对党员的管理和教育，才能充分发挥党员的先锋模范作用。党员在群众中是否发挥先锋模范作用，直接影响党的威信、党的领导。这几年，党中央领导同志多次指出，现在有一部分党员不合格。有的党员无政府主义、自由主义、分散主义、本位主义、宗派主义、个人主义相当严重，有的公然侵犯党和人民的利益，丧失了共产党员的本色。一部分党员不合格的一个重要原因，就是某些党组织对党员教育不够，管理不力。不少党组织的组织生活很不健全，不能开展批评和自我批评，不能严格执行党的纪律，出现了"好人不香，坏人不臭"的状况，影响党员先锋模范作用的发挥。因此，要充分发挥党员的先进分子的作用，也必须整顿党的组织。

整顿党的组织，按照民主集中制的原则调整党内关系，才能加强党的思想政治工作和宣传教育工作，正确处理党同国家机关和其他社会组织的关系。有些党组织，至今存在着严重的无组织无纪律现象，搞家长制。有些领导干部把自己凌驾于组织之上，有的甚至把自己主管的单位变为独立王国。这种家长制作风，不可能对群众进行细致而有力的思想政治和宣传教育工作，也不会尊重和支持国家机关和其他社会组织的工作。因此，为了正确处理党群、党政关系，首先必须把党组织内部的关系整顿好。

纯洁党的组织，把坚持反对党、危害党的分子清理出来，开除出党，才能使党的领导得到保证。堡垒最容易从内部攻破。混进党内的敌对分子比党外的敌人更危险，因此也更需要引起警惕。在我们这个有四千万党员的大党里，绝大多数党员是与党同心同德的，健康力量在党内占据强大优势。然而，也有极少数人挂着党员的招牌，干着反对党、危害党的勾当。那些在"文化大革命"中造反起家的人，帮派思想严重的人，打砸抢分子，那些顽固抗拒十一届三中全会以来中央路线的人，在经济上严重犯罪的人，以及其他严重违法乱纪的人，以种种方式干扰破坏党的路线、方针、政策，败坏党在人民群众中的良好声誉和崇高威望。凡是有这些人存在的党组织，党的领导就不会坚强有力。因此，必须把他们坚决清理出来，开除出党，否则，会成为党的严重隐患。

整顿党的组织，对于加强和改善党的领导是完全必要的，这是当前的紧迫任务。所谓紧迫，不仅是说党的组织不纯的状况很严重，如果不尽快整顿，会给党带来更大损失；而且是说，只有尽快地整顿好党的组织，才能保证党领导人民实现十二大确定的社会主义现代化建设的宏伟目标，早日把我国建设成为现代化的、高度文明、高度民主的社会主义国家。

1942 年，毛泽东在延安整风的报告中这样说过："只要我们共产党的队伍是整齐的，步调是一致的，兵是精兵，武器是好武器，那么，任何强大的敌人都是能被我们打倒的。"实践证明了毛泽东这一论断的真理性。今天，完全可以这样说，只要我们坚决执行党中央的决定，完成"统一思想，整顿作风，加强纪律，纯洁组织"的整党任务，那么，我们的党组织一定能够成为坚强的战斗堡垒，胜任领导社会主义现代化建设的历史重任。

原载《大众日报》1983 年 10 月 19 日

论毛泽东争取多数的策略思想

没有一定范围内多数人的支持和拥护，任何政治家的事业都不可能取得成功。古往今来一切有远见、有作为的政治家，无不把"争取多数"作为实现自己政治目的的基本策略。但是，能够像毛泽东那样把争取多数这一策略思想建树得那么丰富，运用得那么成功的政治家，在历史上并不多见。认真学习、研究和继承、发展毛泽东争取多数的策略思想，对于贯彻执行党的路线方针政策，调动一切积极因素建设社会主义，推进无产阶级革命事业，具有十分重大的意义，也是对毛泽东诞辰 90 周年最好的纪念。

一、争取多数是毛泽东策略思想的核心

《关于建国以来党的若干历史问题的决议》指出：毛泽东是伟大的无产阶级革命家、战略家和理论家，"他在对敌斗争和统一战线等方面，提出了许多重要的政策和策略思想"。在他众多的政策和策略思想中，最为党和他本人重视的是争取多数的策略思想。

早在第一次国内革命战争时期，毛泽东就明确指出，无产阶级要取得革命胜利，必须团结真正的朋友，以攻击真正的敌人；而这真正的朋友，主要是占中国人口大多数的农民和小资产阶级。那动摇不定的中产阶级的左翼，也可能是无产阶级的朋友，也要争取。这里，他把团结和争取多数作为"革命的首要问题"的一个方面，严肃地提到了中国革命和中国共产党人面前。第二次国内革命战争时期，毛泽东提出了中国革命要走农村包围城市道路的理论。其主要根据，是占中国人口百分之八十的农民生活在农村，无产阶级要争取农民的支持，就必须到农村去。这里，毛泽东又把团结和争取大多数人（农民）同建立革命主力军、坚持革命的正确道路直接联系起来。抗日战争时期，毛泽东提出，要取得抗战的最后胜利，必须建立广泛的抗日民族统一战线，

坚持"发展进步势力，争取中间势力，孤立顽固势力"的总方针，而不能"为渊驱鱼，为丛驱雀"。解放战争时期，毛泽东领导全党团结各族人民组成了反对美蒋反动派的民族民主统一战线，使蒋介石集团在军事上节节败退，政治上极端孤立，终于一朝覆亡。全国解放以后，毛泽东没有因为民主革命的胜利而放弃争取多数的思想。他指出，无产阶级革命还没有完，"对于革命来说，总是多一点人好"。"我们一定要努力把党内党外、国内国外的一切积极的因素，直接的、间接的积极因素，全部调动起来，把我国建设成为一个强大的社会主义国家。"在对外关系上，毛泽东始终把争取多数作为外交路线和政策的一个基本点。他晚年提出的三个世界的战略划分，就是为了在世界范围内建立广泛的统一战线，以反对帝国主义和霸权主义，维护世界和平。

从上述简要的历史事实中，可以清楚地看到这样两点：其一，所谓毛泽东争取多数的思想，是以毛泽东为代表的中国共产党人在领导革命斗争中形成的一个基本策略思想。主要是指，党在实现自己路线的过程中，在同最主要的敌人的斗争中，必须最大限度地团结本阶级的群众，争取最广大的同盟军，建立最广泛的革命统一战线。这里所要争取的多数，不是某个小范围的相对多数，而是社会总人口中的多数，是绝对多数。其二，在革命实践中，坚持争取多数的策略，革命就发展，就胜利；破坏这个策略，革命就失败。以争取多数为内容的统一战线，是中国革命胜利的法宝之一。

争取多数在毛泽东策略思想中居于核心地位。这一点，通过分析毛泽东提出的其他一些策略思想可以进一步明确。

"弱小的革命力量在变化着的主客观条件下能够最终战胜强大的反动力量。"从直观上看，弱小的革命力量战胜强大的反动力量是不可能的。但弱小的革命力量是代表社会发展方向的，代表着广大人民群众的根本利益，因此，它终究要把大多数人争取到自己这一边来，使自己由弱小变为强大，最后战胜由强大变为弱小的反动力量。从这个意义上说，弱小的革命力量胜利的秘密，就在于它能够争取多数。

"要掌握斗争的主要方向，不要四面出击。"在政治斗争中，每一股政治力量后面总要跟着一部分人。四面出击，树敌过多，不利于争取同盟者，也不利于集中兵力打击主要敌人。实行这个策略的过程，就是争取多数的过程。

"在反动统治地区，把合法斗争和非法斗争结合起来。"开展合法斗争，是为了揭露敌人，宣传教育群众，目的在于争取更多的人同情或参加革命。开展非法斗争，打击反动力量，着眼点也在于鼓舞和教育被压迫群众，使他们尽快走向革命。两者都是为争取多数。

"对被打倒的反动阶级成员和反动分子，只要他们不造反，不捣乱，都给以生活出路，让他们在劳动中改造成为自食其力的劳动者。"这样做不仅是无产阶级革命的性质所决定的——这个革命不是要从肉体上消灭哪些人，而是要根本改变社会制度，改造人的思想；而且要通过"给出路"，教育被打倒的敌对分子不再与人民为敌，同时，也以此影响那些尚未被打倒的敌对分子，以便在其他条件成熟的时候，争取他们站到人民这一边来。实行这个策略还是为了争取多数。

列宁在论述恩格斯关于把真正多数的群众争取到革命这边来的思想时指出："马克思主义策略的实质就在于此！"上述分析告诉我们，争取多数，确是毛泽东策略思想的核心和实质。

二、毛泽东争取多数策略思想的基本特征

在中外历史上，注重研究和实践"争取多数"策略思想的大有人在。孔子主张为政要宽，说"宽则得众"。孟子提出了"政在得民"的仁政学说，认为"得天下有道，得其民斯得天下矣"。唐太宗李世民接受了魏徵讲的"载舟覆舟"、民众可畏的道理，提出了"君依于国，国依于民"的思想。他主张，为君之道，必须先存百姓；为国之术，必须以民为本。在近代资产阶级革命时期，不论是杰弗逊提出的"人民的权力应占上风"，还是卢梭提出的"人民主权不可转让、不可分割、神圣不可侵犯"的三原则，都反映了他们在政治上要争取多数人支持的思想。不仅是先进人物，一些反动阶级的代表人物，也很重视对多数人的争取。历史表明，同是争取多数，有的争取到了，有的先是争取到了，后来又抛弃了，还有的不但没有争取到多数，反而被多数打倒了。之所以出现这种种不同的结局，除了一系列客观因素外，主观上在"为什么争取多数、怎样争取多数"这两方面的差异，是极其重要的原因。因此，要继承、发展毛泽东争取多数的思想，就不能停留在"争取多数"这个一般性结论上，而要研究它与以往政治家争取多数思想的区别，认识它的基本特征。

以无产阶级革命为政治基础，实现阶级性与人民性的统一是毛泽东争取多数策略思想的基本特征之一。

在阶级社会中，各种思想无不打上阶级的烙印。尽管一些剥削阶级政治家也讲要"得民""依于民""民主"等，但仔细一看，就会发现：他们所要真正争取的，不是广大人民群众这个绝对多数，而只是他们那个阶级、集团内的相对多数；他们"得民"的目的，不是"为民"，而是"使民"（孔子语）、防民"覆舟"，最终是为了剥削多数，压迫多数。他们与广大人民群众处于严重的阶级对立状态。这个政治基础，从根本上决定了他们不会、也不可能把广大人民群众真正争取到自己身边来。正是这种剥削阶级的阶级性与人民性的对立，

成为历史上许多政治家争取多数思想破产的主要原因。毛泽东是伟大的无产阶级革命家。他的一系列策略思想都是为无产阶级革命服务的。无产阶级革命要消灭一切阶级和一切剥削制度，彻底解放全人类。这个历史任务只靠无产阶级及其先锋队还不能实现，必须争取和联合无产阶级以外的广大人民群众。同时，无产阶级革命所要实现的目标，也是千百年来世世代代人民群众所梦寐以求的。因此，对于无产阶级革命，广大人民群众不但赞成、拥护，而且能够积极参加，使无产阶级革命成为有史以来最伟大的人民革命。无产阶级革命的性质和目的，决定了毛泽东争取多数的策略思想必然是阶级性与人民性的统一，也使它的成功具有了必然性。全心全意为大多数人谋利益，才能争取大多数，是毛泽东争取多数思想阶级性与人民性统一的生动体现，也是正确运用这一思想的基本经验。

以历史唯物主义为理论基础，实现革命性与科学性的统一，是毛泽东争取多数策略思想的基本特征之二。

以往许多剥削阶级政治家争取多数的策略之所以不能成功，除了他们与广大群众处于阶级对立状态这个阶级根源之外，从世界观上说，是历史唯心主义作用的结果。他们把人类社会的一切发展变化，或者说成是神的安排，或者归于少数英雄人物的作用，从不承认人民群众是历史发展的动力，更没有依靠人民进行社会变革的思想。因此他们在争取多数时总是采取实用主义态度，认为需要多数帮助就争取一下，否则就不争取，一旦目的达到又把多数一脚踢开。这样争取多数当然是不坚定、不彻底的。毛泽东争取多数的策略思想则具有坚定性和彻底性。它要求人们，无论何时何地做何工作，都要坚定不移地依靠广大群众。这是由党和毛泽东的唯物主义历史观所决定的。历史唯物主义认为，革命是群众的事业，革命的主体是人民群众；人民是创造世界历史的动力，有能力解决一切社会问题。这一科学理论正确地说明了人民群众的历史地位和作用，也决定了建立在这一理论基础上的毛泽东争取多数的策略思想不但具有革命性，而且也具有科学性。

一方面说要相信群众，一方面又要争取群众，这是不是互相矛盾呢？不是的！相信群众，是从人民群众的伟大历史作用说的。但是，历史的发展是不平衡的。不论在哪个历史时期，都不可能是全体人民齐头并进，一同跟上历史前进的步伐，总是先有少数人觉悟，然后靠这些觉悟了的人去影响、带动多数人，共同推动历史。因此，必然要产生个争取多数的问题。这个争取多数，是实事求是地对待历史发展的正确态度，是充分相信群众伟大历史作用的表现，也是充分发挥群众历史作用的前提条件。相信大多数，代表大多数，才能争取大多数。这是毛泽东争取多数思想革命性与科学性统一的生动体现，也是正确运用这一思想的又一基本经验。

以革命发展的具体实践为现实基础，实现原则性与灵活性的统一，是毛泽东争取多数策略思想的基本特征之三。

毛泽东争取多数的策略思想是在中国革命实践中产生的，又是为发展这个革命服务的。因此，它始终以革命发展的具体实践为现实基础。这个基础，决定它必须实现原则性与灵活性的统一：一方面，争取多数的工作要有利于无产阶级革命事业的发展，什么时候争取哪些人，必须依革命发展需要而定，这是不可动摇的原则性；另一方面，它要求在坚持原则的前提下，审时度势，机动灵活地运用和变换各种形式和手段，最大限度地争取一切可以争取的同盟者。没有原则性，"争取多数"就会走向反面；没有灵活性，"争取多数"就会成为一个僵死的口号，原则性也会落空。这种原则性与灵活性的统一，是以往政治家很难做到的。

怎样按照原则性与灵活性统一的要求实现争取多数呢？根据党和毛泽东的经验，起码要做到下面几点。

其一，必须正确分析形势，准确地弄清楚在一定形势下，各个阶级、阶层、集团以至某些重要人物对待革命的态度。否则，争取多数就有盲目性。毛泽东就是从分析中国社会各阶级的状况入手，确定争取多数的方针和步骤的。

其二，必须能够率领同盟者向着共同的敌人作坚决斗争并取得胜利。要争取多数，就必须获得多数的信任。广大群众所以相信党，愿意跟党走，就是切实看到了党不论在怎样困难的情况下，都能带领群众向共同的敌人作坚决斗争，而且能够取得一个又一个胜利。如果不敢斗争，或者老是失败，群众就会感到跟你走没出路，不愿意跟你走。

其三，必须对同盟者给以物质利益，至少不损害其利益。马克思指出："人们奋斗所争取的一切，都同他们的利益有关。"因此，无产阶级政党在争取多数的时候，既要为人民的根本利益而奋斗，把无产阶级革命进行到底，又要考虑和照顾一切同盟者的眼前利益，尽量不损伤他们的积极性。毛泽东多次强调要关心群众生活，"要有新的利益给他们"，不然的话，群众就不会跟党走。

其四，必须善于求同存异。争取多数，首先就要找到和扩大与同盟者在和共同敌人作斗争以及争取共同利益方面的相同点。否则，就不可能争取它。同时，由于各阶级、阶层所处社会地位不同，在许多问题上存在分歧也是正常现象。无产阶级政党不应因为与同盟者有某些分歧而不去争取它，也不应因为要争取它而不承认彼此的分歧。正确的态度应该是，能够解决的分歧尽量解决,暂时不能解决的可以搁置起来,待条件成熟后再妥善解决,不使它影响眼前进行的主要斗争。

其五,必须采用适当的方法,对同盟者的缺点和错误进行正确的教育、批评甚至斗争。经验告诉我们,纠正同盟者的缺点错误必须注意方式方法。纠正农民那种小生产者的狭隘性、落后性,除了发展生产力外,主要是靠思想政治工作;而对于抗日战争时期蒋介石那样的同盟者,则要开展必要的斗争,以斗争求团结。

三、毛泽东争取多数的策略思想在今天的发展

在长期革命实践中,毛泽东争取多数的策略思想所显示的巨大威力,给党和人民留下了极为深刻的印象。毛泽东逝世以后,党和人民把它作为一份宝贵的精神遗产继承下来,并在十一届三中全会以后,大大发展了它。

一是在理论上,对毛泽东争取多数的策略思想进行了新的概括,阐明了新时期统一战线的基本理论,丰富了毛泽东关于统一战线的学说。这主要是:阐明了党在整个社会主义阶段将始终坚持统一战线,统一战线仍然是党的一大法宝;现阶段统一战线是在共产党领导下,有各民主党派和人民团体参加的,包括全体社会主义劳动者、拥护社会主义的爱国者和拥护祖国统一的爱国者的最广泛的爱国统一战线;统一战线的主要任务是为建设现代化的、高度文明的、高度民主的社会主义强国和实现两岸统一服务;社会主义条件下的各民主党派是各自所联系的一部分社会主义劳动者和一部分拥护社会主义的爱国者的政治联盟,是在中国共产党领导下为社会主义服务的政治力量;党对各民主党派和其他党外朋友继续坚持"长期共存、互相监督","肝胆相照、荣辱与共"的方针;新时期人民政协不仅是统一战线的组织形式,而且是广泛联系各界人士和群众,充分发扬社会主义民主,实行互相监督的重要形式。

二是在实践中,对毛泽东争取多数策略思想的运用有了新的发展。这主要是:通过正确处理社会主义时期的阶级斗争问题,使一大批原来"阶级斗争的对象"跨进了社会主义建设者和爱国者的行列;通过平反冤假错案,使一大批人放下了包袱,坚定了跟党走的信心和决心;通过实行一系列适合社会主义经济发展的新的经济政策,广大人民物质生活有了大幅度提高,更加拥护党的领导;通过加强社会主义民主和法治的建设,进一步保障了人民的民主权利,增强了人民群众的主人翁责任感,促进了党外人士与党的亲密合作;通过正确评价知识分子的地位和作用,调动了广大知识分子建设社会主义的积极性;通过实行新的对台政策,进一步团结和争取了广大台湾同胞和海外

侨胞，以及去台人员留在大陆上的亲属。所有这些，有力地争取了更多的人在社会主义、爱国主义的旗帜下团结在党的周围。在国际上，通过实行正确的对外关系原则，恢复和改善了我党与一些国家共产党的关系，扩大了我国与第三世界的联系，加强了国际反帝反霸统一战线。

毛泽东争取多数的策略思想，是毛泽东思想体系的重要组成部分，是我们党的宝贵精神财富。在新的历史时期和新的实践中运用和发展它，并以符合实际的新原理和新结论来丰富它、发展它，必将使我们的事业沿着马克思列宁主义、毛泽东思想的科学轨道胜利前进！

原载《东岳论丛》1983 年第 6 期

1984 年

年度背景　全党全国继续贯彻落实党的十二大精神，加强民主政治建设。10月，国务院发出《关于农民进入集镇落户问题的通知》，强调促进小城镇建设。

努力学习和研究政治学

政治现代化，是社会主义现代化的题中应有之义。党的十二大明确提出，健全社会主义民主政治建设。怎样才能正确地有效地进行这一建设呢？"没有革命的理论便没有革命的实践。"能够指导我国进行社会主义民主政治建设的，既有我们党的一系列政治理论，还应该有马克思主义政治学这一专门理论。

所谓政治学，简单地说，就是关于政治的科学。"政治"二字，是人们非常熟悉的词汇，然而，对它的科学含义，却未必是人人都明了的。早在二千多年以前，古希腊的亚里士多德撰写的《政治学》是政治学的首创著作。从那以后，直到马克思主义诞生前，历代都有人对政治发表见解，说法不一。但总起来看，他们对政治的解释主要是管理、统治、组织和治国之意。马克思、恩格斯以及后来的列宁、毛泽东等无产阶级革命家依据历史唯物主义，从不同角度对政治作了科学的归纳。他们指出：政治是经济的集中表现，政治是从经济基础产生的上层建筑，政治的性质归根到底要由经济的性质来说明；政治是各个阶级之间的斗争，阶级性是政治的基本特征；政治的核心是国家政权，国家是关系全部政治的主要的和根本的问题；政治是多种重大社会关系的表现，不但包含阶级之间的关系，而且包含阶级内部的各种重大关系，以及民族、国家之间的关系等；政治是政党或政府制定的路线、方针、政策和策略；政治是参与国事、指导国家、确定国家活动的方式、任务和内容；政治是一种科学，是一种艺术等。

马克思主义政治学，是研究以国家为主体的政治形式、政治关系和政治活动发展规律的科学。它的主要内容包括：关于阶级的形成、发展和消亡以及阶级斗争的理论；关于国家的本质、国家的类型和国家的发展及消亡的理论；关于政府体制和政府机构的理论；关于政党作用、政党制度和政党建设的理论；关于革命的性质、革命的作用和革命的道路的理论；关于行政管理的制度、过程和一般原则的理论；关于民族的形成、民族运动和民族政策的理论；关于国际组织、国际关系和国家对外政策的理论等。十分明显，这门科学所涉及的问题，都是社会发展中的重大问题。

当前，努力学习和研究马克思主义政治学，对于加强我国的社会主义民主政治建设，有特殊的现实意义。

其一，有助于建设高度民主。民主问题，首先是一个国体问题，是如何组织人民群众当家作主的问题。这个问题非常复杂，决不是一经宣布就能实现的。在我们这样一个缺乏民主传统、经济文化比较落后、有十亿人口的大国里，建设高度民主究竟要走一条什么样的道路？要采取哪些具体办法和措施？要制定哪些行之有效的制度？怎样才能切实保证人民群众对干部享有实实在在的选举权、罢免权和监督权？这种种问题，都没有现成答案，只能靠努力学习和研究马克思主义政治学，通过总结我们自己争取民主、建设民主的经验，通过研究其他社会主义国家的先进经验，批判地借鉴资产阶级民主的某些形式，才能闯出一条有中国特色的社会主义民主化道路。

其二，有助于推进社会主义政治体制的改革。改革是社会进步的重要形式；但是，如果改革的方法不对头，步子不稳妥，也会"翻车"，也会延缓社会进步。因此，必须注重研究改革的方法和改革的步骤。我们的改革不能只根据某些现象和感觉，而必须依据马克思主义政治学的理论来指导，通过学习和掌握马克思主义关于改革的理论和关于政治体制的理论，通过研究近现代资产阶级国家和我国的政治制度史，才能使我们悉古今，明中外，正确认识我国政治体制中的弊病，也才能提出改革的正确原则和具体方案，保证改革顺利进行。

其三，有助于加强党的建设。马克思主义政治学的重要内容之一，是政党的建设。认真学习和研究政治学的内容，对于执政党的建设是很有益处的。要按照马克思主义的建党学说，加强党的民主制和集中制，使党内各种不正之风从根本上得到制止和纠正。

其四，有助于提高人民的政治觉悟，增强执行党的路线方针政策的自觉性。马克思主义政治学是无产阶级革命性和科学性的高度统一。努力学习和研究它，能够帮助工人阶级和广大人民群众从思想上、理论上认识到自己的历史使命，认识到党的伟大作用，增强政治意识。这样，在执行党的路线方针政策的时候，就能够不仅仅根据自身利益，而且能够根据阶级利益、国家利益去充分发挥工作的积极性、创造性了。党的十一届三中全会以来的路线方针政策富国富民，深得人心，如果在此基础上用马克思主义政治学的基本理论和知识教育干部群众，那就会产生无穷的力量。

此外，学习和研究政治学，对于正确处理社会主义时期的阶级斗争问题，对于正确处理人民内部各式各样的矛盾，对于正确处理民族关系、国家关系，等等，都是必不可少的。

搞政治必须讲究政治科学。这是社会进步的表现和必然趋势。对政治学不学无术的人，成不了现代政治家。学习和研究政治学，是时代的要求，是社会主义事业发展的需要。但当前，主张对政治和政治学敬而远之的仍不乏其人。他们的理由是"研究政治危险"。研究政治问题到底危险不危险？这个问题不能一概而论，必须做具体分析。在有阶级存在的社会里，政治问题主要是个阶级斗争问题，因此，站在什么阶级立场、用什么思想观点去研究政治问题，确实往往与"你死我活"连在一起。国民党反动派统治下，人民只能"莫谈国事"，"文化大革命"时许多人只能装聋作哑，这是谁都知道的。但是，在社会主义的今天，对于坚持四项基本原则的广大干部群众来说，"研究政治危险"应该成为历史。我们的政治是人民的政治，只有使广大干部群众都来关心、研究政治问题，政治才会进步。从具体措施上看，有宪法和法律的保护，人民应该充分享有研究政治的自由，不能被"研究政治危险"的说法所束缚。事实上，如果广大干部群众不能研究政治，政治问题不允许百姓的讨论，那才是真正的危险呢！

在社会主义社会的政治结构中，各级领导干部处于特殊的、重要的地位，应该带头学习和研究政治学，带头把政治学的研究成果运用到实践中去，不断推动民主政治建设。如果能在不太长的时间内培养出成千上万个精通马克思主义政治学的实干家和理论家，那么我们的改革，我们的现代化建设事业，就更有希望了！

原载《大众日报》1984 年 5 月 3 日

小城镇的功能与镇政府的职能

我国社会主义现代化建设事业的发展，正在引起城乡结构的巨大变化。星罗棋布的小城镇，以旺盛的生命力出现在祖国的大地上。山东省在 1984 年基层政权体制改革中，批准以镇为行政建制的小城镇，由原来的 110 个增加到 716 个，从趋势看，今后镇的数量还要大增。众多镇的出现，向各级国家机关和政治学理论工作者提出一个急待解决的问题：作为镇的首脑机关的镇人民政府，应该履行哪些职能？这个问题不但直接关系到基层政权建设，而且对发挥小城镇的功能，进而对整个现代化建设事业都有重要影响，需要搞清楚。

一

我国宪法和地方各地人民政府组织法，规定了镇人民政府的职权。不过，第一，这些规定是把镇同乡、民族乡放在一起作为基层政府的共同职权提出来的，没有反映出镇的特殊性，因此它的某些内容对镇政府来说就显得笼统或者不足；第二，这些规定主要是从镇政府应有的权力角度讲的，不是从它应有的作用角度讲的，因而没有真正解决"职能"问题。这说明，对镇政府的职能问题仍有研究探讨之必要。

所谓镇政府的职能，是指镇政府在国家政权体系中，受其职位所决定，应该发挥的作用和应该完成的任务。它包括两个方面：一是它作为基层政府，与乡、民族乡政府所具有的共同性职能；二是根据镇的特点、地位和功能，所具有的特殊性职能。

根据我国法律规定，包括镇政府在内的地方各级人民政府是地方各级人民代表大会的执行机关，也是地方各级国家行政机关。它受本级人民代表大会和上级国家行政机关的双重领导，依法负责组织和管理本地区的行政事务。法律规定的各级政府的共同性职能也是镇政府的职能。

当前的问题是，应该对镇政府的特殊性职能加以研究。这需要明确两个问题。其一，镇政府是国家政权体系中的一个环节，它受制于、服从于整个体系，又为整个体系的健康运营积极地发挥作用。因此，不能把镇政府的特殊性职能仅仅理解为"只有镇政府有、其他政府完全没有"的职能；而应该理解为是以地方各级政府的共同性职能为基础，又体现镇政府自身工作特点的职能。从这个意义上说，称它为"根据镇的特点所应特别强调的职能"更为合适。其二，我国各级政府都是人民的政府，一切都是为了社会进步和发展社会主义事业，因此，政府的一切工作必须从社会的实际情况出发。这体现在镇政府的工作上，就要求根据镇的社会地位和社会功能来决定自己的工作特点。所谓镇的功能，指的是通常所说的小城镇，受内在结构、能量和外在环境所决定，在经济和社会发展中具有的功效、作用。它与镇政府的职能是两个不同的概念。当我们说一个镇是周围百里的商业中心，讲的是镇的社会功能；加强对商业活动的行政管理，保持镇作为周围百里商业中心的地位，讲的则是镇政府的职能。可见，镇的功能是客观存在的，不由镇政府职能所决定，反而对确定镇政府的职能有决定性影响。当然，镇政府的职能一旦确定并得到履行，又会对小城镇功能的发挥发生作用，或正或反，或大或小。因此，为了正确确定镇政府的特殊性职能，必须研究小城镇的功能。

二

抛开镇的行政概念，镇，或者说小城镇，区别于乡的特点主要有三个：一是在人口的数量和密度上，镇的人口多，密度一般是周围乡村的若干倍。二是在产业结构上，镇是以第二、第三产业为主，即主要是工业、建筑业、运输业、商业、服务业以及教育、科学、文化等。除去少数镇以外，作为第一产业的农、林、牧、渔业和矿业一般不再是镇的主要经济行业。现在的乡村，尽管许多地方工副业很发达，但从总体上说，农、林、牧、渔业仍然是它的主要经济行业。三是在地理标志上，镇表现为"点"，地理区域比较狭小；乡则表现为"面"，地理区域比较广大。小城镇在国民经济和社会发展中具有特殊的功能。

小城镇是农村的经济中心、政治中心和文化中心，它的存在和发展是农村经济、政治、文化发展的必要条件。1980年，胡耀邦指出，没有小城镇，农村里的政治中心、经济中心、文化中心就没有腿。小城镇的"中心"地位，本身就意味着它在经济、政治和社会发展中具有举足轻重的作用。首先，由于小城镇一般都集中了多种行业、多种产品、多种技术知识和多方面的人才，所以它的经济发展有巨大潜力和广阔前景，人们知道，上海郊区、苏南地区和山东省胶东地区这几年经济发展速度高于一般的城市。其主要原因之一，是那里的小城镇经济发展快。根据我国的情况，要在本世纪内实现工农业年总产值翻两番的战略目标，不大力发展小城镇经济是绝对不行的。其次，作为农村"中心"的小城镇，能够有力地影响、带动周围地区，促进广大农村的经济、政治、文化更快发展。小城镇从它形成的时候起，就不是一个封闭系统，而是一个不断同外界进行物资交流和信息交流的开放系统。它生产、生活需要的大部分原材料，要从农村运进来；它生产的产品，也有相当大的部分运往农村。这种不间断的输入输出，不但使小城镇得以生存和发展，而且给农村带来了发展的动力。

当前，我国农村的发展正面临着"两个转变"。发展商品经济是农村实现现代化的必由之路。小城镇的存在和发展，对实现"两个转变"有重大作用。其一，小城镇是商品交换的市场，小城镇不发展，商品流通就会受到限制，许多商品的价值和使用价值不能实现，农村经济就活不了。其二，农村商品经济发展的整个过程，都要求以小城镇为基地开展供销、储运、加工、运输、技术、信息等各种社会服务。没有小城镇的这些服务，或服务得不好，农村商品经济也发展不起来。其三，农民富起来以后，必然要用大量闲散资金寻求新的经营门路，小城镇的存在和发展为他们投资入股、办工厂、办商店、办各种生产和服务事业提供了基地。结论是，小城镇是农村发展必不可少的。

发展小城镇是我国城市化的重要途径。所谓城市化，主要是指人口从农村向城镇的转移过程，表现为人口的集中化，农产品的商品化，生产和生活设施的现代化等。城市化是一切实现工业化国家必经之路。我国在 1949 年有 132 个市，2000 多个县和区制镇，城镇人口 5700 万，占总人口的 10%。到 1983 年，增加到 289 个市，3064 个县和区制镇，城镇人口 20659 万，占总人口的 20.6%。据有关方面测算：到本世纪末，我国农村的劳动力将达到 4.5 亿，种植业和林、牧、渔业所能容纳的劳动力不超过 50%，能进入大、中城市的不超过 10%，还有 40%近 2 亿劳动力，连同他们的家属共 3 亿人无法安排。如果这 3 亿人都涌向城市，势必需要建 6000 个 50 万人口以上的大城市或 100 个 300 万人口以上的特大城市，这样需要占地 6 亿亩，建房 9 亿平方米，各项投资 18000 亿元，这是我国财力、物力所办不到的。但是，又不可能永远把农民禁锢在农村，怎么办呢？出路只有一个，那就是发展小城镇。邓小平指出，我国的农业劳动力过剩，要使农村人不向城市跑，发展小城镇就解决了 80%的就业问题。中央根据我国国情和当今世界上普遍存在的城市问题，正确提出了"控制大城市，合理发展中等城市，积极发展小城镇"的方针。实践证明，积极发展小城镇，有利于人口的合理布局，有利于就近吸收农村剩余劳动力，有效地控制大城市的人口规模。同时，以发展起来的小城镇为依托，发展农村经济文化事业，有利于密切城乡联系，推动农业现代化。从长远观点看，发展小城镇也是缩小并逐步消灭城乡差别、工农差别的有效途径。

小城镇是城乡经济的接合部，积极发展小城镇才能建立起现代化的经济网络。现代化经济的发展，要求在全国建立若干个彼此有机联系的大经济区，每个大经济区内又有若干彼此有机联系的中型、小型经济区，形成合理的经济网络，促进城乡经济紧密结合，共同繁荣。十一届三中全会以来，我们找到了一条以城市为中心组织管理国民经济的新路子，即通过发挥中心城市的作用，逐步建立和形成跨部门、跨地区的不同规模、不同类型、综合发展的经济区和经济网络，使大大小小的经济点能够"平面交织，辐射联系"。在这里，小城镇的作用就尤其重要了。小城镇是城市之末，农村之首。大中城市对农村的领导，要通过它；大中城市向农村的辐射，也要通过它；小城镇首先接收城市的影响和信息，又是它把农村的各种信息传到城市。正如有的人指出的那样，小城镇背靠大中城市，腹容广大农村，是城乡经济的纽带和接合部。它的这种战略地位，决定了我国经济的发展不能离开小城镇的发展。

中央领导同志提出，发展小城镇是个大政策，是农村生产的又一次解放，其意义不亚于农业生产责任制。安徽省鲜明地提出，小城镇建设是加速农村经济发展的第二个突破口。不管人们怎样评价，都说明小城镇在社会发展中有重要地位，要求人们切实把它建设好，管理好，充分发挥它的社会功能。

三

小城镇的上述特点、地位和作用，反映在镇政府的职能上，主要有四个。

（1）镇的市政规划、建设和管理的职能。镇是一个"点"。镇政府组织人民的生产和生活，要以这个"点"为基础；镇同大中城市和广大农村发生各种联系，也要依靠这个"点"。这个"点"的规划是否合理，建设和管理是否符合当时当地政治、经济和文化事业发展的要求，往往直接决定它的盛衰兴亡。

搞好镇的市政建设，首先要搞好规划。这是事关镇的发展前途的大问题，也是当前工作的薄弱环节。搞规划，要有个正确的指导思想。镇的市政建设规划应该遵循"城乡结合，工农结合，有利生产，方便生活"的原则。应树立下列观点：一是全局观点。要把城镇建设规划放在周边相关区域的全局中去认识，努力做到镇的建设同周围农业、工业、人口、资源、交通运输等宏观经济相平衡；镇的内部经济建设和文化建设，物质生产和非物质生产相平衡。二是效益的观点。每一项目的安排都要进行科学论证和可行性研究，做到规模合理，位置适当，布局紧凑，相互协调，少花钱，多办事。要特别注意把眼前效益同长远效益结合起来。三是方便的观点。把最大限度地方便群众的劳动和生活作为规划的原则。不但要城里的群众感到方便，同时也要考虑到使周围农村的农民感到方便。四是文明美化的观点。应该使城镇建设清洁整齐，美观大方。要防治污染，保持生态平衡，建设美好的自然环境。五是特色的观点。由于各个城镇所处的经济、政治、地理、交通等条件不同，本身可以分为生产型、流通型、服务型、交通枢纽型、旅游型等不同类型，因此在建设规划上应该力求各有特点，而不应千篇一律，千镇一面。独具风格、独具特色的新型城镇才能吸引人，才有生机，前途无量。镇的市政建设规划经上级批准后，应具有法律效力。镇政府依此统一组织，领导和监督规划的实施。镇政府要把工作重点放在提高城镇质量上，使城镇早日达到有高效能的基础设施、高水平的管理工作、高质量的生态环境、高度社会化的分工协作、高度精神文明的现代化城镇的要求。

（2）管理商业、服务业的职能。流通是小城镇的第一位功能。随着农村商品经济的发展，作为商品交换中心的小城镇像磁铁一样，把农民从四面八方吸引来，在许多小城镇，赶集的人常常是镇上常住人口的几倍甚至几十倍。同时，城市越来越多的工业品汇集小城镇，小城镇里各种商业、服务性设施迅速建立起来，各种商业活动、服务性活动大大增加。因此，管理商业、服务业必然成为镇政府的重要职能。小城镇的商品流通活动，主要是利用价值规律，发挥市场调节作用。因此，镇政府在管理上要立足于"放开、搞活"，不能层层设卡。允许经销、联销、代销、自销，可以运用订货会、展销会和交易会等形式，切实打开商品流通渠道。

镇政府对服务业的管理，是人民政府"为人民服务"宗旨的直接表现。这就要求，其一，凡是镇上人民和附近农民生产和生活需要的服务性设施，要尽快建立起来，如自来水、理发店、饭店、浴池、医院、影剧院等。据典型调查，镇的商业机构和各种服务性机构，只有 40％左右为本镇居民服务，其余都是为附近农民服务的，因此，建设服务型设施要考虑到附近农民的需要。其二，要根据城镇居民和附近农民的需要，不断扩大服务范围，增加服务项目。其三，要教育各行各业服务人员，端正服务态度，学习服务业务，不断提高服务质量，以发达的服务业，促进城乡经济的发展。

（3）管理生产的职能。发展生产，特别是发展工业生产，是小城镇发展的基础。现在的镇，一般都还领导周围的一些农村，都管一部分农业。从全局上看，农业是国民经济的基础，也是城镇发展的基础。但是，从城镇的特点、地位和作用看，它的主要任务毕竟不是发展农业，而是根据城镇的性质和类型，适当地发展一些工业、手工业、建筑业等。这一类工业生产搞得好，对于整个城镇的发展有决定性意义。因此，要求镇政府充分发挥管理生产的作用。

镇政府管理生产，不同于镇党委，也不同于镇的经济组织，它主要是实行行政管理，在生产中进行组织、计划、指挥、监督活动。它要组织或督促实施人民代表大会决定的经济建设规划；监督经济单位和个体户认真执行国家的政策和法令，监督他们签订和履行经济合同，完成应担负的税收等任务；维护一切经济单位和个体户的正当经济权益，取缔非法的经济活动，打击经济犯罪分子等。

（4）管理教育、科学技术和文化的职能。"无智不前""无文不智"是我国现代化建设的经验总结。社会经济、政治的发展，离不开文化，离不开科技和教育。城镇的发展尤其如此。加强对教育、科技、文化的行政管理，使城镇成为名副其实的农村教育中心、科技中心和文化中心，是镇政府的又一个不可忽略的重要职能。首先，要加强对教育、科学、文化机构、设施的建设和管理。要千方百计地办好中小学，有条件的镇要兴办一些技工学校和中等专业学校，甚至大专院校，还要办好图书馆、电影院、文化站、科技咨询站等。其次，要充分运用这些机构和设施，传递各种经济和社会信息，进行思想道德教育，培养有理想、有道德、有文化、守纪律的社会主义新人，促进本镇和周围农村的两个文明的建设。

发展城镇的教育、科技和文化事业，最重要的是人才。当前，小城镇的专业人才普通缺乏，许多几万人口的一个镇竟没有一名工程师一类的中级知识分子。因此，镇政府应努力开发人才资源，疏通人才通向小城镇的渠道。第一，要坚决落实党的知识分子政策，切实解决好本镇知识分子的政治待遇和生活待遇问题，努力创造条件使他们人尽其才，才尽其用。第二，破除"唯身份论"，大胆选用人才，把本地的"土秀才""土专家"，各类经营的"能人"和自学成才的人统统起用，充分发挥他们的聪明才智。第三，实行优惠政策，从大中城市招聘人才到镇上工作，或者以兼职、咨询、办学习班等方式，赢得人才。第四，积极发展教育，培养各种人才。可以把一部分中学改办成职业中学，也可以支持企事业单位或私人自办或联办各级各类业余学校和讲习班。百业之兴，在于用人。充分发挥全体人民的积极性、创造性，是镇政府工作的一个基本点。

为了正确履行镇政府的职能，充分发挥小城镇在社会发展中的功能，当前有三个突出问题要解决好：一是正确处理党政关系，使镇政府真正能够行使法定职权。二是改革管理体制，扩大镇的权力。三是根据镇的特点，改进领导方法。由于镇的数量骤增，目前镇政府的干部绝大多数是由原来的乡上转过来的，对如何开展镇政府的工作没有经验，往往机械地搬用管农村、管乡的经验。这不行。镇属于城市系统，必须努力学习城市管理经验，创造出一套管理小城镇的特有方法。这样有利于实现镇政府的职能，也为以后从管理小城镇向管理城市转变积累经验。

原载《东岳论丛》1984 年第 6 期

1985 年

年度背景　1985 年 5 月，邓小平提出："什么叫领导？领导就是服务。"这个论断增强了各级领导的服务意识，推动了领导科学的研究与发展。

领导的基本概念与社会主义领导科学

研究问题不能从概念出发，但是，如果不把基本概念搞明白，研究工作就可能误入歧途。刚刚兴起的领导科学的研究尤其如此。深入研讨领导科学的若干基本概念和社会主义领导科学体系，对于我国领导科学的健康发展具有重要意义。

一、确立基本概念的基础——领导现象的产生及其发展

列宁指出："人的概念就其抽象性、隔离性来说是主观的，可是就整体、过程、总和、趋势、泉源来说却是客观的。"要正确说明领导科学中一系列基本概念的含义，就必须明确概念赖以产生的领导现象的总体状况。

领导的历史，几乎同人类社会的历史一样悠久。据历史学的研究，早在直立人阶段，人类就开始过着集体劳动、共同消费的社会生活。到早期智人阶段，人类开始在集体组织内部按性别和年龄进行劳动分工，悄然产生了领导的萌芽。最初的领导不是人类的自觉行为，而完全是在"不经意"中自然产生的。进入母系氏族时期以后，领导者和领导现象就完全出现了。氏族领导者的选举和撤换，重大事项的决策，都已经是一种自觉行为了。受生产力水平低下和生产资料公有制的决定，氏族首领和普通成员之间是平等的、互助合作的关系，为着共同的生存目标而奋斗。

到了原始社会晚期，生产力发展了，也随之出现了私有制。于是，在氏族社会里分化为两种不同类型的社会集团：一种是氏族显贵、军事首领以及他们专用的武装力量"亲兵"。他们掌管氏族的一切生产资料和财富，决定着氏族的一切大事，后来成为奴隶主阶级。另一种是沦为奴隶的氏族贫困成员和战俘。他们一无所有，承担着最繁重的劳动，创造出的一切财富连同他们

本身，都归属于主人，后来成为奴隶阶级。在这两大社会集团中，出现了两种基本的社会关系：一是在两大社会集团之间形成了一种统治、压迫、剥削、掠夺与被统治、被压迫、被剥削、被掠夺的关系。他们之间没有了共同的利益和奋斗目标，过去在原始公社中那种平等的领导与被领导关系已经荡然无存，彼此的生活准则和道德观念也处于严重的对立之中。统治者为了实现自己的利益，逐渐创造出军队、法庭、监狱等国家机器，进而使得与被统治者的矛盾更加不可调和。对此，恩格斯作了这样的概括："把对社会的领导变成了对群众的剥削。"二是在统治集团内部的上下之间，尽管争权夺利，矛盾重重，但由于有共同的利害关系和目标，所以还大致保持着原始公社中那种领导与被领导关系。与此同时，被统治集团在与统治集团斗争的时候，往往形成自己的组织。在组织内部，为了实现共同的目标，也建立了领导与被领导关系。完全进入阶级社会以后，虽然随着生产方式的变化阶级关系一变再变，但是，社会划分为统治阶级与被统治阶级的对立关系，统治阶级内部、被统治阶级内部的领导关系，这个基本格局并没有发生根本性变化。

社会主义制度的建立，基本消灭了剥削阶级和阶级对立，以往阶级社会那种基本格局被彻底打破。阶级间的统治关系基本不再存在，逐渐地剩下了以工人阶级（通过共产党）为核心的人民群众内部的领导关系。社会发展经过了一次"否定之否定"，仿佛又回到了原始社会那种纯朴的领导关系中。但是，它的基础变化了，内容和形式也都今非昔比。

二、关于"领导"

从领导现象的产生及其历史变化中，可以看到，所谓领导，抛开它"领导者"的含义，主要是指社会中人与人之间关系的一种特殊形式，即一定的人或人的集体（通称"领导者"），通过一定的方式，率领并引导另外一些人或人的集体（通称"被领导者"）朝共同趋向的目标前进过程所表现的一种关系。它可以被理解为领导行为、领导过程、领导状态、领导活动等，但从根本上说，应称为领导关系，是领导者与被领导者相互关系的矛盾运动。

显然，领导的这一概念既区别于统治，也不等同于管理。

统治，是马克思主义阶级斗争理论中的概念，是指握有国家权力的阶级依靠经济力和暴力胁迫、压制敌对阶级借以为自己服务的行为，表现的是敌对阶级之间的关系。处于统治关系中的阶级，彼此没有共同的根本利益，也没有共同趋向的目标。按照《共产党宣言》的观点，它们"始终处于对立的地位，进行不断的、有时隐蔽有时公开的斗争，而每一次斗争的结局都是整个社会受到革命改造或者斗争的各阶级同归于尽。"而领导，则是具有共同利益和共同趋向目标的同一阶级或阶级联盟内部的关系。在表现形态上，领导活动是以被领导者对领导者的自觉服从为前提的，统治是以被统治者无条件服从为前提的；领导的主要工具是领导者的影响力，统治的主要工具是暴力。在马克思主义的基本理论中，不但把领导与统治的概念作了严格划分，而且分别建立了两门不同的理论：一门是关于统治的阶级斗争理论，一门是关于领导的无产阶级领导（党的领导）理论。这进一步说明，不能把领导与统治混为一谈。

管理，主要是讲"人与事"的关系，而领导是讲"人与人"的关系。《现代汉语词典》对"领导"的解释是"率领并引导朝一定方向前进"；对"管理"的解释是"负责某项工作使顺利进行""保管和照料""照管并约束（儿童或动物）"。显然，这里讲的"领导"是以"人"为对象的，"管理"则以"事务"为对象。在"管理"的词义中，尽管有照管并约束"人"的意思，但不难看出，这种人是不健全的、缺乏独立能动性或不准有独立能动性的人，如儿童、病人、囚犯或被压迫者等，其实也是把这些人当作"事务"看待的。在现实生活中，人们所说的管理也主要是针对各种各样的事务讲的，如管理工具、管理账目、管理质量等。当然也说人事管理，这实际上是讲对人的培养、使用、安排等"事项"的管理。把人作为管理的对象，是剥削阶级掌握政权的社会里的普遍现象。社会主义社会的一切劳动者，是社会管理的主体，管理着社会各个方面的事务。这是社会主义社会本质的体现。但是，作为社会管理者的普通劳动者，并不能称为领导者。这进一步表明了领导与管理的分野。领导"人"与管理"事"是统一的。这个统一，不在于两个概念的等同，而在于，领导"人"既是为了人的发展，也是为了管理好"事"，而要管理好"事"就必须领导好"人"，这就是"事在人为"的道理。领导与管理的差异是多方面的。如：管理是按照规章制度办事，维持现有秩序，领导则是根据形势变化挑战现状，勇于创新，带来变革；管理讲的是铁面无私，严格执行规章制度，而领导注重被领导者的愿望和要求，会根据"人心""世态"变化而实施新的决策和办法；领导者注重人格和榜样的导向作用，管理者注重控制和保证作用；等等。这进一步说明，不能把领导和管理混为一谈。体现在理论上，自然应当建立两门学科：一门是管理科学，一门是领导科学。二者不能互相代替。

三、关于"领导的基本要素"

从历史和现实的领导现象中可以看到，不论是多么复杂、特殊或者多么平常的领导现象，都可以用一句非常简单的话加以概括——"谁在什么环境里用什么方法领导谁干什么"。这句话表现了领导的自然形态，一切社会、一切阶级的领导规律都是通过这一形态表现出来的。把这句话分解开来，实际上是讲了领导的五个基本要素：领导主体（谁）、领导环境（在什么环境里）、领导方法（用什么方法）、领导客体（领导谁）、领导目的（干什么）。任何领导现象都必然具备这五个领导要素，缺一不可。其中，领导主体、领导客体以及他们赖以存在的领导环境，是可以直接感知的，是整个领导机器中的"硬件"，领导方法、领导目的是其"软件"。有的人在讲领导要素的时候往往"忽略"领导方法和领导目的。其实，没有领导方法、领导目的的"领导"是不存在的。没有领导"软件"，领导"硬件"就是毫无关联的人和物，无法形成一个有机的整体，也表现不出领导的社会价值。

四、关于"领导的本质"

本质，是一切科学研究的核心问题。讲领导科学，首先必须正确认识和把握领导的本质。本质和规律是同等程度的范畴，规律就是本质的关系，反映本质的东西。认识领导的本质，就是认识领导的规律。一切领导现象，都是领导本质的外在表现。一切领导职能、领导目标、领导范畴等，都是领导本质的体现和展开。领导本质理论是领导科学理论体系的基石。正确认识领导本质，对于树立马克思主义领导观，坚持社会主义领导原则，实现领导科学化，以及建立有中国特色社会主义的领导科学，具有基础的意义。

本质是与现象相对而言的。对领导，我们感知的只是它丰富多彩的现象，而不是本质。领导本质是领导现象的内在关系，隐藏在领导现象的背后。只有把领导现象作为入门的向导，通过研究大量的领导现象以及现象间的关系，经过去粗取精、去伪存真、由此及彼、由表及里的抽象思维，才能认识和把握领导本质。

世间的一切事物都在运动着，人们对事物本质的认识，也随着实践的发展而不断深化，对领导本质的认识也是这样。列宁指出："人的思想由现象到本质，由所谓的初级本质到二级本质，这样不断地加深下去，以至于无穷。"他还把"人对事物、现象、过程等的认识从现象到本质、从不甚深刻的本质到更深刻的本质的深化的无限过程"列为辩证法的要素之一。依此可见：

1. 一般领导的初级本质——以统率和带动为显著标志的互助合作关系

所以这样来确定一般领导的初级本质，首先是因为，受生产关系所决定，领导在本质上是一种人与人之间的互助合作的关系。马克思主义科学地说明了，一定社会的生产关系是"决定其余一切关系的基本的原始的关系"，"必须到生产关系中间去探求社会现象的根源"。对于领导这种人与人的关系来说，认识它的本质，也必须到生产关系中去寻找。生产关系的性质决定领导关系的性质。在原始社会，由于实行生产资料公有制，大家在生产中的基本关系是平等的、互助合作的关系，因而领导关系必然是平等的、互助合作的关系。在阶级社会，生产资料私有制决定了阶级之间的不平等和不合作，因此在敌对阶级之间没有互助合作的关系，也不存在领导关系。但是在同一阶级或阶级联盟内部，特别是统治阶级内部，虽然已经没有原始社会那种平等关系，但是由于在社会生产资料面前处于大致相同的地位，具有共同的根本利益，共同对付敌对阶级的需要，所以大体上还能保持互助合作的关系。领导关系就是这样。在社会主义社会，以公有制为主体，大家平等地共同成为生产资料的主人，共同支配和使用生产资料，以实现共同的根本利益。受这种生产关系决定，领导关系在本质上也必然是平等的、互助合作的关系。因此，总体上说，凡是本来意义上的领导，其本质都是人与人之间一种互助合作的关系。

其次，领导关系区别于其他社会关系的本质特征，在于它的统率性和带动性。在同一阶级或社会集团内部，具有互助合作关系的行为表现是多种多样的：工厂里的工人之间是通过在不同工序上进行认真负责的劳动，共同生产优质产品表现的；工人和农民之间主要是通过平等地交换产品，满足对方需求表现的；领导，则是把大家统率起来，带领大家进行共同劳动、实现共同利益表现的。领导，首先是一种社会劳动分工。不论在哪一个社会，人类总要共同劳动、共同生活，为此，必然要求有人出来引导、指挥和协调，发挥统率和带动的领导作用。对此，马克思有一段精彩的论述："一切规模较大的直接社会劳动或共同劳动，都或多或少地需要指挥，以协调个人的活动，并执行生产总体的运动——不同于这一总体的独立器官的运动——所产生的各种一般职能。"领导的这种统率、带动的属性，是人类社会共同劳动、共同生活的客观规律决定的，不管社会制度发生什么变化，它都不会发生变化，是一种"自然属性"。

2. 社会主义领导的二级本质——以服务和创新为显著标志的共同进步关系

在有阶级存在的社会里，生产关系的性质一再变化，各种经济关系、政治关系和思想关系必然影响着领导关系，使领导关系在原有的初级本质基础上，形成新的"社会属性"，凸现出具有一定社会性质的二级本质。这里，重点谈谈社会主义领导的二级本质，主要是以服务和创新为显著标志的共同进步关系。

领导的二级本质是对初级本质认识的深化，而不是否定。深化的关节点在于"问题"：为什么同是在社会主义条件下，有的领导关系很正常，真正是一种具有统率性、带动性的互助合作关系，而有的领导者对被领导者既不能统率，也不能带动，彼此丧失了互助合作的关系呢？其原因固然是多方面的，但根本的原因，在于服务性、创新性，在于是否在此基础上形成了一种共同进步的新型领导关系。

首先，社会主义领导关系是一种以共产主义为大目标的共同进步的新型领导关系。社会主义社会是在马克思主义科学理论指导下自觉建立起来的历史上最先进的社会制度，是朝着共产主义远大目标前进的。这种社会性质和发展方向，决定了社会主义领导关系不能停留在"互助合作"上，必须还要强调"共同进步"。只有不断地向着共产主义大目标"共同进步"，才符合社会主义社会发展的客观规律，才最充分地体现了全体人民的根本利益和最大愿望，也才能从根本上解决各种各样的领导矛盾，保持社会主义领导关系健康、协调地发展。

其次，社会主义领导关系是以领导者"全心全意为人民服务"来维系和巩固的；"领导就是服务"是对社会主义领导关系本质的进一步概括。马克思主义在指导无产阶级革命和社会主义建设的实践中，科学地指出了领导的服务性这一本质特征。马克思、恩格斯很早就指出，无产阶级革命运动及其领导活动，不是为少数人谋利益的，而是"绝大多数人的、为绝大多数人谋利益的独立的运动"。与此相适应，其领导者只能是"社会的负责的公仆"。中国共产党在整个领导活动中，始终坚持把"全心全意为人民服务"作为唯一的宗旨。邓小平提出"领导就是服务"的著名论断，为社会主义领导本质观添上了点睛之笔。领导，属于上层建筑，是为一定经济基础服务的；服务，是社会主义领导的基本属性。历史活动是人民群众的事业，人民群众是社会主义社会的主人。为人民服务是对社会主义领导的基本要求。"领导就是服务"，是对我们党全部领导经验的科学总结。从一个被压迫、被围剿、被屠杀的小党，变为世界最大的执政党，并且成功地领导着全国政权，根本原因就在于党始终坚持了为人民服务的宗旨，从而赢得了最广大人民群众最真诚、最有效的支持和拥护。"领导就是服务"，揭示了执政党领导成败的关键。列宁曾尖锐地指出，执政党最大最严重的危险是脱离群众。因此，要保持执政党的领导地位，唯一的出路就是全心全意地为人民服务。

最后，由社会主义领导的历史进步性所决定，领导在本质上是不断创新的。人民群众的实践永远不会停息，社会的发展与进步不可阻挡。创造，是发展的基本形式。创造性实践，是人类实践的最高层次，是马克思主义实践观最本质的特征和规定。体现在领导实践上，就要求领导者必须解放思想，勇于打破习惯势力和主观偏见的束缚，敢于抓住新事物，研究新情况，解决新问题，不断用新思想、新观念、新境界把人民群众带向历史进步的新高度。抓住了这些"新"，在这些"新"上有所创造、有所作为，才能走在群众的前面，统率和带动群众向前进。实践证明，平庸的领导者之所以平庸，之所以在领导实践上难以体现出统率性、服务性，就在于他们故步自封，因循守旧，不敢碰"新"，不会研究"新"，在"新"面前束手无策。创造性理论是我们党领导理论的重要组成部分。努力创新，是十一届三中全会以来我们党领导经验的基本总结。大胆创造，走出平庸，是新时期对这一代领导者的呼唤，也是社会主义领导本质的生动体现。

五、关于"社会主义领导科学体系"

领导科学问世后，许多学者探讨建立一门"社会主义领导科学"。这本来是顺理成章的事，但遭到一些人的反对。他们认为，凡是科学，就应该是超阶级、超社会、超国家的，因此，只能有"领导科学"，不应该有"社会主义领导科学"。这无疑是一种偏见。领导，作为社会人与人之间的一种特殊关系，历来是一种具体的、历史的现象。讲领导，首先要讲是哪个时代、哪个社会或哪个阶级的领导。不同社会、不同阶级的领导固然有其共同点，但它们之间的差异往往更值得重视。这是因为，这种差异更能表现一定领导关系的实质和特点。所以，通过研究一般领导关系，会形成一般领导科学；通过研究特定社会中的领导关系，也会形成特定社会的领导科学。社会主义领导科学，就是研究社会主义条件下领导者与被领导者相互关系发展的一般规律和一般表现形式的科学。其整个理论体系可以形成如下图的结构。

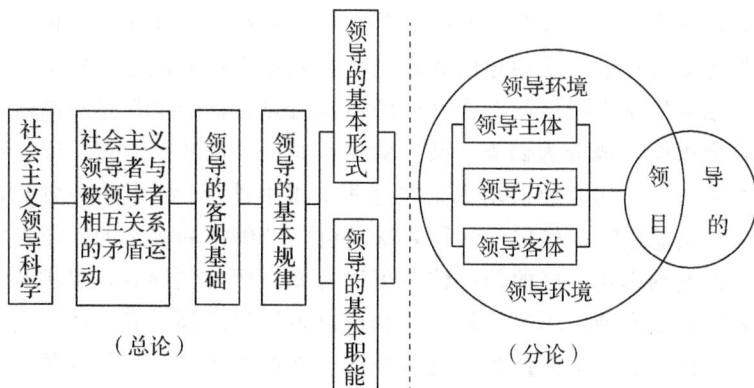

1. 总论

这是社会主义领导科学体系的基础，要回答这门学科最基本、最重要的问题，主要内容有：

(1)社会主义领导科学研究的对象，是社会主义领导者与被领导者相互关系的矛盾运动。

(2)社会主义领导关系的客观基础。社会主义领导关系是从本国革命时期无产阶级的领导关系演变发展来的。其主要条件有：第一，阶级关系发生了根本变化，无产阶级和人民群众执掌政权；第二，生产资料所有制的性质发生了根本变化，实行了生产资料社会主义公有制。生产资料的社会主义所有制，是社会主义领导关系赖以存在和发展的客观基础。社会主义领导的一切内容和形式、一切规律和原则，归根到底都要由这个基础给予说明。当然，领导关系并不是经济基础的"直接反射"，而是一种"折光反射"，影响"反射"的还有社会主义社会结构和政治制度等方面的特点。

(3)社会主义领导的基本规律。领导是有规律的。社会主义领导规律是一个体系。它具有多样性，既有几个阶级、几个社会形态共有的领导规律，也有社会主义社会所特有的领导规律；既有领导系统同外部关系方面的规律，也有领导系统内部各个方面的规律。它还具有总体性，它的众多领导规律互相依赖、互相制约，共同发生作用。在众多规律中，有一条社会主义社会的基本领导规律。这条基本规律，决定着社会主义领导关系发展的一切主要方面和一切主要过程，对其他领导规律起着支配和决定作用。它可作如下表达：在最能代表全体人民根本利益的人的领导下，用高度民主和现代科学的方法，不断促进人的全面发展，实现社会主义发展的最大效益。

(4)社会主义领导的基本形式。领导总是通过一定的形式表现出来的，领导形式对实现领导内容有重要作用。领导的基本形式，是指确认和维持一定领导关系的基本方式。社会主义领导是在一定的社会组织中进行的，是按照一定领导体制进行的。受领导的客观基础和基本规律所决定，社会主义的社会组织和领导体制表现出与以往社会的不同特点。社会主义是有高度组织的社会，社会组织一般分为四类：共产党的组织、人民政权组织、经济组织和其他社会组织。一切领导活动都是在这些组织中进行的。其中，党和政权组织发挥着社会总组织的作用。领导体制是由"人"编排和确定的，但对"人"又起着巨大的制约作用。好的领导体制可以造就高明的领导者，促进社会主义领导关系的健康发展；不好的领导体制可以毁掉好的领导者，使社会主义领导受挫。因此，必须不断调整和改革社会主义的组织结构和领导体制，使之合理化、科学化。

(5)社会主义领导的基本职能。它是由领导的基本规律，特别是领导的基本目的决定的。主要有三项：第一，决策。凡是领导，都要决策。离开决策就无所谓领导。一是对"人"的决策，即决定对被领导者的使用、安排，以及对组织结构的确认和改变。二是对"事"的决策。领导"人"的重要目的是管好"事"，领导者都是一定社会事务的管理者，因此，必须对所辖范围内的各项事务作出决定。决策包括决策的准备、决策的制定、决策的实施、决策的检查、追踪决策和决策的总结等阶段。第二，协调。社会主义领导有两个鲜明特点：一是领导对象是自由、平等，有自己独特性格和思维方式的社会主人；二是领导工作具有全局性，不允许只看到自己领导下的这"一亩三分地"，处理问题要有利于整个社会的发展。这两个特点决定了领导者不能光靠做决策、下命令开展工作，还必须进行大量的协调工作，如协调下属之间的关系，协调同上级的关系，协调同左邻右舍及社会各个方面的关系等，这样才能有利于决策的正确制定和实施，有利于实现领导目的。第三，做人的思想工作。这项职能是社会主义领导基本目的的直接体现。实践证明，不做人的思想工作就不可能搞好领导工作。社会主义领导的基本职能既区别于以往社会领导的职能，也区别于社会管理的职能。这三项职能紧密相连，互相影响，共同发挥作用。

2. 分论

这一部分主要是在总论所确定的理论基础上，深入地阐述和发挥领导各基本要素的地位和作用，以及怎样正确体现社会主义领导的基本规律的要求，促进领导关系的健康发展。

(1)领导主体论。领导主体有广义和狭义之分。从广义上说，凡是能够率领并引导别人朝一定目标前进的人，都是领导者，如某些宗教知名人士、某些家长，以及在某一团体内仅由于个人品质、才干、经验方面的原因能够影响他人的人等。从狭义上说，则是指由一定组织正式委任、具有一定职务、享有一定权力和负有相应责任的人或人的集体。社会主义领导科学重点研究狭义的领导主体。社会主义领导主体主要有三种类型：一是由人民群众通过宪法确认的、作为全国人民领导核心的共产党；二是各类各级组织中的领导集体；三是作为个人的领导者。领导主体在社会主义领导关系发展中一般起着主导作用。从性质上说，它是全体人民根本利益的代表者，是社会公仆，是引导社会走向共产主义高级阶段的带路人。从作用上说，它是社会组织的灵魂，是人民团结的核心，是推动社会主义事业前进的心脏。在领导主体论中，还要阐述领导者的一般条件和产生途径、对领导者的使用和监督、领导集体的结构和工作原则，以及领导队伍的新陈代谢等问题。

(2)领导客体论。社会主义的被领导者同领导者一样，都是社会的主人，彼此是平等的同志式关系，区别仅在于社会分工不同。社会主义被领导者可分为两种类型：一是绝对被领导者，指在一切社会组织中不担任任何领导职务、不负任何领导责任，更无领导权力的人，如普通工人、农民、科研人员、解放军战士等(不排除他们会成为广义领导者)；二是相对被领导者，主要指那些作为领导者的被领导者，如省长领导下的市长、县长等，他们在领导关系中起着纽带和媒介的重要作用。

（3）领导环境论。任何领导关系，都是在一定的社会环境和自然环境中存在、发展的。当一部分外间世界对于某个领导关系的影响相对来说不是微不足道的时候，我们就称这一部分外间世界是这个领导关系的领导环境。它有各种划分：直接环境、间接环境；政治环境、经济环境、道德环境；稳定环境、可变环境；有利环境、不利环境，等等。领导环境对领导关系有极大的影响力和制约作用，正所谓"环境改造人"。它影响着、并在某种意义上决定着领导者和被领导者的社会特征和心理特点、领导目标的确定和实现、领导方法的选择和运用。反过来，领导关系的发展变化又在一定程度上改变着领导环境。领导关系系统与领导环境构成一个相互影响、相互交换的关系。必须认识环境，适应环境，利用有利环境，限制和改造不利环境，以发展社会主义领导关系。

（4）领导目的论。领导目的的表现形式是主观的，内容具有客观性。如果不能正确确定领导目的，或者对领导目的认识模糊，人们就会失去正确的努力方向，出现"左"的或右的错误，也会导致错误的评价标准和领导方法，造成领导工作的混乱。社会主义领导目的是一个多层次的体系，其中起主导作用的是领导的基本目的。不同时期、不同层次、不同性质的领导目的是不同的，必须根据社会主义领导的基本目的和当时当代的实际情况制定具体的目标和规划，通过实现一系列具体的目标和规划去实现领导的基本目的。为此，就要研究和把握确定各种领导目的的正确原则和方法。

（5）领导方法论。方法是过河的"桥"和"船"。不解决领导方法问题，实现领导目的就是"瞎说一顿"。从古到今，人类出现了许多伟大的政治家和著名的领袖人物，在某种意义上说，他们的成功就是运用领导方法的成功。领导方法这个领域是一切领导者大显身手的广阔天地。领导方法要适应领导目的和领导环境的需要，就必须灵活、多变。但是，对于一定阶级、一定社会形态下的领导来说，总有一些基本不变的、经常运用和起主要作用的方法，这就是领导的基本方法。社会主义领导的基本方法是高度民主和现代科学的有机结合，主要包含这样一些内容：坚持唯物辩证法，实事求是，一切从实际出发；统管全局，抓主要矛盾；从群众中来，到群众中去；健全法律，改革制度，实行法治；加强思想教育，兼顾物质利益；树立和运用领导之"势"；应用先进的科学知识和科学技术；运用智囊团；等等。

社会主义领导科学是一门独立的学科，随着社会的发展和对这门学科的深入研究，必然产生各种分支学科，如政治领导学、经济领导学、社会领导学、精神领导学；政党领导学、行政领导学、企业领导学、军队领导学、文化团体领导学；宏观（最高层）领导学、中观（中层）领导学、微观（基层）领导学；省级领导学、市级领导学、县级领导学、乡级领导学，等等。领导科学体系愈发展、愈完善，它的社会作用也就愈大。

部分内容原载《东岳论丛》1985 年第 5 期

论社会主义领导的基本规律

讲领导科学，从根本上说，就是讲领导的规律。在社会主义领导的理论和实践中，最基本、最核心的是领导的基本规律问题。这一规律，决定着社会主义领导与被领导关系发展的一切主要方面和主要过程，决定着社会主义领导的本质和发展方向。因此，要建立一门社会主义领导科学，促进领导工作的科学化，就不能不认真地探讨和研究社会主义领导的基本规律。

一、社会主义领导的基本规律是客观存在的

对于社会主义领导来说，有没有一个基本规律？这在目前还是一个新问题。为了搞清楚这个问题，首先需要明确领导规律的特点。

领导这种人与人之间的特殊关系，几乎同人类历史一样悠久。但在漫长的历史上，人们并不认为这种关系的发展有什么规律性，每一朝代这种关系如何，全在于领导者的所识和所为，或者在于"天意"。马克思主义的诞生，宣告了这种历史唯心主义的彻底破产。就领导这种社会现象来说，尽管在其中起作用的是有着自己意志、愿望的自觉活动着的领导者和被领导者，但是，只要深入地分析一下就会看到，不论是领导者还是被领导者，都不能在某种领导关系中不顾一切地随心所欲。虽然他们会有很大的活动余地，可是他们不可能凭个人的意志和愿望改变一定社会形态下类似"谁来领导""为什么领导""怎样领导"这样一些基本问题。在中国封建社会的几千年里，一再改朝换代，农民阶级不乏英雄豪杰、贤明之士，为什么总是由地主阶级的头目当皇帝呢？农民起义首领当了皇帝后为什么必然转变为地主阶级代表人物？为什么再明智的君主也都是用专制主义的方法领导下属而不可能用社会主义民主的方法呢？在社会主义的今天，为什么领导者一定要是人民利益的代表者？为什么要用民主的方法而不能用专制主义的方法进行领导？诸如此类，都说

明领导规律是客观存在的。

所谓领导规律，是在一定社会发展过程中各种领导现象中共同的、普遍的和经常起作用的东西，是领导现象之间的本质联系。领导规律的主要特点是：其一，它同其他规律一样，是抽象的，不是错综复杂的领导现象，但它体现在领导现象之中；其二，它表明了领导内在的必然趋势，不管人们承认不承认，它总是存在着并且一定要发挥作用；其三，由于领导具有鲜明的阶级性、时代性，所以领导规律作用的结果总是直接涉及社会各集团的政治利益和经济利益，必然导致在领导规律问题上的种种斗争。

随着社会的发展，领导这一社会现象越来越复杂。不论从纵向的历史发展看，还是从横向的社会活动看，它几乎涉及了整个人类的生活。领导的这个特点，决定了领导规律不可能仅仅是一条两条，而必然是多种多类多方面的，形成一个领导规律体系，或者说领导规律系统。在社会主义社会，领导规律体系有两个明显的特征：

第一，领导规律的多样性。既有社会主义领导所特有的规律，也有几个阶级、几种社会形态所共有的领导规律；既有领导系统内部各个方面特有的规律，也有领导系统与外界关系方面的规律。比如，在领导系统与外界的关系上，一定的领导关系总要受当时的生产关系的性质所决定；在领导者的选拔和任用上，总是挑选为那个阶级、集团认为是德才兼备的人；领导者的决策，总要从当时的某种实际情况出发；领导者对待被领导者，总是要树立和运用自己的权威，总要使被领导者愿意追随自己向前走；等等。这些都是文明社会以来各个时代领导所共有的规律性的东西。在社会主义社会，由于领导关系受社会主义制度的制约，所以在领导规律方面出现许多体现社会主义生产关系的新的内容。这些规律性的东西，都是社会主义领导所必须遵循的。违背了它，就要受到惩罚。

第二，领导规律的总体性。在社会主义领导中，所要遵循的规律有许多。这些规律都不是单独发生作用的，而是互相联系、互相制约，在彼此联系和制约中发生作用。例如，按照社会主义选拔领导者的规律，只有确实使德才兼备的人走上领导岗位时，领导决策、领导方法等方面的规律要求才能得以实现；反之，其他方面规律的作用就必然受到影响。其次，在社会主义众多的、互相联系的领导规律中，有一条决定社会主义领导发展的一切主要方面和一切主要过程的基本规律。它是贯穿乐章始末的主旋律，是影响周身细胞和肌体存亡的生命线。没有这样一条领导的基本规律，其他各个方面的领导规律就不能有机地联系起来，形成一个规律体系。

领导基本规律的主要特点是：它决定着该社会领导关系发展的主流，因而在该社会的领导规律体系中处于主要地位；它对其他领导规律起着支配和决定的作用，其他领导规律发生作用的范围和程度要受它的制约；它表现了该社会领导的最主要的本质，只有它才能说明该领导关系的性质、任务和发展趋势；在有阶级存在的社会里，同一阶级或同一阶级联盟只能有一个领导的基本规律。在社会主义社会，由于剥削阶级已经不存在，全体人民已经形成了以工人阶级为核心的阶级联合体，因此，只有一条社会主义领导的基本规律。

我们立足现代，回顾历史，不难发现：不论哪一个阶级、哪一种社会形态的领导，总有三个最基本的问题要回答——谁来领导？为什么领导？怎样领导？因此，任何一条领导的基本规律，都要包括领导者的社会（阶级）本质、领导的基本目的和领导的基本方法这样三个方面。据此，可以对社会主义领导的基本规律作如下表述：在最能代表全体人民根本利益的人的领导下，用高度民主和现代科学的方法，不断促进全社会每个人的全面发展，实现社会主义事业发展的最大效益。

二、社会主义领导的基本目的

领导，作为人的一种自觉的活动，总是具有目的性。领导目的最能反映领导的性质以及这种性质的领导在社会发展中的作用。

不同的社会生产关系，决定不同的生产目的，因而也决定不同的领导目的。生产目的、领导目的是生产资料所有者物质利益的体现。封建君主领导的目的只能是维护地主阶级的统治，而不是改善农民的政治地位和经济条件。资产阶级上层人物领导的目的只能是保护资产阶级获取更多的剩余价值，而不可能是使工人和其他劳动人民同他们一样自由平等地生活。在社会主义社会，生产资料公有制的建立，从根本上改变了人与人之间不平等的关系，全体人民根本利益的一致和共同的需要，决定社会主义领导目的必然是不断促进全社会每个人的全面发展，实现社会主义社会发展的最大效益。

1. 不断促进全社会每个人的全面发展

领导不同于管理，讲的是人与人之间的关系，因而领导目的也必然首先落实到"人"的身上。在以往的阶级社会里，由于生产力水平不高，那种以生产资料私有制为基础的生产关系和领导关系，极大地限制了人的全面发展。人的体力、智力受到限制或摧残，人的积极性得不到正确的发挥，人的思想不能得到充分解放。社会主义制度的建立，标志着人类历史从必然王国向自由王国迈进了具有决定性的一步，人们在某种程度上开始了自觉地创造自己的历史，个人的全面发展问题才真正被提到社会发展的理论上和领导关系中来。《共产党宣言》把共产主义社会称为是一个以每个人自由发展为一切人的自由发展的条件的联合体，是有深刻意义的。社会主义社会的发展目标是共产主义社会的高级阶段，因此，社会主义领导的基本目的，必然是全社会每个人的全面发展。

所谓人的全面发展，不是说"无所不晓""无所不能"。人受生理条件和社会条件的限制，其个人发展总是有局限的。我认为，人的全面发展包括四个方面的含义：一是人的生理和心理的健康发展，这是人在其他方面发展的物质基础；二是智力和知识的发展，具有发达的思维能力，通晓社会发展及所从事的工作方面的规律和知识，能够胜任自己的工作并为社会作出贡献；三是思想和道德的发展，有高度的共产主义觉悟和优秀的共产主义道德品质；四是在上述三个方面的基础上所形成的历史主动精神，充分发挥改造世界的积极性，这是人的全面发展的集中表现。

人的全面发展是一个历史现象，有它的客观规律和进程，有它所需要的客观条件。因此，实现人的全面发展绝不是哪个领导者主观努力所能做到的。但是，作为领导来说，对人的全面发展茫然无知，还是有一个自觉的认识，是竭力遏止它，还是积极促进它，实际效果就大不一样，而且，也反映了领导的不同性质。社会主义领导的性质，决定了它必须而且能够自觉地促进人的全面发展。

2. 实现社会主义社会发展的最大效益

任何领导关系的发展，总要引起两种变化：一是个人的变化；另一是人的集体变化，就宏观来说，也就是社会的变化。因此，社会主义领导的基本目的，不仅仅包含个人的全面发展，而且包含社会的发展，即要实现社会主义社会发展的最大效益。

历史唯物主义认为，个人与社会是统一的。个人的发展与社会的发展是互相促进、相辅相成的。如果把社会看作是一个活的有机整体，那么个人就是它的"细胞"。"细胞"的质量如何，直接影响到社会整体。但是，一堆"细胞"随便放在一起未必就能构成一个有机体。如果不把"细胞"置于活的有机体之中，它就不能生存，更不能达到更高的质量。所以，社会的发展同个人的发展又不能等同起来，它有自己的整体效应。

社会主义社会的发展，是一个综合性的概念。它包括作为社会整体的人的生产能力、社会道德水准、认识世界的能力和组织社会生活的能力等。这个发展，可以概括为物质文明、精神文明和政治文明建设。不论领导的范围多大，也不论领导的对象是哪些人，归根结底都要有益于社会文明的建设。社会主义领导目的，是实现社会发展的最大效益。效益本是经济学中的一个概念，简单地说，就是以最小的代价，换得最大的成果，以最短的时间、最简便的方法达到预定目标。社会主义领导既要追求社会发展某个方面的最大效益，更要追求社会发展的总体上的最大效益。

三、社会主义领导的基本方法

同领导的基本目的具有客观性一样，领导的基本方法也具有客观性。一定阶级、一定社会形态下领导的基本方法，是受其领导的基本目的和当时生产和科学技术发展的状况所决定的。在社会主义社会，由于生产水平高度发展，实行了生产资料公有制，领导的基本目的是促进人的全面发展和社会的进步，所以领导的基本手段根本不同于以往社会，必然是高度民主和现代科学的密切结合。

1. 依靠高度的社会主义民主

在现代社会，民主这个概念首先是指国家制度，即国家的一切权力属于人民。它包括由人民决定国家一切重大事务，由人民选举、罢免和监督一切官员，同时也包括领导方法、工作作风的含义。社会主义的领导，从本质上说，就是集中人民的意志、代表人民的利益，组织和率领人民创造历史的过程。因此，不可能摆脱人民"自己管理自己"这样的民主方法，而另外再找什么专制之类的方法。背离民主的方法，不可能实现人的全面发展和社会的巨大进步。历史表明，人在受奴役、受压迫的时候，不可能得到什么全面发展，也不可能有创造历史的最大积极性和主动性。人只有真正自由了，独立了，当家作主了，才能意识到自己生存的价值，才能自觉地全面地发展自己，才会有历史主人翁的责任感、义务感，全身心地投入到新生活的创造中去。

2. 依靠现代科学

现代社会的发展，是一个极其复杂的社会系统工程。以"大企业、大科学、大工程"为代表的现代社会的生产力以及在此基础上的人与人的关系，其复杂程度都是以往社会所不能比拟的。世事多变，牵耳动腮、顾此失彼的现象司空见惯。在这样的社会条件下，要通过领导实现人的全面发展、取得社会发展的最大效益，就不能只凭领导者的经验，而必须靠科学。科学的任务是揭示事物发展的客观规律，探求客观真理，为人们提供改造世界的行动指南。如，没有马克思主义的科学理论，工人阶级的斗争不可能从自发阶段提高到自觉阶段；没有数学、物理、化学等科学知识的发展，不可能提高工业生产；不发展农业科学，农业生产就不能不断提高；没有先进的医学科学技术，就不能有效地防病治病，保护人民的健康。现代科学的发展，几乎使一切社会领域都产生了相应的科学。社会主义领导只有依靠科学，才能把整个社会机器欢畅地开动起来。

领导方法的民主化与科学化必须有机结合起来。现代社会的发展，使人逐渐向"科学型"转化——具有科学的思维方式、科学的生活方式和充盈的科学精神、丰富的科学知识。对这样的人的领导，再搞愚民政策、高压政策和欺骗手段是根本行不通的。新的时代、新的生产关系和新的被领导者，必然要求产生全新的领导方法，即高度民主和现代科学相结合的方法。

四、社会主义领导者的基本条件

领导的基本目的和基本方法固然是十分重要的，但"方法"要靠领导者去运用，"目的"要靠领导者去实现；如果不解决好"领导者"的问题，领导目的和领导方法都谈不上。列宁说过："历史上，任何一个阶级，如果不推举出自己善于组织运动和领导运动的政治领袖和先进代表，就不可能取得统治地位。"这一论断，说明了领导者的重要性，也说明了领导者所需基本条件的客观性。

社会主义领导者，不论职位高低、工作领域大小、领导性质异同，都必须是最能代表全体人民根本利益的人。这有以下三层含义。

1. 社会主义领导者是代表人民利益的

社会主义社会已经没有完整的剥削阶级了，但是，还有剥削阶级残余，还有反对社会主义的力量。它们总想把自己的代理人打入社会主义领导层来。此外，还有一种极端自私的个人主义者，为了一己的私利，不惜危害整个社会的利益。如果这些人走上领导岗位，势必对社会主义制度和社会主义领导关系起到极大的破坏作用。因此，社会主义领导必然要从根本上排除这两种人，而选择那些代表人民利益的人。

2. 社会主义领导者是代表全体人民利益的

在社会主义社会里，全体人民的根本利益是一致的。但是，社会主义社会里的利益却具有多样性：有国家利益、民族利益，有地方利益、单位利益、个人利益等；在同一利益上，又有根本与非根本、长远与眼前、整体与局部、直接与间接之分。人民的这种种利益，都应该努力得到实现，这是社会主义社会的本质决定的。但是，对这些利益的要求往往不可能同时得到满足。因此，在实际利益关系的处理上，总要分个轻重缓急，首先保证整体的根本的利益，才能最终保证人民各种利益的实现。这就要求调解利益关系的领导者必须首先是全体人民利益的代表，而不管其职位高低。如果领导者只顾一个地区一个单位的眼前利益，忽视甚至损害全体人民的根本利益，就不可能达到社会发展的最大效益这一领导目的，归根结底，也有损于地方和单位的利益。

3. 社会主义领导者是最能代表全体人民利益的

社会主义领导的基本目的，要求领导者不能仅是一般地反映人民的利益，而必须是最能代表全体人民利益的人。所谓"最能"包含两层意思：一是说，领导者必须德才兼备，不但"想"为人民谋利益，而且具备了一定的领导才干，"能够"为人民谋利益，即中国历史上的所谓"良臣"。有德少才的人，不属于"最能"之列，那种有些才干、但心术不正的人，更不属于"最能"之列。二是说，在一定时期、一定社会范围内，领导者必须是其中最忠诚于人民、最有领导才干的人，而不是第二流、第三流的人。一个工厂的厂长，应该由这个工厂所有人中最有群众威信、最有领导才干的人担任。一个地区、一个国家的最高领导集团，应该由全地区、全国最受群众拥护、最有领导才干的人组成。人的德才是相对的、可以变化的，"最能"的人也不是一成不变。社会主义的领导职务，不是世袭的，不是终身的，更不是谁的私品，而是"公器"。因此，必须通过制度的保证，使各级领导岗位上的人处于"最佳"状态。经验告诉人们，在一定的社会条件下，有什么样的领导者，就有什么样的工作。要实现社会主义领导的基本目的，就必须注重社会主义领导者的基本条件。

领导科学的研究在我国刚刚开始，它的科学体系如何确立，尚在探讨中。认识社会主义领导的基本规律，是建立社会主义领导科学的核心；掌握社会主义领导的基本规律，是做好社会主义领导工作的根本。深入研究社会主义领导的基本规律大有裨益，十分必要。

原载《领导科学》1985 年第 3 期

1986 年

年度背景　全党全国继续贯彻党的十二大精神，加强党内民主和人民民主建设。3月，六届全国人大四次会议批准国民经济和社会发展"七五"计划，要求深化改革。9月，中共十二届六中全会通过《中共中央关于社会主义精神文明建设指导方针的决议》。

论党内民主

共产党内的民主，是当代社会主义国家政治生活中一个极其重要的问题。就目前我国的情况看，是否有健全的党内民主制度和民主生活，对于加强党的建设，建设高度的社会主义民主，推动经济体制和政治体制的改革，加速现代化建设，都有重大的意义。这"关系到党和国家是否改变颜色，必须引起全党的高度重视"。本文拟就党内民主的含义、作用和实现的途径做些探讨。

一、党内民主的含义

民主，主要是一种国家形式。它的本来含义，就是由人民或者说由绝大多数人行使国家权力：其一，由人民行使对国家大事的决定权；其二，由人民行使对国家官员的选举权、罢免权和监督权。共产党是工人阶级的先锋队，不是国家组织，所以党内民主当然不是讲行使国家权力问题，它与作为国家形式的民主有本质区别。党内民主的含义和内容虽然包含着民主作风、民主方法，但是从根本上说，它是个组织形式、组织制度问题。所谓党内民主，就是无产阶级政党产生以后，批判地采用了作为国家形式的民主的基本原则，所形成的一种崭新的政党组织形式或曰组织制度。

党内民主作为无产阶级政党组织形式，其主要内容有以下五个方面。

第一，在党内，所有党员在政治上、纪律上、义务上一律平等。在党内（在党的会议上、在党的内部出版物上），人人都有对党的任何事情发表意见的自由和权利。这种权利不可剥夺，也不可让渡。对党的任何问题的决定，不管是谁，都只能有与别人完全平等的一票之权。在党章和党纪面前，人人平等。对党的一切决议，所有党员都必须毫无例外地坚决执行。党员的这种自由权利，党内的这种平等关系，与资产阶级的自由平等有本质区别。它不是虚伪的，而是必须要做到的。这种自由、平等，是党内民主的两块基石，破坏了它，那么就在事实上践踏了党内民主。

第二，全体党员是党内民主的主体，而不是客体。在党内，任何党的干部，包括党的最高领袖，仅仅是按照全体党员的意志进行领导，没有任何权力把与全体党员意志相违背的个人意志强加于党员身上。依此，凡是涉及党的生死存亡和党的方向路线的重大问题，不能由党的任何领导人独断，必须交由全体党员进行充分讨论，然后由党的代表大会作出决定。即使在特殊情况下，来不及提交全党讨论（这种情况在和平年代是极少的），也必须在事后尽快报告全体党员，由全党裁夺。

第三，在组织行动上，少数必须服从多数。这是党内民主的基本形式。一个决议、决定经过多数人同意通过后，少数人可以保留不同意见，也可以在党内继续进行讨论和批评，但是在行动上，不准有任何违背的表示。具体地说，就是要个人服从组织，下级服从上级，全党服从中央。在这里，"组织""上级""中央"，是党内大多数人意志的代表者，服从它们，就是服从多数，离开了对多数人的服从，党内民主就是一句空话。

坚持少数服从多数，是不是说，党内民主仅仅保护多数人不保护少数人？是不是意味着与我们所说的"全体党员共同行使党内一切权力"相矛盾？不是的。首先，我们党承认真理有时在少数人手里，而且，当新生事物出现的时候，首先能正确反映它的又总是少数人。所以，在指导思想上，少数人的意见应该受到重视。在组织上，允许少数人保留自己的意见并进行自由讨论和批评，反对压制、扼杀不同意见，这就是对少数人的保护。其次，由于我们的党是一个统一的党，党内不允许搞派别活动，所以，只要不是蓄意向党闹独立性，只要是有党的基本知识，只要出以公心讨论问题，他就不可能事事是少数。在这个问题上他的意见可能是少数，被多数人否决；在另一个问题上，他的意见就可能属于多数，成为组织决议。这是一种正常现象。不能因为发表了不同的意见，就剥夺他的民主权利。如果少数人的权利真正被剥夺了，那么民主也就不存在了。

第四，每个党员享有对党内干部的选举权、罢免权和监督权。其中，普通党员或党员代表的提案，应与领导干部的提案有同等意义。这不仅是保障党员不可侵犯的权利，也是保障党员对党内负责干部的约束力，保证党的领导机构生气勃勃，避免使选举和罢免流于形式的重要措施。必须设立真正负责的、公正的监督机构，发挥党内"法院"的作用，切实监督领导机关和干部党员贯彻落实党的决议、决定，从组织上防止和处理破坏党内民主的现象，保护党员民主权利不受侵犯。

第五，掌握党的各级领导权的，特别是掌握最高领导权的，不是个人，而是一个集体。任何一个领导者，都不能"大权独揽"。任何领导者的权力都不是无限的，也不是不可转让的，而应该是有限的。这对于社会主义国家的执政党来说尤为重要。

上述五个方面是当前党内民主的重要内容，也是亟待明确和解决的现实问题。

二、党内民主的重要作用

由于中国共产党是执政党，因此，党内民主在党的建设中占有特殊的地位，并对国家的政治生活和经济生活、社会生活有巨大的影响和作用。

第一，党内民主是现阶段党的建设的基本点。所谓党的建设，就是随着无产阶级革命实践的发展和要求，保持党的无产阶级先进性的过程。党的建设包括许多方面，例如，要提高全党正确运用马克思主义基本理论和基本原则的自觉性；要有一条正确的政治路线；要增强党性，端正党的作风；要严格党员标准，纯洁党的组织；等等。但是，我认为，在现阶段应把党内民主作为党的建设的基本点。这是因为，没有健全的党内民主制度和民主生活，党的建设就没有牢固的组织基础，遇到风浪就会左右摇摆，种种缺点错误就会堵不胜堵，防不胜防。邓小平在总结"文化大革命"的教训时指出："我们过去发生的各种错误，固然与某些领导人的思想、作风有关，但是组织制度、工作制度方面的问题更重要。这些方面的制度好可以使坏人无法任意横行，制度不好可以使好人无法充分做好事，甚至会走向反面。""领导制度、组织制度的问题更带有根本性、全局性、稳定性和长期性。"所以，作为党的基本组织制度的党内民主，理所当然要成为党的建设的基本点。只有按照民主的原则建设党，才能不断促进全党增强正确运用马克思主义基本原理和基本原则的自觉性，形成巨大的战斗力，完成党的历史使命。

当前，加强党的建设的一项紧迫任务是改革党的领导制度。长期以来，权力过于集中、干部领导职务终身制等，成为产生官僚主义、影响安定团结的重要原因，对党的建设妨害极大，非根除不可。改革党的领导制度的实质，就是调整党内的权力关系，破除少数人的特权，使全体党员真正行使党内权力。这就是说，党内民主，不仅是党的领导制度改革的方向，而且也是这一改革的基本内容。只有遵循党内民主原则，才能实现改革的目的。

第二，党内民主是建设社会主义高度民主的前提。从根本上说，党内民主与社会主义民主都是无产阶级实现其历史使命的工具。仅这一点，就表明了党内民主与社会主义民主的天然联系。在无产阶级革命的历史上，没有共产党的领导就没有社会主义的胜利。所以，一般说，总是首先有党内民主，经过夺取政权，再在党内民主的基础上，建设社会主义民主（巴黎公社是个例外）。在当代各社会主义国家里，无产阶级夺取政权以前党内民主的状况与特点，对后来的社会主义民主的发展都有直接的影响。而社会主义时期党内民主的影响和作用则更大。

首先，社会主义民主的发展，是以党内民主的发展为先导的。新中国成立以来的历史表明，我国的社会主义民主走过了一个"之"字形的曲折道路。尽管这种发展的曲折性有它深刻的社会根源，但它的直接导因，却是党内民主的状况。三十多年的历史生动地说明，什么时候党内民主搞得好，社会主义民主的发展就快一些，什么时候党内民主受到破坏，社会主义民主的发展必定受挫。

作为党的组织形式的党内民主，为什么与作为国家形式的社会主义民主会有这样的必然联系呢？原因就在于，党是社会主义国家的领导核心，国家一切重大决策都要经过党。按照党的领导的一般含义，党对国家的领导应该是思想的领导、政治的领导；这种领导，是通过党员在人民群众中，特别是在国家机关中的积极作用来实现的。在政权建立初期，考虑到建设高度的社会主义民主制度需要一个长期的过程，所以，列宁、毛泽东多次讲过，在这个阶段只能由党代替人民掌握国家政权，即国家一切或绝大部分重要事务都由党直接作出决定。这种状况，一方面，反映了人民群众对党的真诚信任和拥护，有利于在党的领导下建设高度民主和高度的物质文明、精神文明；另一方面，又容易使一些共产主义觉悟不高的党员和干部误认为这就是社会主义高度民主的基本形式。在这种情况下，党内民主状况如何，就至关重要了。如果党内民主生活健全，党的领导干部的言行就会受到全党的约束，就会努力做到一切从人民利益出发，领导人民积极创造条件，早日实现人民直接行使国家权力。如果党内民主生活不健全，有些领导干部就可能会滥用权力，甚至剥夺人民的民主权利，阻挠建设社会主义高度民主。由于党在国家中的这种领导地位，所以，即使以后社会主义民主制度比较完善，党内民主对社会主义民主的影响也不会消失。

其次，只有不断健全党内民主生活，党才能正确领导人民群众为发展社会主义民主而斗争。党在社会主义时期的根本政治任务之一，是领导人民群众建设社会主义的高度民主。迄今为止的所有社会主义国家的实践都证明，尽管消灭了剥削阶级和剥削制度，建立了社会主义经济制度，但是实现社会主义高度民主仍然有巨大阻力。剥削阶级残余和官僚主义及特权现象的存在，阻挠人民当家作主；旧的习惯势力和影响广泛存在，使有些人不相信人民群众能管好国家；有的人因循守旧思想严重，执意维护不适合发展社会主义民主的规章制度；特别是，我国落后的经济文化状况，影响人们广泛地进行社会联系，限制了人们的眼界。

这些问题，一部分发生在党内，一部分发生在党外。对发生在党内的，必须依靠党内民主来解决，例如，对隐藏在党内的阶级敌人的揭露，对受旧思想影响的党员的教育等。当前，官僚主义者大部分是党员。按照列宁的说法，官僚主义是党和社会主义民主最可恶、最危险的敌人。怎样消除这种祸害呢？官僚主义者所依仗的是手中的权力。要解决官僚主义，就必须有比官僚主义者手中权力更大的权力。在党内，这种更大的权力只能是全体党员的权力，即党内民主。我们不否认对犯有官僚主义、特权思想、家长制作风这一类错误的党员进行说服、劝告等思想教育的作用，但是，经验证明，对于掌权者的教育，必须以更大的权力或权威为后盾，否则，就很难达到教育的目的。因此，只有依靠民主的权力，才能把反对官僚主义这一长期斗争进行到底，才能坚持反官僚主义斗争的正确原则和策略，有利于巩固党的领导。

为了克服党外部分阻碍社会主义民主的因素，同样需要党内民主。过去，为了推翻帝国主义、封建主义和官僚资本主义的统治，党非常重视在党内和革命队伍内坚持民主原则。党内民主，以及军队和根据地内部的政治民主、经济民主、军事民主，给党带来了无限的智慧和力量，使党终于取得了民主革命的胜利。今天，实现社会主义高度民主面临的斗争，远比推翻"三座大山"复杂，需要党比过去战争年代有更多的智慧，更大的战斗力。因此，必须把立脚点放在充分发挥全党的积极性和创造性上面，放在党内民主上面，这样，党才有足够的智慧和力量领导人民群众争取社会主义高度民主的斗争并取得胜利。

目前，我国正在实行全面的经济体制改革，加速进行现代化经济建设。这是一件探索性的创新工作。党要领导好这项工作，必须群策群力，首先要集中全党的智慧和力量，这就要依靠党内民主。一般说来，党内民主并不直接对经济改革和经济建设发生作用，而是通过加强党的建设，改善党的领导，通过建设社会主义民主发挥作用的。

三、建设党内民主的途径

民主作为上层建筑，归根结底是受经济基础所决定和制约的。不论是党内民主还是社会主义民主的健全，都有待于社会主义经济的高度发展。经济现代化不能离开政治民主化而单独出现；政治民主化也不能离开经济现代化而提前产生。因此，必须把党内民主生活的健全和完善看作一个过程，不能指望一蹴而就。但是，又必须以积极的态度努力建设它。

第一，就目前我党的情况来说，建设党内民主首先要重新认识党内民主的内容和含义，理解它的重要作用。党的十一届三中全会以来，社会主义民主建设进入了一个新阶段，党内民主问题也引起了广泛的注意。但是，应该承认，我们对党内民主的研究还不深，宣传还不够，中央关于党内民主的一些决议决定往往被一些人束之高阁。究其原因，有社会历史方面的，如我国缺乏民主传统、民主习惯，许多党员缺乏民主意识；也有利益方面的，如对于那些想从执政党地位捞到好处的人来说，讲民主则是件困难的事。因此，必须冲破阻力，大张旗鼓地研究和宣传党内民主，造成一种民主舆论，形成一种讲民主的风气。

第二，进一步健全和完善党规党法，维护党规党纪的尊严和权威性。没有社会主义法制，便没有社会主义民主。同样，没有健全的党规党法，也就没有真正的党内民主。目前，我们党内关于民主的党规党法还不够健全，特别是如何把党章中关于党员的自由和权利具体化，把一切党员之间的平等关系制度化、规范化，还需要做大量的工作，也就是说，要"有法可依"。另一方面，还要强调"有法必依，执法必严，违法必究"。胡耀邦同志在1986年初的中央机关干部大会上就明确提出了这个问题。他说："我们一定要在中央机关的一切部门，加强自上而下的监督和自下而上的监督。同时加强法纪建设，做到有法必依，执法必严，违法必究。机关越大，人民赋予的权力就越大，这些机关的同志们就越要认真遵守党纪国法，真正成为有共产主义远大理想和有严格纪律观念的模范。"现在，我们已经有了一个比较好的党章，有了《关于党内政治生活的若干准则》等好的文件，如果能坚决遵守党章和党的决议，党内民主是有一定保障的。但是，由于长期以来法制观念淡薄，一些党的组织和负责人不习惯按党章、决议办事，所以有时就会出现违背党规党纪的事件。应该懂得，党规党法是党员民主权利的保证，也是党的组织领导下级和全体党员的有效工具。在今天的党内和中国社会，谁也不能再用"语录""指示"进行有效的领导了。抛开合理的规章制度，靠"人治"，只能出现混乱、动荡。这些年来，我们党为了制定一个好的党章和一系列好的党规党法付出了巨大努力，决不能有了它反而又抛开它、破坏它！如同维护法律尊严必须设置相对独立的司法机关一样，为了维护党规党纪的尊严和权威性，也应该有相对独立的"党内法庭"。"最重要的是要有专门的机构进行铁面无私的监督检查。"现在，这个"党内法庭"的任务主要由党的各级纪律检查机关承担。它们担负着秉公执法，维护党的尊严的重要使命。因此，需要进一步研究党的纪律检查机关的地位、作用和工作体制机制，加强它的建设。

第三，把改革党内的人事制度，作为当前党内民主建设的突破口。经济体制改革的经验表明，要搞活企业，搞活经济，首先要把用人之道搞活。"为治之道，莫先于用人。"要把我们党建设好，健全党内民主，也需要对党内人事制度进行一番改革。特别是对党的领导干部，要真正实行选举、罢免和监督制度以及限任制度。目前我们的领导干部主要实行委任制。这种制度的一个主要弊端是，某个干部的升降，往往受到他们的上级的主观意志所左右，这样，既违背了民主的原则，也不利于广开门路，不拘一格地选拔人才。党的经验教训和现代的科学分析表明，靠少数人和个别人挑选干部，"保险系数"太小。真正优秀的领袖人才，不是靠人提拔起来的，而是在实际工作中涌现出来的，是群众选举出来的。如果没有工作成绩，没有群众基础，不为广大党员所了解，硬是提拔到重要领导岗位上，不利于开展领导工作，甚至会成为影响安定团结的因素。改革目前的党内人事制度，从指导思想上说，是采取各种方法，把党的优秀人才推举到领导岗位上，由他们主持各级党组织的工作。改革的根本点，是通过各种形式，使全体党员真正行使对党内干部的选举权、监督权和罢免权。

第四，共产党员要为发展党内民主而斗争。党内民主事关党的盛衰兴亡，同每个党员都有直接的联系，因此，不能把党员争取党章规定的自由权利和党员之间的平等关系仅仅看作是个人的事，更不能说是"个人主义""党性不纯"。建设党内民主，需要创建有利于保护党员权利的规章制度和政治环境，也需要每个党员在心理上树立起自由、平等、民主的观念。不论在党内什么环境下，都能够独立地思考问题，自由地发表意见；不论自己多么普通，多么平凡，而对方地位多高，贡献多大，都把彼此看作是平等的同志关系。"共产党员在党内是自由、平等的"，这是一个马克思主义的命题，应该按照这个命题去做文章。

作为共产党员，我们毫不怀疑党内民主会越来越健全和完善。这个相信，不是消极地等待，而是要求"从我做起"，"从现在做起"，努力提高党员素质，共同建设党内民主大厦。这应该成为每个共产党员的基本态度。

原载《政治学研究》1986 年第 3 期

为改革者"保险"

要搞好以经济体制为中心的改革，必须营造一个改革安全、改革光荣的社会环境，使改革者无后顾之忧。否则，一提起改革就使人有"风险感"，怎么可能动员广大干部群众踊跃参加改革，使改革真正取得成功？

历来的改革，都要触及一些人的利益，引起一些人的反对；历来的改革，都是一种创新活动，蕴含着暂时失败的可能。因此，担风险，往往是改革的题中应有之义。不同社会制度下面，风险会给改革者带来不同的命运。在以往的阶级社会里，统治阶级不懂社会发展规律，不能科学地认识改革在巩固政权和社会发展中的作用，也不可能自觉地推动改革和有效地保护改革者。那时的改革有很大的自发性，处于自生自灭的状态。极少数有胆有识的改革家本来是统治阶级益寿延年的希望，却不得不承担着罢官、杀头、祸灭九族的风险。商鞅变法遭车裂，王安石变法被罢官，康、梁变法死了"六君子"。于是，统治阶级内部的改革者越来越少，气魄越来越不足，大家一齐唱着老调子，直唱到彻底垮台为止。

历史到了今天，这类事情不应该再发生了。社会主义社会是在科学理论指导下自觉发展的社会。改革是社会主义自我完善的重要形式，是在党和政府领导下有组织进行的活动。从本质上说，社会主义是推动改革、保护改革者的，不再造成改革者的悲剧。但是，目前社会主义的许多方面还不完善，对于如何改革、如何保护改革者，也还在探索之中，不可能一下子做得很好。尽管这些年党和政府在这方面做了大量工作，但在一些地方和单位，风险仍然严重威胁着改革者，使改革难以推行。从报刊上揭露的情况看，改革者被责难、压制、打击甚至迫害的就很不少。也有一些人在"走着瞧"，发狠"时机一到，一切都报"。于是有人做"好了歌"："世人都说改革好，唯有风险受不了。"道出了一大批想改革而不敢改革者的真情。这就告诉人们，为了动员更多的人参加改革，促进改革向纵深方向发展，当前必须采取有效措施，清除改革道路上的障碍，排除风险给改革者造成的威胁。

现代保险事业的发展令人瞩目。火灾、地震、偷盗、死亡、投资等一切被认为有风险的都可以实行保险，连保险公司本身都能保险。保险合同一旦签订，人们就能解除后顾之忧，一心一意地去干自己的事情。由此使人想到，对社会主义的改革者是不是也能实行"保险"呢？我们认为，这种"保险"在我们的社会里是完全可能的。当然，它不会同于一般的保险。其一，能够承担这种"保险业务"的，不是任何保险公司，只能是党、国家机关和社会组织，以及改革者自己。其二，一般的保险，并不是真的采取什么有效措施防止人们受自然灾害或"社会灾害"的侵害，而是以事后"赔偿损失"的方式，给人以物质补偿和精神安慰，也就是说，保险为人们排除的不是风险本身，而是"风险感"。为改革者"保险"就不能采用这种方式，它应主要通过排除风险本身来排除人们的"风险感"，从而增强人们改革的信心和"安全感"。

为改革者"保险"，要靠党的领导、国家机关和社会组织的工作来实现，靠正确的社会舆论的支持，也要在法律上、制度上积极创造条件，逐步从按照政策改革过渡到依照法律和制度改革。特别要充分、正确地发挥现有法律、制度的作用，使之成为促进改革、保护改革、打击反改革的有力武器。

改革者能否"保险"，不完全在于社会环境，与他自身状况也有直接关系。改革者本身的错误是重要"风险源"。因此，改革者必须严格要求自己，力求在改革的每一个环节都不发生或少发生错误。首先，要增强改革的科学性。改革是个破旧布新的复杂过程，不但需要革命精神，而且需要科学头脑，不能蛮干。所以，不论进行哪项改革，都应该首先进行科学论证，准确找出原有制度的弊病，正确确立建立新制度的基本原则和基本途径；然后按照科学方法实施改革方案。这样才能增加改革成功的"保险系数"。其次，要坚决依靠党的领导，依靠群众。这样才能保持改革的正确方向，改革才有取之不尽的力量和成功的把握。如果改革小有成绩就自以为比党和群众还高明，势必走向反面。再次，要在党的领导下，以党的政策和国家法律为依据，同反对、压制改革的现象作坚决斗争。一个改革者，应该有不怕鬼、不怕邪、不怕风险、不怕丢掉任何个人利益的精神，献身于改革事业。

原载《改革之声》1986 年第 3 期

1987 年

年度背景   10 月，党的十三大召开。会议的中心议题是进一步加快和深化改革，强调推进政治体制改革。

论科学社会主义研究

科学社会主义，作为共产主义运动的理论表现，一方面，是共产主义运动的实践产物，随着实践的发展而发展；另一方面，又要走在这一运动的前头，指导实践。在一定的历史条件下，共产主义运动能否健康发展，往往取决于科学社会主义理论的研究能否取得新的成果。列宁时代，如果没有帝国主义理论这一新的研究成果，就不会有十月革命的胜利。在中国，如果没有毛泽东等中国共产党人提出的新民主主义革命的理论，也不会取得中国革命的胜利。同样，在今天的社会主义建设中，在全世界共产主义运动的发展中，要取得新的胜利，如果没有科学社会主义理论研究的重大突破，也是不可能的。为此，应正确地提出和认识目前科社研究的主要任务，并探讨实现的基本途径。

一、目前科学社会主义研究的主要任务

第二次世界大战结束以来的四十多年的时间里，整个世界发生了巨大变化，已有的科社理论已经不能完全地说明和指导共产主义运动新的发展实践了。实践呼唤着理论。从全世界的范围看，人民对于科学社会主义理论的研究并没有停止，也不断取得一些成绩。但是，总起来说，这种研究还没有取得突破性的进展，无法适应实践发展的要求。这主要表现在以下两大问题上。

一是，目前发达的资本主义国家和广大第三世界国家，怎样进入社会主义社会？这个问题，似乎是前辈革命导师已经解决了的问题，即主要是在无产阶级政党领导下通过武装斗争等形式，进行社会主义革命，夺取政权，进入社会主义社会。但是，这个结论是根据几十年前的情况得出来的。如今，资本主义社会里发生了重大变化，新的技术革命的出现，知识界的崛起，工

人的参与等,很难造成革命的形势。所以,走革命——夺权的道路是非常困难的。对此,欧洲发达国家的一些共产党提出了"欧洲共产主义"的理论,即主要通过和平手段,进入社会主义社会。这种理论到底怎么样?是需要实践检验和进一步研究的。与此同时,第三世界一些国家又提出,资本主义有弊病,社会主义也有"弊病",他们既不走资本主义道路,也不走社会主义道路,而要走"第三条道路"。虽然事实上并不存在什么"第三条道路",但这种颇有影响的理论终究是对科学社会主义理论的一种挑战,也需要通过有成效的研究予以回答。如果科社研究不能在道路问题上取得新成果,那么共产主义运动的大发展就会受到影响。

二是,在共产党执政的社会主义国家里,怎样进行社会主义建设?根据马克思、恩格斯所奠定的科学社会主义的基本理论,无产阶级夺取政权、巩固政权之后,主要任务是建设社会主义,从各个方面创造向共产主义过渡的条件。但是,几十年的实践证明,在社会主义国家里,怎样进行社会主义建设的问题并没有从理论上真正解决。苏联的肃反扩大化,中国的"文化大革命",越南的地区霸权主义,柬埔寨的极左,阿尔巴尼亚的清洗,一些国家的个人崇拜,以及经济发展普遍落后于西方发达国家等,都说明了这一点。近年来,各社会主义国家逐渐冷静下来,开始思考这些问题,探讨改革和建设的规律问题。但是,这仅仅是一个开端,真正从理论上解决社会主义建设的规律问题,还有待进一步努力。

这两大问题,是全世界共产党人面临的主要任务,也是我国科学社会主义研究的两个主要任务。近年来,我国科社界的一些有识之士已经注意并着手研究这两大问题,可是,就整体科社研究看,并没有把主要力量转过来。主要表现在:其一,内容陈旧。研究的内容大都是革命导师们已经作出的结论。本来已经成为"史"了,还作为"论"来研究。似乎只有上了经典著作的才算是科社理论的正宗,只有考证马列原著的才算是科社研究,而对于研究现实问题,对从现实经验中总结出的新鲜理论,则不屑一顾。其二,材料陈旧。研究中运用的材料,当代的、最新的材料很少,很多还是从前辈书籍中抄录下来的。例如讲社会主义必然代替资本主义,往往还是用马恩时代的,或者是三十年代资本主义经济危机时的材料。这怎么能使今天的人们信服呢?其三,方法陈旧。现代社会科学的发展,创造了许多新的方法。研究科社,也需要方法的更新。然而有些人一讲科社,仍然是推理、演绎的,教条主义式的。研究问题,总是马克思如何说,列宁如何说,毛泽东如何说,现在又是邓小平如何说,然后再用他们的话去套现实生活。至于他自己怎么说,如何从实际情况出发提出新的观点、新的判断、新的预测,则看不见。其四,体系陈旧。研究内容、方法和材料的陈旧，必然表现为理论体系的陈旧。目前国内许多的科社教科书，基本是一个模式，大都把苏联、中国过去的经验总结，作为体系的主体，而对现实问题的研究成果，不予重视。科社研究中的这种状况，极大地妨碍了科社理论的发展和创新，也极大地影响了它的社会声誉和社会效用。由于它对现实问题缺乏有力地说明，所以科学社会主义的宣传、教育工作显得苍白无力，而不少干部群众之所以学习它，只不过是为了应付考试。更有甚者，由于现行科社理论体系所表现的研究对象与政治学、社会学等学科区分不显著，所以有人对它的生存地位表现怀疑。这进一步说明，科学社会主义的研究急需来一场变革，变革的核心问题，是坚决承担起它所面临的两大任务。

二、创新科学社会主义研究的基本思路

从理论上正确揭示发达资本主义国家和第三世界国家走向社会主义社会的道路，揭示社会主义建设的规律，无疑是相当艰巨的任务。实现这两大任务的重要前提，是实践提供大量的丰富的经验，因为理论是实践经验的概括和总结。应该说，几十年来所提供的正反经验，已经初步具备了这个前提。我认为，要实现这两大任务，从主观方面来说，最重要的是做到以下四点。

第一，进一步端正对科学社会主义的研究对象和学说性质的认识。多年来，人们对于科社的研究对象大都引用恩格斯的话：科学社会主义是研究无产阶级解放斗争的性质、条件和一般目的的学说。恩格斯的这个论断并没有错，问题是人们在理解时往往出现片面性。例如对"条件"的理解，本来是主观条件、客观条件的全面概括，实际上在研究中对恩格斯极为重视的社会历史条件，即资本主义这一历史过程为社会主义准备的条件，包括政治的、经济的、精神和思想文化的条件则很少提到。再比如社会经济状况，不论是在无产阶级革命时期还是在社会主义建设时期，它都是无产阶级解放的最重要的条件，然而却把它划归于政治经济学了。现在的科社专家们许多对资本主义经济和社会主义经济缺乏了解，这样还怎么研究科社呢？目前，许多人研究科社只研究主观条件，而且是政治方面的主观条件，主要是政党、斗争策略等，以微观研究代替整体研究。这样看待科社研究对象，当然不能完成两大任务。为此，必须明确这样一个问题：科学社会主义是以整个社会为研究对象的宏观学说，是一个涉及多种学科的学说群。我认为，科学社会主义的研究对象，与其表述为关于无产阶级解放斗争的性质、条件和一般目的学说，不如表述为关于社会主义、共产主义社会孕育、产生、发展和胜利的学说。这样，以社会主义、共产主义社会作为科社学说的中心体，更能表现这一学

说的本质特征，更有利于它的发展，有利于完成两大任务。

第二，要下决心把科社研究重点转移到两大问题上来。如前面所说，目前我国科社研究大都是"史"味浓厚、微观颇多。这种研究不是不需要，也不是不重要，只是说，如果不把它纳入到科社研究面临的两个最重要的问题中去，其重要性和意义很难说有多大。尤其在近些年，一些社会主义国家出了许多这样那样的新问题，资产阶级理论家们更加起劲地攻击科学社会主义理论。一些原来相信科社理论的人，发生了怀疑、动摇，甚至有的社会主义理论家反戈了。面对这种挑战，有志于科社研究的人们，决不应该回避、退让，而应该果断地担负起捍卫和发展科社理论的重任。只有从现实情况出发，真正解决发达国家和第三世界国家的社会主义道路问题，解决社会主义建设的规律问题，才能从根本上回击种种挑战，捍卫社会主义必然代替资本主义这一真理。如果说，十一届三中全会决定把党的工作重点转移到社会主义现代化建设上来，是对中国社会主义事业的挽救；那么也可以说，把研究重点转移到两大任务上来，是对当前科社研究不景气的根治。在两大任务中，关于社会主义建设问题似乎更受社会主义国家人民的注意。我国已经有人呼吁创建一门社会主义建设学，这是完全正确的。科学社会主义对社会主义建设的研究，应该是总体性的。其中，可以进行若干不同的划分，如它应包括关于社会主义建设基本规律和基本路线的理论，关于社会主义建设的客观基础的理论，关于社会主义建设目的、发展阶段的理论，关于社会主义建设改革、动力的理论，关于社会主义社会领导、管理的理论，关于社会主义物质文明、精神文明、政治文明建设的理论，关于社会主义国家对外关系的理论等。

第三，要创造一个适合于科社理论发展创新的客观环境。任何科学的发展都是在一定的客观环境中进行的，都要求一定的有利的社会条件。战国时代，诸子百家各抒己见，形成若干光辉灿烂的学派，这首先应归功于那个宽松、宽容的社会环境。而在"文化大革命"那样的社会环境中，又怎么会有社会科学的大发展呢？值得庆幸的是，在"文化大革命"结束十年后的今天，终于提出了"学术自由"的口号，提出要为科学的发展创造一个宽松、和谐的社会环境。但是，还不能说是一片阳光。由于科学社会主义是马克思主义的核心，是由宪法、党章规定必须坚持的"基本原则"，所以在科社研究中的标新立异，就很可能被当作离经叛道打下去。这就容易使研究者产生一种如履薄冰的危险感，哪里还会自由地探讨呢？因此，对科社研究，尤其要实行学术自由的原则。这并不是谁特别偏爱这种自由，它确是由科学发展的规律性所决定的。自由，包括时间自由、思维自由、学术自由，是任何科学研究的必要条件。创造一个适合科社理论发展创新的客观环境，还要求领导人物同普通学者有平等的发展科社理论的权利。科学社会主义是属于全体人民的，不是哪个领导人或哪个政府的"官方理论"。它是真理的太阳，而"阳光谁也不能垄断"。领导人的新论断可以是发展，平民百姓的新论断也可以是发展。在真理面前，应该人人平等，不应该搞"人贵言重、人微言轻"那一套。领导者应该有这样的气度和胆识：允许别人在理论上走到自己前面，勇于向自己的下属学习真理，也允许理论工作者犯错误和改正错误。这样，才能充分调动广大理论工作者发展科学理论的积极性。

第四，要改造研究者自身的素质和条件。现在，我国的科学社会主义研究已经形成一支可观的队伍。但是根据实现两大任务的要求来看，还有许多不适应的地方，需要加以改造。其一，研究科社，首先要掌握科社的基本理论，相信这一学说具有真理性。现在有些研究者，既对科社理论缺乏全面的、真实的了解，又没有一个坚定的共产主义信念，这怎么可能发展科社理论呢？其二，要增强研究宏观问题的能力。有些人缺乏这个能力，所以对于如何进行社会主义建设，发达国家怎样进入社会主义社会这样的大问题显得束手无策。在科社发展史上，有许多领导人物取得重大研究成果的事例。这除了其他许多条件外，一个重要原因，是他们善于总揽全局。有很强的研究宏观问题的能力，才能成为战略理论家。因此，普通学者要在科社研究中取得成绩，也必须为自己锻造一个战略理论家的头脑。其三，要有宽广的世界视野，广泛收集世界社会主义运动的研究资料，收集我国社会发展的多方面资料。手中有新材料，头脑才会产生新思想。其四，要学会开放的、灵活的、善于从实际出发的研究方法。关起门来啃书本，靠推理、演绎解释问题，是一种小生产的研究方式，远远不能适应科社研究的需要，应该引进更多的现代的科学研究方法。共产主义运动的实践呼唤着崭新的科社理论。我们这一代理论工作者有责任为科社理论宝库增添新的篇章。

原载《改革与社会主义再认识》，山东省科学社会主义学会 1987 年 1 月内部发行

1988 年

年度背景　全党贯彻十三大精神，探索改革的新方法、新途径，隆重纪念党的十一届三中全会召开十周年。

转弯，要有适当的过渡形式

改革，是除旧布新、兴利除弊，是转轨变型、探索新路，是社会前进中的转弯处。行车到了转弯的地方必须转弯。拧着不转，就可能掉进深渊里。但是，也不能转得太快太急，必须根据实际情况选择适当的转弯形式和行驶速度，否则也会翻车。行车中的这些常识，往往是古今中外社会改革的真实写照。它告诉我们，改革，不能不注重对过渡形式的研究。

把党政不分、权力过分集中的旧体制，转变到党政分开、权力下放的新体制，是大势所趋。但是，能不能下一道命令，立即实现这个转变呢？显然不能。笔者在社会调查中了解到的下面这种情况，或许可以进一步说明这一点。

目前有些地方，党委班子领导能力比较强，政府班子相对比较弱一些。用组织部门同志的话说，这种状况的出现，是"先天不足，后天营养不良"所致。所谓"先天不足"，是指组织部门在选拔配备干部的时候，有意把领导能力强的干部配在党委，把弱一些的配在政府。所谓"后天营养不良"，是指在走上工作岗位以后，党委干部由于管的事多，属于"决策型"，领导实践丰富，得到的锻炼大，领导能力提高的也快；而政府干部大多是"执行型"，遇事请示，党委定了再办，受领导实践的局限，领导能力的提高一般不快。所以，仅就党委、政府干部的领导能力现状这一点来说，在这些地方如果马上实行党政分开，困难就很大。且不说某些党委干部会明显地感到有一种"失权感"，就是某些政府干部也有顾虑，担心党政分开之后政府工作摊子大，责任重，独立管怕管不好。这个担心可能不是多余的，体制改革确实需要一个过渡时间和适当的过渡形式。

凡是在社会发展中必然出现的事物，总有人会先知先觉，先声夺人，以为先驱。革命是这样，改革也是这样。近年来，当绝大多数的地方和单位仍在"坐而论道"，等待上面制定党政分开、权力下放的方案时，少数改革意识很强的地方，已经迈开双脚，向着新体制进发了。枣庄市市中区就是其中之一。1984 年 7 月，枣庄市市中区人民政府根据区党委的要求，正式发布文件，决定在区政府机关试行分工分级首长负责制，即后来所称的"半组阁制"。主要做法是：

（1）在人事方面，不再是过去完全靠党委及其组织部门"配班子"，而是使政府各级领导人员都有一定的人事权。区长有对副区长和直管的财政、税务、人事、审计和政府办公室五个部门的正职的任免提名权；副区长对自己分管的委、办、局的正职，各委、办、局正职对自己的副职，也同样有任免提名权。这些权利必须受到应有的尊重。提名之后，再按有关制度规定进行考察、决定。

（2）在工作制度上，实行分口负责，分级管理，分层指挥。权随责走，谁干谁有。一个干部只接受他直接上级的指挥。严格办事程序，对上汇报工作不越级，对下指挥工作不越权。各委、办、局的副职对正职负责，正职对分管副区长负责，副区长对区长负责，区长对区人大负责（区长作为区委副书记，向区委负责）。上级可以越级到下边检查工作、调查研究，但发现问题后必须通过直管下级去解决，不能"一竿子插到底"。下级人员也可以越级找领导谈思想、提建议或者告状，但不能请示汇报工作。切实保证各级负责人在自己管理的范围内树立起应有的领导权威。

（3）用严格的考核制和奖惩制保证责任制。"半组阁制"实际上是一种责权配套的工作责任制。为了使这种责任制不至于仅"挂在嘴上、贴在墙上"，流于形式，他们采取了两大措施。一是严格考核。采用制订《计划任务书》的办法，使德、能、勤、绩等考核内容具体化。是否尽到了工作职责，以《计划任务书》确定的目标达到与否为据。在考核中坚持"三结合""三为主"的原则，即日常考核与年终考核相结合，以年终考核为主；对部门正职考核和副职考核相结合，以考核正职为主；全面考核和实绩考核相结合，以考核实绩为主。考核，重在一个"核"字。对所有考核内容，都与事实进行认真的核对，坚决挤出"水分"。二是奖惩兑现。在考核的基础上有功则奖，有过则罚，不照顾面子，不平衡关系，不论物质奖励、精神鼓励，还是职务升降，都让人心服。近三年来，根据考核的结果，全区共提拔县级干部 4 名、科级干部 53 名，降职的 15 名，免职的 8 名，撤职的 4 名。人们形象地说，责任制是一副担子，考核制是一把尺子，奖惩制是一根鞭子。三样齐备，"半组阁制"就发挥出应有的效益了。

枣庄市市中区经过三年多"半组阁制"的实践，发生了很大变化。其一，政府工作有了活力，提高了独立开展管理工作的意识和能力。1987年全区工农业总产值实现3.6亿元，比1984年增长一倍多，平均每年增长41％。这同政府工作的有效性有直接关系。其二，政府干部的管理素质和能力有显著提高。过去政府干部，特别是中层干部，受体制所限，"惰性"很大。责权配套以后，各级干部有职有责有权，增强了责任感和事业心，工作能力提高很快。其三，更重要的，是广大干部的观念发生了变化。过去认为政府领导班子的组成只能由党委说了算，现在认识到这并不是唯一的、最好的办法，完全可以根据不同的领导层次、不同的工作要求，采取不同的方法选任干部，使管人与管事尽量统一起来。过去手里有"铁饭碗"端着，只要不犯大错，干部职务就是终身的，就只能升、不能降，现在真实地感觉到，如果不努力工作，完成本职工作任务，也会被撤职、处罚，"削职为民"。过去认为只要是"官大一级"对下面的事什么都能管，现在认识到每一级领导都应有自己的职权范围，必须尊重下级的指挥权。过去认为一切重大决策都应由党委作出，政府执行就是了，现在则感到党政职能不同，各有各的决策范围。过去一些人认为，当政府干部，特别是当政府的中层干部，"出息不大"，现在认识到，只要努力，在哪个岗位上都能有作为，有前途。

诚然，枣庄市市中区"半组阁"的做法，同党的十三大提出的党政分开、权力下放等要求还有很大距离，而且，他们的经验在国内的改革园地里也不算是"尖端"，但是，他们的经验确是值得称赞、值得深思的。首先，是他们改革的意识、热情和勇气值得学习。在改革的大潮面前不等不靠，在转弯的时候不躲不闪，而是积极地、大胆地去探索。这样的态度、风貌，仍然是当前改革所需要的。其次，他们的做法能够给予当前的改革者以更多的启示。他们在1984年作出"半组阁"的决定的时候，并不是不知道党政分开、权力下放是大势所趋的，也想早日走到这一步。但是，他们审时度势，感到饭要一口一口地吃，弯要一步一步地转，"一步登天"只能是幻想。改革，不能不考虑改革的环境，也不能不顾及人民群众的心理承受力。他们从实际出发，实行"半组阁制"。实践表明，经过这一中间环节，就为实现党政分开、权力下放等改革作了充分准备。现在，人们再也不会对这一改革大惊小怪或持怀疑态度了。

我们提倡研究改革的过渡形式，不是要放慢改革步伐，更不是停住不改，而是要说明，对于这一重大社会变革，必须有一个向历史、向人民负责的精神，有一个严肃的科学态度。大潮一来，冲昏头脑，这在我们这个国度里是常常发生的事，其危害极大。这一历史经验必须引起改革的人们以充分重视。

我们一定要牢记党的十三大所指出的：改革"是一项艰巨复杂的任务，必须采取坚决、审慎的方针，有领导有秩序地逐步展开，尽可能平稳地推进"。

原载《哲学社会科学动态》1988 年第 1 期

1989 年

年度背景　5月，北京举行首都青年纪念五四运动70周年大会。春夏之交，北京等地发生严重的政治风波。邓小平提出："第三代的领导要取信于民，要得到人民对这个集体的信任，使人民团结在一个他们所相信的党中央领导集体周围。"

五四与社会领导

五四运动70年来，年年纪念五四。每年纪念五四的主体，似乎永远是青年，是知识分子；每次纪念，似乎必定要根据当时的形势，对青年和知识分子提出这样那样的希望和要求。不错，震撼中国现代历史的五四运动，的确是由当时的热血青年和树立崭新观念的知识分子发动起来的。五四，是中国青年的盛大节日，是中国知识分子的英雄史诗，尤其是中国青年知识分子的历史骄傲。纪念五四的时候，理所当然要讲到青年和知识分子以及他们新的历史使命。但是，我认为，讲五四不能到此为止。当时社会领导的腐败，是五四运动的重要导因；五四运动所倡导的爱国精神、民主精神和科学精神，是当今社会领导层特别需要发扬光大的。因此，研究五四，纪念五四，发扬五四精神，不能仅限于青年和知识分子，社会领导层应该率先垂范。而这一点，一直没有受到应有的重视。

五四运动作为伟大的反帝爱国运动，是由当时社会领导的腐败直接引发的。我们知道，自从1840年鸦片战争以后，帝国主义势力逐渐入侵中国。英法联军火烧圆明园，八国联军进北京，甲午战争中国北洋海军覆灭……是什么原因使中国一再挨打呢？完全归于中国经济的落后吗？当然不能！凭中国当时的经济力量，是有能力同侵略者较量一番的。是中国人都麻木不仁了吗？也不是。如同三元里抗英斗争的人民一样，一直有许许多多反帝爱国志士在斗争。问题，就出在当时的社会领导身上。试想，有落后的封建专制的领导制度，有道光、咸丰那样的无能皇帝，有慈禧太后那样只知吃喝玩乐、迷恋个人权势的人当权，怎么可能抵挡住帝国主义的入侵？反过来说，假如当时社会的领导者不是慈禧之类，而是林则徐、邓世昌这样的爱国民族英雄，那么中国近代历史可能就是另外一个样子了。以孙中山为代表的爱国者们看到了这一点。所以，在他们振兴中国的宏伟纲领中，第一件事就是打倒腐败的清政府。只有首先改善领导，才能谈得上发展经济，使中华民族自立于世界民族之林。遗憾的是，清政府虽然被推翻了，帝制被取消了，中国社会的领导并没有得到根本的改善。袁世凯当了大总统，又要当"中华帝国皇帝"。1915 年，他秘密接受了日本的"二十一条"，出卖中国主权。袁世凯死后，北洋政府并没有改变腐败、卖国的面貌。1917 年，同意日军驻扎青岛、济南，管理胶济铁路。1919 年 4 月底 5 月初，又企图在巴黎和会丧权辱国的和约上签字。就是在这样一个历史环境中，爆发了以"内除国贼，外抗强权"为口号的五四运动。其直接目标，是要惩办当权的卖国贼曹汝霖、章宗祥、陆宗舆，使政府拒签对德和约。由此可见，与其说五四运动是 1840 年以来中国人民反帝斗争的继续和升华，不如说是反对社会腐败领导和反帝斗争的继续与升华更符合历史事实。如果当时的社会领导不是那样长期腐败，或许就没有我们今天所说的五四运动。

讲到这里，不由使人联想到近年来几乎为人们所公认的一个论断："落后必定挨打。"是的，如果 1840 年前后中国的经济比英美还发达，帝国主义分子就不可能在中国大地上耀武扬威，美丽的圆明园也不至于化为灰烬。如果 1919 年的中国是世界经济强国，巴黎和会也不敢把山东让给日本，青年和知识分子们也无须罢课而去请愿和示威游行。但是，能说经济落后就必定"挨打"吗？九·一八事变中国"挨打"时，中国经济的确落后；但造成"被动挨打""打不还手"悲剧的，却是当时执政的国民党政府的一道"不准抵抗"的命令！后来，当中国共产党毅然担负起领导救亡的历史使命后，中国人民就不再是被动挨打了，而代之以"以牙还牙，以血还血"的斗争，终于把打人者打出了国门。而这时，中国的经济依然落后。新中国成立以后，中国的经济尽管有较大发展，但直到今天也还没有摆脱"落后"二字。可是由于有中国共产党的坚强领导，不是再也没有出现"挨打"的局面吗？我们这样说，当然不是赞美经济落后，而只是想说明，经济的发展是一个比较缓慢的历史积累和过程，它为政治斗争提供基础，但不等于政治上的成败。一个国家的一定时期，经济的发达与落后，不能完全取决于这一时期的人民及其领导者；是不是"挨打"，却可以由这一时期的人民及其领导者选择。在经济落后与"挨打"之间，有个决定性的中介因素，这就是社会领导。一个社会，在经济落后的客观条件下，其发展会有两种前途：一种是，由于社会领导的腐败、无能，经济更加落后，国家主权沦丧，国民受外强欺侮，被动挨打；另一种是，由于社会领导的明智、有效，努力创造条件把经济搞上去，努力带领民众抵御外来侵略，使国家的主权和人民的尊严得到保障。因此，当回顾近现代中国"挨打"历史的时候，当研究五四运动爆发原因的时候，不能只看到"经济落后"，还必须看到当时社会领导的腐败，舍此便不能正确地说明历史。

五四运动作为伟大的新文化运动，同样是与当时社会领导的状况有直接关系的。中国几千年的封建社会，造就了以孔学为核心的强大封建文化。这种封建文化，又有力地维护着封建专制制度。辛亥革命推翻了封建帝制，但并未从根本上动摇封建文化的统治地位。一些先进分子从西方学来的进化论、天赋人权论等所谓新学，也不是封建文化的对手。社会当权者们不遗余力地维护封建文化。大总统袁世凯在其《天坛宪法草案》中公然写上"国民教育以孔子之道为修身大本"。一时间，尊孔尚孟成风，奴化思想、复古思潮抬头，什么"孔道会""尊孔会"等团体纷纷成立。这种旧的思想文化，在精神上，像鸦片一样毒害人民，使人感觉不到自己是个"人"，人的尊严、人的发展、人的美好愿望，统统被旧礼教、旧道德所扼杀；在政治上，否定辛亥革命成果，压制日益觉醒的民众，企图复辟封建帝制。这种旧的思想文化，固然有封建遗老遗少为其社会基础，但如果没有"大总统"这类当权者的支持、引导，也不可能产生那么大的社会力量。所以，当觉悟了的青年和知识分子意识到这一点的时候，便大声疾呼以"利刃断铁，快刀理麻"的精神，同"陈腐朽败"的思想决裂。五四新文化运动，以提倡民主和科学为中心内容，即要求民主，反对封建旧礼教、旧道德，反对君主专制和军阀政治；宣传科学，反对盲从迷信，反对偶像崇拜；主张文学革命，提倡新文学和白话文，反对旧文学、文言文和八股教条。五四先驱者们认为，只有真正实现民主、自由、平等、人权，讲究科学，才有真正的解放。由此而坚决主张："破坏君权""打倒孔家店"。如果说，作为反帝爱国的五四运动的重要目标是"内惩国贼"，清除现实中的腐败领导；那么，作为新文化运动的五四运动，层次则更深了。它的目光，不仅盯在现实中的曹汝霖之类的腐败卖国的当权者，而且盯在了产生这些腐败领导的腐朽的社会政治制度和领导体制——专制政制，盯在了腐败领导赖以生存的社会文化基础——以孔学落后部分为核心的旧文化。

五四运动与社会领导密不可分的内在联系，不仅表现在腐败的社会领导是五四运动的直接导因，还在于五四运动在反对旧的腐败领导及其赖以存在的旧体制、旧文化的同时，努力造就新时代的新型领导。其一，它为新型社会领导的产生奠定了重要思想基础。这主要是：新型领导必须是爱国的，而不能是卖国的；必须建立在民主体制上，尊重民意，而不能搞个人专制，欺压人民；必须崇尚科学，讲究科学，而不能思想僵化、愚昧落后；必须能够带领中国人民走向繁荣、自由的现代社会，而不是使人民更加贫穷，国家更加落后。五四运动所确立的这些思想原则，对于后来的新一代领导者影响极大。其二，它造就了一大批具有全新领导素质的新型社会领导人才，导致了新的社会领导力量——中国共产党的诞生。五四运动的领导者、组织者和积极分子，许多成为后来中国革命的领袖人物和领导骨干，如陈独秀、李大钊、毛泽东、周恩来、邓中夏、恽代英等。这些人物在中国现代历史上的伟大领导作用，是人所公认的。五四运动爆发后，加快了马克思列宁主义在中国的传播。"走十月革命的路"，成为越来越多先进分子的呼声。工人阶级也以崭新的姿态登上了中国政治舞台。这就为中国共产党的创立奠定了思想基础和政治基础。五四运动之后两年，中国共产党正式成立，其中坚，就是五四运动烈火中锻炼出来的先进知识分子。中国共产党的出现从根本上改变了中国社会领导的面貌。

在纪念五四运动 70 周年的时候讲"五四与社会领导"这个问题，当然不只是为了给五四运动的发起及历史意义以科学的说明，更重要的，是通过正确总结历史经验，自觉地弘扬五四精神，把今天的领导事情办好。

70 年来，中国社会发生了天翻地覆的变化。但是，变化本身并不表明中国的一切事情都办好了。中国的经济，仍在世界的"穷国"之列，"现代化"还是一个"远大目标"。中国的政治领域，封建专制主义遗毒很深。中国的思想文化，总体上很落后，愚昧、迷信表现在各个方面。虽然，中国的主权得到了世界的承认，但"球籍"问题仍然严酷地摆在了中国人民的面前。五四时期提出的爱国、民主、科学，仍然是当代中国面临的三大问题。是中国 70 年来没有进步吗？不是。是中国社会发展走了一个怪圈，又回到五四时期了吗？也不是。而是随着社会的进步，爱国、民主、科学被赋予了新的涵义，要求人们在新的基础上解决它。因此，在今天纪念五四，就是要发扬五四的爱国、民主、科学的精神，把我们的国家建设好。无疑，这是全民族的事。但首先，应该说是社会领导层的事，或者说，纪念五四的第一位主体不应是青年、知识分子，而应是社会领导层。为什么这样说？

首先是因为，在一定的客观条件下，社会发展快慢的关键在于社会领导。尤其在今天的社会里，领导层能否发扬爱国、民主、科学的精神，对于整个社会的发展具有直接的重大的影响。谁都知道，共和国成立之初的一些年代里，由于党的领袖和广大领导干部注重发扬民主作风，讲究科学态度，使得人民心情舒畅，国家建设取得巨大成绩。同样知道，1957 年以后，党的领导逐渐偏离了民主和科学的轨道。等到了"文化大革命"，个人崇拜、个人迷信、主观唯心主义达到了顶点。民主被专制代替，科学受愚昧统辖。作为此因之果，中国经济社会发展产生许多问题。党的十一届三中全会以后，国家之所以能够逐渐恢复生机，走上了现代化建设之路，首要的原因，不就是党的领导改弦更张、逐渐回到民主和科学的轨道上来了吗？历史经验表明，如果社会领导层不首先弘扬五四的爱国、民主、科学的精神，即使青年、知识分子再努力弘扬，也难以达到社会发展进步、国家繁荣昌盛的目的。领导带了头，群众就会跟上，这才能够真正形成全民族的爱国、民主、科学的大潮。

其次是因为，在现实生活中，领导层里确实存在着与五四爱国、民主、科学精神相违背的现象，严重地影响着改革和现代化建设。近年来，党和人民一再指出，领导层中存在着比较严重的腐败现象。这种腐败，突出地表现为以权谋私。为了谋私，他们利用手中之权，去当"官倒"，去勒索，去受贿；为了谋私，得到一点"洋货"，或到国外逛一趟，可以不惜血本把国家利益让给外国人；为了谋私，姑息纵容各种假药、假烟、假酒等流入市场；为了谋私，不正常地提拔重用自己的亲属和亲信……诸如此类以权谋私的形式和具体后果各异，但实质上都是坑害国家和人民，要把国家搞穷，搞乱。这难道能是"爱国"吗？显然是一种害国行为。为了一己的私利而不惜牺牲国家利益，这就是卖国。可以设想，假如某一天外国侵略者真的打进来，首批当汉奸的，或许就是今日官场中那些以权谋私者。所以，继承五四传统，发扬爱国精神，不首先对他们讲对谁讲呢？

民主和科学，作为一种口号，在今天几乎没有人反对了。连那些最不喜欢民主、最喜欢愚弄百姓的人，也常常把民主、科学挂在嘴上。这是因为，我们党已经把建设社会主义民主政治作为一项重要历史使命确定下来；把尊重科学、发展科学、按照科学精神办事，作为对各级领导干部的基本要求。但是，说，是一回事；做，又往往是另一回事。这些年在领导工作中不讲民主、不讲科学的事还少吗？

"中国十年改革的最大失误"成了今天的热门话题。教育发展不够，这个失误是显而易见的。但是，能不能称它是"最大"失误？人们的看法并不一致。一份报纸1989年4月24日报道，复旦大学就教育问题对上海高校正副教授进行抽样调查，有36.2%的教授不同意"最大失误是教育发展不够"的说法，这其中44.93%的人认为，中国十年改革的最大失误是领导决策不科学不民主，改革中缺乏系统性和总体规划。检查工作中的失误，固然要看到哪些该抓的工作没有抓或没有抓好，更重要的，是找到其原因，即为什么没有抓或没有抓好。事实上，十年改革中的失误许多并不是"教育"问题。"领导就是决策。"从领导者的角度总结失误，不能回避领导决策问题。有的学者对十年来领导决策方面的失误作了如下概括：没有一个全面配套的改革规划，"革"出多门，使改革这个本来内在联系密切的系统工程，被肢解了，出现了宏观失衡、失控；具体改革措施出台，缺乏专家学者的客观论证，虽然有时也约请一些人开座谈会，但多半是一种形式主义；有的领导人不是靠经过科学论证的理论方法指导改革，而是轻易提出或者肯定一些口号，这些概念不清、内涵不明的口号往往引起人们思想的混乱；有些好的决策往往是有上文、无下文，一阵风过去，无疾而终；有些政策朝令夕改，令人无所适从；制定政策往往还是"一刀切"，试点流于形式，等等。这些问题，实际上就是领导决策缺乏民主化、科学化。

为什么领导决策会如此缺乏民主化、科学化呢？这就同领导者缺乏科学的指导思想直接相关了。回想抗日战争初期，我们党和毛泽东高瞻远瞩，以战略家的眼光和气魄，首先通过《论持久战》等著作，宣告了我们党关于抗战的战略指导思想，然后依此制定了一系列科学决策，正确地指导了抗日战争，取得了这一民族革命的伟大胜利。改革是第二次革命。要引导人民清醒地一步一步地取得改革的胜利，也必须有一个正确的改革战略思想作指导。否则，不但下面的广大干部群众方向不明，就是领导者作决策也缺少依据。然而直到今天，也没有一个改革总体理论和总体战略昭告天下。相反，倒有一个"三论"极大地影响着领导者们的战略活动：一是"猫论"，"不管黑猫白猫，逮住老鼠就是好猫"；二是"摸论"，"摸着石头过河，走到哪算哪"；三是"灯论"，"看到绿灯快步走，看到黄灯抢着走，看到红灯绕道走"。这"三论"，特别是"猫论"和"摸论"，作为一种战术性口号，作为工作方法灵活性的说法，无可厚非。它是对过去"左"的路线指引下那种僵死的、教条主义的思想和方法的一种否定。但是，任何正确的理论、原则、方法都有其适用的一定范围，超出一定的范围，就会走向自己的反面。现在，有些领导者把这"三论"作为战略口号来应用，不但是错误的，也是极其有害的。把"猫论"引入战略指导中，是对战略途径确定性的否定，诱发人们的随意性。按照历史唯物主义的观点，社会发展的目标具有客观性，实现社会发展目标的战略途径也具有客观性，或者说确定性。决不是"只要目标正确，无论怎样都能实现"。我国新民主主义革命的胜利，不是陈独秀路线的胜利，也不是王明路线的胜利，只能是毛泽东路线的胜利，就充分地表明了这一点。搞改革和现代化建设也需要正确的路线指导。而"猫论"信奉者，实际上是信奉随意性。他们一会儿"放黑猫"，一会儿"放白猫"，"老鼠"不一定逮到，工作混乱、经济混乱、社会混乱倒程度不同地出现了。把"摸论"引入战略指导中，不仅是对战略途径，而且也是对战略目标的轻视或否定。它表现了小生产的狭隘眼界，缺乏改革和现代化建设的大系统观。近年来，学者们对"摸论"一再提出批评，有的甚至发出警告："现在改革已走到河中间了，无石头可摸，再这样走就危险了!"的确，中国这样一个大国，只靠"摸石头"走路，那是可悲而又可怕的。"灯论"的实质，是用局部利益危害全局利益，打乱整个社会秩序。现代社会的正常发展，必须借助于一系列法律、制度、纪律，如同交通一样，必须有允许人们畅行的"绿灯"，有限制人们通过的"黄灯"，还有禁止人们通行的"红灯"。"三灯"的设置和发挥作用，是社会安定和正常发展的基本保证。如果说在改革时期发现有的"灯"设置不合理，那么改灯就是了，但不能引导人们违反"灯规"。为什么近年来有令不行、有禁不止的事屡屡发生？为什么有些人公然违背党纪国法？这都同某些领导者鼓吹"灯论"有直接的关系。所以中央决定要坚决搞好整顿治理。可见，用这"三论"作为改革的战略指导思想是根本行不通的。这表明领导层中还缺少一定的科学精神和民主精神。这难道不是很需要通过研究五四、发扬五四精神来弥补吗？

实事求是地说，现今的社会领导层在爱国、民主、科学方面，比以往的社会领导有巨大进步。本文不强调这一点，目的是希望现今的领导者们能更清晰地看到自己的差距和不足，进而能够自觉地带头继承五四光荣传统，发扬五四的爱国、民主、科学精神，把今天的事情办好。如果老是"号召"别人发扬五四精神，自己不发扬，那样的"号召"没有力量，也解决不了实际问题。五四，是一个新时代的开端。只要这个新时代没有结束，五四的爱国、民主、科学精神就必须发扬下去。而带头实践五四精神的，应该是社会领导。

原载《领导科学报》1989 年 6 月 11 日

注重领导成败得失的研究

当今世界是科学大发展的世界。对任何一个重大社会现象的研究都可以导致一门科学的出现；科学发展的本身也越来越科学化。领导科学的出现证明了前一点。现在需要研究的是，怎样使领导科学的发展更加科学化。本文认为，对领导成败得失的研究是个重要突破口。

一、研究领导成败得失是领导科学发展的重要突破口

理论，是实践经验的总结和系统化。领导理论、领导科学，是从领导的实践经验中总结抽象出来的。最能表现领导经验的，是领导成败得失的经验。在古代，司马光编纂《资治通鉴》，讲述治理国家的道理，就是以叙述宋朝以前历代统治者的成败得失为基本形式。在外国，著名政治学家马基雅维利的

名著《君主论》，也是通过讲述、分析历代君主的成败得失，提出关于如何当好君主的观点。在今天，各种领导的决策理论，都是以大量的决策成功和失误为基本素材的；领导的用人理论，也无不是总结了用人得失的经验提出来的。所以，如果没有大量的、具有代表性的成败得失经验作为基础，领导的理论必然是苍白的、不成熟的、不彻底的。不彻底的理论当然不可能说服人，起不到指导领导实践的作用。从这个意义上讲，研究领导的成败得失，是深入研究领导科学的最佳突破口和最好途径。

其一，研究领导的成败得失，是发现领导规律的可靠而又简便的途径。领导规律是领导科学理论的核心问题。研究领导科学，主要的，就是探求领导规律。其最可靠、最简便的途径，就是对其中的成败得失的研究。符合规律才能成功，违背规律就要失败。只有在领导的成败得失中，领导规律才具有充分的表象化。所以，探寻领导规律，不管是靠逻辑推理，还是对一般领导过程的观察，都不如研究领导成败来得准确。

其二，研究领导的成败得失，是摆脱领导科学理论"一般化"的有效出路。目前有些领导科学书籍、文章"一般化"的问题比较严重，主要原因是离领导实践较远，特别是离领导的成败得失问题较远。领导实践需要解决的问题，一般都是影响领导成败的大问题。对这样的问题不接触、不涉及，文章也好，书籍也好，就不可能吸引人，也难免"一般化"。实践，是丰富多彩的；成功，是富有魅力的。一旦深入到对领导成败得失的研究中，就会发现问题，比较容易提出新观点，总结出新的理论。

其三，研究领导的成败得失，是领导理论服务于领导实践的可靠保证。理论要为实践服务，只有努力为领导实践服务，才能表现出领导科学的理论价值，表现出领导科学工作者劳动的实际价值。领导科学对实践的最好服务，莫过于帮助领导者和被领导者解决他们最关心、最需要解决的问题，也就是领导的成败问题。

成败得失，是古今中外一切领导者最为关心的问题。这是因为，领导的成败得失，不仅关系到领导者个人的名誉、利益乃至生命，而且直接影响着他所代表的社会集团和阶级的利益及生存发展。毛泽东、邓小平等领袖人物都曾讲过身后"三七开"一类的问题，说明他们很注重人们对其成败的评价。当然，特殊情况总是有的。英王爱德华八世，"不爱江山爱美人"，结果离开了王位。这个例子从反面说明，不关心成败得失的领导者是不能在领导岗位上长久待下去的，哪怕他是世袭制下的国王。今天，广大领导干部之所以欢迎领导科学，根本原因就在于认为它能够帮助自己走向成功，避免失败。因此，领导科学工作者必须重视领导成败的研究，这样才能创造出为广大干部所欢迎的有用的领导理论，才能使领导科学长期地吸引广大领导干部。

领导的成败得失，也是一切被领导者关心的重要问题。回想在新中国成立初期，党实施了正确领导，整个国家兴旺发达，人民群众心情舒畅，日子过得越来越好。后来，党的领导出现了重大失误，搞了反右斗争扩大化、"大跃进"和"文化大革命"，使广大干部群众的利益受到极大损害。十一届三中全会以后，党的领导回到了正确的路线上来。社会在改革开放中前进，人民群众的物质文化生活水平得到迅速提高。这些活生生的事实，使越来越多的群众认识到，领导工作取得成功，人民群众就能获得更多的幸福；领导工作出现失误，领导者固然要受到应有的惩罚，但受损害最大的，还是广大人民群众。所以，领导的成败得失，不能不受到一切有所觉悟的被领导者的关心。近年来我国新兴的领导科学，就是由一批作为被领导者的理论工作者率先开拓出来的，接着有大批普通群众和一般干部参加到这一学科的研究中来，形成了广大干部群众共同学习、研究领导科学的热潮，推动领导工作科学化。这进一步证明了人民群众对领导成败得失的关心。为了人民的利益，必须加强对领导成败的研究。

当前，对领导的成败得失更为关心的，是刚刚走上各级领导岗位的广大中青年干部。受各种因素所影响，他们急迫地希望成功，竭力避免失败。从几年的实践看，他们中有些人确实才华横溢，政绩突出，取得成功，有些人则屡屡失误，陷于困境，败走麦城；相比之下更多的则是政绩平平，时有失误。必须看到，现在活跃在我国各条战线、各级各类领导岗位上的中青年干部，是跨世纪的一代，肩负着领导改革和社会主义现代化建设的重任。他们的成败得失，不只是他们个人的荣辱，而是影响国家命运、社会前途的大问题。因此，领导科学工作者有责任同广大中青年干部共同探讨，怎样才能尽快走上成功之路，避免失败，减少失误，又怎样才能走出平庸的峡谷。

二、研究领导成败得失的方法论原则

对领导成败得失的研究，古已有之，今又有之。同是研究领导的成败得失，却往往会产生不同的结论，受到不同的启发。这除了人们所处的社会环境不同等原因之外，方法不同是一个重要的原因。这里，着重谈一谈当前研究领导成败所应遵循的三个方法论原则。

1. 社会主义领导目的性原则。研究领导的成败，首先需要确定评价成败的标准。如果在评价成败的标准上"偏之毫厘"，就会在研究结论上"差之千里"。在人类的观念中，成功总是同目标、目的联系在一起的。达到了一定的目标、目的，就算成功，反之就不算。领导，是一种复杂的社会现象，具有极强的时代性、阶级性。不同的时代、不同的阶级领导的目的是不一样的。由于人们世界观的差异，即使是同一时代同一阶级的领导者，也会有不同的领导目的。例如，在今天的社会主义初级阶段，许多领导者的工作目的是加速社会主义现代化建设，但不是也有些领导者仅仅是为了谋取个人的名、钱、官吗？图名者，一朝"名就"，便以为是"功成"；图钱者，不择手段，中饱私囊后，也算"大功告成"；图官者，只要能"升"上去，管他有无政绩，管他别人怎样评价，都算是"伟大胜利"。凡此种种的"领导目的"和"成功标准"，都是一切真正的共产党人和正直的人们所不屑的。共产党人的崇高理想和奋斗目标是实现共产主义。今天社会主义的一切发展，都是为着人民幸福、社会进步。所以，从宏观上说，凡是有利于促进人民幸福、社会进步，都应视为成功的领导。在具体领导工作中，凡是执行党和人民的意志，达到物质文明、精神文明和民主政治建设的适当目标，都是成功的。所以，在研究领导的成败得失时，不能搞"仁者见仁，智者见智"，必须坚持社会主义领导目的，否则，研究就会误入歧途。

2. 求实性原则。领导成败研究的灵魂，是实事求是。事情是怎样，就怎样分析。这里，首先要敢于正视现实，敢于讲真话，而不管现实是多么严酷，真话是多么"难听"。"文化大革命"中也曾提出过要"总结经验教训"，但那时却极少人有敢讲真话。明明是形势混乱，却说"形势大好，而且越来越好"；明明该批极"左"，却非大批"极右"不可。以这样的态度研究问题，当然不会有正确的结论。其次，要特别注意研究领导成败的案例。领导成败得失是具体的，应该从具体个案出发进行研究。在这方面，应该重视国外管理学研究的经验。他们非常注重管理案例的收集、整理和研究，在此基础上，提出各种管理理论或管理原则，所以显得实际而又实用。领导成败案例的研究，一定要使案例真实、完整。不能使用道听途说的案例，也不能对参与案例的各要素随意剪裁而"断章取义"。在我们的社会里，任何领导成败的现象，既有主观因素，又有大大小小客观环境的影响，应该全面地分析这些因素。案例不仅要真实，还要现实。要特别注重研究当前改革和现代化建设中领导成败的案例，这才能使研究的成果有很强的现实指导意义。

3. 系统性原则。作为领导科学理论工作者，研究领导成败的案例绝不仅仅在于正确地说明某种领导现象，还在于，通过大量的领导成败案例的研究找出其中的规律性的东西，提出和发展某种领导理论。因此，研究中不能就事论事，不能停留在零散的案例分析中，必须善于从整体和全局的高度提出问题、认识问题，注重研究问题的相关性和层次性，坚持研究的系统性。只有通过领导成败的系统性研究，才能总结出正确的领导理论，发现领导规律，使领导科学理论的发展不断有新的突破。

研究领导的成败得失，还有两个问题必须引起注意：

一是要把领导工作的成败与领导者的成败加以区分。这两点粗看起来似乎是一个问题——领导工作全部成功了，还不是个成功的领导者吗？但事实不这么简单。领导工作，是一项复杂的社会活动，有许多社会变量参与其间。不管是多么英明的领导者，都不可能在长期的领导工作中一点儿失误也没有。毛泽东是公认的伟大领袖人物，但在晚年的领导工作中就接连出过重大失误。历史表明，尽管毛泽东在晚年领导工作中出现过重大失误，但他作为成功的革命领袖的地位并未因此而被否定。过去的战争年代，打三仗能胜两仗的领导者，便被认为是成功的领导者，就可以提拔重用。反过来说，有的人在一定的历史条件下也可以在领导工作中作出这样或那样的成绩，但从本质上看却不是一个成功的领导者。这说明，领导工作的成败与领导者的成败并不完全是一回事。认清这个区别是很重要的。一方面，有利于保护干部，不至于在领导工作中出现一两次失误就被根本否定，而不看领导者的主流和本质。另一方面，又不姑息错误，不能因为过去有成绩，曾经是成功的领导者，就文过饰非，不去纠正他领导工作中的错误。只有全面认识领导者和领导工作，才能正确贯彻党的干部路线，端正党风，做好领导工作。

二是要把暂时性成败与历史性成败区别开来。有些事情，在一定的历史条件下，对于具有一定立场和某种思维方式的人们来说是成功的，可是却经不起历史的、人民的、实践的检验。"文化大革命"初期，当打倒某个所谓"走资派"的时候，不是有许多人欢呼"伟大胜利"吗？可是十年之后，人们就正确认识到，领导人们打倒所谓"走资派"、搞"文化大革命"，是一种失败的领导。有的油田领导，为了"多出油"，不顾科学家的劝告，搞掠夺性开采，一时看来成绩很大，实际上把麻烦留给了后代，犯了历史性的错误。发动和领导巴黎公社起义的英雄们，虽然被镇压下去了，但是他们在人类历史上却留下了不可磨灭的功绩。我们的革命烈士，在对敌斗争中失去了生命，从个人来说或许可以称作失败，但是，他们却是人民世代敬仰的成功的英雄。这是因为，他们的事业已经融入人民解放事业中，人民的解放就是他们的成功。古人说，不能以一时成败论英雄。这很有道理。在今天，认清暂时性成败与历史性成败的联系与区别十分重要。它有利于领导干部认清历史发展趋势，自觉地为大目标而奋斗；有利于克服急功近利的思想，树立"功在人民""功在后世"的长远观点；有利于组织人事部门制定正确的考核制度，正确认识和评价领导干部的功过是非。

在当今世界，人们越来越看清了领导在社会发展中的关键作用。以科学的态度研究领导的成败得失，促进领导工作科学化，已经成为广大干部群众的迫切愿望和需要。领导科学工作者应该为此作出贡献。

原载《青年思想家》1989 年第 1 期

1990 年

年度背景　全党总结 1989 年春夏之交政治风波的经验教训，积极探讨社会稳定发展的思路与途径。

社会稳定发展的关键在领导

1989 年春夏之交的政治风波后，社会的稳定与发展，成了国内外普遍关注的问题。中国共产党的领袖们指出，中国的问题压倒一切的是稳定。这一论断，得到了一切善良的、理智的人们的赞同和拥护。的确，稳定是发展的前提。只有社会的政治稳定、经济稳定、思想稳定，人们才能安下心来进行经济建设、政治建设和思想文化建设。但比较地说，更重要的问题应是探讨究竟怎样做才能实现社会的稳定发展。

人们知道，任何一个重大社会现象的发生都是多种社会因素共同作用的结果。这就是著名的"合力"论。社会的稳定发展或者动乱停滞，也同样是各种社会力相互作用的综合反映。从这个意义上说，要创造一个稳定发展的良好社会环境，必须依靠社会各个集团、各个方面的共同努力。但是，按照唯物辩证法的矛盾学说，促进事物发展变化的诸因素的地位作用并不是完全一样的，其中总有某个要素起着主要的、主导的、核心的、关键的作用。要认识和把握事物的发展变化，就必须首先认识和把握这个起着主要的、主导的、核心的、关键的作用的要素。探讨社会的稳定发展，同样如此。那么，对于社会主义社会的稳定发展来说，这一关键要素是什么呢？笔者认为，是社会领导。必须紧紧抓住改善社会领导这一关键，带动其他社会问题的解决，进而实现社会主义社会的长治久安，稳定发展。

一、历史的启示

"以史为鉴，可以知兴替。"正确认识社会主义社会稳定发展的关键问题，不能不注重历史的教益。《三国演义》开篇便道："话说天下大势，分久必合，合久必分。"其实，作为"天下大势"的何止是"分合"互换，同样也有"治乱"交替。迄今为止的人类社会的文明史，也可以称为社会稳定与动乱、发展与停滞相交替的历史。其根本原因是社会的基本矛盾所致，具体表现在当权者的领导状况。

新中国成立后，由于社会基本矛盾不具有对抗性，没有发生社会动乱的必然性。但是，实践的发展变化远比理论丰富多彩，我们也有过"治乱"的问题。最典型的是长达 10 年的全局性社会动乱"文化大革命"。为什么会出现这场动乱？十一届六中全会作出的《关于建国以来的若干历史问题的决议》指出："文化大革命"是一场由领导者错误发动，被反革命集团利用，给党、国家和各族人民带来严重灾难的内乱，毛泽东负有主要责任。这就是说，那场大动乱产生的主要原因在于领导。

再看我国的社会稳定。新中国成立之初，社会上阶级斗争仍然复杂尖锐，国际上反华势力很嚣张，国内经济状况足可以用"烂摊子"来形容。就是在这一社会条件下，我国社会稳定、政治稳定，经济得到迅速恢复和发展。其首要原因，不就是我们党的路线、方针、政策对头吗？不就是党的领导与人民群众心连心，共同克服了诸多困难，战胜了一个个不安定的社会因素吗？当时的领导，如果像李自成一样，进城就腐化堕落，如果像秦二世一样昏庸无能，怎么可能会有五十年代那个令人怀念的岁月呢？还有，党的十一届三中全会以后，因为"文化大革命"的破坏，国民经济发展面临严重困难，冤假错案大量存在，社会矛盾复杂。由于党中央果断地纠正了"文化大革命"的错误，坚决实行了一条正确的思想路线、政治路线和组织路线，整个社会保持了稳定发展。其原因，不是首先在于党的领导正确吗？

社会主义社会的领导者，是集中群众智慧的大脑，是推动各项工作运转的心脏。领导者操纵着历史的船舵，对社会发展的方向、道路及形式有着巨大的导向力。各种社会力量对社会发展变化的作用，一般都要通过领导这个"中介"集中表现出来。所以，我们有理由说，领导是社会主义社会稳定发展或动乱停滞的关键和中心环节。

二、领导行为影响社会稳定发展的类型

在历史与现实中，由于领导行为不当而导致社会发生动乱的事情层出不穷。它们表现形式各异，但大体有以下四种类型。

1. 决策失误。决策是领导者的首要职能。决策对社会稳定发展有着直接的、巨大的影响。"文化大革命"十年动乱的发生，是领导决策失误的典型事例。纲领、路线的根本错误，导致了群众斗领导、群众斗群众的混乱局面。

2. 用人不当。自古以来，因领导者用人不当而使社会动荡的事例不胜枚

举。秦二世重用赵高，隋炀帝重用杨素，宋徽宗重用以蔡京为首的"六贼"，明武宗重用宦官刘谨，等等，都给社会稳定带来危害。"文化大革命"中，毛泽东重用林彪、"四人帮"给社会带来的危害，人们记忆犹新。

3. 协调不力。社会领导工作是一个复杂的系统工程。对于一个国家的领导来说，他的对象是若干个子系统和无数个系统要素。为了做好领导工作，不仅需要领导决策正确，需要任人唯贤，还需要进行有效的协调。所谓领导协调，就是领导者采取各种措施和方法，对各子系统、各要素之间的关系进行积极调整，使整个系统内部做到分工合作、协同一致、相互配合，从而使整个领导系统适应于社会发展的客观要求，高效率地实现领导目标。做好领导协调工作，对社会主义国家来说尤为重要。1958年的"大跃进"，片面追求钢产量，各行各业"大办钢铁"，"让钢铁元帅升帐"。结果是，钢铁卫星没有放出来，反而极大地损害了农业和轻工业的发展，出现了"三年困难"的惨痛时期。1960年以后，党中央提出了"调整、巩固、充实、提高"的八字方针，果断地协调了农轻重的关系，逐渐使国民经济走上了稳定健康的发展道路。

4. 领导者缺德少才。严格地说，这并不属于领导行为的范畴，但谁也不能小视它对社会稳定发展的影响。从夏王朝开始，到清王朝灭亡，几乎每一朝代的最后一两位帝王都是缺德少才的人，至少没有哪一位亡国之君是其德高尚、其才绝伦的。历史表明，领导者实施有效领导，不仅依靠权力，主要是依靠权威，而权威则主要是从他个人德才的状况中产生。有权威的领袖人物本身就是社会团结、稳定的象征，如周恩来。近些年，一些地方和单位的领导以权谋私、腐败透顶，人民群众对他们极为不满。这种状况不改变，能有稳定发展吗？

三、改善领导、促进社会稳定发展的主要对策

从社会主义社会稳定发展、长治久安的角度看，改善领导的标准主要是：第一，领导者要成为全体人民合格的代表，领导行为能够最大限度地体现全体人民的利益和要求；第二，通过卓有成效的领导工作，能够使全体人民更紧密地团结起来，心情舒畅地参加社会主义建设；第三，通过卓有成效的领导工作，能够使社会各方面建设得到稳定协调的发展，不至于出现大起大落，大进大退。为了达到这一标准，领导者以及社会领导集体必须努力练好"内功"，提高自身素质，增强领导社会走向稳定发展的能力。

1. 加强党的建设。中国共产党是全中国人民的领导核心。改善领导，最根本的是改善党的领导。为此，必须从政治上、思想上、作风上、组织上把党建设好。

2. 领导干部加强社会主义道德修养，锤炼领导才干，成为合格的社会公仆。对于我们这个大国来说，改善领导、稳定社会不是哪一个领导者个人所能做到的，但是又必须从每一个领导干部做起。这是改善领导的基础。

3. 加强各级各类领导班子建设。在我国，各地区、各单位的工作都不是哪一个人在领导，而是一个领导班子在领导。因此，改善领导必须强调领导班子的建设。每个领导班子必须是坚决执行党的路线、方针、政策，坚定不移为人民办事的坚强集体，政治上要强。工作中要讲原则、讲党性、讲政德，而不能浑浑噩噩、毫无作为，更不能搞"窝里斗"、争权夺势。

4. 坚持干部制度、人事制度和领导体制的改革，广开进才之路。人才，是治国安邦的根本，是国家民族繁荣昌盛的保证。现在，我们选拔领导人才的渠道还不多，方法还不够灵活，把不少有才干的人挡在各级领导班子之外。应通过改革干部制度、人事制度和领导体制，消除这种现象。

5. 建立有力的社会控制体系。过去，领导者对社会的控制往往是通过"一道圣旨"或"一声号令"就能奏效。这种方法在现代复杂的社会里不灵了。现代社会区别于以往社会的重要标志，是实行法治。这就要形成社会控制系统，以各种规范指导和约束社会成员（包括领导者自身）的行为，保持社会的稳定发展。

6. 促进领导决策的民主化、科学化。领导者必须树立民主决策的观念，遇事同群众商量，通过一系列规章制度来保证尽可能多的人才参与到领导决策中来。要依靠现代科学，用科学的方法进行决策。把民主决策与科学决策结合起来，领导决策的失误就会减少到最低限度。

7. 保持路线、方针、政策的相对稳定性。随着实践的发展，领导者赖以指导群众行动的路线、方针、政策也要有所变化，僵化了就没有指导作用了。但是，也不能变化得太快、太频繁，超越事物发展变化的速度。近年来有的方面政策多变，群众讽刺说："上级政策像月亮，初一十五不一样。"政策不稳多变，会使人感到"领导说话不算数"，损害领导威信，也会造成人心不稳，出现人为的混乱。

8. 加强社会主义民主政治建设。这对维护社会稳定发展有根本性的意义。要领导亿万人民为维护社会稳定发展而斗争，就必须使人民群众树立起社会主人的责任感，而这一点，只能通过推进社会主义的民主政治建设来实现。只有在民主制度下，人民才能真正参与到管理国家活动中来。

9. 以爱国主义、社会主义统一人民群众的思想，创造一个稳定的思想环境。社会稳定首先是人心的稳定。人心稳定的主要条件之一，是要有统一的理想和追求。五十年代我国面临许多困难而人心不乱，主要原因是有一个坚定的社会主义理想信念。作为社会领导者，必须首先肃清"左"的流毒，努力消除"文革"中"人整人"的那种现象。广大干部群众能睡上安稳觉，才谈得上社会的稳定发展。

稳定发展，是世代人民群众和有良知的领导者的真诚追求。社会发展到今天，已经具备了稳定发展的一系列条件。一切有抱负的领导者，应该充分利用这些有利条件，在领导这座历史舞台上演出威武雄壮的一幕。

原载《山东社会科学》1990 年增刊

应重视以兖州为中心的鲁南城市群建设

建设鲁南大城市群，是我们山东省社会主义现代化建设事业发展的必然要求。根据现代城市定位理论和城市群理论，兖州、济宁、邹县、曲阜具备了共建现代化大城市群的良好条件，省领导应该高度重视这一城市群的建设。

一、现代化建设事业呼唤着鲁南大城市群的出现

世界历史表明，现代化社会的发展是与现代化城市的存在密不可分的。可以说，没有一系列布局合理、功能齐全的现代化城市，就没有现代化社会。城市，是经济、社会、自然三者的统一体，是现代社会的一种生活方式。城市，是近现代文明的产物，是创造人类新文明的"工作母机"。人口的高度集中和交通、居住、工作场所的密集，节约了时间与空间，造成了城市特殊的高效率与高效益。恩格斯当年曾以英国大城市伦敦为例，写道："这种大规模的集中，二百五十万人这样聚集在一个地方，使这二百五十万人的力量增加一百倍。"列宁进一步指出："城市是经济、政治和人民精神生活的中心，是前进的主要动力。"我国在社会主义现代化建设中，日益重视城市的作用。《中共中央关于经济体制改革的决定》指出："城市是我国经济、政治、科学技术、文化教育的中心，是现代工业和工人阶级集中的地方，在社会主义现代化建设中起着主导作用。"从一定意义上说，我国的现代化就是广大农村的城市化。因此，加速我国、我省现代化建设的步伐，不能不注重现代化城市和城市群的建设。

新中国成立以来，我国、我省的城市发展是比较快的。1949 年，我国城市人口比重是 10.6％，1987 年上升到 26％。目前全国约有 3 亿人生活在城市。1989 年底，山东省城市总数是 32 个，居全国首位。我省的经济地位一直在全国保持前列，不能说与城市发展的这种状况没有直接关系。但是，从发

展角度看问题，就会发现，我省的城市发展是不充分的，远远不能适应现代化建设事业的要求。

第一，城市化率低。据有关资料，1988 年，全世界城市化率为 42.2％，发达国家城市化率 68％，而我国才勉强达到发达国家本世纪初的水平（1900年为 26.1％）。第二，城市现代化水平低。我省的绝大多数城市，在经济发展、市政建设、文化生活、交通邮电及人口素质等方面，距离现代化城市的要求有相当大的差距。第三，城市布局不够合理。我省主要的大中城市集中在胶济、兰烟铁路沿线上，如济南、淄博、潍坊、青岛、烟台，形成了一条东西城市带，而在鲁北、鲁西、鲁南，则缺少这样的城市。我省城市发展中的上述不足，特别是城市布局不够合理，极大地影响了全省经济和社会的协调发展。从经济社会发展战略高度看问题，我省现代化建设的重点，不仅是个"东西"问题，而且还有个"南北"问题，既在抓好胶济、兰烟铁路沿线地区经济社会发展的同时，还应把我省境内的京沪铁路沿线地区的经济社会发展尽快抓起来。只有"东西"和"南北"均衡发展，我省现代化建设的骨架才能真正树立起来。然而事实上，我省的"南北"力量比起"东西"力量弱得多，其主要标志，就是缺少较大的现代化城市和城市群。除了京沪铁路与胶济铁路的枢纽城市济南外，不论是鲁北的德州地区、鲁中的泰安市、还是鲁南的济宁市和枣庄市地区，都没有像淄博、潍坊、青岛、烟台那样有相当实力的中心城市，所以限制了这一地区经济的应有发展。这就告诉我们，在鲁南地区尽快建设一两个大型中心城市或城市群，是实现我省现代化建设战略的必然要求。必须尊重这一客观要求，自觉地加强中心城市或城市群的建设，而不能消极地等待某个中心城市"自然生成"。

二、建设鲁南大城市群的理论依据

要自觉地在鲁南地区建设大型中心城市，遇到的第一个问题，就是这一中心城市设在哪里，它的基本形式是什么样子。客观地说，济宁市和枣庄市的两个市中区，以及兖州、邹县、薛城和 1988 年由县改市的滕州，都有独立发展成为大型中心城市的可能性。但是又不能不看到，济宁和枣庄的两个市中区不在京沪铁路干线上；坐落在京沪铁路干线上的兖州、邹县、滕州和薛城经济基础不够雄厚，又都是"县级"建制，靠它们"自然生成"为大型中心城市，路都比较远。怎样才能选定一个合适的位置尽快建设一个现代化建设所要求的"中心城市"呢？这就需要现代城市定位理论和城市群理论的指导。

目前，在世界上获得普遍承认的城市定位理论有三种，分别解释三种不同经济活动的定位规律：一是货运中转理论。这里所说的"中转"，指的是货物运输不得不从一种运输方式转入另一种方式时所造成的不得已的货运间断。它包括"机械性中转",如水陆交通的衔接点、铁路与公路的交会处、远洋航运与内河航运的转投点等,还包括"商业性中转",即在机械性中转的地方出现的商业性活动。提出货运中转理论的库利指出:"人口和财富有汇集于交通中转点的趋势。"与这一理论对应的是交通中心型城市。二是中心场理论。认为城市的定位是由于它处于该地区的中心。它的存在是为了向周围地区提供服务,以满足周围地区商品集散的需要。这种理论所对应的是商业中心型城市。这种城市越大,它所服务的周围地区也就越广。三是工业布局理论。它主要根据工业活动的经济性和工业布局的合理性来解释城市的定位。工业活动要考虑生产资源、市场销售、劳动力等因素,因此,往往"就近"建立城市。如在煤炭基地一般建设能源和重化工城市等。与这一理论对应的是工业中心型城市。

现代城市的发展越来越具有综合性,很少仅仅是交通型或者是商业型、工业型中心城市,而大多是交通中心、商业中心和工业中心兼备的城市。所以,当我们提出要在鲁南建立大型中心城市的时候,首要的问题就要考虑它有没有条件同时成为该地区的交通中心、商业中心和工业中心。

在现代城市理论中,城市群理论是受到人们特别重视的。所谓城市群,主要是指在不太广大的地域里,由不同等级、不同类型和不同特点的多个城市所形成的城市聚集体。它的主要特点是:(1)这些城市在地域上相互毗连,距离较近;(2)每个城市在空间和功能上自成体系;(3)各城市之间经济联系、交通联系、科技文化联系和社会生活联系密切,并在长期交往中形成了不可分割的经济统一体;(4)有一个适宜的城市构成城市群的中心区。在我省,比较典型的城市群是淄博。它以张店为中心,北有桓台,东有临淄,西有周村,南有淄川和博山。这五区一县构成的城市群,具有现代大城市许多无法比拟的优点。

当代世界上的城市群,绝大多数是由于经济的发展自然生成的。但是,总结城市群发展的经验所形成的理论,又可以指导人们自觉地进行城市群建设。一个城市群,比起有同样人口的单一特大城市,其优越性是多方面的。最主要的是,它在保障城市经济实力的同时,能够有效地克服现代大城市所形成的"城市病",如由于人口密集所造成的住宅紧缺,交通拥挤,供水不足,就业困难,经济社会发展失调,供求关系紧张,人与人关系浅表,个体心理失衡,管理多元与城市功能不足等。鉴于此,近年来一些研究城市问题的专家呼吁,单一大城市的发展必须控制,而在需要建设大城市的地方,应以若干中小城市的发展为基础建设大城市群。无疑,这是一种明智的选择。

三、兖州、济宁、邹县、曲阜具备了共建现代化大城市群的良好条件

根据现代城市定位理论和城市群理论，根据鲁南地区城市发展的实际情况，我认为，以兖州、济宁、邹县、曲阜（以下简称兖、济、邹、曲）四城为基础建设现代化大城市群，比其他城市有更多的有利条件。

1. 地理位置优越。首先，从全国范围看，兖、济、邹、曲处于我国南北方之间的过渡地带，是华北、华东两大经济区域的接合部，在气候、水文和经济文化、历史传统上兼具南北特色。同时，它处在全国性的南水北调、北煤南运、西煤东运路径的交汇点。在这一地方组建大城市，对于全国经济的发展具有重要的战略意义。其次，从我省情况看，兖济邹曲处于鲁南中心部位，距离周围城市济南、泰安、临沂、枣庄、徐州、菏泽均不足 200 公里。再次，从兖济邹曲四城的相互位置看，兖州居中，其他三城三面环绕，临近二城的距离都不超过 30 公里，最近的只有 15 公里。可见，以兖、济、邹、曲为基础组建大城市群，其地理位置是相当优越的。

2. 交通条件良好。兖、济、邹、曲自古以来就是南北交通的重要通道，是兵家必争之地。目前，兖州是全国铁路八纵八横在山东的唯一十字交叉点，是鲁南最大的铁路物资集散地和客运中转站。京沪铁路经兖州、邹县贯穿南北，第二条"欧亚大陆桥"东段的新石（新乡至石臼港）铁路过兖州、曲阜、济宁而横跨东西。公路四通八达，104 国道从曲阜、邹县穿过，327 国道从曲阜、兖州、济宁穿过。著名的京杭大运河路经济宁，水运事业较发达。济宁西邻的嘉祥机场对民用开放后，又为兖济邹曲打开了空中通道。从而使这一地区形成了铁路、公路、水运、航空较密集的交通网络。

3. 初步形成了布局合理、较密集的城镇体系。到 1989 年底，兖、济、邹、曲地区共有建制镇 29 个，城镇总人口 131 万人。城镇密度较大，每千平方公里有 7.5 个城镇，高于全省平均水平的 3.8 个。这一地区城镇体系的特点是两种空间结构形式的叠加，即一种是在农业地区长期发展演变而来的中心地结构形式，各级城镇围绕空间的传统中心城市呈大体均匀分布的格局；另一种是由东向西扩展的受矿产资源区位和开发顺序控制的矿区城镇结构形式。这样，在兖、济、邹、曲四城周围，有若干次级小城镇，共同形成了一个布局合理、层次分明、交通便利、彼此密切联系而又功能各异、互相补充的城镇网络体系。这是大城市群建设的重要基础。

4. 统一的煤水资源把兖、济、邹、曲的经济发展紧密地联系在一起。兖、济、邹、曲地区是全省煤炭富集区。省内四个保有储量大于 10 亿吨的煤田，在该地区的就有两个——兖州煤田和济宁煤田。两个煤田延伸总面积达

1417.6平方公里,其中已勘探面积675.6平方公里,地质储量100亿吨以上。特别是兖州煤田,发展前景尤为广阔,将成为华东最大的煤炭生产基地。该地区煤层煤质稳定,属陆植煤类低变质烟煤,工业牌号均属气煤大类,适宜单独炼焦。该地区水资源相当丰富。从地面上看,它紧靠全国十大淡水湖之一的南四湖(微山湖、昭阳湖、独山湖、南阳湖)。南水北调和流域内调水工程的实施,将使水资源更加丰富和可靠。从地下水看,该地区为山前冲积平原,又称泗河、大汶河冲洪积扇。境内有泗河、洸府河、白马河、南泉河四大水系几十条河道。地下水由东北向西南,为泗河冲积洪扇和大汶河冲积洪扇的叠加区,浅深两层水可采量很大。据有关测试资料分析,仅兖州区域内浅层水储量达19亿立方米,深层水日采量在60万立方米以上,水的补给资源广,地下水质好。丰富的煤水资源,为这一地区经济协调发展,提供了极为有利的条件。

5. 形成了较高的农业生产水平和门类比较齐全的现代工业基础。新中国成立40多年来,兖、济、邹、曲地区人民充分发挥本地资源优势,工农业生产有了突飞猛进的发展。按统计口径分类的15个工业部门齐全。其中,机械工业基础更好一些。有些产品,如拖拉机、推土机、车轮、变压器等在国内外市场上享有一定声誉。纺织工业、化工工业、建材工业、食品工业等都有较大规模。这一地区处于平原,土地肥沃,水源丰沛,发展农业条件良好,是全国重要的商品粮生产基地。肉禽蛋菜产量较高,可以为大规模工业建设和大型城市群的发展提供丰富的粮食和其他农副产品。1989年,这一地区农业产值11.5亿元,工业产值35亿元。

6. 有独具特色的旅游资源。兖、济、邹、曲自然风光秀丽,历史悠久,文物古迹众多。这里是儒学的发祥地,是中国古代儒学大家孔子、颜子、曾子、孟子的故乡。尤其是曲阜,是儒教圣地,拥有众多的名胜古迹和独特的人文景观,是闻名于世界的旅游胜地。其他如邹县的孟庙、峄山,济宁的铁塔、太白楼,兖州的兴隆塔等,都吸引着众多的中外游客和文人学者。

上述六个方面的情况清楚地表明,在兖、济、邹、曲地区,有举世无双的孔孟儒学"大文化",有联结全国东西南北铁路动脉的"大交通",有名冠华东的"大煤炭",有资源富足的"大水源"。以兖、济、邹、曲四城为基础组建大城市群,不论是其地理位置、交通状况,还是物产资源、经济发展,都具有良好的条件。人们完全有理由认为,这一大城市群的形成,必将起到鲁南地区的流通中心、生产中心、文化中心、社会交往中心和消费中心的综合作用,成为实践现代城市定位理论和城市群理论的生动体现。

以兖、济、邹、曲为基础建设现代化大城市群,其意义并不限于山东和国内。这一点，可以从它与日照的关系以及日照的战略地位中得到说明。目前，为国际经济界所瞩目的有两件事：一是"环太平洋经济圈"，一是"欧亚大陆桥"。这两件事都与日照市有直接关系。"环太平洋经济圈"的崛起，为位于太平洋西海岸的日照市走向外向型国际性城市提供了极好的机会。"欧亚大陆桥"的建成，则使日照成为国际性经济城市有了更大的可能性。所谓"欧亚大陆桥"，一般是指于 1990 年全线通车的东起中国江苏省的连云港、西至荷兰的鹿特丹港、横贯欧亚大陆的全长 10700 公里的铁路。其实，作为这座"欧亚大陆桥"东桥头堡的，并不止连云港一家，日照市的石臼港、岚山港同样可以发挥这个作用。东起石臼港的铁路向西，经曲阜、兖州、济宁后，又经河南的新乡、焦作，山西的侯马，直到陕西的西安，与一直平行走向的陇海铁路会合，其中跨越津浦、京广、焦枝、同浦四大铁路干线。因此，西起荷兰鹿特丹的火车，不仅可以直驶连云港，也可以直驶日照市的石臼港、岚山港，这同样是"欧亚大陆桥"。为了使日照市能够成为名副其实的东桥头堡，能够在"环太平洋经济圈"中充分发挥"窗口"作用，一方面，必须加快日照市及石臼港、岚山港的建设步伐，另一方面，必须加强日照市的"腹地"建设。目前，毗邻日照的临沂经济不够发达，难以独立承担"腹地"作用。这个任务，由兖、济、邹、曲城市群为主承担会更好。这就是说，兖、济、邹、曲城市不仅要成为鲁南地区的经济中心，而且通过与日照的合作，更直接地参与到国际经济活动中去。它的发展，将具有国际经济意义。我认为，一个是日照的"窗口"，一个是兖、济、邹、曲的"腹地"和"中心"，这两个建设抓上去了，整个鲁南地区就搞活了，山东省的经济面貌就会有较大的改观。

四、兖、济、邹、曲城市群的基本形式及其建设途径

每一个城市群都有它存在的基本形式，都必须形成合理的内在结构，否则就会导致功能紊乱。那么，兖、济、邹、曲城市群应该是一种什么样的存在形式呢？这要从兖、济、邹、曲四城发展的实际情况出发。目前，我国城市群的基本形式主要有三种：一是如沪宁杭地区城市群，彼此不是靠行政隶属关系维系的，而是靠各自不同特点的城市功能互相合作，互相依赖，共同发展；二是如青岛市及其周围的胶州市、即墨市、平度市等，这是一种单一的大城市与卫星城之间形成的城市群，青岛市与各市不论在行政上还是功能上都有很强的隶属关系；三是如淄博市的原五区一县，这种组群式城市中的各城共同从属于一个行政单位，彼此平等，功能各异，只不过选择了位置居中、交通便利的张店作为行政中心。根据上述三种城市群发展的经验，我们认为，兖、济、邹、曲城市群应基本采取"淄博式"为宜，所不同的是，它各

成员不应以"区、县"形式存在，而应以"市"的形式存在。这一点，完全是从兖、济、邹、曲的实际情况出发所得出的。

其一，目前兖州、济宁、邹县、曲阜在经济和社会发展方面大致处于同一水平上。虽然目前济宁的发展水平明显地高于其他三城，但是，远不是青岛市与胶州等市那种差距。济宁与邹县、兖州、曲阜三城的关系现在不是，今后也难是中心城市和卫星城的关系。这就决定了济宁与兖州、邹县、曲阜在城市群中的平等地位。四城同属于一个行政单位"济宁市"，所以它们的基本格局只能是"淄博式"。

其二，兖州、邹县既不能以"县"的身份、也无法以"区"的身份加入城市群中，只能以"市"的身份加入。众所周知，县，在我国是一种农村政权的组织形式。我国的城市化，最直接的外在表现就是县改市或县改区。我们的目的是建设兖、济、邹、曲大城市群，没有理由坚持让兖州、邹县仍以"县"的建制存在，否则，建设现代化大城市群就是一句空话。那么，兖州、邹县是否可以改为市属区呢？这也不合适。区与市、县相比最大的特点，是它在空间上、功能上都缺少独立性。而兖州、邹县，从古到今，都是一个独立发展的整体。把一个独立的社区从县改为区，只有在地级市政府迁到该县才是可行的。否则就是不合适的。这是一。第二，从邹县、兖州的历史看，一直是知名度较高的历史文化名城，邹县是儒学大家孟子的故乡，兖州是古九州之一。把这样的历史文化名城从县改为区，不利于它们的发展。第三，从邹县、兖州干部群众的意愿看，绝大多数只同意改市，不同意改区。政府应该尊重民意。

以兖、济、邹、曲为基础建设鲁南现代化大城市群，是一件非常复杂的社会系统工程，应该从各个方面进行努力。目前有以下三个问题似应尤其引起重视。

1. 兖、济、邹、曲城市群应以兖州为中心。每个城市群都有自己的中心城市。这一中心对城市群的发展起着必要的组织、协调作用。如果中心城市选择不当，势必影响整个城市群的发展。人们知道，淄博城市群现在的中心是张店。以前淄博的中心曾一度设在博山。当时，博山的工业发展远远高于张店和其他几个城市，但是，由于它的地理和交通条件不理想，所以不能有效地组织这一地区的经济和社会发展，不得不"迁都"张店。这一实践说明了正确选择城市群中心的重要性。由此来看兖、济、邹、曲，就会感到，仍以济宁作为这一城市群的中心，有许多不利之处。济宁，在历史上是随着京杭大运河经济的繁荣而发展起来的。新中国成立后，由于它多年来一直作为地一级行政中心，经济上得到进一步发展。但是，即使在大运河畅通的年代，济宁也无力全面发挥区域中心的作用。元、明、清三代，一直是"兖州—济宁"双中心局面。时至今日，运河经济衰落了，仅靠行政中心的地位难以保持更大的"中心城市"的竞争力。与此相反，兖州倒越来越显示出它作为中心城市的诸多优越之处。最重要的是，第一，兖州处于交通中心的位置；第二，它处于兖、济、邹、曲四城的地理中心的位置；第三，它的经济发展前景决定了它将成为经济中心。从这些情况看，以兖州作为兖、济、邹、曲城市群的中心城市，是非常合适的。此外，兖州在历史上的知名度，要远远高于济宁。古分华夏九州，兖州为其中之一，尧舜至两汉，再至明清，历代皆设有兖州，而且其地域广阔。明初时兖州设府，辖四州二十三县。新中国成立后，兖州也曾一度设市。这进一步说明，以兖州作为中心建设大城市群，在历史发展中是顺理成章的。为了在事实上真正使兖州成为兖、济、邹、曲城市群的中心，我们建议，现济宁市政府"迁都"兖州，地级的济宁市更名为兖州市。现兖州县更名为滋阳区（历史上兖州县曾一度更名为"滋阳县"）。现济宁市的市中区、郊区合并为济宁市，县级编制（目前两区人口，总数为 82.7 万人，尚不及邹县人多，可以合为一市）。我们在调查研究中，有同志建议，把现济宁市政府迁至曲阜，地级的济宁市更名为曲阜市。这样做的主要好处，在于目前曲阜在国内外的知名度高于其他三城，以曲阜为名有利于大城市群的建设和发展。此外，这一布局能够打破政治、经济、文化中心集于一城的做法。曲阜将成为该地区的政治中心、文化中心，兖州则成为经济中心。这种"双中心"结构，有点类似美国的华盛顿和纽约。无疑，这个方案有它的合理性，但是操作起来恐怕难度会更大。所以，这一方案将不作为本文主要观点加以支持。

2. 兖州、邹县宜尽快改市。关于兖州、邹县改市问题，已经讲了多年，两县政府也曾郑重地向上级提交过改市报告。然而却一直未获批准。是兖州、邹县不够改市条件吗？不是。关于县改市的条件，国务院国发[1986]46 号文件是这样规定的："总人口五十万以上的县，县人民政府驻地所在镇的非农业人口一般在十二万以上、年国民生产总值四亿元以上，可以设市撤县。"1989 年底，兖州，总人口 55.8 万，县人民政府的所在镇的非农业人口 12.7 万，年国民生产总值 7.7 亿元；邹县，总人口 98.2 万，县人民政府所在镇的非农业人口 17.8 万，年国民生产总值 14.8 亿元。可见，两县都超过了国务院规定的设市撤县的标准。有关领导机关应切实从观念上搞清楚兖州、邹县改市与建设大城市群的内在联系，积极推动两县改市早日实现。当然，如果能够实现济宁市政府"迁都"兖州，变济宁市为兖州市，那么兖州改市的问题也就不存在了。

3. 统一规划，加强协调，注重发挥兖、济、邹、曲城市群的整体优势。建设兖、济、邹、曲城市群，进行四城统一规划特别重要。这既包括统一城市建设规划，也包括统一城市功能规划。要在各个方面加强四城的联系，如交通方面，开设四城统一运营的公共汽车；电讯方面，沟通四城的市内公用电话，像目前的淄博那样。在统一规划方面，有一个问题需要特别提及。近年来，全国兴起一股"城市计划单列热"。有些县改市以后也搞计划单列。从总体上说，这样做是否有道理，我们姑且不论。但是，对于兖、济、邹、曲城市群来说，其中任何一个都不应搞"计划单列"。这是因为，兖、济、邹、曲四城之所以能够共建城市群不仅仅因为在地理位置上它们靠得近，而且因为地下资源、地上经济发展把它们紧紧连在一起了，如果其中某个市搞"计划单列"，就会使一个有机的整体人为地肢解，破坏了整个地区的整体优势，这种情况是谁都不愿意看到的。因此，从发挥城市群整体效益出发，兖、济、邹、曲四城谁都不应实行"计划单列"。

加强协调，是城市群建设和正常发展的重要因素。一是要协调好兖、济、邹、曲四城之间的关系，随时解决合作方面出现的问题；二是要协调好兖、济、邹、曲城市群与周围市县区的关系。在现今的济宁市行政区划内，共有11个县市区，兖、济、邹、曲只是其中的核心部分。这就要求兖、济、邹、曲不仅要搞好自身的协调发展，同时也必须努力发挥好"中心城市"的作用，带动周围市县区的发展，带动整个鲁南地区经济和社会的发展。这一点，正是我们提出建设以兖州为中心的鲁南城市群的重要目的所在。

原载山东省社会科学院内刊《领导参阅》1990 年第 6 期

1991 年

年度背景　全党全国隆重庆祝中国共产党成立 70 周年，结合学习党的历史，强调学习新知识，加强领导人才队伍建设，提高党的领导水平和执政能力。

知识与领导

古往今来，哪一位领导者不希望自己的领导工作取得成功呢？然而事实上，成功者有之，失败者也有之。究其原因，知识是导致领导成败的重要因素。

领导是一项复杂的社会系统工程。现代社会里，经济的、政治的、科学技术的、思想文化的等各种矛盾都会以不同方式反映到一定领导关系中。领导者面临的矛盾往往纵横交错，其因素之众多、联系之复杂、规模之巨大、变化之迅速，都是前所未有的。因此，没有丰富的知识，就会对问题束手无策。

知识，是人们在改造世界的实践中所获得的认识和经验的总和。一定的知识，告诉人们一定的事物是个什么样子，怎样去做才能获得成功。自古以来，一切清醒的领导者无不重视对知识的学习和应用。知识，是领导工作中不可或缺的。我们党把"知识化"作为新时期干部"四化"标准之一，就表明了这种真理性认识。

真理的发现并不能代替对真理的逆行。总有一些领导者不认识知识对于领导工作的重要性，乃至到了 20 世纪 70 年代，还有"知识越多越反动"之说。时至今日，这种说法没有了，但只重视权力、不重视知识的现象仍然在一些领导干部身上存在着。殊不知，领导权力的运用只能以一定的知识为基础。可以设想，如果一位领导者对决策知识、用人知识、协调知识以及其他领导知识一窍不通，那么他手中的"权力"还能有什么积极意义。早在一百多年以前，法国作家司汤达就有过这样的论断："知识是权力。"在现代政治学说中，有些学者认为权力的实质是知识，领导权力的握有者实际上是领导知识的占有者。虽然这种认识未必准确、全面，但却道出了权力与知识的一种内在联系。由此可见，把知识与领导权力对立起来是一种违背客观规律的错误认识。应该记住高尔基的话："没有任何力量比知识更强大，用知识武装起来的人是不可战胜的。"只有用知识武装起来，才有可能成为有力量、有作为的领导者。

领导者要掌握领导工作所需要的知识，不但要向自己的实践学习，而且要多读书，多学习别人的经验。前些年，有的领导者片面强调"干中学"，轻视理论学习，结果滑进了狭隘经验论的泥坑。知识，属于人的认识范畴。经验是知识的初级形态；系统的科学理论才是完备的知识形态。必须从实践的社会性来了解知识的本质，把知识看成是全人类的认识结晶。只有经过千百万人的社会实践的检验，证明是科学地反映了客观事物的知识，才是正确可靠的知识。因此，领导者对于知识的学习，必须跳出个人经验的小圈子，努力掌握作为完备知识形态的系统的科学理论。

一般说来，领导者掌握的知识越多越好。知识越多，领导工作就越主动。但是，人生也有涯。不管是多么天才的领导者，都不可能穷尽浩繁的社会知识。领导者必须有选择地首先掌握与领导工作关系较密切的那些知识：第一类是处理领导系统内部关系的知识，包括领导决策、用人、协调、思想工作以及领导环境、领导目的、领导方法等方面的知识。这类知识的主体是领导科学。第二类是领导系统所作用对象的知识，如经济战线的领导者要懂得经济学，军事领导者要懂得军事学等。第三类是影响领导系统和领导工作的其他社会知识，如社会法律、道德、文学、艺术等方面的知识。不论学习和掌握哪一类知识，都不能忘了列夫·托尔斯泰的忠告："重要的不是知识的数量，而是知识的质量。有些人知道得很多，但却不知道最有用的东西。"

原载《领导者不可不知》序，中国广播电视出版社 1991 年 1 月出版

论建立我国的领导人才发展战略

进入 20 世纪 80 年代以来，我国出现了"战略热"。从中央到地方都在研究各自的发展战略。这是一种可喜的现象。但是，这股"战略热"主要"热"在"经济和社会发展战略"方面，而应该同样"热"的"领导人才发展战略"，至今却还是冷的。这个问题应该引起各级领导机关的高度重视。

一、确立科学的领导人才发展战略是国家长治久安和社会主义现代化建设的必然要求

领导人才发展战略为什么应该"热"起来？这是由领导人才的重要性和领

导人才发展战略的重要性决定的。

自古以来，凡是关心社会发展、懂得社会发展常识的人，没有认为领导人才不重要的。我国进入改革开放新时期以后，领导人才的问题更加突出了。邓小平指出："事情成败的关键就是能不能发现人才，能不能用人才。"领导人才发展战略，把领导人才发展系统化了。它是对明天社会正常运转的谋划，是一剂治疗未来社会疾病的良方，是社会长期稳定发展的重要保证。

1. 正确确立和实施领导人才发展战略，是国家长治久安的需要。历史上任何一个国家政权建立之后，政权的缔造者无不像秦始皇一样，希望自己的政权长期存在下去，"二世三世以至万世，传之无穷"。然而自夏王朝建立，到清王朝灭亡，没有一个国家政权能"万岁"。其根本原因，固然在于私有制社会基本矛盾的性质和状况；但是，不能保证社会最优秀的领导人才在最高领导岗位和重要领导岗位上，是直接的重要原因。封建王朝统治者受其剥削阶级本性和眼界所决定，总是努力"大权独揽"，搞"家天下"战略。老子死了，儿子当皇帝；儿子死了，孙子当皇帝。不管他的儿子、孙子是不是优秀的领导人才，有没有才能当皇帝，反正是照传不误。历史上，开国帝王一般都有雄才大略，称得上是本阶级的优秀领导人才。但是"家天下"传下去之后，情况就不同了，昏庸之君有之，残暴之君有之，无能之君有之。小娃娃当皇帝的也有不少。试想，这样一些人当皇帝还能不亡国吗？所以，不管秦朝"二世而亡"也好，清朝"十二帝"也好，只要是搞"家天下"，就不能保证在最高领导岗位上的永远是最优秀的领导人才，他那一家之国就不可能不亡。

历史发展到今天，民主制度已经基本取代了封建专制制度。在社会主义国家，人民群众是国家的主人。不论是最高领导岗位还是其他领导岗位，都不是哪一个人、哪一家的私有物。谁能够在领导岗位上工作，必须由人民决定，而不应由哪个人指定。这种社会主义民主制度从根本上保证了领导人才在各级领导岗位上发挥作用的可能性。但是，必须看到，在社会主义社会的初级阶段，民主制度还不健全，现行的干部制度、人事制度和领导体制还有许多弊端，无法充分保障各级领导岗位上的人都是优秀的社会主义领导人才。而如果这个问题不能真正得到解决，那么社会主义的国家政权也会改变颜色，社会也会发生动乱。"文化大革命"结束不久，邓小平就尖锐地指出："我们一定要认识到，认真选好接班人，这是一个战略问题，是关系到我们党和国家长远利益的大问题。如果我们在三几年内不解决好这个问题，十年后不晓得会出什么事。要忧国、忧民、忧党啊！"怎样才能解决好选接班人这个战略问题呢？这不能只靠哪一位领袖人物的"慧眼"和经验，而应该依靠科学和民主。在今天，运用科学的方法培养选拔接班人的重要体现，就是制定和实施领导人才发展战略。通过科学方法建立的领导人才发展战略，能够最大限度地包容和体现党的干部理论和政策，能够使大批后备干部的成长规范化，使领导人才的成长有可靠的保证，会有力地保证国家长治久安、稳定发展。

2. 正确的领导人才发展战略是实现经济和社会发展战略的保证。十一届三中全会以后，党中央擂响了现代化建设的战鼓，各地方制定了相应的经济和社会发展战略。要实现这一目标，必须有坚强而有力的领导，有足够的适合于这一伟大目标要求的领导人才。对这个问题，邓小平讲得很明白："不是四个现代化的路线方针不对，而是缺少一大批实现这个路线、方针的人才。道理很简单，任何事情都是人干的，没有大批的人才，我们的事业就不能成功。"那么，这"一大批"领导人才从哪里来呢？显然，仅靠他们自然生成是不行的，必须有计划、有目标地培养和造就，这就需要制定和实施领导人才发展战略。有了正确的领导人才发展战略，才有可能实现经济和社会发展战略。

3. 只有正确确立领导人才发展战略，才能顺利渡过领导人才的"低谷期"。虽然说，"江山代有才人出"，但是，受领导人才自身发展规律和社会历史条件所决定，事实上并不是每个国家和地区、每个历史时期都能拥有历史上一流的优秀领导人才。这往往表现为领导人才发展的"高峰期"和"低谷期"。从我国的情况看，以毛泽东为核心的第一代领导人才早在70年代中期便结束了自己的历史使命。以邓小平为核心的第二代领导集体在进入90年代时，已经把权力逐步移交给第三代。目前开始工作的第三代领导集体，虽然有它的优长之处，但在总体上还必须努力，才能在领导才能方面赶上第一代、第二代。再从各地区、各部门的情况看，自80年代初开始，具有丰富领导工作经验的大批老干部陆续退出领导岗位，一大批提拔很快的中青年干部走上来了。他们有知识，有干劲，但在领导才干、领导业绩和领导威望等方面，许多人还赶不上老干部，至少目前是这样。因此，要尽快提高现有各级领导者的领导才干，不断地发现和使用新的领导人才，就应该制定领导人才发展战略。在正确的战略指引下，才能平稳而尽快地走出领导人才"低谷期"，创造出领导事业新的辉煌。

二、不能用干部理论和政策代替领导人才发展战略

当提出建立我国的领导人才发展战略时，有的同志说，我们党历来重视领导干部的培养、选拔和使用，形成了一系列的干部理论和干部政策，其中包括许多战略性考虑，还有什么必要建立"领导人才发展战略"？因此，需要搞清楚什么是领导人才发展战略，它有什么特点，为什么说不能用现有干部理论和干部政策代替它，以及它与党的干部理论、干部政策的基本关系。

　　领导人才发展战略，是关于领导人才发展的重大的、带全局性的或决定全局的谋划。它有三个本质特征：全局性、长期性、层次性。如同其他战略一样，领导人才发展战略一般要具备五个方面的要素：(1)战略指导思想。所要制定的领导人才发展战略是出于一种什么样的基本考虑，是以何种理论和思想作为指导，希望这一战略的制定和实施达到什么目的等。(2)战略目标。它与"战略指导思想"中的目的不同，而是指这一战略自身所要达到的目标，例如到下世纪初我国省部级领导人才应达到何种质量和数量。战略目标具有综合性、可分性和阶段性特点。(3)战略重点。在实现战略目标所采取的一切措施中，究竟以何为重点。例如，是重点抓领导干部的培训教育，还是重点抓领导体制和干部制度的改革？(4)战略阶段。所确定的战略目标不可能一步到位，要根据"次要矛盾解决"的时间表，划分出若干个战略阶段。(5)战略对策。为实现战略目标应采取的主要措施和办法。在这五个方面里，战略指导思想是领导人才发展战略的灵魂，战略目标是它的主干或轴心，战略重点、战略阶段、战略对策是实现战略目标的手段。这五个方面构成了一个有机的系统，包括了领导人才发展中的一切全局性的、长期性的重大问题。

　　上述领导人才发展战略的内容，在现有的干部理论、干部政策和培养选拔干部的方法措施中是否都已包括了呢？回答应该是否定的。不错，我们党自成立以来，一直非常重视培养、选拔和使用领导干部，在干部理论、干部路线、干部制度、干部标准、培养选拔和使用干部的方法等方面，都有所建树，有的还比较系统。这主要是：在指导思想方面，强调组织路线为政治路线服务，培养和造就千百万无产阶级革命事业接班人，领导干部的选拔要有利于党和国家的长远利益，实行党管干部等；在干部路线方面，强调实行任人唯贤，反对任人唯亲；在干部标准方面，主张德才兼备；在干部选任方面，形成了比较健全的委任制度和有待继续完善的选举制度；在干部的考核与奖惩方面，实行民主评议、德才绩并重、定性与定量相结合、考核与奖惩并用的原则，对干部的德、能、勤、绩全面考核；在干部的培训方面，方式多样化，有职前培训、在职培训、业余培训等；在干部的轮换方面，基本实行了退休制度；在干部管理方面，实行过分部分级管理干部的制度等。党的十一届三中全会后，党中央又提出建设"第三梯队"的决策和干部制度的改革。改革的目标模式，是按照政治体制改革的总体设计，建立起一套具有中国特色的、充满生机与活力的干部制度；改革的对象，是传统干部管理制度中的某些弊端，主要指调节干部运行机制的政策多于制度、对干部制度的执行带有较大的主观随意性、干部运行程序混乱不一、干部运行由少数掌权者决定；改革的对策，主要是干部制度的规范化、法律化、体系化、民主化。

把上述有关干部的理论、制度、政策、措施和方法等与领导人才发展战略相比，就会发现：

1. 现行的干部理论、干部制度、干部政策等，虽然有些也着眼于未来，但主要是立足于解决现实中的问题。而领导人才发展战略，则主要是对未来的长远谋划。

2. 现在所讲的干部理论、干部政策等，一切都是围绕"干部"讲的，即主要指已经在某一领导岗位上或将要走上某一领导岗位上的那些人，重在领导"岗位"。领导人才发展战略的重点则在领导"人才"。这一区别的客观依据是，在领导岗位上的不一定是领导人才，不在领导岗位上的不一定就不是领导人才。

3. 在现有的干部理论和方法措施中，虽然强调对未来领导人才的培养，但对领导人才发展的战略目标没有做进一步的划分和量化，只停留在"成千上万""千百万"的笼统数字上。如在未来的某一时期，某级或某个领导班子到底需要多少后备人员？大体需要具有何种素质和能力的领导人才？这从来就是不明确的。

4. 为了使未来具备足够数量的合格的领导人才，现在的战略重点应放在哪里？这在现行的干部理论和政策中也没有明确的讲法。

5. 为了培养足够数量的合格的领导人才，要经过哪些战略阶段才行呢？这也没有相应规划。

6. 在目前培养、选拔和使用后备干部的方法措施方面，缺少系统性和可操作性，大多还停留在"原则"上。

可见，现行干部理论、政策等，与领导人才发展战略的范畴不同，内容不同，强调的重点不同，本身的逻辑也不相同。它们各有各的用处，不能互相代替。

三、关于研究和确立我国领导人才发展战略的若干构想

领导人才发展战略的制定是一项复杂的社会系统工程。为了搞好它，首先必须得到各级领导的重视，"关键在于领导"。

1. 必须明确我国领导人才发展战略的指导思想，即目的性原则。主要是：(1)能够充分保障社会主义祖国长治久安，每一时期都能选拔出最优秀的领导人才治国，避免国家发生任何形式的动乱；(2)能够充分体现党的组织路线，有力地保证党的政治路线的贯彻，保证我国经济和社会发展战略的实现；(3)充分体现社会主义民主，努力保证一切有领导才干的社会主义公民最大限度地发挥自己的才干。

2. 广泛地动员各级领导机关和领导科学工作者，积极投入到各级领导人才发展战略的研究和制定中来。(1)进行广泛的领导人才发展状况的调查，如对新中国成立以来担负领导工作的人员进行全面了解；(2)调查与领导人才发展相关的教育、体制等客观环境因素的现状及发展变化；(3)在调查的基础上预测领导人才的需求，即预测所需领导人才的数量和质量，如一个省、县，到 2000 年、2020 年和 2050 年对领导人才数量和质量的需求；(4)根据预测需求，提出培养、训练、选拔、使用领导人才的措施。

3. 努力实现对领导人才管理的科学化。高中级领导机关应建立各自的领导人才库。

开展领导人才发展战略的研究，从理论上说，是填补领导人才理论研究的一项空白；在实践上，是党的高级领导机关所急需的。通过这项研究，有助于加强对领导人才与社会协调发展一般规律的认识，有助于找到领导人才生长的理想程式。希望一切有志于这一研究的同志联合起来，共同攻关，以取得理想的成果。

原载《理论探讨》1991 年第 8 期

1992 年

年度背景　党的十四大召开，决定建立社会主义市场经济体制。全国各地积极探索改革和发展的途径。

鲁西北地区的发展与对策

中国地域辽阔，各地差异很大。因此，讲改革开放，讲社会发展，必须从各地的实际情况出发。区域发展，是整个社会发展的基础。认真剖析一个地区的发展状况，并提出相应的发展对策，其意义决不限于这一地区本身。本文拟就欠发达的鲁西北地区的发展与对策提出一些看法，以期引出积极的社会效果。

一、改革开放以来鲁西北地区发展的基本进程

位于黄河下游平原的山东省西北地区，包括菏泽、聊城、德州、滨州四个地区和东营市，共 40 个县、市、区，799 个乡镇；土地面积 4.89 万平方公里，占全省的 31.2%，耕地面积 3616.5 万亩，占全省的 35.2%，总人口2340 万，占全省的 27.3%，其中农业人口 2094.5 万。近代历史上，鲁西北地区旱涝、沙碱等自然灾害比较严重，群众生活十分艰苦，是闻名全国的贫困地区。改革开放使鲁西北地区焕发了新的生机。在短短的十几年里，它的经济社会面貌发生了巨大变化。1990 年与 1978 年相比，国民生产总值由52.7 亿元增加到 300.2 亿元（按可比口径，下同），增长 2.26 倍；工农业总产值由 78.1 亿元增加到 565.2 亿元，增长 1.3 倍；粮食总产由 525 万吨提高到974.5 万吨，棉花总产由 8.9 万吨提高到 76.8 万吨；农民人均纯收入由 54.2元提高到 548 元，增长 9 倍多。

十年来，鲁西北地区的发展是不均衡的，大致可以分为两个阶段：

第一阶段，从 1978 年到 1984 年。鲁西北地区率先进行农村改革，普遍推行家庭联产承包责任制，加上国家大幅度提高农副产品收购价格，极大地调动了农民的生产积极性，农业生产取得了突破性进展，长期困扰人们的温

饱问题基本得到解决,扭转了全省"东粮西调"的局面。到 1984 年,累计向国家贡献粮食 51 亿公斤、棉花 39.1 万吨,分别占全省的 22.1％和 77.9％,成为全省、全国的重要粮棉生产基地。这一阶段它发展的基本特点有:一是发展的重点是农村,主要是粮棉种植业;二是发展的速度快;三是发展的动力主要来自改革,"一靠政策"十分明显;四是发展的性质主要表现为恢复性,发展所引起的社会矛盾在这一阶段还没有充分表露出来。

第二阶段,从 1985 年至 1990 年。经济发展的总体特点是:(1)虽然在努力前进,取得一些新成绩,但速度明显减缓,与山东东部地区曾一度缩小的差距又拉大了。1985 年到 1990 年,鲁西北地区的农业总产值平均每年仅递增 1.6％,比前六年降低了 12.7 个百分点;国民生产总值在全省的比重由 30％降为 22.6％,而山东东部青岛、烟台、威海、潍坊、淄博五市则由 41.5％上升为 46％;农民人均纯收入年均增长 6.2％,比前六年降低了 22.6 个百分点,与东部五市的人均收入差距由 1984 年的 78 元扩大到 300 元。(2)虽然在狠抓粮棉的同时,积极进行产业结构调整,林牧副渔业发展较快,地方工业和乡镇企业开始起步,但经济结构仍不尽合理,总体上还没有突破以低层次原料生产为主体的农村经济格局。1990 年,林牧副渔业产值占农业总产值的比重为 29.6％,全省为 38.6％,东部五市为 48.4％;农村二、三产业占农村社会总产值的比重为 47％,全省为 63.4％,东部五市为 68.7％;二、三产业人员占农村劳动力的比重为 13％,全省为 25.1％,东部五市为 34.4％;农副产品加工产值仅占农业商品产值的 34.2％,主要还是初加工、粗加工。(3)虽然农村商品经济水平和素质逐步提高,但经济基础薄弱,自我发展能力较差。1990 年鲁西北地区生产性固定资产积累 52.8 亿元,占全省的 15.2％;村集体固定资产积累为 15.18 亿元,仅占全省的 7.9％,鲁西北地区基本没有集体公共积累的村达 60％以上,个体和私营、三资企业又相当少,大中型骨干数量不多,仅占全省的 12.4％。这一年全省人均国民生产总值 1332.1 元,东部五市为 2211 元,鲁西北地区(不含东营市)仅 1092 元。

进入 90 年代以来,特别是 1992 年春邓小平南方谈话发表以后,鲁西北地区也同全国一样,经济发展出现了新面貌,但总的来说,基本经济特点仍然是"农业较好,工业薄弱,流通滞后,财政困难"。它在经济和社会发展的一系列主要指标上,都大大落后于东部。财政困难的状况尤为突出,它有 77.5％的县市(31 个)为财政补贴县,往往连公职人员的正常工资都难以按时发放,极大地限制了自身发展。

二、鲁西北地区发展滞后原因分析

首先,从内因看。

一是干部群众思想解放不够，观念陈旧。主要表现为："左"的影响很深，怕"走资本主义道路"；思想僵化，凡事得上级批准才行；观念陈旧，习惯用过时的标准认识新情况新问题；改革怕乱，开放怕骗，不敢闯，不敢冒，小富即安，小进即满，目光短浅，标准低；懒散、疲沓、拖拉的不良习惯严重，工作效率低；依赖性强，种地靠老天，吃饭靠政府，不是努力争取，而是等、靠、要；不良的消费心理，有钱不是用在扩大再生产上，而是用在大吃大喝、请客送礼、大操大办红白喜事、盖房子方面，还有的用在赌博和封建迷信活动上。这种思想观念和精神状态，强化了现行体制中的消极面，助长了经济和社会发展的滞后。

二是教育落后，人才短缺，劳动者科学技术文化素质低。在鲁西北地区，作为掌握先进科学技术的人才，不论在数量上，还是在质量上，都低于全省的平均水平，结构也不合理。1990 年底，山东全省人才资源总量为 147.7 万人，占全省人口总数的 1.81%。这个比例已经够低的了，而鲁西北地区五地市比这个比例数普遍低 0.3 到 0.7 个百分点，更低于胶东地区。即使在这些人才资源中，高层次人才所占比例也普遍低于全省的 35.8%，在基层、在生产第一线的比例就更小。人才的这种状况，是与教育状况直接相关的。到 80 年代后半期，全省高校 49 所，鲁西北只有 7 所；全省每百万人中有大学生 40 人，鲁西北地区只有 17 人；全省万人在校中专生 13 人，鲁西北地区不到 10 人。这种教育和人才状况，限制了鲁西北地区的经济发展。有不少企业，花巨额从国内外购入先进设备，因缺少相应人才使用和管理，长期不能发挥出应有效益。

三是领导工作缺少应有的知识、见识、勇气和能力。几十年来，鲁西北地区的各级领导为了改变贫困落后的面貌，付出了辛勤的劳动。没有他们的努力工作，就没有今天的温饱局面。但是，仍然有理由说，如果这里的领导工作做得再好些，鲁西北的面貌会好得多。有些领导，往往忙于"计划生育""提留集资"等急、难、硬性工作，而没有把主要精力用于经济工作。有的领导对本地区本单位的发展缺乏战略考虑，沿袭"拍脑袋决策法"，工作失误较多。有的领导不学习新的商品经济知识，面对滚滚而来的商品经济大潮束手无策。有的领导缺乏改革的勇气和开放的胆量，被旧体制捆住了手脚，封闭的空气窒息了大脑，显得无所作为。还有的领导腐败现象严重，只知道为个人升迁打内战，只知道捞取个人实惠而搞庸俗的关系，根本不把区域发展放在心上。领导层的这种种情况，对鲁西北地区的发展是极为不利的。

其次，从外因看。

十一届三中全会以后，中央的基本方针和政策是有利于全国各种区域发展的，也包括鲁西北地区。没有党的好政策，鲁西北地区不可能有今天这样的发展。但是，由于旧体制的弊病尚未完全革除，由于国家和省的某些政策往往存在着"一刀切"的问题，对经济欠发达地区的特殊性考虑不够，成为鲁西北地区发展滞后的外部原因。

其一，投资政策的"重东轻西"。在我国高度集中的体制下，在由传统的自然经济、计划经济向商品经济、市场经济转变中，国家投资政策和投资方向，对区域经济发展有决定性影响。国家投资多的地区发展就快，反之就慢，已是人们的共识。多年来，山东省投资政策一直向东部倾斜。据统计，从新中国成立到 1985 年，山东省工业固定资产投资总额为 259.38 亿元，西部所占极少。到 1985 年，鲁西北地区（除东营市）的全部独立核算工业企业设备的原值仅有 1.57 亿元，只相当于烟台一个市的 66.6%。80 年代以来，全省共安排大中型项目 118 个，鲁西北地区（除胜利油田）仅有 8 个。新中国成立 40多年来，鲁西北的滨州地区竟没有安排一个国家重点工业项目，其他几个地区也极少。近几年，国家对各种项目的投资采取"几头抬"的办法。这对发达地区来说问题不大，而对较贫困的鲁西北地区来说压力就很大，越穷越上不起项目。在整个 80 年代，从全民企业更新改造基金的投入来看，山东东部五市为 114 亿元，占全省的 49%，鲁西北地区则占 13% 左右。有这种投资政策和投资方向，鲁西北地区的发展落后于胶东地区也就势在必然了。

其二，产品价格的"剪农贴工"。在商品经济条件下，工农业产品价格能否实现价值规律的内在要求，是影响农产品产区经济发展的潜在性关键因素。新中国成立以来，我国实行工农产品剪刀差的政策，这对于包括鲁西北地区在内的农区经济发展影响极大。据 1991 年粮食调价前测算，粮食的国家牌价与市场每公斤相差 0.4 元左右；棉花的国家定购价与进口价每吨相差 4000 元左右。近些年来，鲁西北四地区平均每年调出粮食 3.15 亿公斤、棉花 75 万吨，仅此两项，每年的价值损失就达 30 多亿元。扣除省财政每年向这一地区补贴的 2.6 亿元，还有 27 亿元之多。可以设想，这一地区如果每年有这 27亿元投资，其发展怎么可能是目前这个状况！

其三，计划经济的"抽瘦补肥"。鲁西北地区是集中产棉区，总产占全省的 80%，占全国的 20% 以上。棉花作为国家指令性计划产品，产少了不行，各级干部从棉种到棉收一直盯在地里，难以脱身抓别的；产多了又不能及时调出，还要占压资金和负担利息。因为是"计划产品"，棉花的使用受到极大限制。近年来，经过干部群众千辛万苦的努力，鲁西北棉纺业已经形成一定的生产规模，但是，列入国家计划的却不到四分之一。也就是说，这一地区以低价卖出棉花支援全省和全国的棉纺生产，却要以高价买棉维持自己的棉纺业。由于这种资源生产与产业加工的倒置，有些棉纺织业已经萎缩或停产。据测算，如果鲁西北地区棉花产量的 5％就地纺纱，每年可多获利 10 亿元。计划经济"抽瘦补肥"只能使鲁西北地区的发展愈加艰难。

鲁西北地区发展滞后的原因当然不仅以上这些。但是，不论有多少原因，都阻挡不了英雄的鲁西北人民前进的步伐。事实上，鲁西北地区并不是从来就落后，也不是什么都落后。明清时期，繁荣的京杭大运河经济，使鲁西北成为全国经济最发达的地区之一，创造了令山东东部黯然失色的灿烂文明。这一地区的临清，成为当时运河沿岸九大商埠之一。它作为北方一个中心城市，对中原地区的发展起了重要的辐射和带动作用。只是到了最近几十年，鲁西北地区才落后了。

从发展的眼光看，鲁西北地区发展的条件不仅好于中国的广大西部地区，而且与周围地区相比，也有许多优势。第一，它是全省最大的平原地区，有丰富的土地资源和水资源。人均耕地 1.64 亩，高于山东东部和中部地区。它地处黄河两岸，年引黄量达 70 亿立方米。第二，它地下埋藏着丰富的石油、天然气资源和煤田，正在开发之中。全国第二大油田胜利油田就在这里。第三，这一地区的黄河三角洲，每年新生大片的肥沃土地，开发潜力巨大。第四，它有发展经济的良好地理条件。它东邻胶东半岛沿海开放区，北靠京津唐华北经济区，南接富饶的长江三角洲经济区，西通山西煤炭基地和我国中西部广大地域。京沪铁路贯通南北，交通方便。这些为它的经济腾飞提供了地理优势。第五，这里民风淳朴，人民群众有光荣的传统。劳动力资源比较丰富。如此种种的优势，已经或正在鲁西北的发展中起作用。比如，山东省近年来向国家贡献的粮棉分别有 60％和 70％来自鲁西北地区；一些县乡镇村成为全省改革和发展的模范；出现了一批高技术、高效益的企业和工业小区，等等。总之，鲁西北是很有发展潜力的地区，只要坚持正确的指导思想，选择可行的战略目标，抓住发展的战略重点，实施有效的战略对策，就能够甩掉"发展滞后"的帽子。

三、发展鲁西北地区的战略指导思想

党的十四大报告在阐述"90 年代改革和建设的主要任务"时指出："最根本的是坚持党的基本路线，加快改革开放，集中精力把经济建设搞上去。同时，要围绕经济建设这个中心，加强社会主义民主法制和精神文明建设，促进社会全面进步。"这也应该是发展鲁西北地区的基本指导思想。结合鲁西北地区的实际，在发展的战略指导思想方面，必须强调以下几点。

1. 坚持以社会主义市场经济建设为中心。鲁西北地区应该抓住十四大以后的大好时机，集中精力加强社会主义市场经济建设，使之真正成为一切工作的"中心"。应继续大力发展商品市场特别是生产资料市场，积极培育包括债券、股票等有价证券的金融市场，发展技术、劳务、信息和房地产等市场。通过抓市场经济建设这一中心，带动各个方面的工作。

2. 以改革为发展动力。鲁西北地区发展滞后的基本表现形式是"死"，缺乏应有的活力。只有改革，才能变"死"为活。90 年代鲁西北地区的改革，应从过去比较单一的经济体制改革转向经济及社会各方面改革协调进行。尤其要注意创造、总结和推广本地的改革经验。

3. 走开放式发展的路子。封闭条件下的改革不是真正的改革。只有打开门户，对外交流，发展外向型经济，发展横向经济联合，才能取长补短，鲁西北地区才能真正摆脱贫困，走向全国和世界。应抓住当前的有利时机，在发展外贸产品、引进外资兴办的"三资"企业、走出国门到国外办企业这三个层次上都要有所作为。

4. 按照经济规律办事，争取有效益的高速度。鲁西北地区的发展速度一定要快一些，至少要超过全省平均发展速度，才有可能摘掉"后进"的帽子。但这个高速度应该建立在尊重客观经济规律的基础上，是有经济效益和社会效益的。按照客观经济规律办事，应该成为经济建设永远不能动摇的指导思想。违背规律是不能不受惩罚的。当前，一些地方用"超常规""跳跃式"这种形象化的语言代替严密的科学概念，当作"基本指导思想"，这很危险。谁也不能准确说明什么样的发展是常规发展或是非常规发展，怎样"跳跃"才不至于步"大跃进"的后尘。事关宏观指导思想的口号影响面大，必须讲究科学性。应该在口号上和行动上体现发展速度与规律、效益的统一。

5. 从本地实际出发，把发展的基点放在自己的力量上。鲁西北地区作为欠发达地区，应该积极、大胆地学习发达国家和国内先进地区的发展经验，但不能照抄照搬，必须从本地实际出发，走出一条适合于自身特点的发展路子。其发展必须争取外界尽可能多的支持，包括上级的政策倾斜、项目倾斜、人才倾斜等，但归根到底，还得靠自己的力量。实干兴邦，只有靠自己智慧的头脑和勤劳的双手，才会有实实在在的富裕。

6. 坚持经济、社会和良性生态环境的协调发展。鲁西北地区与全国一样，发展的目标都是"把我国建设成为富强、民主、文明的社会主义现代化国家"。因此，必须在抓经济建设的同时，努力抓好社会各方面事业的发展，保持环境优美、生态平衡。经验证明，就经济抓经济，往往很难见效。当前制约鲁西北发展的许多因素是非经济的，如思想观念、领导水平、体制、科技、教育、人才、社会服务等。只有有效地解决这一系列社会性问题，才能为经济发展创造有利的条件。

四、90 年代鲁西北地区发展的战略目标

到 20 世纪末实现小康，是全国的奋斗目标，也是鲁西北地区的奋斗目标。这里着重从区域发展的角度提出下列四个目标。

1. 比较文明富庶的新型平原经济区。应该通过 90 年代的艰苦奋斗和开放式发展，在商品经济有较大发展、专业化协作日益加强的基础上，改变目前各地经济联系较少的封闭状态，使鲁西北地区逐渐形成以中心城市为枢纽，以中小城市为骨干，以广大农村地区为依托，打破城乡分割、条块分割的局面，按照经济合理原则组织生产和流通，实现经济结构和生产力布局的合理化这样一个新型平原经济区。这一经济区的建设与形成，将从根本上改变鲁西北贫穷落后的面貌，使之在新的基础上走向文明富强。

2. 全省最大的高产高效优质低耗的农业生产基地。农业是国民经济的基础。无论从哪个角度看，我国、我省都应该尽快建立起若干个高产高效优质低耗农业生产基地，而鲁西北就具备了建设这一基地的基本条件。这一地区属于黄泛平原区，潮土类土壤，地势平坦，土层深厚，质地适中，土体构型良好，有很强的保水、保肥能力。地下水资源丰富，水质好，有良好的排灌条件。加上积温高、无霜期长、雨热同季等优越的自然条件，十分有利于实现农业特别是种植业的高产高效。近年来，由于实行了黄淮海农业开发战略以及其他农业改造措施，粮棉生产以及畜牧业、林果业、蔬菜业、水产养殖业都已取得很大成绩。当前的问题是，农副产品品质较差，商品率低，形不成规模，中低产田面积较大，农业效益比较低；应通过努力，切实解决这些问题。

3. 全省最大的农副产品加工工业基地。发展工业，实现工业化，是鲁西北走向富裕的必由之路。根据国内外市场发展趋势预测，根据鲁西北地区工业发展诸条件分析，鲁西北可以搞一些电子、化工、机械及其他高科技、高精尖的产业，但从总体上看，必须着眼于现有农业资源的开发利用，选择工农关联的农村工业化战略，即在农副产品加工工业上下功夫，努力发展棉纺工业、食品工业、皮革工业等，使之在全省甚至全国范围内形成规模优势。在这方面，鲁西北地区的有利条件很多，它有丰富的粮、棉、畜禽、林果等农副产品资源；有充足的劳动力资源；农副产品加工工业初见规模，已有数百个大大小小的纺织、食品、皮革等企业。再从全省的发展战略看，随着沿海地区外向型经济的发展，东部发达地区的产业结构将逐步从劳动密集型向技术密集型转化，不可能、也不应该在农副产品加工工业方面投入更多的力

量。这一产业，应逐步让位于更有合适条件的鲁西北地区来承担。省里应有计划地把大中型农副产品加工企业由东向西推移，进而推动鲁西北地区农副产品加工工业基地的建设。

4. 山东省对周边经济区域的重要流通基地。山东省开放式发展的总战略，要求向东通过海上发展对外经济贸易的同时，也应大力发展与南、西、北的国内经济区域的经济贸易联系。为此，必然要把鲁西北地区建设成为重要的商品流通基地。鲁西北优越的地理位置，使它可以成为承东启西、接南联北发展经济的"中转站""二传手"。历史上，这一区域的定陶，曾是"天下之中"，引来范蠡到此经商。大运河经济又使鲁西北成为商品流通的繁荣经济带。在发展社会主义商品经济的今天，应该使它重现昔日的风采，再次成为联结九州商贾的商品流通基地。

五、90 年代鲁西北地区发展的战略重点

1. 加强农业综合开发。20 世纪 90 年代，农业依然是鲁西北地区的支柱产业，也是其经济发展的优势。为了使鲁西北早日建成为全省最大的高产高效优质低耗的农业基地，必须把农业综合开发作为战略重点抓住不放。近些年来，鲁西北地区借助于黄淮海平原开发、黄河三角洲开发、徒骇河流域综合治理等机遇，搞了粮棉高产开发、林果开发、畜牧开发、水产系列开发和农产品深加工开发，取得了一些成绩，但这些都还是局部性的突破，大农业内部的良性循环机制还未形成，综合效益不高。因此，在今后的发展上，应努力增加农业综合开发的资金投入和科技投入，进一步挖掘鲁西北农业的优势。

2. 狠抓企业管理，增加企业效益。现有工商企业，是鲁西北发展第二、第三产业的细胞。鲁西北大中型企业数量较少，但包括乡镇企业在内的各类小企业数量并不少。问题是，相当多的企业管理落后，效益差，一部分固定资产根本不能产生效益，因而使得"细胞"不能进行良性繁殖。许多企业，机器设备是现代化的，但管理的思想和方法却还是小农经济或手工作坊式的。企业领导人缺乏市场观念，没有正确的战略，市场稍有变化，便张皇失措，或坐以待毙。许多企业职工发不出工资，人心惶惶。因此，要振兴鲁西北地区的第二、第三产业，必须从加强企业管理入手，以增加效益为中心，努力提高企业的竞争力、应变力、凝聚力、发展力和贡献力。

3. 加强基础设施建设。水利、交通、电信、能源等设施，是发展第一、二、三产业的基础，直接影响千家万户和每个企业的生产与生活。这些问题解决好了，能够带来巨大的经济效益和社会效益；反之，哪一个产业都发展

不上去。因此，加强基础设施建设，是发展鲁西北有远见的举措。首先，要加强作为农业命脉的水利设施建设。现在有些水利工程因年久失修，缺乏管理，老化、退化、淤积、破坏严重，已达不到设计能力。必须采取措施加以改造，否则就达不到遇旱能灌、遇涝能排、改良土壤、促进生产、保证生活的目的。其次，要解决作为经济动脉的交通问题。"要想富，先修路。"目前鲁西北地区的"路"却远没有修好。航空运输还是零。有限的内河水运和滨州港海运能力极低。铁路线路短。整个运输的主要载体是公路，而公路品级又低，不适应商品流通的要求。发展鲁西北交通的首要问题，是尽快使计议多年的济邯铁路和德龙铁路付诸实现。这两条铁路的建成和京九铁路的开通，将从根本上扭转鲁西北交通落后的局面。要努力拓宽现在骨干公路，尽快修建滨州港。只有货畅其流，才能显现出商品流通基地的巨大作用。再次，加强电信设施建设。目前鲁西北地区"电话难通，信息不灵"的状况极大地限制了商品经济，特别是外向型经济的发展。应尽快改变这一状况。最后，加强能源建设。随着经济的发展，能源不足的问题将会日益突出。应有计划地新建和扩建一批电厂。

4. 加快城镇体系建设。在一定意义上说，现代化的过程就是城市化或城镇化的过程。城市是创造人类文明的"工作母机"。在鲁西北这样比较落后的地区搞现代化建设，决不能不重视城镇体系的建设。然而这个问题，直到现在仍然被严重地忽视，这是不应该的。论自然资源和发展条件，鲁西北地区并不比东部地区差多少，但由于缺少东部地区那样一系列大中城市，就限制了它应有的发展。目前，鲁西北地区城镇化水平很低。五地市领导机关所在地都不过是一二十万人口的小城市。各级城镇基础设施差，缺乏吸引资金、吸引人才、吸引好项目的能力，直接影响第二、三产业的发展，影响鲁西北新型平原经济区的建设。为了建设鲁西北地区城镇体系，首先，要积极而有计划地扩大城镇规模。应因地制宜地制定相应政策，引导一部分农民进城发展第二、第三产业。其次，城镇建设要梯次发展。注意形成三个互相联系、分工各异的层次；第一个层次是区域中心城市，主要是五地市领导机关所在城市，到本世纪末力争达到有四五十万人口的中等发达城市，成为本地区的经济中心、交通中心、贸易中心、科技文化中心、信息中心；第二个层次是各县城，应建设成为有一二十万人口的小城市；第三个层次是小城镇，使之真正成为城乡的纽带、桥梁、接合部。再次，要增强城市居民的市民观念，不断提高城市文明档次。

六、发展鲁西北地区的战略对策

1. 广开致富门路，把多层多种经营作为鲁西北地区走向市场经济的总体突破口。1984 年鲁西北广大农村基本解决温饱问题之后，发展的路该怎样走？从哪里突破？一些先进的乡镇村创造了很好的经验。概括起来，致富的路子主要有：一是土地资源的深度、广度开发，大幅度地提高土地产出率；二是种、养、加、销有机结合，多次增值；三是一村一品、一乡一业、创一品富一村，兴一业富一方；四是机关部门兴办服务实体，带动经济的发展；五是发展强项产业和拳头产品，以强带弱，以大带小；六是以外经外贸促内经内贸，内外结合，共同发展；七是庭院经济破题，多种经营起步，实现一体化发展。实践证明，条条道路奔小康，关键在于因地制宜，发挥优势，选准突破口。笔者认为，就总体来说，鲁西北地区农村在由粮棉种植为主的产品经济、计划经济向商品经济、市场经济转变中，主要的突破口应该是多层多种经营——在内容上，种植业、林果业、畜牧业、蔬菜业、水产养殖业和农副产品加工业"干什么挣钱就干什么"；在形式上，户、联户、村、乡镇哪个层次干合适就在哪个层次上干。其中包括不同层次的联合和不同种类的结合。

在发展多层多种经营中，"户"的作用十分重要。鲁西北地区区别于东部地区的一个显著区情，是集体经济薄弱，百分之六十以上的村是所谓"空壳村"。因此，西部农村经济的发展必须立足于千家万户。经验表明，把工作重点放在发展农民家庭经济上，有利于调动千家万户的积极性。通过发展家庭经济，可以冒出某一方面的专业大户，进而"创一品富一村"。通过一村的专业化生产可以发展成为一个有前途的产业，又"兴一业富一方"。因此，必须大力支持和发展家庭经济。

2. 调整、改造现有工业企业，积极发展外向型和高起点的现代化工业企业。鉴于目前鲁西北地区发展工业的资金短缺、人才短缺、管理薄弱，应尽量多在企业的改造和调整上下功夫，而不应盲目追求新上企业的数量。对于一些长期不能见效益的"鸡肋式"企业下决心合并、转产。在企业的调整和改造中，应努力培植一批具有市场竞争力的"龙头企业"。一个企业能否成为"龙头"，不在于它人多或者级别高、设备好，而在于它的产品是否有市场优势，能否在本地带动起一批企业来。"龙头企业"一旦形成，就应在人才、资金方面向它倾斜，帮助它合理兼并或带动其他效益低下的企业，组建高水平的大中型企业集团。

3. 引进与开发人才，提高劳动者的素质。首先，应把解放思想、更新观念作为提高劳动者素质的第一位问题切实抓住不放。当前尤其要使干部群众从"左、旧、怕、满"的思想影响中解放出来。思想大解放，才能给人带来活力，带动生产力的大发展。其次，要千方百计引进和开发人才。人才是事业发展的关键，没有人才，钱是"死钱"，好设备也出不了好产品。有了人才，没有钱可以有钱，没有企业可以有企业，亏损可以变为盈利。所以，东部地区一直不惜重金聘请急需人才。目前，鲁西北人才短缺，而人才又大量外流，根本问题是个人才政策问题。应该制定一系列具体政策，留住人才，吸引外地人才。再次，要大兴教育事业。人才的根本问题在教育，鲁西北发展的后劲在教育。鲁西北地区现在大中专学校很少，职业教育落后。应该根据产业发展的实际需要，尽快办一些大中专学校和职业中学。要把经科教相结合的经验在更大的范围内推开。

4. 改善领导。鲁西北地区发展的经验和教训归结到一点，就是关键在于领导。作为上级机关，应该刻不容缓地把那些长期没有显著政绩、思想僵化、没有进取心的人坚决从领导岗位上撤下来，换上那些有能力的人。这样才能打破那里的沉闷空气，振奋人心，激发斗志。在领导干部中，应大力提倡学习领导科学，努力实现领导工作的科学化。应结合机构改革，建立健全有决策中心、执行系统、信息系统、咨询系统、反馈系统等组成的科学领导体系，保障决策的民主化、科学化，减少改革与发展的失误。

5. 为鲁西北地区的发展创造良好的外部环境。目前，鲁西北地区的发展，要求中央和省在以下方面作出努力：(1)逐渐缩小工农产品价格"剪刀差"。新中国成立后，为了发展我国工业，在一定时期内实行这种"剪刀差"是必要的，迫不得已的。时至今日，我国工业已经发展起来，并逐步走向市场经济，再实行这种政策，继续剥夺农民就没有道理了。这种产品价格的扭曲，不但限制了鲁西北地区的发展，而且对全国农村的发展也是十分不利的。(2)在粮棉价格尚未完全放开的情况下，应减少鲁西北地区目前粮棉种植和调拨的指令性计划。要保证计划部分的各种补贴措施落实到位，最大限度地减少农民的价格损失。(3)修正现行投资政策。国家投资是全民投资，不应该长时间只向一个地区倾斜。对这种事关区域发展全局和广大人民利益的大问题，不应当只是哪个领导人或经济管理部门说了算，而应当像三峡工程那样通过人民代表大会审议和决定。建议在各级人民代表大会内设立投资审议委员会，制定投资法。在上述建议成为现实之前，国家和省在投资和投放大中型项目上给予鲁西北地区适当的优惠和倾斜。(4)给予更优惠的国内开放政策。为了有效吸引国内省内发达地区在产品换代时到鲁西北地区投资办厂，特别是吸引沿海棉纺等农副产品加工企业，应允许实行类似"三资"企业那样的优惠政策。(5)调整石油开发政策。鲁西北有丰富的石油、天然气资源，但由于政策原因，并没有给这一地区的地方经济带来应有的好处。应该把石油、天然气留一块给地方发展石油替代产品，促进地方经济发展，免得以后没油时这一方百姓没饭吃。(6)省委、省政府应成立一个有权威的鲁西北地区领导小组，研究、制定和督促实施这一地区的发展战略，协调与其发展有关的各方面关系。(7)为了加强对这一地区的领导，建议省内仅有的五个地区全部改为"市管县"体制。"地改市"后，有了法律规定的更实在的权力和义务，有利于鲁西北地区的发展。

目前山东省发展的重头戏还在东部，或许不用多久，重点就会西移。如果鲁西北能够在不长的时间成为山东发展的"后劲"地区，那么将为全省的大发展注入强劲动力！

原为《山东省社会科学院文件 鲁社科字(1992)44 号》

假如我当陵县县委书记

我于 1991 年 5 月至 1992 年 10 月下派山东省陵县挂职，任县委副书记。挂职即将结束时，新任县委书记魏学平一再嘱咐我，结合陵县实际，谈谈怎样当好县委书记。盛情难却，故不自量力，写本文答之。

一、假如我当陵县县委书记，首先要勇于迎接这一岗位的挑战，强化当"好书记"的意识

在中国行政管理史上，县级一直是非常重要的层次。自秦实行郡县制以来 2000 多年，其他管理层次一再变化，唯独县不变。如今，县是承上启下、联结城乡、沟通条块的枢纽，是国家宏观调控与微观管理的中介，是社会管理中相对独立的层次和区域。县的这种地位，以及当前县级领导工作面临的复杂性，对县级领导者的素质有很高的要求。"县委书记难当"，这是许多局内人、局外人的共同感叹。越是难当越要当好。一旦领略了县委书记"难当"的无限风光，那就是"曾临沧海"，再做其他领导工作，甚至更高层次的领导工作，就有了良好的基础。因此，走上县委书记这个岗位，不应该感到"大难临头"，而应该有一种历史幸运感——老天果然"降大任于斯人也"！进而迎难而上，树立起当"好书记"的强烈意识。当然，这一点必须有理想和才能作支持。

什么样才算"好书记"？这不能以个人感觉为准，也不能以哪个领导人的表扬或哪个下属的吹捧为准，而只能以实践的检验、历史的检验、人民的检验和评价为准。从主观上说，必须有一个当"好书记"的高标准。假如我当陵县县委书记，决不当随波逐流、以媚世俗的政客，而要当立志高远，能够正一方民风、富一方百姓的政治家；决不当爱钱爱物、鱼肉百姓的贪官污吏，而要当清正廉洁、为民造福的人民公仆；决不当任人唯亲、鼠目寸光的糊涂

的官僚主义者，而要当任人唯贤、远见卓识的清醒的领导者；决不当被百姓唾骂的"坏蛋""笨蛋"，而要当被群众称颂的焦裕禄。有了这样一个高标准，当县委书记才可能不落俗套，创造出出乎其类、拔乎其萃的政绩来。

二、假如我当陵县县委书记，上任之初，决不急于"烧三把火""砍三斧头"，而是扎扎实实地调查研究，掌握真实的县情

实事求是，一切从实际出发，是我们党的思想路线，也是当"好书记"的基础。作为一位新任县委书记，当然不可能一切都调查清楚了才开始工作，但必须千方百计地尽快地了解陵县的真实情况，然后才能进行重大决策。情况不明就拍板，十个有十个要失败。

陵县是鲁西北地区一个欠发达县。历史上，除了有个东方朔、颜真卿，几乎没有什么令世人称道的人和事。改革开放后的80年代上半期，陵县曾以改革创造过一阵子辉煌，但好景不长，很快就沉寂下去了。如今的陵县，工业和乡镇企业效益较差，财政相当困难，机关和部分企事业单位不能按时发放工资；计划生育进入了"重点管理县"；在全国改革开放和现代化建设的大潮中，陵县人显得过于平静，缺乏应有的热情；干部群众忧虑与希望共存，牢骚与建议同在。有人这样描述陵县："改革没有迈开步，发展没有找准路，群众有苦没处诉，众多人才没留住，大家该富没有富，积极性没有走进千家万户。"话虽然讲得不那么中听，却也是八九不离十。

在如今的德州地区，陵县的工业基础并不是很差，农业基础也比较好，为什么工作却走了下坡路呢？原因肯定是多方面的。但我认为，关键性的原因是领导，特别是县委领导方面的。不是吗？为什么同是在十一届三中全会以来的党的路线方针政策指引下，在同一体制、市场的大环境中，有的县能够抓住机遇乘势而上，而陵县却一再坐失良机、举步维艰呢？为什么同是在陵县这片土地上，同是这50多万人口，在80年代上半期干得很有成绩，而近5年来却相形见绌呢？为什么有些县工作起来很有章法，目标明确，措施有力，而陵县在指导工作中具有很大的随意性，至今没有一部成熟的经济和社会发展战略呢？在陵县，一些领导干部形象极差，县委却没能有力予以解决，直接影响了县委威信，县委许多正确的号召得不到应有的响应。陵县机关臃肿、机构重叠、人浮于事的现象较为严重，一些庸才占据领导岗位，许多人才被压抑，而干部人事制度的改革几乎没有进展。本来财政已相当困难，然而每年仍买进百余辆小汽车（目前全县小汽车已达1300多辆），吃喝风更是有增无减。吃喝与小汽车两项，每年就花去数千万元！倘若县委在解决这些问题方面有点作为，就绝不是目前这个状况，可惜的是，些许成绩被无限地吹大了（有些乡镇企业产值80%以上是虚数），存在的问题却被尽量遮掩起来。

我不知道这是哪一种"政治需要"所为。

要了解陵县的真实情况，就不能停留在例行的交接上，不能只听汇报，而必须深入到干部群众中去，想办法听到他们的心里话；必须对各个方面的表象做综合的科学分析，努力从分析中抓到问题的要害和实质。作为领导，了解情况一定要全面，不能只听好的，不愿听"问题"。领导者的职责就是带领群众解决问题，进而促进社会发展。如果对问题采取回避政策，怎么可能"领导"？我之所以提及这一点，是因为现实生活中"回避问题"的现象很严重，应该引起足够的警惕。

三、假如我当陵县县委书记，一定着力抓好县领导班子的建设

抓好陵县工作，关键是抓好县的领导；掌握县情，首先要掌握人情，特别是县领导一班人的情况。

在目前的体制下，虽说县委书记是县里的一号人物，但他却无权"组阁"，做不到谁够格就把谁组到班子里来，谁不够格就把谁逐出班子。领导班子是上级"配"的（表现形式上是下面"选"的），不管"配"的是什么样的人，你都得与他们"过家家"，况且目前县里是"五大班子"，县委只是其中一家。在缺乏明确的法律规定条件下，和这种领导体制与之俱来的，是人际关系复杂、工作效率低下的问题。面对这种一时不能更改的体制，作为县委书记就得记住美国成人教育家戴尔·卡耐基讲的话："一个人事业的成功，只有15％是由于他的专业技术，另外的85％要靠人际关系和处事技巧。"县委书记在处理与县"五大班子"成员的关系上，必须奉行团结、协调、目标一致、增加合力的方针。领导成员之间最好能求得"同心"，否则必求"协力"，一定要减少和弱化领导班子内部的矛盾和摩擦。在这方面，县委书记除了感情和说理的武器之外，必须善于运用组织纪律和权力，要用铁腕防止或打击工作中的逆向作用力。如果县委书记驾驭不了县委等"五大班子"领导成员，也就不可能驾驭整个县的工作。反过来说，县委书记真正把县领导班子成员团结起来了，积极性调动起来了，同心协力了，整个县的工作也不可能搞不好。

搞好县领导班子建设，首要的问题是选好人。虽说县委书记没有组阁权，但在用人方面还是比其他人有更大的发言权。应充分利用这种发言权，尤其要搞好两个层次的人才推荐和选拔：第一个层次是县委副书记；第二个层次是常委、副县长。书记、副书记是县委领导班子的核心，这几个人是必须尽全力选好的。有的上级官僚主义者对此缺乏正确认识，常常以"书记应该对副职宽容、帮助"这种大而化之的话，来掩盖他们对副书记人选的不合理配备。诚然，作为"一把手"的县委书记，对人对事都应该有"宰相肚里能撑船"的雅

量，能够满腔热情地帮助同事和下属提高工作能力。但这是两个问题。一个能进入县级领导班子的人，一般都是经过多年基层工作或机关工作的锻炼，并在思维方式、学识水平、价值取向、工作方法等基本素质方面趋于定型化。不是说他们不可改变，但如果在人生观等一些重大问题上相距甚远，那么改也难。一任县委书记只有三五年，全县有那么多事情要做，如果要拿很大精力去"帮助教育"或"协调"副书记，怎么可能抓好工作？经验表明，许多比较好的县委书记往往就"栽"在副书记手里，或者拆台，或者配合不上。因此，作为一个清醒的县委书记，在挑选合格的副书记方面多下些功夫，是值得的。

其次，要带出一个好的县领导班子，必须加强思想建设和制度建设。这是人们熟知的传统说法，但是真正了解它的意义，并切实做到这一点的，并不多。当个县领导，在上级看来，不过是个"七品芝麻官"，但他对全县几十万老百姓来说，却有着"至高无上"的权力。作为县领导，必须时时刻刻提醒自己"谨慎用权"。在总体指导思想上，一方面，要充分运用权力为民造福，只要有利于富民强县，权力用得越充分越好；另一方面，必须最大限度地限制权力的滥用，这直接涉及政权的性质和政权的形象问题。目前的问题是，陵县这两方面做得都不够。除了"传达、贯彻、落实"上级的各项决策外，很少能作出有自己特色的、适合本县发展要求的有效决策。即使有时作出了比较好的决策，由于领导班子不能同心协力地抓落实，决策成效也不大。相反，有的领导对个人的权力运用得倒很充分，利用它谋取私利，拉帮结伙搞小圈子，造成了权力人民性的异化。对于这种异化，广大干部群众是看在眼里、恨在心上的，有的甚至向上级写信反映。但是，解决这类问题的权力不在干部群众手中，而在领导班子内。因此，为了从根本上解决正确运用权力的问题，县委书记必须带领县领导班子加强思想建设，不断加强对权力人民性的认识。通过经常的交流思想，沟通思想，努力使大家在运用权力方面站在党的立场上，取得共识。要运用批评和自我批评的思想武器，与滥用权力的思想和行为作坚决的斗争。经验证明，思想统一是领导班子有战斗力的基础。但是，领导班子建设又不能只停留在思想建设上，还必须有好的制度建设。制度建设涉及组织制度、工作制度的各个方面，但根本的是民主制和集中制的问题。我参加过多次陵县县委常委会和党政联席办公会，与会的多数同志很少能畅所欲言，这显然是不正常的。县委书记应该鼓励大家充分发表意见，哪怕是错误的，也允许说。只有大家都积极开动脑筋，畅所欲言，领导班子才能表现出更大的领导智慧，才能作出更多更好的决策，减少或避免工作中的失误。

四、假如我当陵县县委书记，一定要尽快理清本县经济社会发展的基本思路，制定一部适合陵县县情的经济和社会发展战略

经济建设，是全党的中心工作，也是县委书记工作的中心点。但是，必须注意县委书记抓经济与厂长、经理、乡长、县长抓经济的区别。县委书记抓经济，一是抓适合本县实际情况的经济发展的路子；二是随时发现、推荐、选拔、使用经济方面的人才，特别是注意选拔和大胆使用优秀经济管理人才；三是为经济发展创造良好的社会环境。这路子、人才、环境三个方面是个统一体。路子不对头，就没有整体经济效益。没有人才，再好的路子也走不出来。下厂现场办公十次，也不如选准一个厂长顶用。而人才的崛起、路子的实施，又都靠良好的社会环境做保障。良好的社会环境来自宏观的社会管理，这个问题只能靠县领导来解决。如果真的在路子、人才、环境三个方面抓出成效，那么县委书记的政绩也就出来了。

当前陵县农村经济发展的突破口，我认为是多层多种经营，而不是乡镇企业。必须指出，乡镇企业是中国农村现代化的必由之路，如果不创建一支浩浩荡荡的乡镇企业大军，陵县就难以真正的繁荣昌盛。但是，一切事物的发生发展都是有条件的。1984 年、1986 年，陵县也同全省一样，大抓了一阵乡镇企业，但效果不明显，直到今天，仍有些企业在半死不活地吊着。造成这种局面是在人才、资金、设备、管理、市场等方面缺少必备的条件所致。这就逼迫我们重新回到陵县农村的实际上来。通过总结陵县一些发展较快的乡村的经验，就会发现，在由粮棉种植为主的农村向市场经济的转变中，抓住多层多种经营这个突破口，会收到良好效果。所谓多层多种经营，即在内容上，种植业、林果业、畜牧业、蔬菜业、水产养殖业和农副产品加工业"干什么挣钱就干什么"；在形式上，户、联户、村、乡镇等哪个层次干合适就在哪个层次上干，其中包括不同层次的联合和不同种类的结合。通过扎扎实实的发展几年多种经营，就能有效地积累资金，培养农民的市场观念和经营管理经验，逐步创造条件，搞起适合本地情况的乡镇企业。我认为，从单纯的粮棉种植业到乡镇企业之间，有一个不可逾越的多种经营阶段。要超越"多种经营"直接跳到"乡镇企业"，除非能引进特殊人才，否则是跳不过去的。多种经营是发展高产高效农业的题中应有之义，是迈向乡镇企业的阶梯，应在当前陵县的发展中给予高度重视。

发展工业，是陵县的一个大课题。鉴于目前陵县发展工业的资金短缺、人才短缺、管理薄弱，应尽量多地在企业的改造和调整上下功夫。发展工业的第一位的问题，仍然是管理人才问题。这需要树立新的人才观念，搞活人才政策，努力留住人才，吸引外地人才。大量的人才还得靠本地解决，所以要勇于打破常规，不拘一格选拔人才，绝不要当好龙叶公。第二，发展工业必须努力培植一批具有市场竞争力的"龙头企业"。在人才、资金方面向它倾斜，帮助它合理兼并或带动其他效益低下的企业，组建大中型高水平的企业集团。第三，发展工业必须走开放办厂、横向联合的路子。市场经济条件下的工厂，如果不进行广泛的社会联系，很容易被挤垮和淘汰。应使每一个工厂，都能与科研单位、骨干企业联姻，争取资金、人才、市场、新技术、新项目，弥补自身之不足，增加造血功能。在市场经济条件下，产品更新换代很快，因此，企业必须把研制、开发、引进新技术新项目作为立厂之本。

一个县是一个五脏俱全的小社会。为了领导好一个县的工作，不至于在大的方面出现失误，县委书记应该非常注意全县的经济和社会发展战略问题。精心组织各方面人士制定它，组织指挥各条战线实施它，以此构成县级领导科学化的主线。由于陵县还没有这样的战略，所以领导在工作中常常是上面刮什么风，下边掀什么浪，工作显得很被动。应根据建设市场经济和改革的新形势，以及党的十四大的新要求，尽快组织编制陵县经济和社会发展战略。这个大决策正确了，县的领导工作就主动了，自觉了。

五、假如我当陵县县委书记，一定紧紧抓住改革这一社会发展动力，推动全县各项工作

我们正处在一个改革的时代。十几年来，包括陵县在内的我国一切重大社会进步，几乎都与改革不可分。自 1987 年以来，陵县改革的步子越来越小，与之相应，县里的工作也越来越令人不满意。到我挂职的时候，几乎看不出县里有什么改革意识。即使在县委常委讨论改革的会议上，有的领导也能堂而皇之地说出"机构改革不能动"这样的话。没有改革方面的重要决策，也不培植改革方面的典型。以致在频频召开的全省性、全国性的改革会议上，听不到陵县的声音。当然，改革是时代的大潮，不管县里领导想不想改，基层干部群众总是要改的，比如卫生系统的改革就很有成绩。问题在于，早改革就主动，晚改革就被动。只有改革，才能搞活企业；只有改革，才能克服党政机关机构重叠、不负责任、人浮于事、工作效率低的问题；只有改革，才能做到人尽其才，才尽其用；只有改革；才能发出工资，使人们的劳动变成有效劳动；只有改革，才能最大限度地调动各类劳动者的积极性，把陵县建设好。看一看陵县卫生系统的改革，看一看阳信县的改革，看一看全国十几年来的改革，就会理解这些话不是空话，而是实实在在的经验总结。陵县在改革方面已经延误了许多时间，错过了不少机会，今后决不应该这样继续下去。

关于改革的内容和目的，党的十四大规定得非常清楚。对于陵县来说，

主要是结合本县实际如何落实的问题。我认为，当前改革的核心，是如何建立社会主义市场经济新机制。围绕这一点，应在"分、转、减、合、变"五个方面的改革上有所作为。

"分"——政企分开。陵县应通过政府部门和企业实体（不含行政性公司）的双向总结，真正把企业应有的权力还给企业，政府部门不要再成为限制企业发展的"婆婆"。

"转"——政府转变职能。党的十四大报告指出："政府的职能主要是统筹规则，掌握政策，信息引导，组织协调，提供服务和检查监督。"政府管理经济，一要抓住宏观管理，如经济规划、经济政策、经济法规等；二要提供各种服务，如信息服务和各种社会服务；三要管好每个企业本身干不了而又缺不了的事情，如社会治安、交通电信、城镇基础设施建设等，为企业发展和经济活动创造良好的社会环境。

"减"——精简机构和人员。这个"减"，不是简单的数量减少，而是通过革命性的变革，根据新的政府职能的要求，重新建造少而精的政府机构。当前，为了表示对经济工作的重视，也为了引导大批机关干部走向企业，有的领导同志提出"把好干部放到经济实体"，"把能人推到经济第一线"。其初衷可以理解。但是，从社会发展的全局看问题，一个政府总要比一个企业更重要。因此，不能给人们这样一个印象：企业需要能人、好干部，政府机关什么人都可以干。政府工作人员的选配，必须符合廉洁、精干、高效的原则。事关政府的社会形象，机关人员的选聘决不应马虎从事，也直接影响机构改革的成败。

"合"——党政合一。自党的十三大提出政治体制改革以来，主调一直是"党政分开"。然而事实上，除了在组织机构、办公地点等形式分开之外，本质上并不能分开。这是因为，执政党就是要执政，不可能、也不应该与"政"完全分开。在县一级，党委要抓大事，大事就是经济建设，政府也抓经济建设；党委要管路线、方针、政策，哪一个政府又能不管路线、方针、政策呢？党委要"两个文明一起抓"，政府也同样要抓两个文明建设。政府除了不管党员发展、党组织建设外，在社会职能上与党委没有什么根本的区别。因此，不宜把"党政分开"作为政治体制改革的"关键"，相反，党政机构这种形式上的"分开"，倒成了精简机构的一大障碍。应该坚决贯彻中央精简机构的精神，本着精简、统一、效能的原则，对于那些工作性质相近、职能相同的机构，下决心合并，精简富余人员。这对于提高工作效率，改善县委县政府的形象非常重要。假如我当陵县县委书记，一定在党政合一方面闯条路子。先是在有条件的乡镇实行党委、政府合署办公的试点，乡镇党委书记与乡镇长由一人担任；然后把这一经验加以完善，推广到其他乡镇。在此基础上，争取上级的理解和支持，进行县级党政机构合一的工作。具体构思是：在机构上，县委办公室与政府办公室合并，组织部与人事局合并，宣传部与文化局合并等。共青团、妇联、工会脱离党政序列，成为名副其实的群众团体。在人员安排上，全部县委常委都兼任行政职务，其中分工一名副书记以主要精力抓党务工作。县委书记可以兼任县人大常委会主任，也可兼任县长。县的主要领导岗位，如人大常委会主任、县长、政协主席、副县长、武装部长，除个别非中共人士外，应全部由县委常委担任。其党政关系和工作方式，应大体类似于人民解放军中的党委与军事首长。

"变"——改变一些公有企业和财产的归属关系。面对汹涌澎湃的市场经济大潮，一些长期习惯于官工、官商生存方式的工商企业，已经不可救药，应该允许他们破产。对这些企业，以及那些目前虽能维持生存但已经很困难的国有工厂、商店，应努力帮助他们走股份制的路子，或者让其他有能力的企业兼并。此外，由于精简机构，建设"小政府""廉洁政府"，以前党政机关所占有的房屋和小汽车显得太多，应下决心卖掉一批。这不但可以缓解财政困难，给公职人员发工资，也能为机关办事筹集必要的资金。总之，"变""卖"是从陵县实际出发走向市场经济的积极举措，不应作其他消极性理解。

改革是一项相当艰巨复杂的社会系统工程，目的是实现社会的良性运行和健康发展，但在实施中总要触及一些人的眼前利益。为此，要大胆而谨慎地选择改革方法、步骤和时机。每项改革决策出台前都要经过科学论证，广泛征求各方面意见。整个改革，应遵循"先易后难，先开渠后放水，方法灵活多样，积小胜为大胜"的原则进行。要循序渐进，不急于求成，不和左右攀比，并做好追踪决策，努力走出一条有陵县特色的改革之路。

打铁还需自身硬。要想当个好的县委书记，最重要的是抓好自身德、识、才、学、胆五个方面的修为，再加上全身心投入工作的智慧和汗水。这样，就能够领略到"好县委书记"的无限风光。

写于 1992 年 10 月

1993 年

年度背景 各地贯彻落实党的十四大精神，积极探讨和推进机构改革。这一年，隆重纪念毛泽东诞辰 100 周年。

寓党于政　党政合一

——论县级机构改革

党的十四大报告指出："机构改革，精兵简政，是政治体制改革的紧迫任务，也是深化经济改革、建立市场经济体制和加快现代化建设的重要条件。目前，党政机构臃肿，层次重叠，许多单位人浮于事，效率低下，脱离群众，障碍企业经营机制的转换，已经到了非改不可的地步。各级党委和政府必须统一认识，按照政企分开和精简、统一、效能的原则，下决心对现行行政管理体制和党政机构进行改革。"依此，就当前的县级机构改革提出如下建议。

一

近几年，县级机构改革的步伐较快，涌现出了内蒙古卓资县、山西隰县、山东阳信县等一批典型。其主要成就和经验可以概括为以下五个方面。一是下放权力。针对权力过分集中这一主要弊端，实行分权或下放权力：撤销县委中主管经济的部门，如农工部、财贸部等，把这一权力还给县政府；政企分开，把企业应有的权力还给企业；把原来归县直部门统管的农林、财政、司法、粮食、土地管理、计划生育等延伸到乡镇的分支机构，下放给乡镇管理。二是转变职能。以前的机构设置，重点是服务于产品经济、计划经济。改革之后，机构设置逐步服从于建设社会主义商品经济、市场经济的需要，主要职能放在统筹规划、掌握政策、信息引导、组织协调、提供服务和检查监督方面。凡是直接干预企业经营和包揽下级自身管理的职能，都要转移。三是裁减合并机构。根据新的政府职能的要求，一些政府部门被撤销，如一些主管经济局；一些职能相近、重叠交叉的部门被合并。四是改革机关管理制度，建立责权利相统一的运作机制。这是新的机构履行好新的职能的重要保证。五是改革干部人事制度，提高机关工作人员素质。机构改革之后所要达到的全部社会目的，都是通过机构中的人来实现的。因此，机构改革不仅要使机构设置合理化、工作制度科学化，而且要保证机关工作人才（包括领导人才）的充分涌流。一些县的机构改革之所以比较成功，就在于狠抓了干部人事制度的改革，大胆引入公平竞争机制，建立了能进能出、择优录用的干部人事制度。

迄今为止的县级机构改革，对于纠正严重存在的机构臃肿、人浮于事、效率低下等不良状况，促进县域经济和社会发展，发挥了一定的作用。但是，这一改革还在进行中，上述成绩和经验主要表现在少数改革的典型县里，多数的县还没有全面展开，对这一改革的成就不能估计过高。党的十四大报告指出："目前，党政机构臃肿，层次重叠，许多单位人浮于事，效率低下，脱离群众，障碍企业经营机制的转换，已经到了非改不可的地步。"应该说，这个分析和认识是符合包括县级在内的中国实际情况的。为了搞好县级机构改革，不仅要把这一改革的先进典型的经验在更大范围内推开，而且要按照十四大提出的机构改革必须遵循的"政企分开和精简、统一、效能的原则"，进一步审视现有机构（包括机构改革典型县）的状况，切实找出那些应该改而没有改的问题，"下决心对现行行政管理体制和党政机构进行改革"。那么，当前县级机构改革应该改、但又没有受到人们注意的最大问题是什么呢？我认为，是党政机构的关系。

二

在中国县级诸多领导机构中，中共县委是最高领导机构。虽然按照宪法和法律建立的国家政权系统中的县人大、县政府、县法院、县检察院以及县政协，都有一定的权力，但县委实际上握有县里最高决策权和最高监督权。这种以党为主、党政两套系统共同管理社会的权力格局，自新中国成立以来一直保持至今，并未因 80 年代机构改革撤销一些县委主管经济部门而改变。正是这种权力格局，严重地阻碍着"精简、统一、效能的原则"在县级机构改革中的实现：

首先，这种权力格局使机构重叠设置不可避免，违背精简原则。目前，县委机关一般设有办公室、组织部、宣传部、纪检委、政法委、统战部、研究室。这些部门除了管理全县党组织自身建设外，主要功能是管理社会有关事务，这就与政府机构的设置出现重叠——组织部管理全县党、政、群、企、事各单位副局级以上干部的升降调用，而在政府内管理干部人事的有人事局、劳动局；宣传部管理全县的文化、教育、卫生、体育和宣传工作，政府内则有文化局、教育委员会、卫生局、体委、广播电视局；政法委管社会治安，政权系统内法院、检察院、公安局、司法局也管社会治安；研究室负责全县经济和社会发展的调研工作，政府内的研究室、经济研究中心也从事这项工作；统战部的工作大体同于政协；纪检委的工作与监察局工作相近。即使在县的最高决策和最高监督方面，依照宪法规定，还有县人大及其常委会，这与目前县委的功能大致相同。邓小平曾尖锐地指出："机构重叠是改革的最大障碍。"他从来没有容忍过党政机构可以重叠，不予改革。党的十四大报告讲到机构改革时也特别强调了要改革"党政机构臃肿，层次重叠"的弊端。因此，要彻底贯彻机构改革的精简原则，必须敢于触及党政机构重叠设置的问题。

其次，这种权力格局必然造成工作效率低下，违背效能原则。虽然按照"党政分开"的要求县委要"抓方针、路线"，"抓大事"，不应再干预政府的经济管理活动和一般政府活动，但情况正如邓小平所指出的那样，"现在实际上没有做到"。县处于我国行政系统中比较基础的部位，县领导面临的是大量的具体事务，究竟能有多少"方针、路线问题"可抓呢？再说，"方针、路线问题"不是孤立存在的，而是依附于社会事务中，在社会活动过程中体现出来的；倘若不了解、不参与社会活动，怎么可能抓好"方针、路线问题"？至于说"抓大事"，县委和政府都不可能不抓大事。什么是"大事"？县里的"大事"，就是县的经济和社会发展，是两个文明建设，是社会主义市场经济建设，是社会治安，是计划生育。所以，在现有的权力格局下，要做到社会管理"党政分开"，仅仅是空想而已。由于在这种权力格局中县委处于主导地位，因此行政机关除受政府领导外，还要听从县委"对口部"的指挥。常常有这种情况：行政机关将准备决定的事项上报政府主管负责人，同时又要上报县委的"对口部"或分管常委，最后由"对口部"、常委或书记拍板。这样复杂曲折的议事程序，怎么可能有较高的工作效率！

再次，这种权力格局容易造成社会管理的混乱，违背统一原则。在县级管理中，经常是县委系统和政府系统同抓一件事、一项工作。由于具体的权力和责任难以划分清楚，由于所站角度不同、对问题的看法不同，彼此互相推诿，或发生矛盾，这已经是相当普遍的现象。"用人权"是县委手中一项大权力。全县副局级以上干部的任免，都是县委决定。这样做的结果是管人的不管事，管事的不管人，造成"用人"与"治事"的分离。有的副县长不是县委常委，自己分管局的局长调动了，事先竟一无所知。有的局长欺负分管副县长不是常委，掌握不了自己升迁的命运，工作上不听从指挥，而把"感情投资"的重点放在县委书记和常委身上。"用人"与"治事"的关系不理顺，社会管理工作怎么可能不发生混乱！尤其令人担忧的是，县委书记与县长的关系始终是上级领导机关"头疼"的一个问题。根据调查，多数县的书记、县长"尿不到一壶"，往往是貌合神离、同床异梦。如果有的书记或县长在个人修养、认识水平、工作能力某个方面差一些，那么彼此矛盾的半公开或公开化就在所难免了。书记和县长关系比较协调的县也有，但比较少。其协调的原因不外有两种：一是个人品质都很好，互相支持，互谅互让；一是其中一个（一般是县委书记）十分"强大"，另一个处于"臣服"状态。书记与县长的矛盾，表现形式是个人品质、知识、能力的差异，实质则是权力结构和领导体制不合理造成的。一个县有两个"一把手"，都有按照党章、法律规定的权力和责任，而且管的基本上又是同一些事情。这种"二龙治水"的局面，岂有不旱不涝、风调雨顺之理！

<h2 style="text-align:center">三</h2>

根据现代管理科学原理，一个独立的区域或单位的管理，就是一个管理系统。为了保证系统的正常运转，发挥系统的整体功能，实现系统发展的最佳目标，管理系统必须有，而且只能有一个决策中心，否则，系统的运作必然发生混乱。这个道理中国古代也有，叫作"天无二日，国无二主"。在管理中不能搞"政出多门"，这似乎也是人们的常识。由此可见，现有的"二元行政"的权力结构在理论上说不通，在实践中也是弊大于利。借用十四大报告的话来说，对它"非改不可"。

那么，县级权力格局怎么改，才能把两个决策中心合理地变为一个决策中心呢？其办法，无非有以下三种：第一，取消政权系统的执政地位，使它不具有决策和指挥的功能，降为县委的附属组织，使县委成为全县唯一的决策和行政中心；第二，依法强化政权系统执政地位，使县委不再具有参与社会行政的功能，而像西方发达国家的执政党组织那样，提出施政纲领，推选代表到政府中任职，实施县委的施政纲领，县委完全退到"幕后"，不干预"前台演出"；第三，党政机构合一，按照斯大林关于"党是政权的核心"的观点，组成以县委为核心的政权系统"同心圆"。这三种办法中，哪一种是在当前中国的理论和实践上都能行得通的呢？我们不妨逐一进行分析。

首先看第一种。它的实质就是"以党治国"。自从近代社会产生政党、并出现了党政关系问题以来，只有在法西斯主义统治的国家里，如历史上希特勒统治的德国、墨索里尼统治的意大利以及国民党统治的中华民国，才是"以党治国"的，也就是由资产阶级政党严密控制国家和社会，直接向政府系统和其他社会组织发号施令。这是真正的党政不分、以党代政。这种"以党治国"的方式随着法西斯主义的垮台而遭到包括共产党人在内的一切进步人类的抛弃。早在 1928 年，毛泽东在《井冈山的斗争》一文中就写道："国民党直接向政府下命令的错误办法，是要避免的。"抗日民主政权建立之后，邓小平针对部分党员中存在以党代政的思想，于 1941 年明确指出："以党治国的国民党遗毒是麻痹党，腐化党，破坏党，使党脱离群众的最有效的办法。"四十年后，邓小平又重申不能搞"以党治国"。共产党是受到全国人民拥护的唯一的执政党，为什么不可以搞"以党治国"呢？首先，党和政权机关的性质不同。党是无产阶级的先锋队，是依靠共同的理想、自觉的纪律、严密的组织系统来维持存在的。而由立法、司法、行政体系构成的政权机关，是国家机器的主要部分，以军队、法庭等暴力机构为依托。这种性质的区别，决定了党不能代替政权机关直接治理国家。其次，党和政权机关的职能不同。党的职能主要是在总体上反映无产阶级和人民群众的意志和要求，确定国家发展的方向和路线。政权机关则依此对全社会事务进行具体管理。最后，党和政权机关的工作方式不同。政权机关主要通过行政手段，以强制的力量进行社会管理。而党对人民群众就不能用强制的方法，只能靠说服教育和党员的模范作用带领群众前进。由此可见，"以党治国"，既不符合现代国家管理的原则，也是共产党的先进性所不允许的。

第二种办法，实际上是照搬了西方资本主义国家中政党与政权关系的模式，这在我国目前也是难以行得通的。社会主义国家的党政关系，从阶级内容、阶级本质上说，是与资本主义国家的党政关系根本不同的，因而在模式和体制方面，不能简单地照搬资本主义国家那一套。要坚持共产党的一贯领导，不能搞多党轮流执政。要有共产党在政治、思想和组织方面从上到下进行系统的全面的领导，不能像资产阶级政党那样只是在竞选中提出政纲、当选后全交给政府中担任领导职务的几个人去包办一切。如果把资本主义国家的党政关系照搬到中国，将不利于共产党的领导。党的整个组织退到政权机关的"幕后"，会在公众中淡化党的形象，党组织只制定施政纲领和推举执政人员，此外再无事可做，必然造成党的领导力量的弱化。几年确立一次施政纲领和执政人物，又会形成党在政治上的僵化。所有这些，都会动摇党的领导地位。邓小平明确提出，中国由共产党领导，中国的现代化建设事业由共产党领导，这个原则是不能动摇的；动摇了中国就要倒退到分裂和混乱，就不可能实现现代化。因此，凡是不利于加强共产党领导的事情决不能做，这就是中国的现实。共产党的领导，不仅仅体现在少数执政的共产党人身上和党的纲领路线上，而且体现在全体共产党人的模范带头作用和对群众的说服教育方面。广大共产党员虽然不在政权机关内工作，但由于他们与政权有密切联系，所以他们能够与政权机关内的共产党人上下呼应，共同带领广大群众贯彻党的路线方针政策，执行政府法律法令，进而促进社会的物质文明、精神文明和政治文明的建设。新中国成立以来的实践生动地说明了这一点。如果反过来，党完全退到政府活动的"幕后"，大多数党员不关心、不参与政权机关的工作，只靠少数人"代表党"执政，那么社会进步事业就会缺少骨干力量和中坚分子，其不良后果是可想而知的。至于说以后中国会不会出现目前西方那种党政关系，那需要看诸多条件的变化情况，至少中国现在不能走这条路。

第三种办法，寓党于政，党政机构合一。既坚持了党的领导，又维护了政权系统管理社会的权威性；既从我国的现实情况出发，又体现了社会主义社会管理中党政关系变化的规律，因而是一种可行的好办法。这将在下面做进一步阐述。

四

县级实行寓党于政、党政机构合一的具体构想。

第一，县委机关与政权机关合并，自己不再单独设立工作系统，只保留一个专门的县委办公室（可设在县人大或县政府内），作为县委的办事机构，负责全县党的建设的具体事宜。

第二，县委原有各机构与政权机关中对口部门合并，对外只挂政权机关牌子，不再挂县委机关的牌子（过渡时期可实行一个机构两块牌子的办法）。组织部与人事局合并。宣传部与文化局、广播电视局合并。纪检委与监察局合并。研究室与经济研究中心、政府研究室合并。统战部合并到政协中去。撤销现有政法委，其协调功能由县人大有关副主任、分管治安工作的副县长和法院院长、检察院检察长、公安局局长、司法局局长组成的政法办公会议发挥。

第三，党政机构合一后，县委常委构成必须做重大变动，打破目前党政交叉任职较少的状态，实行交叉任职。县人大主任、县长、政协主席均由县委书记、副书记兼任。副县长、法院院长、检察院检察长、武装部部长，除个别由党外人士担任外，应全部由县委常委兼任。政权机关其他一些重要部门的负责人，也应尽量由县委委员兼任。

第四，党政机构合一后，工作方式类似于我军党委与首长之间的关系。需要县委作出重要决策、推荐重要干部、进行工作协调时，根据不同情况，召开县委书记办公会、常委会或全委员。散会之后，县委领导回到各自的政权机关工作岗位上，按照有关法律、制度和岗位职责的要求，贯彻县委决策，展开工作。

显然，按照上述构想实现党政机构合一，肯定比原来的机构设置更精简、更统一，也更有利于提高领导机关工作效率。但是，领导机构的变化历来是牵扯国家政治、经济和思想理论的重大问题，谁也不能简单地就机构的精简、统一和效能去讲机构改革。特别是县委机构的变化直接涉及党的领导，属于理论研究中那类"不好说、说不好、不说好"的十分敏感的问题。因此，对党政机构合一必须给予理论的说明。

<h2 style="text-align:center">五</h2>

寓党于政、党政机构合一，是新的历史条件下坚持和改善党的领导的有效途径。

按照马克思主义的观点，一切事物都是依据一定的条件而发展变化的。任何一种领导体制，不管它建立时有多么好，都不可能是永恒不变的。问题仅仅在于，它变化的条件是否充分，怎样变化才有利于领导事业的需要。我们正处在前所未有的改革开放和社会主义现代化建设的新时代。社会的经济基础正在发生革命性变革，全国人民正在建设社会主义商品经济、市场经济。与此相适应，整个社会的上层建筑，包括领导体制、党的领导方式，也必然要发生巨大变化。谁要是看不清整个大趋势，把过时的东西看作是神圣不可改变的，抱残守缺，谁就不是真正的马克思主义者，势必被时代潮流所淘汰。中国改革开放的总设计师邓小平清醒地看到了这一点。早在 1980 年 1 月，他提出了坚持和改善党的领导的问题。特别提出要改善党的领导方式："共产党实现领导应该通过什么手段？是用这种组织形式，还是用别的办法。"这说明，党的领导方式是可以讨论的，可以改变的。他不仅在理论上提出了这个问题，在实践中也是这样做的。改革之前，我国广大基层单位实行的是党委领导下的行政首长负责制。在邓小平的直接干预下，基层党委不再起领导作用，而主要起保证、监督和服务作用，基层单位实行了行政首长负责制。这一改革，被思想僵化的"左"派们攻击为"削弱党的领导"。而邓小平却旗帜鲜明地说，不这样改，才是"损害党的领导，削弱党的领导，而不是加强党的领导"。邓小平的理论与实践，为我们在县级机构改革中如何坚持和改善党的领导指明了方向。

县级是我国地方政权中最低的一个层次。县级工作涉及工农商学兵各个方面，情况比基层单位复杂得多。因此，县委不能像基层党组织那样，只起保证作用，不起领导作用。但是，县委也不同于党中央，不能制定基本的大政方针。它的基本职能是使中央和上级的大政方针在本县具体化，按照上级部署领导本县工作，特别是把保证上级政府政令的实现放在重要位置上。上级政府的政令，实际上充分体现了上级党委的意图。执行上级政府政令，就是贯彻党的路线方针政策。从这一点来看，县级领导与基层领导的工作特点非常相近，主要是"执行"和"保证"。这就决定了县委可以不必像党中央那样，有一套专门的机构系统，进行大量的决策活动，而应该在组织机构和工作方式上，有利于"执行"和"保证"。党政机构合一，摒除了"二元行政"权力结构所带来的机构臃肿、层次重叠、人浮于事、工作秩序混乱、效率低下等弊端，无疑会更有利于县委实现"执行"和"保证"的职能。县级实行寓党于政、党政合一，与基层党委职能的转变一样，都是新形势下坚持和改善党的领导的积极举措，不能视为损害和削弱党的领导。

实行寓党于政、党政机构合一，将大大有利于党对政权系统的领导。党对人民军队的领导是实行寓党于军、党军机构合一的。这种体制，使军队牢牢地掌握在党的手里，是实现"党指挥枪"原则的最好方式。几十年来这种体制没有变，其生命力也就在这里。假如不这样做，而是实行"党军分开"，在军队系统之外，搞一个单独的党委系统，党在军队之外"指挥枪"，那会是个什么样了呢？不但机构臃肿，上下关系混乱，临战易打败仗，而且党也很难时刻把军队掌握在自己手里。当然，政权系统与军队不同，党政关系也不能等同于党军关系，但是，我认为这个道理是相通的。近年来，总的说县委的决策在人大、政府中得到较好的执行，但也逐渐出现了一些否决、阳奉阴违、贯彻不力等现象。这种倾向是值得警惕的。党政合一后，会有效地遏制这种倾向。县委主要成员在政权机关中担负领导工作，可以直接利用行政职权，贯彻县委决策。这无疑比县委设在政权机关外部指导政府工作更有效。如果说，党牢牢领导军队的秘密在于"支部建在连上"，那么，党领导政权机关的秘密就应该是"党委建在政府"。执政党就是执政党，应该堂堂正正、理直气壮地运用政府权力为社会造福。谁都知道，我们的政府是共产党领导的政府，尽管政府组成人员中有非共产党人士。政府在管理社会中取得的一切成绩，人们都把它归功于党；相反，人们也决不会因为你提出了"党政分开"，党委和政府是两个系统、挂两块牌子，就把社会管理中的失误仅仅归罪于"政府"，而不去追究党委的责任。因此，不必用"党政分开"维护党的形象。重要的是把党与政权的关系理顺，把领导决策搞对头，把社会管理好。

说到这里，不能不讲一讲"党政分开"。人们知道，早在改革之初，党政分开就被提了出来，认为它是政治体制改革中"第一位"的问题，是"关键"。据此，党的十二大、十三大对"党政分开"问题做了重要阐述和发挥，并且制定了许多的相应措施。这对于当时消除权力过分集中、以党代政、机构臃肿等不良现象，以及健全民主法制、提高人民政权的权威性，起了一定的积极作用。但是，必须看到，经过十几年的"党政分开"，在县这级，主要还是在组织机构、办公地点、领导职务等形式上的分开，而管理社会的实际工作方面，并没有、也不可能分开。这在前面已经讲到了。既然搞了十几年"党政分开"还分不开，那就应该回过头来想一想：把"党政分开"作为政治体制改革的"关键"和"第一位"的问题到底有没有道理？是不是正确反映了中国现行政治体制改革的规律性？我的回答是否定的。我认为，政治体制改革的关键、第一位的问题，不是别的，而是建立健全包括有效的决策系统、精干的执行系统、灵敏的信息系统、权威的咨询系统和强有力的监督系统在内的科学的社会管理体系，进而实现建设社会主义民主政治的目标。值得一提的是，党的十四大报告通篇贯穿改革精神，对机构改革和政治体制改革作出了正确部署；然而，它却只字未提"党政分开"。应该说这不是偶然的。不仅如此，党的十四大刚刚闭幕，就决定了新的中央纪律检查委员会与国家监察部合并，全国各级党的纪律检查委员会与监察厅局合并，实行一套机构、两块牌子。我认为，这对"党政分开"表明了一种态度，也为党政机构合一开辟了新的道路。

<h2 style="text-align:center">六</h2>

寓党于政，党政机构合一，有利于建设社会主义民主政治。

机构改革和政治体制改革的根本目标，是建设社会主义民主政治。在我国，人民代表大会制度是根本的政治制度。各级人民代表大会及其常委会的权力实现程度，人民政府的权威程度，是民主程度的一个主要标志。宪法规定："地方各级人民代表大会是地方国家权力机关。""县级以上的地方各级人民代表大会常务委员会讨论、决定本行政区内各方面工作的重大事项"，"县级以上地方各级人民政府依照法律规定的权限，管理本行政区域内的经济、教育、科学、文化、卫生、体育事业、城乡建设事业和财政、民政、公安、民族事务、司法行政、监察、计划生育等行政工作"。但是，在党政分开、"二元行政"的权力格局下，人大和政府的这些法定权力很难全部实现。县里的实际大权，掌握在人大、政府系统之外的县委系统。"县委挥手、政府动手、人大举手""县委编戏、政府演戏、人大评戏、政协看戏"，人们这种形象的概括，不是个别地方的事。不是说县委的决定不能体现民意，而是说这种领导体制与宪法的某些规定不一致，损害了人民政权机关的权威性，不利于养成人民群众的民主意识。列宁指出："人民根据经验确信，如果人民代表机关没有充分权力"，"那么人民代表机关就等于零"。如果在我们的政治生活中出现这种状况，那当然不是党所愿意看到的。邓小平提出，党的工作核心，是支持和领导人民当家作主。胡耀邦在《庆祝中国共产党成立六十周年大会上的讲话》明确指出："党对国家生活的领导，最本质的内容，就是组织和支持人民当家作主，来建设社会主义新生活。"那么，怎样才能把党的领导和人民政权的建设统一起来呢？在组织机构的设置和领导工作方式上，就应该实行寓党于政、党政合一。这样做，使县委在人大、政府内部发挥领导作用，既改善和坚持了党的领导，又能使人大、政府实现法定的权力，进一步扭转一些人"党的领导与民主建设相矛盾"的错误认识。

根据社会主义国家发展的规律，在它形成之初，由于人民政权体系不健全，人民民主素质不足以维持较高的民主制度，以及其他一些原因，一般要有一个无产阶级政党"代民执政"的历史时期。其标志，就是党政两大系统分开，党在执政的第一线工作，国家管理的实际权力在党委手里。随着国家政权体系的健全和完善，人民民主意识增强，"代民执政"将逐步让位于"助民执政"。这一时期，国家人民民主政权系统基本能够独立地执掌国家政权；党的系统从执政第一线退出，退到政权系统内，继续领导政权的工作，帮助人民政权坚持正确的方向；党委原来对地方管理的最高决策权和最高监督权，逐步成为地方权力机关的权力。这一历史阶段是相当漫长的。一旦社会消灭了阶级和阶级差别，作为无产阶级先锋队的无产阶级政党也就随着消亡了。政党的领导作用要让位于集合着社会精英的社会自治代表机构，"助民执政"完全变成了"由民执政"。这时的社会主义国家也发展到了尽头，将由共产主义新的社会组织所代替。由此来看我国现阶段的党政关系，就会发现，现在还远不是谈论政党退出历史舞台的时候，也不能认为还应由党"代民执政"。我们的社会主义国家已经有40多年的历史了，人民的民主素质有了很大提高，社会主义政权体系也比较健全，党中央也已经提出了"组织和支持人民当家作主"和建设社会主义民主政治的问题。这表明，由党"助民执政"的条件基本具备，应该按照"助民执政"时期的要求，重新调整党政关系，使党组织从执政的第一线退到政权系统中来，实行寓党于政、党政合一，使党从形式到内容上确实做到"在宪法和法律的范围内活动"。

七

县级机构改革，已经成为当今中国深化改革中举足轻重的大问题。它不仅直接影响县城综合改革的成败与进程，而且要为全国的机构改革开辟道路，提供经验。把县级机构改革作为全国机构改革的突破口，无疑是个正确的选择。县是经济和社会功能比较完整的社会区域，是城乡之间、工农之间、宏观与微观之间的接合部，是政治、经济、文化的统一体。如果县级机构改革取得突破，获得成功，其经验在更大范围乃至全国推开就具有典型意义。如果这一改革中的某些试验失败，由于县处于政权体系的基础部位，那么也便于纠正，不至于影响全局。党政机构关系的调整是中国的重大政治问题，应遵循"先试验、后推开"的原则，谨慎从事。虽然本文重点讲县级机构改革中寓党于政、党政合一的问题，但意在全国。希望这一问题的提出和解决对中国的改革与发展起到积极的促进作用，而不是相反。

原载人民日报《理论参考》1993 年第 9 期

要接班人　不要掘墓人

——纪念毛泽东诞辰 100 周年

作为中国共产党和中华人民共和国的主要缔造者，毛泽东的最大愿望是什么？是他所开创的中国社会主义事业代代相传，国家长治久安，早日实现中华民族伟大复兴。毛泽东最不愿意看到的是什么？是他的接班人背叛他的思想和事业，把他亲手缔造的党和国家改变颜色。所以，要接班人，不要掘墓人，应视为毛泽东最重要的政治遗愿。纪念毛泽东诞辰 100 周年，最重要的，就是牢记他的遗愿，把接班人问题真正解决好，把毛泽东等老一辈革命家开创的中国社会主义事业坚持下去，直到最后胜利。

一

早在 20 世纪 60 年代初，毛泽东就正式提出接班人问题。他说："为了保证我们的党和国家不改变颜色，我们不仅需要正确的路线和政策，而且需要培养和造就千百万无产阶级革命事业的接班人。"帝国主义预言家们"把'和平演变'的希望，寄托在中国党的第三代或者第四代身上。我们一定要使帝国主义的这种预言彻底破产"。当时，不论是中国，还是其他社会主义国家，都还没有"和平演变"的事情发生，所以，这只是一个伟大革命家的战略预见。但是，时至 70 年代末邓小平重提接班人问题、到 90 年代初邓小平再提接班人问题，就已经不再是"预见"问题了，而是针对活生生的现实。这是因为，在毛泽东提出上述预见之后，国际共产主义运动史上发生了两件"接班人掘墓"的大事。

第一件，是在中国的"文化大革命"中，1971 年，被定为毛泽东"接班人"的林彪，急于抢班夺权，阴谋败露仓皇出逃，摔死在国外；后是被当作"接班人"的王洪文等"四人帮"企图篡党夺权，被党中央一举粉碎。这两起事件虽然很危险，但由于中国共产党健康力量的坚强领导，总算化险为夷。

　　第二件，是苏联、东欧剧变。从 20 世纪 80 年代末到 90 年代初，先是东欧各社会主义国家，然后是世界第一个社会主义国家苏联，相继改制易帜。这一剧变原因很多，主要的一条就是"接班人"出问题。这些国家中曾被当作"社会主义事业接班人"的人走上党和国家领导岗位后，背离了原来的原则和路线，变成了"掘墓人"。

　　这两件事，给国际共产主义事业带来了巨大危害，同时，也使一切真正的共产党人清醒了头脑——必须刻不容缓地从理论和实践上认真解决"接班人"的问题。作为中国共产党第二代领导核心的邓小平，敏锐地抓住了这个问题。1979 年 7 月，他专门作了以"思想路线、政治路线的实现要靠组织路线来保证"为主题的讲话，指出："解决组织路线问题，最大的问题，也是最难、最迫切的问题，是选好接班人。"中国的稳定，四个现代化的实现，"要有真正坚持马克思主义、毛泽东思想和党性强的人来接班才能保证"。"一定要趁着我们在的时候挑选好接班人。"后来他又指出："选拔培养中青年干部这个问题太大了……这是个战略问题，是决定我们命运的问题。"如果这个任务完成不好，那就是"犯了历史性的大错误"，就"要来一次灾难"，"不只是四个现代化没有希望，甚至于要涉及亡党亡国的问题"。在选拔接班人的标准上，他指出："我们选干部要注意德才兼备，所谓德，最主要的，就是坚持社会主义道路和党的领导。"要做到革命化、年轻化、知识化、专业化。根据邓小平这一思想，中央制定了新时期"四化"的干部标准，全国有数以百万的年轻干部被选拔到各级领导班子。

　　苏联、东欧剧变后，已经是 88 岁高龄的邓小平，在 1992 年南方谈话中，再次讲到接班人问题。他说："帝国主义搞和平演变，把希望寄托在我们以后的几代人身上。""中国要出问题，还是出在共产党内部。对这个问题要清醒，要注意培养人，要按照'革命化、年轻化、知识化、专业化'的标准，选拔德才兼备的人进班子。""现在就是要选人民公认是坚持改革开放路线并有政绩的人，大胆地放进新的领导机构里，使人民感到我们真心诚意搞改革开放。""我们说党的基本路线要管一百年，要长治久安，就要靠这一条。真正关系到大局的是这个事。"他强调，接班人问题"是眼前的一个问题，并不是已经顺利解决了，希望解决得好"。

　　邓小平不愧是实事求是的典范。他在讲到接班人问题的极端重要性和相应的理论、政策的同时，仍然清醒地看到这个问题"并不是已经顺利解决了"，提出"希望解决得好"。这就为人们继续探索年轻一代领导者如何成为社会主义事业接班人而不要成为掘墓人，留下广阔的空间。的确，接班人不仅仅是个理论问题，而主要是个实践的问题。回想历史上，历朝历代的开国明君们都曾把"怎样当好皇帝,以保证家天下千秋万代延续下去"的所有经验教训毫无保留地告诉他的儿孙,可是,又有哪一个朝代真的千秋万代地延续下去了?不肖子孙照样出,坏皇帝照样出,自掘坟墓的事层出不穷。这说明,解决接班人的问题,不能停留在已有的理论上,必须在正确理论指导下,正确地解决实践中的问题。

二

怎样才能不辜负毛泽东、邓小平的殷切希望,把我党我国的接班人问题"解决得好",使千千万万年轻一代领导者真正成为社会主义事业接班人而不是"掘墓人"呢?先哲们曾讲到,向自己的经验教训学习,这是找到解决问题方法的捷径。我认为,深入剖析苏联、东欧高层领导的蜕变,对于正确理解和实践邓小平关于接班人的理论十分重要。

1991 年 8 月 19 日,我随团出访苏联到达莫斯科。这之后的半个月中,亲眼看到了"8·19 事变"期间苏联社会中的一些情况。1992 年 7 月,我又一次去俄罗斯访问半个月。两次访问中,我对苏联剧变的原因进行了广泛的调查研究。得出的结论是:帝国主义长期推行和平演变策略,是苏联剧变的重要因素,但这仅仅是剧变的外因条件;作为"变化的根据"的内因,则是执政党的腐败,特别是高层领导的蜕变,由"接班人"蜕变为掘墓人的结果。以列宁为代表的老一代共产党人,是全心全意干社会主义、忠诚地为人民服务的,因而得到广大人民真心诚意的拥护。不管当时国内外敌人怎样软硬兼施,党和苏维埃政权一直固若金汤。但是,领导人的这种好思想、好作风并没有一代一代地传下来。后来的接班人,包括最高领导层和中下层一些领导干部,随着执政日久,腐败现象越来越严重。在思想理论上,他们背叛了为人民服务的根本宗旨,背离了马克思主义的基本理论。他们用"新思维"和"民主的人道的社会主义"取代科学社会主义,在指导思想上搞乱了党。在政治上,压制人民民主,纵容支持政治上的反对派,使党在组织上分裂,破坏了党的政治统一。在组织上,搞任人唯亲、裙带关系和家族统治,而把一大批德才兼备的干部赶出领导班子。在作风上,官僚主义严重,滥用权力,以权谋私、形式主义、不深入实际。这种领导,抓改革,没有积极效果;抓经济,经济一团糟;搞决策,又频频失误。我"8·19"去苏联期间,亲眼看到这种领导的恶果充分表现出来:商店货架上空空如也,企业生产似停非停,领导机关无人负责,人民群众怨声载道。给我印象最深的是,"8·19"期间成百上千的人去保卫的是政治反对派所在的俄罗斯议会大厦,而不是苏共中央大楼。1991 年 8 月 24 日,戈尔巴乔夫宣布苏共中央"自行解散"。我听到这个消息的时候,正在列宁早期开展革命活动的鞑靼共和国首都喀山市进行访问。当时我们认为，肯定会有大批共产党人上街举行抗议游行，甚至会开展武装斗争。尽管当时苏联允许持各种政治观点的人上街游行表达自己的意愿，但是我们并没有看到、也没有听到这样的事发生。人们很平静。共产党的各级领导机关停止办公，党的机关工作人员开始四处活动谋求新的职务。一个有 70 多年执政历史的共产党顷刻瓦解，人民几乎鸦雀无声！当年保卫列宁的人们哪里去了？当年为保卫党的机关甘愿流血牺牲的勇士哪里去了？一切都成为历史了。列宁成了历史人物，为人民谋利益的共产党也成了历史。一位苏共老党员对我们说："别怨人民不保卫党，这个党的领导已经背叛了人民，党已经腐败了。你扶着他，他也站不直了。为这个党掘墓的，不是人民，也不是政治反对派和帝国主义，而正是这个党的那些腐败的领导人。"这位老党员的话振聋发聩，使我豁然开朗。

苏联、东欧剧变是中国共产党人一部绝好的反面教材。通过阅读这部教材，能够更深刻地理解毛泽东、邓小平有关培养接班人的重要论述，也能够为广大青年领导干部在成为社会主义事业的可靠接班人而不是掘墓人，找出一条正确的途径。

三

必须指出，毛泽东、邓小平在讲培养社会主义事业接班人时，历来强调"千百万"，而不仅仅是最高领导层的少数几个人。这个思想特别重要。把"接班"的希望寄托在"千百万"人而不是少数人身上，这是唯物史观在接班人问题上的正确体现，也是避免"接班人掘墓"的正确途径。历史唯物主义认为，人民群众是历史的主宰，是社会发展的根本动力。在人民群众当家作主的社会主义条件下，如果能把"千百万"人民群众都引导到社会主义道路上来，那么，即使出几个想走资本主义道路的人，哪怕他们是很大的领导干部，也不可能扭转整个社会发展的方向。和广大人民群众相比，个别领导人只不过是"沧海一粟"。这是其一。

其二，现代民主制度下的领导是一个系统，是由成千上万高层的、中层的、基层的领导干部按照一定的原则、制度组成的有机整体，共同发挥对社会的领导作用。尽管其中最高领导层的作用极为重要，但它毕竟只是领导系统中的一部分，代替不了整个领导系统。如果组成这一领导系统的体制是民主的、科学的，如果这一系统中的广大领导干部是坚决走社会主义道路的，那么，即使有的人想背离社会主义方向，改变整个社会制度，哪怕他是最高领导层的人，也难以改变整个领导系统的性质和作用，不可能如愿以偿。

其三，现代社会的高层领导者，已不是封建社会里那种靠世袭上来的，一般都是经过基层领导、中层领导工作的长期锻炼，逐步提拔上来的。高层人物接班也罢，掘墓也罢，都不是突然的行为，而是在基层、中层做领导工作期间就有了某种基础。如果能够把成千上万中、基层领导干部培养成社会主义事业的可靠接班人，那么从他们当中选拔出的优秀分子作高层领导者，一般也不会发生偏差。因此，培养社会主义事业接班人，一定要着眼于"千百万"，而不能在一个或向几个人身上"押宝"。这也是苏联、东欧剧变的一个重要教训。

社会主义事业是千百万人的事业，只有寄希望于千百万人的接班，才能从根本上保证整个领导系统以及最高领导层的接班，才能使社会主义事业一代一代地顺利传下去。

四

为了把党和国家各级各类领导干部，特别是广大青年领导干部培养成为社会主义事业的可靠接班人，必须对这支队伍的现状作出正确分析。十一届三中全会以来，在党的正确路线和政策指引下，我们的干部队伍，包括新提拔的青年干部，总体上说是好的。对这一基本估计的最有力证明，是十几年来中国改革开放和社会主义现代化建设的巨大成就。道理很简单，如果我们的干部队伍不好，就不可能领导人民取得这样大的成就。这个话不用多说。但是，从社会主义事业的发展看问题，从培养接班人的角度看问题，就不能停留在"总体是好的"这一点上，还必须看到，整个干部队伍，特别是在一些青年干部身上，还有一些缺点和不足，还有一些令人忧虑的问题。

一是在政治思想方面。面对国际政治格局的巨大变化和改革开放带来的新事物、新问题、新观念、新情况，一些干部思想混乱了，政治上不明是非，立场发生动摇。有的人顽固地坚持"左"的思想，把改革开放和建设社会主义市场经济污蔑为"走资本主义道路"，公开或变相抵制中央的正确路线、方针和政策，使自己站到了党的对立立场上去。有的人在金钱、美色的诱惑下，丧失了原则，动摇了共产党人的理想和信念，转而推崇西方的政治观念、价值观念。有的人对国际敌对势力的渗透缺乏政治敏感和警惕性，在对外交往中，讲友好不讲斗争，讲合作不讲防范，从思想上解除了武装。这种思想状态非常危险，是敌对势力和平演变所要利用的内在因素。一旦政治经济形势发生变化，党和国家面临危难，具有这种思想的人就可能与党分道扬镳，或者倒向敌对势力，公然"掘墓"。

二是在作风方面。我党在长期革命斗争中所形成的理论联系实际、密切联系群众、批评与自我批评的优良作风，以及谦虚、谨慎、戒骄、戒躁的作风，在一些干部身上已经荡然无存，代之以群众所说的"理论联系实惠、密切联系领导、表扬与自我表扬相结合"，高高在上，狂妄自大。他们常常是"说的一套、做的一套"，好事"只说不做"，坏事"只做不说"。有的人群众观念淡薄，对群众没有"鱼儿离开水"的生存危机感了。有的不深入基层，偶尔下去，也是走马观花，摆摆样子，根本了解不到真实情况，听不到群众的真正呼声。有的官升脾气长，讲排场、摆架子，颐指气使，搞一言堂，既不认真听取有益的建议，更听不进任何意见和批评，动辄利用权力打击、报复。有的热衷于形式主义，做表面文章，靠文山会海指导工作。有的整天忙于迎来送往的应酬活动，很少把精力放在调查研究和制定、落实领导决策上。目前，少数领导干部的不良作风已经演变为腐败行为。他们用公款吃请送礼、公费旅游、私分滥发钱物，违法违纪建私房或多占房。有的干部明目张胆地搞权钱交易、贪污受贿。苏联、东欧剧变的教训告诉我们，党内的消极腐败现象，严重地腐蚀党的肌体，毁坏社会主义事业，是和平演变的根本原因。对这一危害必须有充分估计。

三是在领导能力方面。某些干部"能级不相称"的现象比较严重。十几年来，尽管各级领导层都通过各种方式淘汰了一些不称职的干部，但由于某些制度不够合理、一些领导干部搞"任人唯亲"等原因，仍然有一些领导能力低下的人留在领导岗位上，使另外一些有领导才干的人受到压抑。有的干部政治洞察力、协调能力、执行能力等比较差。当前，干部中普遍存在的问题，是不知如何领导社会主义市场经济建设。有的还是用计划经济的方法去领导，有的则放任不管。社会主义市场经济建设，事关党和国家的前途命运。如果在领导这一方面工作出现大问题，那么影响就大了。这个问题必须提出来，引起全党的注意，及早解决。

五

社会主义社会是人类社会发展的必然趋势，社会主义终究要战胜资本主义。这是我们认识当代一切重大社会问题，包括接班人问题的基本前提。抓住了这个前提，我们就有了解决问题的信心，能够比较自觉地按照毛泽东、邓小平有关接班人的理论，去解决当前领导干部队伍建设所面临的一系列问题。

第一，要坚定正确的政治方向，增强当接班人、不当掘墓人的自觉性。当今世界的主要特点是和平与发展。这没有问题。但是，在这个大环境里面，不和平的因素依然存在，社会主义与资本主义的斗争依然存在，社会主义国家政权被颠覆的危险性依然存在。因此，作为直接执掌社会主义国家政权的各级领导干部，一定要有政治家的头脑，正确分析和判断政治形势，增强反腐败、防质变的自觉性。这就要求在思想上坚定共产主义的理想和信念，继续肃清在现实生活中仍然有很大影响的"左"的思想影响，防止右的思想侵袭，自觉地贯彻执行党的基本路线和一系列正确决策。必须指出，"左"的东西是当前的主要危险。右能"掘墓"，"左"一样能"掘墓"。

历史经验表明，对于执政日久的人来说，最危险的，是有当"太平天子""太平官"的思想，所以自古以来一切清醒的领导者，总是努力培养自己"居安思危"的意识，尽量多听一些"盛世危言"。现在的年轻一代领导干部，生在新社会，长在红旗下，既没有"打天下"的创业经历，又缺乏"坐天下"的执政经验。不少人是靠某种机遇和幸运走上领导岗位的。一朝大权在握，前呼后拥，便飘飘然，不知所以。至于怎样剔除危险因素巩固政权，怎样领导才有利于人民的利益和社会主义事业，他们全然不想。他们想的是怎样升官发财，保住既得利益。试想，这样一种领导心态，怎么可能不像苏联、东欧的某些领导人那样走上"掘墓"的危险道路呢？

为了增强"接班"意识，年轻一代领导者对古今中外政权更迭的经验教训都应该好好学习和研究。但我认为最值得学习和研究的，是我国的"文化大革命"和苏联、东欧剧变这两部反面教材。这是因为，"文化大革命"发生时间近，亲历者众多，"接班人"的教训极其深刻。苏联、东欧的经验教训对中国有直接的意义。因为中国与苏联、东欧的基本社会制度、意识形态都是相同的，中国的许多东西是照搬苏联的。因此，他们的前车之覆，应该成为中国的后车之鉴。可惜的是，我们有些领导干部至今没有这个认识。他们要么对"文化大革命"和苏联、东欧剧变避而不谈，或者尽量少说，生怕说多了出什么事；要么对苏联、东欧剧变的教训只讲外因——帝国主义的和平演变，而对剧变的最根本、最重要的内因——党的领导层的腐败讳莫如深。这样一种态度，当然不可能真正接受教训。彻底的唯物主义者是无所畏惧的。直面"文化大革命"和苏联、东欧剧变的教训，只会使真正的共产党人更坚强、更聪明、更有战斗力，而绝不会相反。

第二，要端正作风，密切联系人民群众。领导作风的实质，是与人民群众的关系。执政党最大的危险就是脱离人民群众。得民心者得天下，失民心者失天下；水可载舟，亦可覆舟。这是自古代贤哲直到今天的普通百姓都明白的真理。要接好社会主义的班，巩固党的领导地位和国家政权，就必须从实践这一真理做起。

首先，领导干部要摆正自己的位置。人民群众是社会主人，领导干部是社会公仆。公仆就是公仆,不是主人,因此,任何领导干部都不能在人民群众面前摆官老爷架子,只能老老实实地尽公仆的职责,全心全意为人民服务。

其次,要实实在在地为人民群众办好事、办实事,用实际行动赢得民心。人民群众是最讲实际的。如果领导干部不能真正倾听群众的呼声,不能从实际上关心群众疾苦,不能想群众之所想、急群众之所急、帮群众之所需,那么,不论你嘴上说得多么好听,群众都不会买你的账。要获得人民群众真心实意的拥护和支持,唯一的途径就是真心实意地为人民办好事、办实事。

最后,要为政清廉。某些领导干部的腐败,已经成为当前社会主义事业面临的最大危害。腐败不除,就谈不上密切党与人民群众的联系,谈不上党和国家不改变颜色。值得庆幸的是,前不久党中央庄严地作出决定,在全党全国开展声势浩大的反腐败斗争。斗争的重点,就是有腐败行为的各级领导干部。在一定意义上说,这场斗争的成败,直接影响到"接班"还是"掘墓"的问题。因此,这一斗争得到了广大人民群众的真诚拥护,盼望它能真正取得胜利。一切希望成为社会主义事业可靠接班人的领导干部,都应该勇敢地接受这一斗争的洗礼,彻底剔除经济上、政治上、用人上等各方面的腐败行为,放下包袱,重新取得人民群众的信任。

第三,要努力提高领导社会主义市场经济建设的水平,增强当接班人的能力。党的十四大,通过总结中国和国际共运的历史经验教训,决定用社会主义市场经济代替计划经济。社会主义市场经济建设是目前全党的中心工作。因此,各级领导干部要努力学习市场经济知识,按照社会主义市场经济的本质要求去领导这一建设。这是当务之急。离开这一点讲"接班",未免太远了,也太虚了。

当社会主义事业的接班人,还是当掘墓人,这并不完全是个主观愿望的问题。苏联、东欧有些领导人,本人确实是忠诚于马克思列宁主义、忠诚于人民和社会主义事业的人,但是,由于缺乏领导改革和建设的能力,无法领导党制定出正确的改革路线和政策,不会按照经济发展规律去指导经济工作,在帝国主义和平演变的强大攻势下,只有招架之功,没有还手之力。所以,他们在内政外交的领导工作方面,一再出现失误,造成了巨大损失。一个领导者,有一次两次失误,是在所难免的,人民也会原谅。但是,如果老是失误,给人民利益和国家利益带来巨大损失,那么不管你的品德是多么好,人民也绝不会容忍你还在领导岗位上继续发号施令。人民挑选你当领导者,是让你带领人民实现一定的领导目标。既然你没有能力做到这一点,人民就有权利把你赶下台。苏联、东欧某些领导人就是这样下台的。中外政治史一再表明,庸人治国、愚人治国与坏人治国的结果是一样的。因此,我们的领导干部要真正成为社会主义事业的可靠接班人，就不能只满足于做"红色公民"，而必须具备与领导职务相称的领导才干，否则就没有能力、没有资格"接班"。

当前，我国正处于第二代领导与第三代领导交接班时期。尽快提高领导能力，担负起领导改革开放和社会主义现代化建设的重任，顺利渡过国际共产主义运动面临的"低谷期"，是摆在所有领导干部面前的突出任务。这个任务对于跨世纪一代的青年领导干部来说，更显得迫切。领导者的领导能力是多方面的，当前尤其需要提高的，一是对领导环境的判断能力。即对政治形势、经济形势要有正确的分析，能够形成准确的判断，抓住问题的要害和关键。毛泽东犯"文化大革命"的错误，问题首先就出在这里。二是决策能力。正确分析形势之后，如何正确确定奋斗目标，制定何种对策实现这一目标，这就需要正确决策，即决策的科学化、民主化。决策能力是领导能力的核心。三是协调能力。现代社会事务极其复杂，领导处于社会事务的核心，如果没有很强的协调能力，就会顾此失彼，出现失误。四是执行能力。当前党风和社会风气都不够好，领导层的软弱无力助长了不正之风。领导者敢不敢、有没有能力执行党纪国法，严惩贪官污吏和社会上各种犯罪分子，直接影响领导的威信、党的威信，也直接关系到党和国家是否改变颜色的问题。

第四，要为接班人的健康成长创造良好的环境。年轻一代领导者是成为社会主义事业的接班人，还是掘墓人，不完全是他们自己的事情，各种社会环境对他们影响极大。其中影响最大、最直接的，是政治环境，包括政治制度、领导体制、干部制度、监督制度和政治风气等。在苏联、东欧一些党内，政治腐败，提拔干部搞的是委任制加任人唯亲。干部的升降不以领导能力和政绩为准，而以上级领导的个人好恶及"关系"为准。广大党员和人民群众对各级领导干部既没有真实的选举权，又没有有效的监督权。试想，在这样一种政治环境中，正派的领导干部怎么有可能按照社会主义接班人的要求健康成长？只能培养出一批又一批腐败堕落的掘墓人。苏联、东欧剧变，完全证明了这一点。因此，我们要把年轻一代领导者培养成为社会主义事业的接班人，就必须为他们改善生长的政治环境，必须加快政治体制改革，加速社会主义民主政治建设步伐。

首先，要建立健全选举制度。使党和政府的各级主要领导干部，真正由广大党员和人民群众选举产生。这样做会有效地避免接班人的"先天不足"，会使他们一走上领导岗位就树立一个向全党负责、向人民负责而不是只向少数上级领导人负责的观念。

其次，要建立健全包括限任制、罢免制、弹劾制、退休制和晋升制在内的轮换制度，这样做有利于干部队伍的吐故纳新，保持它的生机和活力。

　　最后，建立健全监督制。一方面，可以使各级干部置于党和人民的监督之下，不至于去"掘墓"；另一方面，及时有效的监督是对干部的一种爱护、帮助，使他们不犯或少犯错误，尽快提高领导能力。

　　社会主义事业是人类历史上最伟大的事业。这一事业不是靠一代人两代人，而是靠许多代人连续不断的努力才能完成的。因此，培养和造就一代又一代合格的社会主义事业的接班人，就成了共产党人长期而艰巨的任务。这一点，需要世代共产党人牢牢记住。

原载《领导科学》1993 年第 11 期

1994 年

年度背景 9月，中共十四届四中全会通过《中共中央关于加强党的建设几个重大问题的决定》，提出加强党的建设新的伟大工程。

论被领导者

说领导者在领导活动中处于主导地位，起着关键作用，并不意味着可以轻视、忽略乃至抹杀被领导者。事实上，领导者与被领导者是一枚硬币的两面，没有了这一面，也就没有了那一面，没有被领导者就无所谓"领导"。被领导者不可或缺的重要地位就是这样。

被领导者，相对领导者而言，一般分为两种类型：一类是绝对被领导者，是指在一切组织中没有任何领导职务、领导权力和领导责任，完全接受别人领导的人，如普通工人、农民、科研人员、战士等；另一类是相对被领导者，指那些担负一定领导工作的被领导者，如县长领导下的乡长、局长等。在社会主义民主制度下，只有绝对的被领导者，而没有绝对的领导者。任何领导者的权力都不是至高无上的，即使是党的总书记、国家主席、政府总理，也是在党中央委员会和全国人民代表大会的领导下工作。从这个意义上说，任何领导者，都是更大领域内的被领导者，扮演着"领导者"和"被领导者"的双重社会角色。由绝对被领导者和相对被领导者组成的被领导者群体，不过是"人民群众"的另一种说法。关于人民群众的历史地位和历史作用，马克思主义早已作了科学的说明，代表性的观点是："历史活动是群众的事业。""把领袖看作唯一的历史创造者，而不把工人和农民放在眼里的时代已经过去了。现在各个民族和各个国家的命运不仅仅是由领袖决定的，而首先和主要是由千百万劳动群众决定的。"这种高度重视人民群众历史作用的历史唯物主义观点，是我们认识被领导者的基本指导思想。当然，"被领导者"与"人民群众"毕竟是两个学科范畴的概念，不能混为一谈。

一、被领导者的地位和作用

（一）领导者是从被领导者中产生的；被领导者在领导者身上打着自己的痕迹，对领导者有"事先选择"和"事后选择"的权利

任何名副其实的领导者都不是天生的，都是从被领导者中成长起来的。因此，领导者的基本素质、领导风格、领导能力等，总是受着被领导者总体素质和状况的影响和制约。古代的被领导者群体中产生不了现代领导者。西方的被领导者群体中也不能产生毛泽东、周恩来和邓小平这样的中国式的领袖人物。被领导者的整体素质高，产生的领导者一般也会比较好，正所谓"伟大的人民造就伟大的领袖人物"。领导者素质差，也必然会在被领导者身上找到一定的原因。这是因为，被领导者对领导者具有巨大的选择作用。

在民主制度下，任何重要领导者都是由被领导者按照一定的程序民主选举出来的。只有得到多数被领导者的认可和拥护，才能走上一定的领导岗位。当前我国的民主制度还不健全，但是有多年形成的党的群众路线，要求提拔重要领导干部事先在一定范围内征求群众即被领导者的意见。在正常情况下，如果多数群众认为"不应该提拔"，那么被考察者就很难走上领导者岗位。这就是被领导者对领导者的"事先选择"。领导者走上领导岗位以后，继续面临着被领导者的"事后选择"：一是被领导者如果对领导者失去信任，按照法定程序对其进行罢免，或者到换届时不再选举他；二是运用公民权利，向上级领导机关揭发、检举领导者不宜继续担负某领导工作的事实，由上级机关解除其领导职务或调离该领导岗位。

（二）被领导者为领导者决策提供素材；领导决策主要由被领导者实现

领导者是依靠一系列决策的制定和实施来体现领导行为的。领导者要作出正确决策，当然需要个人的领导经验和聪明才智，但主要依靠被领导者的实践活动。邓小平讲过，三中全会以来关于农村实行家庭联产承包责任制和发展乡镇企业的决策，来自农民的发明。如果没有群众的实践和经验，领导决策就是无源之水、无本之木。所以我们党确立了"从群众中来，到群众中去"的领导路线。只有到被领导者为主体的人民群众中去，领导者才会有取之不尽、用之不竭的决策素材，才有可能制定出正确的决策。

怎样把领导决策从文字变为现实？这不是领导者自己能够完成的事，只能依靠被领导者的努力。有些地方和部门领导的"主意"并不错，但实际上没有什么领导成效，主要原因就是被领导者没有作出相应的努力。只有被领导者正确领会了领导决策，并坚决果断地贯彻落实，领导决策才能发挥出应有的社会效益。

（三）当社会发生"领导危机"的时候，往往是被领导者以社会主人的身份挺身而出，拨正领导关系发展的航向

所谓"领导危机"，是指领导者与被领导者之间的关系恶化，发展到某种对立、对抗的状态，而靠正常渠道又不能解决。"领导危机"对领导关系和社会发展的危害极大，如果不能及时、恰当地解决，会出现不可想象的后果。解决这种危机的社会力量，一般是那些具有历史主动精神的被领导者。由于正常渠道不畅通，只能采取"非常"手段和"特殊"做法。1976 年"天安门事件"，就是典型的例子。虽然当时它被镇压下去了，但它起到了动员群众、鼓舞中央领导层中健康力量的作用。后来在时机成熟的时候粉碎了"四人帮"，结束了"文化大革命"。经过十一届三中全会，党中央的领导回到了正确路线上来，使我们党终于度过了"文化大革命"后期那场"领导危机"。

二、做好的被领导者

现代领导科学重点研究怎样做好的领导者，这无疑是对的。但是同样不能忽略对怎样做好的被领导者的研究。只有领导者和被领导者都是"好"的，整个领导关系才是健康的。那么，什么样的被领导者才是"好的被领导者"？不同的社会有不同的标准，不同的领导者有不同的看法。在封建皇帝看来，好的被领导者就是对他的绝对服从，"君叫臣死，臣不敢不死"。在今天，社会主义的领导本质决定了领导者与被领导者是平等的互助合作的同志式关系，他们只是社会分工不同，而没有高低贵贱之分。好的被领导者，也应当同领导者一样，德才兼备。在领导关系的分工中，好的被领导者则应该有清醒的政治头脑、参政议政的知识和能力，能够与领导者一起共同把握住社会主义领导的正确方向。具体地说，好的被领导者的标准主要有三：一是坚决支持和拥护代表人民群众根本利益和社会发展方向的领导者，坚决贯彻落实一切正确的领导决策，接受领导者的指挥和协调，与领导者密切合作，共同建设社会主义；二是坚决抵制和反对一切损害社会发展和人民群众根本利益的错误领导，积极帮助领导者改正领导工作中的错误；三是脚踏实地地做好本职工作，为领导决策创造经验，积累素材。也就是说，好的被领导者，必须努力工作，不好好工作的不是好的被领导者；必须服从正确领导，不服从正确领导的不是好的被领导者；必须抵制错误领导，跟着错误领导跑的不是好的被领导者。

怎样才能达到以上三条标准呢？首先，必须要有做好的被领导者的意识和愿望。做好的被领导者，是社会责任感的表现，是社会主人应有的选择。不能像"局外人"一样只知道评论和指责领导者，而应当经常地问一问自己：

"我该怎么做?""我是一个合格的被领导者吗?"不断提高做好的被领导者的自觉性。其次,要努力做"肯动脑筋的分子"。现代社会的复杂性,使得人们不能仅仅靠直观感觉来判断是非,包括判断领导者的好与坏、领导决策的对与错。要做好的被领导者,必须掌握科学的认识方法,学会思考和判断,做一名"肯动脑筋的分子"。这个概念是列宁在《共产主义运动中"左派"幼稚病》一文中提出来的。他说:"为了能够分析各个不同的情况,应该有自己的头脑。党组织的作用和名副其实的党的领袖的作用,也正在于通过本阶级一切肯动脑筋的分子所进行的长期的、顽强的、各种各样的、多方面的工作,获得必要的知识、必要的经验、必要的(除了知识和经验以外)政治敏感,来迅速而正确地解决各种复杂的政治问题。"在这里,列宁明确地指出了"肯动脑筋的分子"对改善党的领导所具有的极其重要的作用。再次,必须勇于实践。好的被领导者是在实践中形成的。这个"实践",既包括贯彻落实领导正确决策的实践,也包括"纠正错误领导"的实践。这后一种实践更需要被领导者"动脑筋",更需要勇气和智慧,因而也更加难能可贵。"民告官""下级顶上级",历来极难。要想"把皇帝拉下马"吗?那就一定得敢于"舍得一身剐"。

造就亿万好的被领导者,固然需要被领导者自身的努力,但更需要领导者的努力。领导者要按照社会主义领导本质的要求,摆正自己与被领导者的位置,少搞一点"上下关系",多一些平等观念和互助合作意识。要改进领导方法和领导作风,发扬民主,能够听得进不同意见,虚心接受下级的批评,坚持自我批评。两千多年以前,孔子在讲如何治理国家的时候,提出"君君、臣臣、父父、子子"的观点。说国君要像国君,臣子要像臣子,父亲要像父亲,儿子要像儿子,国家就治理好了。这有一定的道理。如果"君不君",就会带来"臣不臣",领导者自己不能严格要求自己,怎么可能让下属成为好的被领导者呢?

原载《领导科学》1994 年第 3 期

重视女干部的培养和使用

追求男女平等,实现妇女解放,是近现代社会进步的显著标志,也是不可阻挡的历史潮流。在这一伟大的社会进程中,女性领导者发挥着巨大的作用。她们勇敢地摆脱强大的世俗偏见,同杰出的男性领导者并肩活跃在管理社会的大舞台上,在带领人民群众推动社会变革和进步的同时,也为妇女解放、实现男女平等作出实际的贡献。倘若没有众多女性领导者的杰出作为,那么"妇女解放、男女平等"就只能是一句空话。最浅显的逻辑就是：武则天当皇帝，撒切尔夫人当首相，谁敢在她们那里说"男尊女卑"？重视女性领导人才的培养和使用，是实现妇女解放、男女平等的必然要求。

重视女性领导人才的培养和使用，是当今世界领导活动大趋势的必然要求。在传统社会，弱肉强食、恃强凌弱是其基本特征，奉行专制主义制度、鼓吹英雄主义文化，从根本上决定了领导与管理必然是男性主宰的领域。其间，虽然会有武则天那种昙花一现，但总体上，女性以其柔弱的社会形象，只能居于被男性领导和管理的地位。进入现代社会以后，以人为本的理念被广泛接受，民主政治取代专制制度，以自由、平等为精髓的市场经济成为基本经济形态，由此引发了上层建筑各个领域革命性变革。在领导与管理领域，出现一种"柔性化"趋势——传统的行政管理主要依赖硬权力进行领导，现代领导越来越依赖于软权力即个人的影响力达到领导目的；传统领导强调控制和服从，现代领导则强调沟通和认同；传统领导注重刚性的行政命令，现代领导更注重柔性的领导艺术，使人在"不知有领导"的情境中接受领导。这种领导活动大趋势，把越来越多的女性推到了领导岗位。这是因为，一般女性所具有的特点，更适应"柔性化"领导。如，女性的平民化色彩重，不是高高在上的"精英"形象，而是大众普遍接受的普通人，有利于同下属，同外界的沟通与交流，便于处理复杂的人际关系，创造团队优势；女性的亲和力强，善于深入群众，发挥自己的个人魅力和影响力，用软权力实施领导；女性具有较强的敏感性和务实作风，敬业精神强，有韧劲，有耐力，这就使得她们走上领导岗位以后，更加注重民生，关心老百姓生活方面实际问题的解决，容易创造出现代领导的业绩。

近年来在发达国家的社会学研究中，有人甚至提出"人类的未来属于女性"的预测。认为，随着女性影响力的增强，世界将变得更民主、更有同情心、更平等，性别歧视会减少。近 30 多年来，世界各国女性领导人层出不穷。最早的一位是斯里兰卡的西丽玛沃·班达拉奈克夫人。她于 1960 年 7 月开创了现代由女子掌管一个国家军政大权的先例，成为人类历史上第一位通过选举当上的女总理，举世瞩目。1994 年 11 月 16 日，78 岁高龄的班达拉奈克夫人宣誓就任斯里兰卡新总理。这是她第三次出山，她因此成为世界上第一个三次荣登总理宝座的女人。英国第 49 任首相玛格丽特·希尔达·撒切尔，1979 年至 1990 年在任。她是英国第一位女首相，也是自 19 世纪初利物浦伯爵以来连任时间最长的英国首相，是举世闻名的"铁娘子"。在她们的影响下，一些国家的女性政治家上升势头强劲。或许，培养和使用更多的女性领导人才，真的是人类发展大势所趋，不仅是妇女解放的需要，更是加强和改善领导、推进社会和谐发展的需要。

中国共产党一直高度重视妇女解放事业，重视女性领导干部的培养和使用。在革命、建设、改革各个历史时期，党始终坚持把实现妇女解放和发展、实现男女平等写在自己奋斗的旗帜上，始终把广大妇女作为推动党和人民事业发展的重要力量，始终把妇女工作放在重要位置，领导我国妇女运动取得了历史性成就，开辟了中国特色社会主义妇女发展道路。新中国成立以来，一批又一批女性走上了党和国家各级领导岗位，发挥了巨大作用。其中最著名的是全国政协主席邓颖超。各级权力机构中的女性充分履行职能，积极围绕改革和建设的重大问题提出建议，反映民意，参政水平不断提高，在领导决策中发挥了重要作用，以出色的政绩、廉洁的作风和勤勉敬业的精神，赢得了社会的尊重和赞誉。但是，由于传统和习惯的影响，有些地方和领域对女性领导干部的培养和使用很不重视。仅仅由于上级的指令性干预，一些领导班子才不得不选用一两名女干部。由于缺乏公平竞争机制，使得许多参政议政能力和领导能力很强的女性无法走上合适的岗位。女性领导干部的比例偏低，优秀的女性干部得不到应有的重用，这种状况应该改变。

重视女干部的培养和使用，最重要的是正确理解和全面贯彻男女平等基本国策。它主要是指，在家庭与社会活动中，充分认识并尊重妇女的生理和心理特征，消除性别偏见与歧视，实现男女在社会分工中的真实平等地位，共同为社会进步作出贡献。因此，要求各级领导机关和领导干部必须破除一切歧视女性和女性领导干部的观念，切实按照中央的精神，把提拔和使用女干部的工作提到重要议事日程。对于那些政绩突出、群众基础好的优秀女干部要及时提拔重用，而不能"论资排辈"。对于那些具有优秀领导素质、有培养前途的女干部，要创造机会，给她们舞台，多培养、多锻炼、多帮助，使她们尽快走上相应的领导岗位。只有切实贯彻男女平等基本国策，女性领导干部的培养和使用才会显现出新的成效。

男女平等不是"截高就低"，而是通过治理社会环境，促进女性的自强精神和自立能力，最终实现与男性平等的社会地位。真正的男女平等，是靠女性的成长实现的。如果女性素质大大提高，社会贡献很大，那么许多男女不平等的障碍就会不攻自破。作为女性领导人才、领导干部，要走上一定的领导岗位，根本问题是提高自身素质，自立自强。当前，女领导干部特别要坚定理想信念，经得起风浪考验，抵得住各种诱惑，在关键时刻站稳立场，做个让组织放心、让人民信得过的好干部；要努力提高领导工作能力，敢于担当，敢于较真碰硬，善于解决问题，对工作任劳任怨、尽心竭力、善始善终、善做善成；自觉摆正位置、心存敬畏，以优良作风树立女领导干部的良好形象，在全面深化改革、实现现代化的进程中展示作为、作出贡献。可以相信，女干部队伍的扩大及作用的发挥，必将有力推动中华腾飞！

部分内容原载《领导参阅》1994 年第 67 期

1995 年

年度背景 5月，中共中央印发《邓小平同志建设有中国特色社会主义理论学习纲要》，推动全党深入学习邓小平建设有中国特色社会主义理论。9月，中共十四届五中全会审议并通过《中共中央关于制定国民经济和社会发展"九五"计划和2010年远景目标的建议》，强调经济社会全面发展。

略论邓小平的领导观

《邓小平文选》第三卷，是新的历史时期邓小平领导理论与实践的重要记录，是一部有中国特色的领导科学经典著作，集中地体现了邓小平的领导观。所谓领导观，是人们对领导这一社会现象的根本看法。它并不代替决策、用人、协调等具体的领导活动，但它是领导工作的灵魂，贯穿于领导实践的全过程。

一、"什么叫领导？领导就是服务"

全心全意为人民服务，是中国共产党的"唯一宗旨"，也是邓小平领导思想和领导活动的行为准则。江泽民总书记说：邓小平同志"尊重群众，热爱人民，总是时刻关注最广大人民的利益和愿望，把'人民拥护不拥护''人民赞成不赞成''人民高兴不高兴''人民答应不答应'作为制定各项方针政策的出发点和归宿"。邓小平在理论上多次深刻地阐述了领导与服务的关系。早在1956年党的八大上，他就指出："党的全部任务就是全心全意地为人民群众服务；党对于人民群众的领导作用，就是正确地给人民群众指出斗争的方向，帮助人民群众自己动手，争取和创造自己的幸福生活。"1985年他提出了"领导就是服务"的著名论断，从而为无产阶级的科学领导观添上了点睛之笔。

"领导就是服务"，是对马克思主义领导理论的高度概括。领导，属于上层建筑，是为一定的经济基础服务的。在阶级社会里，不同阶级的领导是为不同阶级的利益服务的。马克思主义第一次科学地说明了这一点，同时说明了"历史活动是群众的事业"，人民群众是社会的真正主人。因此，立志领导人民前进的共产党和党的干部，必须做"社会的负责的公仆"，彻底地为人民大众服务。

"领导就是服务"，是对我们党全部领导经验的科学总结。从一个被压迫、被围剿、被屠杀的小党，变为世界最大的执政党，并且成功地领导着全国政权，根本原因就在于党始终如一地坚持为人民服务的宗旨，从而获得了最广大人民群众最真诚、最有效的支持和拥护。

"领导就是服务"，揭示了执政党领导成败的关键。列宁曾尖锐地指出，执政党最大最严重的危险是脱离群众。因此，要保持执政党的领导地位，唯一的出路就是密切联系群众，坚持为人民服务。

二、谁来领导？只能是"人民的公仆"

这是邓小平最为关心的问题。他在 1992 年南方谈话中一再讲："真正关系到大局的是这个事。"对此他的很多论述，都是围绕做人民的公仆讲的。

第一，必须摆正领导者与人民群众的关系。摆正"人民公仆"与"社会主人"的关系，是领导者坚持为人民服务领导观的前提。邓小平认为，"工人阶级的政党不是把人民群众当作自己的工具，而是自觉地认定自己是人民群众在特定的历史时期为完成特定的历史任务的一种工具"。他对一些干部"不把自己看作是人民的公仆，而把自己看作是人民的主人，搞特权，特殊化"的现象深恶痛绝。他始终以作为"中国人民的儿子"感到自豪，真诚地表示："我是一个中华人民共和国的公民，要服从人民的意愿。"

第二，必须坚持能够代表人民群众根本利益的中国共产党的领导。为什么？因为，党是由科学理论武装起来的中国工人阶级的先锋队，是人民群众根本利益的代表者。"在中国这样的大国，要把几亿人口的思想和力量统一起来建设社会主义……没有这样一个党的统一领导，是不可能设想的，那就只会四分五裂，一事无成。这是全国各族人民在长期的奋斗实践中认识到的真理。我们人民的团结，社会的安定，民主的发展，国家的统一，都要靠党的领导。"

第三，领导干部必须是有能力为人民造福的人。新时期的领导干部应该具备什么样的标准？邓小平的概括是"革命化、年轻化、知识化、专业化"。其中，他特别重视有能力"为人民造福，为发展生产力、为社会主义事业作出积极贡献"，认为这是用人的"主要的政治标准"。他殷切地期望中青年干部："要全心全意为人民服务，深入群众倾听他们的呼声；要敢说真话，反对说假话，不务虚名，多做实事；要公私分明，不拿原则换人情；要任人唯贤，反对任人唯亲。"

第四，领导集体必须是团结的，有活力的，取信于民的。受党和国家的性质决定，领导的基本形式是集体领导。邓小平指出："最关紧要的是有一个团结的领导核心。""无论如何不能形成小派、小圈子。"他强调领导集体必须有活力，努力吸纳优秀的中青年干部进入领导班子；改革领导体制，精简机构，简化办事手续，提高办事效率。他要求领导班子必须有权威，首先是"中央要有权威"。在党的第三代领导集体形成的时候，他的要求是"取信于民，要得到人民对这个集体的信任，使人民团结在一个他们所相信的党中央领导集体周围"。邓小平清醒地看到，党执政后，增加了脱离群众、发生腐败的危险。因此，他一再向全党敲起反腐败的警钟。1989 年 5 月，他向党和人民作的两条"政治交代"之一，就是"要扎扎实实做几件事情，体现出我们是真正反对腐败，不是假的"。他坚定地说："这个关我们必须过，要兑现。是一就是一，是二就是二，该怎么处理就怎么处理，一定要取信于民。"

三、领导的"目的就是要全国人民共同富裕"，"把中国建设成为富强、民主、文明的社会主义现代化国家"

把主要领导力放在实现最广大人民群众的根本利益上，是邓小平领导目的观的主要特征。中国共产党区别于其他政党和社会组织的显著标志之一，在于它能够在不同的历史时期准确地判断人民的根本利益和愿望所在，并全力以赴地为之奋斗。民主革命时期，我们党成功地做到了这一点。进入社会主义时期以后，人民的根本利益和愿望是什么？他明确提出："按照历史唯物主义的观点来讲，正确的政治领导的成果，归根结底要表现在社会生产力的发展上，人民物质文化生活的改善上。"十一届三中全会以后，他"始终扭住这个根本环节不放松"，并为此制定了举世皆知的"三步走"的战略目标。十几年来的经验证明，这一目标系统是党心民心的真实反映，是激励民族斗志的巨大力量，是各级领导干部坚持富民强国领导方向的重要保证。

邓小平看到，物质生活的富裕是人发展的基础，但并不是人发展的全部；人的发展还有民主、文明和社会全面进步的需求。因此，他提出："现在我们要特别注意建设物质文明。与此同时，还要建设社会主义的精神文明，最根本的是要使广大人民有共产主义的理想，有道德，有文化，守纪律。"他多次强调要通过政治体制改革，"发展社会主义民主，调动人民和基层单位的积极性"。邓小平关于人民富裕、民主、文明的领导思想，已经完整地被吸收到党的基本路线中去，成为新的历史时期全党全国人民共同的奋斗目标。

领导目标选择正确与否，直接影响领导事业的成败；确立一个正确的领导目标不容易，而坚持下去更难。邓小平深知这方面的历史经验教训，因此，这些年他一直用很大精力排除对"三步走"的战略目标和党的基本路线的干扰。

他告诫全党："基本路线要管一百年，动摇不得。只有坚持这条路线，人民才会相信你，拥护你。谁要改变三中全会以来的路线、方针、政策，老百姓不答应，谁就会被打倒。"从邓小平提出和坚持领导目的的实践中，可以深刻地感受到，能够抓住并解决人民群众生存发展中最重要的问题，能够在人民群众最需要服务的事情上服务，是一个成熟的"人民公仆"最难能可贵之处，也是为人民服务领导观的本质体现。

四、基本的领导方法是实事求是、群众路线

领导方法是实现领导目的的"桥"和"船"。古往今来一切成功的领袖人物，无一不是运用领导方法的艺术大师，邓小平也不例外。他始终坚持实事求是、群众路线的方法，去实现为人民服务的目的，并形成了自己的特点。

着眼于发展，强调解放思想，研究新情况，解决新问题。邓小平是彻底的唯物主义者，深知人民群众的实践活动不会停息，社会发展也永不停息。只有紧紧抓住"发展"，才是顺应民心，才有资格当领导，也才可能当好领导。抓发展，就是要抓住层出不穷的新事物、新问题。十几年来，邓小平正是因为着力抓了四化建设、改革开放、市场经济等一系列新问题，才有了中国的大发展，也才有了领导工作的主动权。为了更好地研究新情况、解决新问题，他特别重视解放思想。他认为，解放思想就是"在马克思主义指导下打破习惯势力和主观偏见的束缚"，使思想和实际相符合，使主观和客观相符合，就是实事求是。他曾严肃地指出："一个党，一个国家，一个民族，如果一切从本本出发，思想僵化，迷信盛行，那它就不能前进，它的生机就停止了，就要亡党亡国。"

着眼于创造，强调尊重群众的首创精神。创造，是发展的基本形式。邓小平在领导中国人民发展自己的实践中，最注重的是包括改革、探索、试验在内的创造性实践。"走自己的道路，建设有中国特色的社会主义"，是他的基本结论。为了开创自己的道路，他鼓励人民"大胆地试，大胆地闯"，谁认为"没有一点闯的精神，没有一点'冒'的精神，没有一股气呀、劲呀，就走不出一条好路，走不出一条新路，就干不出新的事业"。讲创造，主要的是指人民群众的创造。领导干部当然也有创造的能力和智慧，但是比起人民群众的无限创造力，只是"沧海一粟"。邓小平多次讲这个道理。他说过，农村改革中的好多东西，都是基层创造出来的，我们把它拿来加工提高作为全国的指导。乡镇企业"不是我们领导出的主意，而是基层农业单位和农民自己创造的"。因此，邓小平总是努力发挥人民群众的积极性，尊重群众的首创精神，及时总结、加工、推广群众创造的好经验，进而推动全局的创造性实践和发展。

着眼于全局，强调两手抓，两手都要硬。全局发展，全局利益，是人民群众根本利益之所在，是领导者考虑问题的基本出发点。邓小平正是这样告诫广大干部的：考虑任何问题都要着眼于长远，着眼于大局。许多小局必须服从大局，关键是这个问题。当今社会复杂纷纭，矛盾众多，怎样才能有效地把握住大局？邓小平根据唯物辩证法的原理和一分为二的观点，认为一定要有两手，只有一手是不行的。他提出和运用了一系列"两手抓"的方法，表现了他高超的领导艺术。

着眼于实效，强调抓住机遇，使用人才和方法的灵活性。邓小平主张"领导者必须多干实事""拿事实来说话"，用领导工作的实际效果评价工作，评价干部。这一方法，集中体现了实事求是、群众路线的原则，对主观主义、形式主义、官僚主义等不正之风是一个极大的冲击。为了取得改革与发展的实效，邓小平强调抓住机遇，"有条件的地方要尽可能搞快点"，"我就担心丧失机会"。他强调重用人才，"事情成败的关键就是能不能发现人才，能不能用人才"。他强调"胆子要大，步子要稳，走一步，看一步"，"因为改革涉及人民的切身利害问题，每一步都会影响成亿的人"。

原载《人民日报》1995 年 2 月 8 日

科学地建构我国社会发展战略

从现在起，过 5 年，到 2000 年，我国人民要进入小康社会；到 21 世纪中叶，全国基本实现现代化。今后 50 年左右，将成为中国社会发展历史上最辉煌，也是最关键的时期之一。为了走好这 50 年的路，顺利实现小康和现代化这两个极具历史意义的伟大目标，从宏观上说，首要的条件是在战略指导上不出现差错。为此，必须科学地建构我国社会发展战略。

一、把经济发展纳入社会发展大系统中去，实现从"经济发展战略"到"经济和社会发展战略"再到"社会发展战略"的转变，是我国实现小康和现代化的必然要求

自从十一届三中全会决定把全党工作的重心转移到经济上来以后，全国迅速掀起了经济建设的热潮。各级政府自 20 世纪 80 年代初开始，纷纷制定各自的经济发展战略，以有效地推动经济发展。但是不久，人们便发现，仅有经济发展是不够的，还必须有社会其他方面的发展。于是不再制定单纯的"经济发展战略"，转而制定"经济和社会发展战略"，直到今天。分析这些年

各级政府所制定的"经济和社会发展战略",不难看出：这种战略的主体,仍然是经济发展战略；"社会发展"只是处于一个从属地位,往往只是为了促进和保障"经济发展",才提到"社会发展"；把"经济发展"与"社会发展"作为"两大块"对待,没有当作一个有机的系统；对"社会发展"的战略规划也是不全面的、不系统的,常常给人一种"捎带提一下"的感觉。总之,它对社会发展缺乏应有的整体性、规律性研究；"社会发展战略"并没有真正确立起来。如果说,重在经济的"经济发展战略"或"经济和社会发展战略"尚能适应我国 80 年代社会发展要求的话,那么,时至 90 年代中期的今天,我们有充分的理由说明,这种战略不利于全面实现小康和社会现代化,应该选择以人的发展为中心、优先发展经济、促进社会良性运行和协调发展的"社会发展战略"。

首先,从"经济发展战略"向"社会发展战略"转变,是由我国社会发展进程和小康社会、现代化社会的整体性、系统性决定的。自从 1958 年美国发展经济学家赫希曼首次使用"发展战略"概念、20 世纪 70 年代末我国引入这个概念以来,发展战略的选择和建构,一直与一定社会发展进程与主要任务密切相连。1978 年,当党的十一届三中全会带领全党和全国人民终于走出"以阶级斗争为纲"和"文化大革命"的政治阴影时,人们才真切地发现：我国的经济发展水平大大落后于世界发达国家,广大人民赖以生存的吃、喝、住、穿的水平相当低；尽管政治、科学、艺术等各项事业有一定的发展,但是受不发达经济等条件制约,发展水平也很低,表现出缓慢、不协调和某种畸形的特点；经济落后和人民"温饱"是这一历史阶段限制人的发展和社会发展的最大问题。从这一事实的分析中,中国共产党人进一步领悟了马克思所发现的人类历史的发展规律,即"历来为繁茂芜杂的意识形态所掩盖着的一个简单事实：人们首先必须吃、喝、住、穿,然后才能从事政治、科学、艺术、宗教等等","直接的物质的生活资料的生产,构成社会发展的基础"。于是,党的工作重心转移到经济建设上来,党的第一个任务,就是解决全体人民的温饱问题；对发展战略,也就顺理成章地选择了本质上的"经济发展战略"。人们完全理解这个选择：如果经济的发展不足以解决吃、喝、住、穿问题,即使制定出各项社会事业全面、协调发展的战略岂不也是一纸空文？实践已经证明,党在这一时期的战略选择是正确的。经过数年的改革与发展,我国经济,主要是农村经济有了突破性的进展,到 80 年代中期,基本解决了中国人世世代代梦寐以求的温饱问题。这是一个具有历史意义的跨越,是我国社会发展的真正转折。它意味着,从此以后,中国人民将愈来愈有条件广泛地参与经济之外的各项社会事业,本来意义上的社会健康、协调发展和全面进步将成为现实。当然,这一转折带给人们的不仅仅是社会进步的欢悦,也有重新选择发展战略的要求。

进入 90 年代以后，已经解决温饱的中国人民，以空前高涨的热情投身于现代化经济建设和其他社会事业，大踏步奔向小康和现代化。这时我国社会发展所面临的形势是，随着进一步改革开放、经济的高速发展和科学技术的不断进步，社会活动的规模越来越大，变化越来越快，影响越来越广，人与人之间，社会各系统、各部门之间的交往越来越多，整个社会形成了联系密切、互相影响的有机大系统。这一时期的社会发展，实际上是由传统社会向现代化社会的转化，由农业社会向工业社会转型，由乡村社会向城镇社会转化，由封闭半封闭社会向开放社会转化。这是我国人民从一种整体系统向另一种更高级的整体系统运动的合乎规律的自然历史过程。在社会的这一转型与发展中，经济的高度发展仍然是它的基础，这是毫无疑问的；但是，同样毋庸置疑的是，经济发展毕竟只是社会大系统中的一个子系统，它不能代替社会其他方面的发展，也完全不可能孤立地实现。我国小康和现代化的目的，是努力满足整个社会的需要和人的全面发展；小康和社会现代化的过程，也应是经济、政治、思想文化等社会各子系统协调发展的过程，是社会关系、社会制度、社会意识形态、社会心理不断优化的过程，是人的各方面素质不断提高的过程。这就是说，为实现小康和现代化的发展战略，就不能仅仅是或主要是经济发展战略，而应该适应社会大系统整体转变的要求，选择和建构以社会大系统为对象的社会发展战略。

其次，从"经济发展战略"向"社会发展战略"转变，是解决当前一系列社会问题，保持社会稳定，实现"两手抓，两手都要硬"的必然要求。我国的现代化建设，是与全面体制改革，与计划经济体制向社会主义市场经济体制转轨相伴进行的，因而必然是结构冲突，体制摩擦，多重利益矛盾，角色冲突，价值观念突破交织在一起。再加上我国人口众多，区域发展很不平衡，人口素质差异很大，因而使转型难度加大，情况十分复杂，稍有不慎就会危及社会的稳定与安全。事实上，这种危险性是存在的。改革开放以来，我国的情况正如邓小平所说，"经济建设这一手我们搞得相当有成绩，形势喜人"。但是，"另一手"却不够硬，许多社会问题出现了，如赌博、卖淫嫖娼、重婚纳妾、吸毒贩毒、拐卖妇女儿童、迷信活动和黑社会组织活动等旧社会的丑恶现象死灰复燃，以权谋私、贪污受贿、商业欺骗、假冒伪劣等经济利益驱使下的私欲恶性膨胀，以及分配不公、贫富差距急剧扩大，价值取向失衡，道德水平下降，人际关系冷漠，环境污染，生态平衡遭到破坏等。邓小平尖锐地指出："风气如果坏下去，经济搞成功又有什么意义？会在另一方面变质，反过来影响整个经济变质，发展下去会形成贪污、盗窃、贿赂横行的世界。"

这当然不是我们建设小康和现代化的目的。因此，必须按照邓小平一再要求的去做，"两手抓，两手都要硬"。反映在发展战略上，就不能只是"一手抓"的经济发展战略，而必须是体现"两手抓"的社会发展战略。

最后，重视社会发展，实现从"经济发展战略"向"社会发展战略"的转变，已经成为世界性潮流。第二次世界大战以后，不论是新独立的发展中国家，还是发达国家，都曾一度认为，只要能把经济搞上去，抓好国民生产总值（GNP）或国民收入的增长，就可以发挥出经济增长的"涓流效应"（或"淋下效应"）和"扩散效应"，带动非经济部门的发展和社会福利的增进，社会的普遍富裕、文明、稳定和政治民主化都会自然地与之俱来。于是，从 20 世纪 50 年代开始，各国纷纷制定以经济增长为核心的发展战略。联合国第一个发展 10 年（1960—1970）规划的主要目标，就是规定不发达国家的 GNP 年均增长率最低为 6%。然而，经过一二十年的实践，人们发现，虽然绝大多数国家经济确有增长，达到或超过了 6% 的发展速度，但是并没有自然而然地带来社会生活的全面进步，相反，却导致了一系列重大社会问题的出现。例如，它造成对资源掠夺性开采和浪费，使生态系统遭到破坏，环境污染严重，影响人类生存；它导致资本的集中，贫富差距悬殊，加剧了两极分化；它使社会犯罪增加，社会风气日益恶化等。就当今世界范围来说，人们公认有两个最为突出的全球性问题：一是全球性的社会紧张。大约 20 亿人口处在社会转型过程之中，社会冲突、动荡成为普遍现象，局部战争连绵不绝。二是全球性社会贫困。据联合国统计，全世界目前大约有 10 亿贫困人口。随着社会转型，还在继续产生着"新贫困现象"。就业不充分，失业率上升，社会贫困又推动着社会紧张。正如联合国秘书长加利所说："贫困也许是威胁和平、产生动荡的最深刻根源。"对这一系列新的问题，自 70 年代以来，人们开始对以经济增长为核心的传统发展战略进行全面反思。认识到，单纯的经济增长不等于人民幸福，也不等于社会的文明进步，更不能代替社会其他方面以及个人的全面发展；社会发展战略应该以人的发展中心，促进社会全面、均衡、协调的发展。由此，一些国家不再制定单纯的经济发展战略，转而选择和制定既能发展经济，又能有效地解决社会问题、促进人的全面发展与社会协调发展的社会发展战略。为了推动人们重视和解决社会全面发展问题，近年来国际社会一再采取联合行动。1992 年，在巴西里约热内卢举行了人类历史上第一次全球首脑会议，共商"环境与发展"问题，制定了指导全球社会"持续发展"的《21世纪议程》。接着，召开了世界人口与发展大会，举行了"残疾人十年"和"减灾十年"等活动。1995 年 3 月，在丹麦首都哥本哈根召开了联合国社会发展世界首脑会议，以"消除贫困、增加就业与社会和睦"为主题，共商全球社会发展大计。1995 年 9 月，又在北京召开规模空前的第四次世界妇女大会，作为哥本哈根社发大会的后续行动。我国政府积极参与了这一系列活动，并作了相应的庄严承诺。在世界环发大会之后，中国政府在世界上率先制定《中国 21 世纪议程》，提出了《中华人民共和国社会发展报告》，向世界人民宣告了中国政府对社会发展的基本立场和初步目标。李鹏总理在哥本哈根社发大会上指出："科学技术和生产力的日益发展，并没有自动带来社会的全面进步。""在经济发展过程中，要从本国实际出发，统筹兼顾，重视教育、科技、文化等事业，逐步缩小贫富差距，推进政治民主，促进社会全面进步。"在这样一种国际大背景下，在我国政府的这一清醒认识指导下，我们在制定发展战略时必须顺应世界发展潮流，只能选择和制定包括经济、政治、文化和人的发展在内的社会发展战略。

二、以邓小平建设有中国特色社会主义理论为中心，综合运用社会系统论、科学发展观和现代化理论等，形成科学地指导建构我国社会发展战略的理论群

从战略上正确把握有 12 亿人口的中国 50 年左右的社会发展，不是一件容易的事，不能只靠经验，更不能靠感觉，必须依靠正确的理论指导。那么，能够为我们所依靠的正确理论是什么呢？

首先，是邓小平建设有中国特色的社会主义理论。这一理论是马克思列宁主义基本原理与当代中国实际和时代特征相结合的产物，是毛泽东思想的继承和发展。它科学地把握社会主义本质，第一次比较系统地初步回答了中国这样的经济文化比较落后的国家，如何建设、巩固和发展社会主义，如何实现社会主义现代化的一系列基本问题。它是指引我国改革开放和社会主义现代化建设不断胜利前进的理论，理所当然也是指导我国正确制定和实施社会发展战略的基本理论。其理论指导性至少主要体现在以下四个方面。

(1)在确立我国社会发展战略的指导思想和理论原则中，必须坚持邓小平关于社会主义本质和社会主义发展道路的理论，以"解放生产力，发展生产力，消灭剥削，消除两极分化，最终达到共同富裕"和党的基本路线作为战略指导的灵魂。党的基本路线，体现了社会主义本质的要求，反映了中国社会主义发展的根本规律，指明了有中国特色社会主义的发展道路，必须完全贯穿在我国社会发展战略的制定和实施的全部过程之中。

(2)在确立我国社会发展战略的任务时，必须坚持邓小平关于社会主义发展阶段、根本任务、发展战略和精神文明建设的理论，一切从我国的社会主义初级阶段的具体实际出发，着重发展社会生产力，把发展的具体目标纳入

我国"三步走"的社会主义建设发展战略之中去，着力培育有理想、有道德、有文化、有纪律的社会主义新人。

(3)在建构我国社会发展战略目标的实现系统时，必须坚持邓小平关于社会主义事业依靠力量、发展动力、改革开放的理论，紧紧依靠和充分动员全体人民，通过经济体制改革，建立起适合于我国经济发展的社会主义市场经济体系；通过政治体制改革，发展社会主义民主，健全社会主义法治；通过科技教育体制改革，促进科教兴国；通过对外开放，吸收一切人类文明成果发展自己，利用外部力量推动社会进步。

(4)在建构我国社会发展战略的保障系统中，必须坚持邓小平关于思想路线、社会主义建设政治保证和社会主义事业领导核心的理论，始终坚持解放思想、实事求是，坚持四项基本原则，特别是坚持和改善党的领导，把党的思想建设、政治建设和组织建设搞好，坚持党的基本路线一百年不动摇。

其次，是社会系统论。建构社会发展战略，首先遇到的一个问题就是："什么是社会？"对此人们有不同看法。一种是认为社会发展包括经济、政治、文化和人的发展在内的整体性发展，即"大社会"观。如世界银行每年公布的《世界发展报告》，中国社会科学院社会指标课题组，是持这种看法的。再一种是认为社会发展是相对于经济发展而言的，社会就是非经济部分的代称。目前各级制定的"经济和社会发展战略"实际上就反映了这个观点。另一种是把社会发展与经济、政治、文化、科技发展相提并论，"社会"的范围更小了，主要指"人的发展"。还有一种看法，是把社会发展看作克服经济发展的现代化进程中的社会性障碍。联合国有关组织 50 年代曾持这一看法。笔者坚持第一种看法。认为这种看法更准确地体现了马克思主义的社会观，体现了现代系统论的科学思想，也有利于人们认识社会、改造社会、发展社会。马克思明确指出，社会是"人们交互作用的产物"，是在共同物质生产活动的基础上相互联系的人们的总体。显然，这种"交互作用"和"相互联系"就不仅仅限于某一方面，而包括了人们生产、生活的一切方面，"社会发展"也就成了经济、政治、科技、文化和人发展的总和。20 世纪人类思维的最大收获，是系统思维。社会系统论突出了社会发展系统的有序性、层次性、动态性和相关性，追求社会各系统之间的功能互补与协调发展，追求社会优化的整体效益。只有按照社会系统论去认识社会，才是科学的认识，才是"大社会"观，才能全面理解和贯彻党的基本路线，尽量避免"一手硬、一手软"的现象，实现社会发展的协调性、整体性。

再次，是科学发展观。讲社会发展，也必须正确理解"什么是发展"。"发展"是当代人们使用极多的一个词语。"发展是硬道理"更是人们熟知的。关于

"发展"的概念，一些权威性的学术著作多定义为"指事物由小到大、由简到繁、由低级到高级、由旧质到新质的运动变化过程"。其实，这种认识是偏颇的。事物的大小变化、简繁变化不一定就是发展，如同氢氧合成水、水被电解为氢氧难以说清哪一种是发展一样。发展，是与人的目的和意志相联系的。目的是人的悟性产生的一种行为动机，是人与外部环境相互作用过程中产生的指导未来实践的主观精神，并以行为结果表现出来的主观意识。工程竣工、法律文件的形成，只有符合人的意志和目的，才可以称之为"发展"。所以，人的目的、意志构成了发展的衡量标准和价值标准。当然，这里所讲的"人"，一般不是指哪一个人，而是指代表社会进步方向的人民群众。从这个角度讲，发展又具有客观性、社会性。由此可见，发展是实现人的目的、满足人的需求的过程。由于人的发展和需求是永远不会停息的，因此，科学的发展观本身就包含着"可持续发展"的含义。发展，核心是人的发展，只能以人的发展为社会发展的中心。近年来，国际社会经常讲"有增长而无发展""恶的增长""增长与发展负相关"这样一些话题；也经常提到"经济彗星"巴西的例子。巴西在六七十年代经济增长非常快，一度跻身于工业16大国。但是，它贫富两极分化，1.3亿人口中有7000万人实际生活水平下降，欠外债累计高达700亿美元，社会动荡不安，到80年代经济几乎是瞬间垮塌。这一教训告诉人们，不要沾沾自喜于一时的经济增长，必须着眼于社会整体进步和发展，否则要付出沉重的代价。要看到，发展是不断满足全体人民物质文化需要的过程，是集科技、经济、政治、文化等一切社会方面于一体的系统工程。发展可以有多重目标，但说到底，是为了人的发展与进步。这种新的社会发展观正在成为国际社会的共识。联合国第二个10年（1970—1980）发展规划，深刻反省了第一个10年规划"以经济增长为核心"的发展观，重新确立了以人的发展为中心的发展观，很值得我们重温与思考。它指出："发展的最终目的是为所有的人民能更好地生活提供日益增多的机会，其实质就是对收入和财富实行更平等的分配，以促进社会公正和生产效率，提高实际就业水平，更大程度地保证收入并扩大和改善教育、卫生、营养、住房及社会福利设施，以及保护环境。因此，社会性质和社会结构的变迁必须同迅速的经济增长并驾齐驱，而且应切实减少现存的地区、部门和社会内部的不平等。这些目标是发展的决定性因素和最终结果，因而它们应被看作是同一动态过程的合成体。"

最后，是发展社会学中的现代化理论。这是一种从传统社会向发达工业化社会转变的社会变迁理论。它注重从社会结构、文化心理等非经济因素方面说明社会发展，强调传播和对外开放的作用。它认为，从传统社会向现代社会转变的过程中，主要制约因素是社会内部的传统性。要通过接受现代社会的制度、观念、技术与系统，克服传统性，实现现代性。所谓现代性，就是现代社会的共同性。作为现代社会的标准，它大体包括 6 项：①工业化，这是传统社会进入现代社会的动力，是对传统结构与生产组织进行挑战的主角；②城市化，是现代社会生活的主要形态；③普遍参与，公民在社会生活中扮演主角；④理性化，人们的思想和行为建立在理性的基础上；⑤高度的结构分化，社会各部门或组织都担负起专门化的功能；⑥高度的普遍成就取向，不再以关系、出身确定身份。

与生气勃勃的社会发展实践相比，"理论是灰色的"，而不论是何种理论。作为指导社会发展战略的理论必须有开放性和可持续发展性，并形成支持社会发展的理论群或理论系统，才能确保我国社会发展的整体优化以及如期实现小康和社会现代化。

三、综合运用现代科学方法，特别是社会指标体系的方法，形成适合于建构我国社会发展战略的方法群

在科学研究中，方法往往具有决定性意义。与经济发展战略相比，社会发展战略要涵盖社会各要素、各系统，要直接满足人的发展需求，又要以社会全面进步为根本目标，因而它具有综合性、广阔性、远大性、深刻性和直接性特点。一般地说，现今制定和实施经济发展战略的方法很难适用于社会发展战略，必须在方法上进行革新和优化，寻找能有效过河的新"桥"和新"船"。

第二次世界大战以来，社会发展已成为各门学科争相研究的热门课题，形成了一系列有关社会发展的科学方法。其中，对建构我国社会发展战略有重大应用价值的方法主要有以下几种。

（1）系统方法。它是按照事物本身的系统性把对象放在系统的形式中加以考察的一种方法。它从系统的观点出发，着重从系统和要素、要素和要素、系统和环境之间的相互关系中综合地、精确地考察对象，以达到最佳地处理问题的目的。系统方法在社会发展研究应用方面最重要的是坚持三个原则：在出发点方面，坚持整体性原则，着眼于社会的整体发展和进步；在目的方面，坚持最优化原则，通过努力使社会整体功能达到最优的目标；在实现整体最优化的途径方面，坚持模型化原则，一般要设计一个与真实系统相似的模型，通过对模型的研究来掌握真实系统的本质和规律。

（2）控制论方法。它认为，社会是个活的自组织系统，是由极多的因素全面联系着的动态系统，具有信息反馈功能。其规模庞大、结构复杂，多群体、多功能、多目标，甚至彼此矛盾。为了保证社会的健康、协调发展，应主要运用非线性系统的信息方法、功能模拟方法和黑箱辨识方法等，进行有效控

制。这一方法强调抓主要矛盾和善于妥协，从整体上加以协调；在发展目的上不追求"最优化"，而是从实际出发，强调"择优化""较优化"。

(3)耗散结构论方法。它回答了开放系统如何从无序走向有序的问题。把这一原本是热力学中的耗散结构——远离平衡态的、稳定的、有序物质结构，应用到社会发展中，打破了过去用平衡论研究社会的传统观念，强调远离平衡态才能向有序、有组织、多功能方向发展。它揭示出社会系统各个要素之间存在非线性的相互作用，这种作用使其产生相干效应和协调动作，促使整个社会系统达到有序状态。

(4)量化方法。这一方法已被国际社会越来越多地应用于社会发展战略中，成为一种重要趋势。随着横断科学的出现与电子计算机的广泛应用，社会发展研究已不再仅仅是定性研究，而正在向指标和数量化及可操作性方向发展。

应该指出，上述科学方法尽管为许多人所熟知，但是在社会发展战略研究中的运用却是远远不够的。建构今后50年我国的社会发展战略，不借重这些科学方法是不明智的。当然，仅有这些新的科学方法还不够，应该形成一个适合建构我国社会发展战略要求的方法系统，或曰方法群。在这一方法群中，应该包括传统的社会学方法和经济学方法等，但尤其要推重唯物辩证法。唯物辩证法是共产党人科学的世界观和方法论，是认识世界、改造世界的强大思想武器，理所当然应该成为这一方法群的主导和灵魂。在这一方法群中，既能综合体现和运用唯物辩证法以及其他科学方法，又能为建构社会发展战略提供直接服务的，则是社会指标体系方法。

20世纪60年代，美国社会学家在研究如何促进经济与社会协调发展过程中，综合运用现代科学技术，创造出社会指标体系的方法。30多年的实践证明，正确建构和运用社会指标体系，完全可以对要素众多、关系复杂的社会发展巨系统进行客观、准确、全面地分析，进而从总体上把握住社会发展的战略方向和进程。因此，世界各国纷纷设计本国的社会发展指标体系，甚至爆发了"社会指标运动"。所谓社会指标，就是衡量和监测社会发展数量关系的一把尺子，是研究社会发展各要素的现状、发展趋势和发现各种社会问题的一种量化手段。目前，我国国家统计局存有各种社会指标1500多个。要综合反映全国或一个地区的社会发展状况，不可能、也没必要运用所有的社会指标。从中选择出若干个有代表性的重要指标，用科学的计算方法，建构一个简明的社会综合评价指标体系就可以了。80年代中期，中国社会科学院的社会学家们在建构我国社会指标体系方面进行了大量的卓有成效的工作。例如，他们广泛参考和比较了国际上各种社会指标体系，结合我国国情和价值观念，建构了包括 4 个系统(经济、社会结构、人口素质和生活质量)共 16 个指标的评价世界各国经济社会发展水平的社会指标体系(依此，1990 年我国在世界 120 个国家排序中名列第 70 位)；建构了由 5 个系统(社会结构、人口素质、经济效益、生活质量和社会秩序)共 46 个指标组成的省级综合评价指标体系；由 5 个系统共 39 个指标组成的城市综合评价指标体系；由 5 个系统共 39 个指标组成的县级综合评价指标体系；由 4 个系统共 19 个指标组成的各省市区社会发展速度指标评价体系；由 6 个系统共 60 个指标组成的全国小康社会指标体系；由 7 个系统共 24 个指标组成的各地区社会保障评价指标体系；等等。几年来的实践证明，运用社会指标体系能够较好地对社会发展发挥出五种功能：一是描述功能，可以对社会整体发展的情况加以定量的描述，使人们的认识条理化、精确化；二是解释功能，通过分析社会发展各个侧面的相互关系，解释社会现象和社会问题产生的原因；三是评估功能，可以对各种社会发展规划、政策产生的效果和影响进行评估，分析利弊得失，也可以进行国际间、地区间社会发展水平的比较和排序，为检查和评比工作提供量化的尺度；四是监测功能，通过社会指标的动态变化对社会运行中出现的社会问题和矛盾进行揭示，提醒人们及时地采取对策；五是预测功能，可以对社会发展趋势和社会问题进行预测，为各级决策部门制定战略和规划提供可靠的依据。用社会指标体系的方法研究社会发展，不仅为理论界、学术界所推崇，而且也为越来越多的领导干部所接受和认同。因此，运用社会指标体系方法去建构我国的社会发展战略，是可行的，可靠的。

由于迄今我国尚未制定过本文所界定的社会发展战略，所以，究竟选用哪些指标和系统组合成适应这一战略需要的社会指标体系，尚需研究和试验。笔者认为，根据已经建构的一些社会指标体系的运用经验，适合于我国社会发展战略的社会指标体系应包括五个系统：其一，社会结构系统。包括社会的产业结构、城乡结构、政治结构、分配结构、智力结构、就业结构等方面的指标。社会结构是社会关系的总和，社会结构的优化是社会协调发展的基础和前提。其二，人口素质系统。包括人口的数量、身体素质、科学文化素质、政治素质等方面的指标。人口素质的高低对社会发展起着决定性作用，又是社会发展成果的集中体现。其三，经济效益系统。包括人均国民生产总值、社会劳动生产率、人均占有粮食等指标。经济效益的提高是社会发展的物质基础。它取决于人口素质的提高和社会结构的优化。其四，生活质量系统。包括居民收入和消费水平、社会保障支出等指标。它反映了居民物质文化生活需要的满足程度和社会发展程度。其五，社会秩序系统。其包括贫困人口比重、社会保障率、通货膨胀率、刑事案件立案率、警察比重等指标。

它反映了对社会关系和行为的调控能力。良好的社会秩序是社会健康发展的基本保证。

四、今后 50 年我国社会发展应遵循的战略指导思想和原则

社会发展战略，是对社会在某一较长时期发展的总体目标及为达到这一目标采取的战略措施和步骤，所进行的具有长远性、全局性和方向性指导意义的设计与规划。从性质上说，今后 50 年我国社会发展战略，当属于发展中社会主义国家现代化进程中宏观的国家战略。这一战略应遵循的指导思想是：在中国共产党领导下，团结和动员全国人民，坚持党的基本路线，以人的发展为中心，以改革开放和科学技术的发展为动力，按照客观规律办事，在着力保持社会稳定的基础上，优先发展经济，改善社会结构，促进社会的全面进步与协调发展，为在 20 世纪末全面实现小康、21 世纪中叶基本实现现代化，把我国建设成为富裕、民主、文明的社会主义强国而奋斗。这一战略指导思想，是一个有机的整机，是整个战略构想的灵魂，必须在实践中得到全面理解和坚持。在工作指导上，应遵循如下原则。

1. 保持社会稳定。历史上，以战争为基本表现形式的暴力曾连绵不断。暴力，用马克思的话说，"是每一个孕育着新社会的旧社会的助产婆；它是社会运动借以为自己开辟道路并摧毁僵化的垂死的政治形式的工具"。马克思主义第一次科学地说明了"暴力在历史上还起着另一种作用，革命的作用"。但是，马克思主义在称颂暴力这种"革命的作用"的时候，是严格把它限定在一个特定的历史条件下的，即旧的生产关系已经完全不能适应生产力的发展，对立的两大阶级都已不能照旧生活下去。只有在这种条件下，被压迫阶级运用暴力推翻压迫阶级，以建立适合生产力发展的新的生产关系，建立适合新的生产方式的政权和社会结构，这种暴力，才具有"另一种"的革命作用。除此之外，任何形式的暴力和战争都只会对社会发展起到破坏作用。中外历史一再表明，当战争给社会带来"白骨露于野，千里无鸡鸣"的悲惨局面时，哪里还谈得上社会的健康、协调发展呢？战乱条件下不可能有社会的健康发展，像"文革"那样社会秩序遭到全面破坏，也不会有社会的健康发展。80 年代以来我国经济和社会发展速度能一直居于世界前列，完全是以全国的社会稳定为前提的。总结历史上正反两方面的经验，可以清楚地看到，社会的健康发展是在和平、稳定、有秩序的环境中实现的；社会稳定是社会发展的前提条件，又是社会健康发展的结果。邓小平历尽沧桑，深刻地认识到了这一点，一再告诫全党和全国人民："没有稳定的环境，什么都吹了。""中国的问题，压倒一切的是需要稳定。"所以，在今后 50 年，不论发生什么情况，都必须把

保持社会稳定放在"压倒一切"的位置上。这是利国利民的头等大事，也是实现小康和现代化的必要前提。

今后 50 年，我国发生社会混乱、动乱乃至战争的危险性依然存在，对此决不能放松警惕。从目前可以看到的因素主要有：(1)国际因素。二战以后 50 年来，世界局部战争一直不断，国际反华势力一天也没有停止活动，保不准哪一天会把战火引向中国。(2)台湾因素。一旦"台独"势力在分裂祖国的道路上走远，那么统一祖国的战争，或许还有局部世界战争就可能不免。(3)国内因素。今后 50 年我国社会处于转轨变型时期，各种利益冲突，社会矛盾加剧，如果处理不好，也会引起社会动乱。(4)党内因素。作为执政的共产党，能否有效清除自身的腐败现象，能否在领导工作中不出现大的失误，是能否保持社会稳定的关键性因素。但是，展望今后 50 年国内外发展的趋势，我们有信心地说，和平与发展仍然可望成为这一时期的基本社会形态。首先，经过两次世界大战的教训，包括中国人民在内的人类和平意识增强，"政治对话"逐渐取代着"军事对立"。"和平与发展"成为世界各国的共识，也是难以逆转的发展趋势。其次，我国社会主义制度建立后，阶级对立的状况已经不复存在，生产关系基本适应生产力的发展，改革成为社会主义制度自我完善的基本形式，因此，从根本上说，国内没有发生动乱和战争的必然性。最后，共产党执政已经 40 多年，在领导事业中有成功的经验，也有失误的教训，因而更加成熟，有能力处理好自身建设和领导工作中的问题。当然，这些条件仅仅是保持稳定的可能性，要使它变成今后 50 年的现实，必须做好一系列具体的工作。一是坚持执行和平外交路线和政策，积极维护世界和平，与一切国家发展友好关系，创造一个和平的外部环境。二是慎重地处理台湾问题，广泛开展统一战线工作，抑制"台独"势力，即使祖国统一的时间继续后延，也尽可能不诉诸武力。三是下决心解决国内领导层中存在的腐败问题。腐败不除，民心不平，动乱也在所难免。四是正确处理改革、发展与稳定的关系，要掌握好改革的时机与节奏，好事要办好。五是加强社会保障，切实解决好社会"下层"群众的生活问题，发挥其社会"安全网"和"减震阀"的作用。六是保障人民的民主权利，健全民主监督机制。七是改善利益分配机制，防止贫富两极分化。八是加强干部队伍的政治建设、思想作风建设和组织建设，切实提高领导工作能力。这些工作做好了，社会稳定就有了保证。

2. 以人的发展为中心。社会的现代化是以人的现代化为基本标志的。中东有的国家十分富有，但由于"人"没有现代化，因而没有人承认它是现代化社会。社会发展以人的发展为中心，包括两方面的含义。其一，在社会发展的目的方面，根本点必须是不断满足人民日益增长的物质文化需要和自身发展的需要，一切为了人。这是由社会主义制度和共产党的性质决定的。这体现在社会发展战略上，必须努力满足人民多层次、多方面的需求。通过发展经济和各项社会事业，不断提高人民群众的生活质量，提高包括体力素质、智力素质、文化素质、科技素质、政治素质、道德素质等在内的国民综合素质。其二，在社会发展的动力方面，根本点必须是动员群众，重用人才，以人的发展带动和促进社会发展，一切依靠人。人民群众是推动历史进步的根本动力，是社会发展战略构想实现系统和保障系统的第一要素。只有坚定不移地依靠群众，广泛地发动群众，最大限度地调动广大群众的积极性和创造性，才能实现小康和现代化的伟大目标。动员群众，要以解放思想、更新观念为先导；要十分注重不断地为群众谋取看得见的实际利益，正确处理各种利益关系。人才是人民群众中的精华。重用人才是依靠群众的基本形式之一，也是实现社会发展战略构想的关键。

3. 优先发展经济。经济发展是社会发展的基础，生产力是社会发展的最根本的决定性因素。处于社会主义初级阶段的当代中国，发展生产力的任务尤为突出，尤为重要。优先发展经济的原则，是由人民日益增长的物质文化需要同落后的社会生产这一社会主要矛盾决定的。只有优先发展经济，社会其他事业的发展才有条件。因此，务必牢记历史教训，不能"刚吃两顿饱饭就忘了生产去搞运动""刚有两个钱就大吃二喝，只知消费不搞生产"，要始终扭住发展社会生产力不放。优先发展经济，首先，要加快经济体制改革步伐，尽快建立和完善社会主义市场经济新体制，以解放和发展生产力，增强经济发展的生机和活力。其次，推进经济增长方式的根本转变，提高国民经济的整体素质和效益。在经济发展到一定水平之后，适时地从扩大建设规模，转向立足于现有企业的技术改造提高；从主要依靠增加人、财、物力的消耗，转向主要依靠科技进步、加强管理、降低消耗和提高劳动者素质；从追求产值、速度，转向提高产品技术含量、附加值和市场占有率；从主要依靠扩大资产总量，转向主要依靠结构调整，盘活资产存量，提高规模效益和科技进步效益。再次，进一步强化农业的基础地位，加快发展农村经济。农业是我国社会发展基础中的基础。农业、农村和农民问题始终是关系社会发展全局的根本问题。要高度重视农业和农村经济的发展，逐步加大对农业的人才、科技和资金的投入；按照社会需求和社会主义市场经济的要求，保证粮棉菜油的充分增长，大力发展高产、优质、高效农业，逐步实现农业科技化、种植区域化、生产专业化、经营一体化、服务社会化，最终实现农业的稳定增长和现代化、农村工业化和城市化。最后，加快发展基础工业和基础设施建设，增加经济发展的可持续性。这主要包括交通、通信事业，农业基础设施，城乡基础建设，能源、原材料工业建设等。

4. 优化社会结构。首先，优化产业结构，促进一、二、三产业协调发展。全面推进生产要素的合理流动和结构重组，加快产业结构优化升级，对实现国民经济的现代化具有至关重要的作用。优化产业结构，应以最终需求为导向，以技术进步为动力，促进产业结构由适应型调整转向战略型调整，围绕提高资源配置的整体效益，强化农业、基础工业、基础设施三大基础，大力发展主导产业，加快培植高技术含量、高附加值的主导产品系列，促进第三产业由低层次结构向高层次结构转变，形成技术先进、基础稳固、主导明显、相互协调、运转高效的现代经济结构体系。在发展政策上，实行区别对待的结构调整政策。对关系国计民生的基础产业和带动能力强的主导产业，强化产业政策的导向；对一般竞争性产业，全面推向市场，实行优胜劣汰。其次，优化区域经济布局。今后 50 年，全国应在现有经济格局的基础上，进一步挖掘和充分发挥各个经济区域的优势，强化专业分工与协作，以提高规模效益和产业聚集度为中心，加快各生产要素在区域空间上的合理流动，实现产业在地区间重组、转移和升级，不断提高资源配置的整体效益。尤其要强调东西部地区加强合作，优势互补，共同发展。再次，优化城乡结构，加快城镇体系建设，推动城市化进程。这对于优化产业结构和经济布局、提高人口素质和生活质量、发展社会各项事业，具有载体和动力的作用。加快城镇体系建设，要抓好高起点规划、高标准建设、高效能管理三个环节。争取到 21 世纪中叶，城镇化率在 65% 以上。再次，优化人口结构。预计到 21 世纪 30 年代，我国人口将达到峰值，总人口达 15 亿，65 岁及以上老人将超过 2 亿，进入老龄化社会。要继续控制人口数量，调整人口结构政策。加强思想道德和科学文化教育，提高国民素质。最后，优化政治结构。通过政治体制改革，加强社会主义民主政治建设。依照宪法和法律规定，加强人民代表大会制度和政治协商制度建设，努力使全体公民都有依法参政议政的渠道和积极性，进一步实现人民当家作主。

5. 坚持科教兴国。在当代社会，生产力的巨大发展，劳动生产率的大幅度提高，最主要的是靠科学技术的力量。不仅是经济领域，而且社会其他领域的发展也越来越依赖科学技术的发展。"科学技术是第一生产力"，实现现代化"关键是科学技术"。科学技术发展的基础在教育。所以，科教兴国是今后 50 年我国现代化建设中必然选择的战略，也是必须遵循的工作指导原则。坚持科教兴国，首先，全社会都要重视科学、教育事业，切实解决科教工作中的各种实际问题。其次，通过改革，建立起适应社会主义市场经济体制和科技自身发展规律的科技体制、科技与经济有机结合的运行机制、布局合理的科技组织结构和多元化的科技投入体系，使科技工作在面向经济建设主战场进行技术开发和推广、发展高新技术及其产业、加强基础科学研究三个层次上有突破性进展。最后，适应现代化建设的要求，在教育发展的数量和质量上都有较大发展，逐步建立起与经济发展、社会进步相协调的、结构合理、功能完善、制度灵活、体制健全、纵横相通、开放多元的社会主义现代化教育体系。科教兴国原则，要落实到人口素质的提高上，落实到社会发展的各项具体工作中。

6. 坚持改革开放。改革开放是现时代中国的最强音，是推动社会发展的直接动力，它将相伴于中国现代化的全过程。经济体制改革是基础性的改革。其实质和目标，是要从根本上改变束缚生产力发展的经济体制，建立充满生机和活力的新经济体制。今后一个时期，重点是建立社会主义市场经济体制、现代企业制度和统一开放、竞争有序的市场体系。政治体制改革，是整个改革大业的重要组成部分，应积极稳妥地推进。邓小平指出，政治体制改革同经济体制改革应该互相依赖、互相配合。政治体制改革风险更大一些，困难更多一些，但是社会发展到一定阶段后，想不改也不行。不改革政治体制，就不能保障经济体制改革的成果，不能使经济体制改革继续前进。政治体制改革，要实现干部队伍的革命化、年轻化、知识化、专业化，保持党和国家的活力；克服官僚主义，提高工作效率；调动基层和工人、农民、知识分子的积极性。总的是为了巩固社会主义制度，发扬社会主义民主，促进社会生产力的发展。政治发展和政治现代化，是社会现代化的题中应有之义。今后50年，我国的民主政治必须有一个大的发展，才有可能适应"基本现代化"的要求。对外开放，是建设有中国特色社会主义的一项基本国策。十几年来，我国已经大得对外开放的益处。今后，要优化对外开放的总格局，全面实现与国际经济接轨。充分利用国际国内两个市场、两种资源，优化资源配置，形成出口创汇、利用外资、海外投资"三外"并举的格局，在与国际经济大交往、大循环中，加快我国经济发展。扩大对外开放，不能仅限于经济领域，而要延伸于社会各个领域，充分利用人类创造的一切文明成果促进我国的社会发展。

7. "两手抓，两手都要硬。"邓小平这一形象概括，反映了社会发展战略的全局性要求，是唯物辩证法的生动体现，必须牢记和坚持。这主要是，既要抓经济领域的发展，又要抓非经济领域的社会发展；既要抓物质文明建设，又要抓社会主义精神文明建设；既要抓建设，又要抓法制；既要坚持改革发展，又要保持社会稳定；既要坚持对外开放和对内搞活经济的政策，又要坚决打击经济犯罪活动；既要警惕"右"，更要防止"左"；对改革开放既强调胆子要大，又强调步子要稳；既允许一部分人、一部分地区先富起来，又提倡先富帮后富，最终实现共同富裕；等等。

8. 加强和改善党的领导，实行科学管理。在社会发展大系统中，有一个由各级各类领导机关和管理人员组成的特殊子系统——领导与管理系统。它是指挥社会发展的大脑和神经中枢，是推动各项工作运转的心脏。它操纵着历史的船舵，对社会发展的方向、道路及形式有着巨大的导向力。各种社会力量对社会发展变化的作用，一般都要通过它集中表现出来。所以"领导是关键"已经成为人们共识。中央领导同志指出："搞现代化建设，没有现代化的管理是不可想象的。要向管理要秩序、要速度、要效益。"改善领导与加强科学管理，是我国实现现代化的必由之路。为优化领导与管理系统，首先要用邓小平建设有中国特色社会主义理论武装全党，不断提高党的领导水平和执政水平。其次，深化改革，建立起以民主、科学为精髓，以廉政、效率为中心的党的领导体制、政府管理体制、企业和其他组织的管理体制。再次，改革和完善干部培养、选拔、任用、监督、轮换机制，以保证优秀领导人才走上相应领导岗位，在领导岗位上工作的是合适的优秀领导人才。按照党和邓小平的观点，"真正关系到大局的是这个事"，所以务必要解决好。

原载《理论参考》1995 年第 22 期

1996 年

年度背景 6 月 21 日，中共中央举行纪念中国共产党成立 75 周年座谈会，江泽民总书记发表《努力建设高素质的干部队伍》的讲话，要求加强领导班子建设，努力提高领导社会主义市场经济的水平。

努力提高领导社会主义市场经济的水平

自从党的十四大作出由计划经济体制向社会主义市场经济体制转变的决定以来，怎样推进社会主义市场经济体制改革，怎样发展社会主义市场经济，党和政府又该怎样领导社会主义市场经济，成为全党和全社会最为关注的大问题。其中，"怎样领导"问题尤为突出。

党的十四届四中全会《中共中央关于加强党的建设几个重大问题的决定》提出，党要"不断提高领导水平和执政水平"。在今天讲"提高领导水平"，一个主要方面，就是提高领导社会主义市场经济的水平。这不仅因为经济建设是全党的中心工作，而且因为"领导水平"已经成为当前社会主义市场经济建设中的一个严重问题：一些干部对"领导水平"影响社会主义市场经济建设成败的严重性认识不足；缺乏对社会主义市场经济理论和知识的认真学习，缺少理论与实际的有机结合；缺少正确的、有效的领导方法；工作平庸，缺少创造性；官气严重，缺少领导的凝聚力、向心力、号召力等。有针对性地研究和解决这些问题，是当前提高领导水平，搞好社会主义市场经济建设的迫切需要。

一、问题的严重性

在当今世界 200 多个国家和地区中，绝大多数是实行市场经济体制的。然而，其中经济得到持续较快发展的，也就是那么二三十个国家；多数还是经济增长较慢的发展中国家。这些发展中国家，有的国内经济秩序混乱，贿赂经济、泡沫经济泛滥；有的靠卖资源度日，成为富国的经济附庸；有的因经济不景气导致经常化的政治动乱，政权更迭频繁。应该说，市场经济体制是比较适合当代社会生产力发展的总体水平的。那么，为什么多数国家的经济发展没有取得应有的成就呢？人们可以从国内的、国际的、政治的、经济的、文化的乃至历史的等方面去寻找原因，但是，不善于从本国本地区的实际情况出发制定和实施一系列适合市场经济发展的领导方略——方针、方法、战略、策略，或者说，领导市场经济的水平不高，是共同的关键性原因。道理很简单。在现代社会里，经济发展是社会大系统及其经济子系统和谐运作的结果。尽管经济体制适合与否对经济发展有极大影响，但是它毕竟只是经济发展的诸多要素中的一个。直接影响经济发展的，还有社会政治制度、文化背景、历史影响，有科学技术发展水平、社会保障条件，有劳动者所持的思想道德观念和积极性发挥的程度等。因此，经济的发展，仅仅有"市场经济体制"是远远不够的，必须按照发展生产力的要求改善整个经济系统和相关社会系统，必须按照经济与社会协调发展的要求正确处理各社会系统、各种经济要素之间的关系，必须最大限度地发挥劳动者的积极性和创造性。上述三个"必须"能否实现，并不是各系统自身解决的问题，关键要看居于社会大系统的核心位置的领导系统状况如何。领导，是系统的大脑、神经中枢和心脏。领导这一特殊的社会地位和作用，决定了只有它才有可能实现三个"必须"。所以，"领导水平"问题直接影响市场经济的成败。"怎样领导""会不会领导"市场经济，就成为一个世界性课题，是一切理智人类的担心所在。这当然不排除中国。

人们都记得，在1994年最高人民法院公布的大案要案中，有一个因"领导走私"严重犯罪被判处"死缓"的中共山东省乳山市委原书记王建智。1993年夏天，胶东一些地方突然间出现了一股汽车、香烟走私的狂潮。走私本是世界各国都有的事，没必要大惊小怪。可是这次胶东的走私活动就不能不令人奇怪：它不是个别不法分子偷偷摸摸的小打小闹，而是近乎有组织、有计划、有领导、有武装保护的堂而皇之的公开举动。市委书记坐镇指挥，边防部队政委武装保卫，其他一些单位领导也以各种形式参与其间。这次数额巨大的走私活动，给国家造成了重大经济损失，也造成了极坏的政治影响。问这些大大小小的领导干部为什么要参与走私活动，其中不少人竟然真诚地回答："搞市场经济！"

能把走私与搞市场经济联系在一起吗？能这样理解和领导社会主义市场经济吗？事实上，在一些干部的观念里，领导市场经济就是这么一回事。近年来，有两句话在一些领导机关流行：一句是"怎么赚钱怎么干，干什么挣钱干什么"；另一句是"只要不走错路、不装错腰包、不上错床(意即不走资本主义道路、不贪污、不乱搞男女关系)，怎么干都可以"。品一品话中的滋味，那些人把走私说成是搞市场经济自然也就不足为奇了。问题并不限于走私。有的地方"黄毒"泛滥，广大群众要求治理，那里的干部会以"娼盛才能繁荣（市场经济）"为由顶着不管，或者明管暗不管。有的地方固定资产投资规模过大，中央要求往下压，他不压，说"搞市场经济就得加大投资规模"。有的地方行贿受贿现象严重，那里的领导积极支持，说"花小钱得大钱，买通一个人挣来大项目，这才是搞市场经济的本事!"试想，这样领导市场经济，会有健康、协调的经济发展吗？会有社会主义精神文明、民主政治和清正廉洁吗？又怎么能保障中央的权威，实现人民的愿望？这种状况表明，人们的担心不是没有道理的。

当然，在今天，这些令人担心的领导问题并不是领导工作的主流。自从党的十四大决定用社会主义市场经济代替计划经济以来，总的说，党对社会主义市场经济的领导方向是正确的，成效是显著的。这突出表现在两个方面：一是在较短时间内拿出了一个领导社会主义市场经济建设的纲领性文件——《中共中央关于建立社会主义市场经济体制若干问题的决定》；二是在实践运作中，有效地保持了全国的政治稳定、民族团结、社会进步和经济发展。1993年我国国内生产总值突破3万亿元大关，比上年增长13.4%。对比其他一些国家执政党在社会转轨变型中由于未能有效地把握住领导方向而导致自我崩溃的事实，更能感受到正确领导社会主义市场经济的意义是多么重大。

领导，是一个系统，是一个过程。中央领导方向的正确，不能代替各级各类领导的正确。目前领导正确，不等于今后领导也正确。我国的社会主义市场经济建设刚刚起步，对于长期在计划经济体制下工作的广大干部来说，开始时"不会领导"是很自然的，出现一些问题也在所难免。但是，人人都应当记住乳山市委书记"死缓"的教训，记住许多国家因"领导水平低"而导致的经济混乱、政治动荡、社会落后的教训。如果各级各类领导干部对"领导水平"的严重性认识不足，其后果不堪设想。历史要求我们这一代领导者要以向党和人民负责的精神，以"如履薄冰"的心态，谨慎从事，努力在市场经济建设中实施正确的领导方略，尽量少犯错误、不犯大错误，早日成为合格的社会主义市场经济领导者。这种认识和态度，是正确领导社会主义市场经济的基本前提。

二、坚持民主科学的基本领导方法

从一定意义上说，一切优秀领导者的成功都是正确运用领导方法的成功。领导方法这个领域是一切领导者大显身手的广阔天地。社会主义社会的基本领导方法，是民主与科学的结合。这同样也是领导社会主义市场经济的基本方法。

领导社会主义市场经济必须讲求民主。这首先是由我国的国体和政体的性质决定的。我国是人民群众当家作主的国家，实行社会主义民主制度，依靠社会主义法律治理国家。因此，一切重大社会活动，包括市场经济建设活动，都必须遵循民主的原则。其次，是由市场经济的性质决定的。市场经济是法治经济；所有市场经济主体在进入市场时必须遵循一定的法规和具备相应的条件；市场主体之间的竞争以平等为基础，机会均等地按照统一的市场价格取得生产要素和出售商品，公平地承担各种税负；市场交易必须公开、公平，一切交易都必须在自愿、等价、互惠的基础上进行。市场经济的这些性质和规则，决定了对市场主体的领导不可能是专制的，而只能是民主的方法。再次，是由现代企业制度决定的。作为市场经济"细胞"的现代企业，其领导体制是以分权的民主制为基本特征的。以公司制度为例，它的"三会一总"体制，就是权力分享、责任分担、互相监督和制约的民主制度。"细胞"的制度是民主的，整个"机体"还可以是专制的吗？从历史上看，市场经济是专制制度的掘墓人，是民主制度的催生婆。市场经济形态必然造就民主的政治关系和领导关系。任何形式的专制制度和领导方法，都将被市场经济的洪流无情地冲垮。前些年，人们从农村承包制中得到启发，认为承包是个好办法，几乎所有的工厂里都搞起了承包。有的人提出："一包就灵""一包到底"。事实上，确有经过承包把企业搞好的，但也确有一些企业葬送在"承包"手里。有的工厂被承包之后，变成个人的了。一句"我承包了"就可以拒绝领导和群众的监督，拒绝工人参与管理的权利。一切都是承包人个人说了算。于是，在这种绝对权力下面，决策失误不能免，腐败现象也不能免。有民谣曰："二等人搞承包，吃喝嫖赌全报销。"承包的成功，在于明确了责任和权利；承包的失误，在于承担有限责任同时，又被赋予了无限的权力。这一失误的根源，在于违背了民主的原则。最后，实行民主的领导方法，是现实的需要。前面讲过，对于广大干部来说，领导社会主义市场经济是一个陌生的新课题；市场经济建设又是一个十分复杂的社会大工程。面对如此陌生而复杂的新事物，任何领导者个人的智慧和经验，都无法适应需要。因此，只能集思广益，靠集体的力量，靠群众的智慧，才能在领导工作中避免和减少失误。民主，是弥补领导者智慧不足的最好方法，是提高领导水平的保证。

领导社会主义市场经济必须讲求科学。领导科学化，是现代领导的大趋势。违背科学是要受到惩罚的，在经济、技术领域内如此，在领导工作中更是如此。坚持科学的领导方法，最重要的是坚持唯物辩证法。要运用唯物辩证法的原理，深入分析社会主义市场经济建设中的诸多矛盾及其发展，从中找出规律性，发现特殊性，进而提出正确的决策。有的领导干部尽管也讲"一切从实际出发"，但由于缺少唯物辩证法的指导，所以面对复杂纷纭的一大堆现实问题一筹莫展，不知道该从哪个"实际"出发，怎样才算"抓主要矛盾"。因此，运用科学方法领导社会主义市场经济，首先，要努力学习和掌握、应用唯物辩证法。其次，重大领导决策要遵循科学决策程序，运用现代决策方法。对于市场经济领导中重大问题的决策，既不能靠主要领导人"拍脑袋"，也不能仅靠"一班人"议论一下就拍板，必须按照科学决策程序办事。这主要是：（1）弄清要解决的问题，确定决策目标；（2）拟定多个差异较大的决策备选方案；（3）对决策方案进行评价和择优；（4）确定决策方案后，贯彻执行，如属于风险性决策，应有应变方案；（5）检查、监督决策执行情况，根据情况修订或补充原决策方案，或在新的基础上确定新的决策目标。这样一种决策程序，是现代决策经验的科学总结，反映了决策工作及决策者认识升华的内在联系，因而是科学的。此外，在决策组织结构上，除了决策中心之外，还要有相对独立又密切联系的管理信息系统和研究与咨询系统。科学的决策机构、决策程序和决策方法三者的统一，才能有效地保证决策的正确。科学的领导方法是多方面的，比如，通过健全市场经济法规，实行法治；遵循社会心理学的理论与方法，通过思想工作与物质利益的有机结合，调动人的积极性；运用系统论的方法统管大局，协调各个局部的工作；等等。必须强调，在领导工作中，民主方法与科学方法是密不可分的，具有相同的本质，只是表现形式不同而已。如果干部在工作中能够比较自觉地多用一些民主和科学的方法，少一些独断专行、盲目拍板和盲从行为，那么领导社会主义市场经济的水平一定会有较大提高。

三、在创造中赢得主动

在社会主义制度下怎么实行市场经济，是前无古人的事业，没有现成的经验可循。这就决定了不能照抄照搬过去老一套的领导体制和领导方法，搞重复性实践；必须以新的思想和思维，大胆地试验和探索，进行创造性实践。从战争学习战争，在领导的创造性实践中学习领导，是社会转轨变型中领导工作摆脱被动、赢得主动的基本途径。经济一时落后并不可怕，可怕的是不改革进取。早改革早主动，谁勇于创新谁的发展就快。这就是领导工作创造性的重大意义所在。改革开放十几年来，我们国家之所以取得了今天这样大的成就，主要原因就是党在领导实践中坚持创造性的结果。包括改革、探索、试验在内的创造性发展理论，是邓小平建设有中国特色社会主义理论的重要组成部分。邓小平作为中国改革开放的总设计师，一贯主张"走自己的道路"，鼓励人民"大胆地试，大胆地闯"。他指出："没有一点闯的精神，没有一点'冒'的精神，没有一股气呀、劲呀，就走不出一条好路，走不出一条新路，就干不出新的事业。"努力创造，是十一届三中全会以来我们党领导经验的重要总结。适应社会主义市场经济要求的领导体制以及高水平的领导方式、方法，也只能从创造性领导实践中产出。大胆创造，走出平庸，是时代对这一代领导者的呼唤。

进行创造性的领导实践，首先，必须解放思想。一个思想保守、观念陈旧的人，不能指望他有什么新创造。邓小平在领导改革开放和现代化建设中，特别重视思想解放，"在马克思主义指导下打破习惯势力和主观偏见的束缚"。解放思想不是脱离实际胡思乱想，而是使思想和实际相符合，使主观和客观相符合，就是实事求是。思想解放，是创造性实践的先导。其次，要敢于抓住新事物，研究新情况，解决新问题。经济与社会的发展是永无止境的。领导者要抓住发展这个硬道理，要站在时代前面领导发展，就必须抓住层出不穷的新事物、新问题、新情况。这些"新"是发展的标志，也是领导者进行创造性实践的着力点。平庸的领导者之所以平庸，就在于他不敢碰"新"，不会研究"新"，在"新"面前束手无策。在改革开放和市场经济建设的这个年代里，这样的人是没有资格、没有水平担负领导工作的，而不管是哪一级、哪一类领导。再次，要善于抓住创造的机遇。事物的发展有其规律性。要使创造性实践取得较好的效果，必须抓住事物发展的有利时机。不能设想在战火硝烟中搞经济体制改革，也不能设想在"文化大革命"中推行家庭联产承包制。机遇，既寓于有利条件和顺利发展中，也寓于困难和矛盾之中。在经济环境宽松时，要乘势而上，加快发展；在经济环境趋紧时，要正确取舍，知难而进，量力而行，尽力而为，进而保持经济持续、快速、健康发展的局面。再次，要尊重群众的首创精神。领导实践的创造性，不单单是领导干部和领导集体的事，它首先和主要的是指对人民群众创造性实践经验的总结、提高和推广。在领导的创造性实践中，"从群众中来，到群众中去"，仍然是一条正确的领导路线。最后，正确对待改革创新中的风险。实践一再证明，创造性实践是取得经济发展和领导工作高效率的"捷径"。某一点上的创造和突破，很可能带来全局性的大发展。但是必须看到，既然是试验、改革和创造，就会有一定的风险性，不可能"万无一失"。因此，一方面，要注意保护改革者，保护下级领导和群众的改革热情和创新精神，尤其是当改革、创新遇到挫折的时候；另一方面，在任何一项改革措施、创新举动付诸实践之前，都要按照科学决策程序办事，依靠智囊团、群众和领导集体审慎地作出决定，同时，还必须要有一套至几套相应的保护或补救措施做准备，以最大限度地减少和避免失误。我们正处于一个伟大的改革创新的时代，不敢创造，不配做这个时代的领导者；不善于创造，缺少领导创造性实践的水平，也将被时代所淘汰。

四、在服务中实现领导

全心全意地为人民服务，是我们党的根本宗旨，也是市场经济条件下各级领导干部必须坚持的工作出发点和归宿。邓小平关于"领导就是服务"的论断，准确地概括了领导社会主义市场经济的本质。不仅领导目的是为人民群众发展市场经济服务，而且主要的领导方式也是以服务形式表现出来的。谁要在"服务"问题上出了毛病，领导工作就会出大问题。全心全意地为人民群众发展市场经济服务，是党的群众路线在新的历史条件下的具体体现，是党联系群众的重要桥梁，也是防止腐败，维护领导权威，使党立于不败之地的基本保证。

全心全意地为人民群众发展市场经济服务，首先，要求领导者端正思想和作风。一个干部，如果领导意识上没有为人民服务的观念，而一心所念在于个人的名、利，那么，就不可能老老实实地为市场经济建设服务，只能借机以权谋私，甚至索贿受贿，贪污犯罪。近年来揭露出来的一些领导干部腐败犯罪，就是这样。为市场经济服务，还必须与官僚主义作风做斗争。要放下官架子，深入到人民群众之中去，想人民所想，急人民所急，才能办出人民所需之事，干出服务的实绩。其次，要多渠道地为市场经济发展服务，着重搞好宏观经济管理和区域经济发展战略。党的十四大以来，各地领导在为发展市场经济服务方面创造了许多好的经验。许多领导积极想办法，帮助企业和农民进入市场，为他们跑项目、跑资金、吸引人才、提供市场信息、提供科技服务等，收到了很好的效果。但是，必须注意，领导者是负责全局工作、解决宏观问题的。领导者的服务与信息员、业务员、服务员的服务在基本表现形式上是不同的。主要表现在他的领导工作、领导决策是从更高的层次、更大的范围，为更多的人谋取更大的利益。具体地说，领导为市场经济服务，主要应解决发展市场经济急需解决、而具体企业和部门谁也无法解决的问题，如健全市场经济法规，完善社会保障体系，制定发展战略，进行宏观经济调控，搞好基础设施建设等。当前，各级党委和政府在为市场经济发展提供社会服务方面有许多工作要做，例如，发展和完善与企业有关的公共设施和公益事业，减轻企业的社会负担；建立和发展会计师事务所、审计事务所、职业介绍所、律师事务所、资产评估机构和信息、咨询服务机构等社会服务组织；完善劳动就业服务体系；健全劳动争议仲裁制度；协调企业与其他单位的关系，保障企业的正常经营秩序等，这些都是企业发展需要政府提供的服务。最后，正确处理各类社会矛盾，为市场经济建设提供良好的社会环境。这是领导"服务"的题中应有之义。一般地说，社会转轨变型时期，是各种社会矛盾空前激烈的时期。当前，思想领域内的新旧理论、观念的矛盾，政治领域中的部分干部腐败问题、干群关系问题，社会领域内的治安问题，经济领域的国民分配不公、经济秩序不良等问题很多。凡此种种的社会矛盾，都是轻视不得的，否则会引起大乱子，干扰甚至扼杀市场经济建设。各级领导一定要对各种问题敢抓敢管，敢于抓出成效。敢不敢碰硬，会不会解决各种各样的社会矛盾，不但表现了领导者的水平，也反映了领导者的政治素质和道德品质。必须看到，领导市场经济与指挥打仗不同，靠"命令"往往不灵，靠真诚、有效的服务却能收到"一呼百应"的效果。谁为企业、为群众服务得好，谁的领导威信就高，讲话就有人听，就有领导的凝聚力、向心力、号召力。

党的十四大以来，"怎样领导社会主义市场经济"成为各级领导面临的重大课题，也是对各级领导干部新的考试和考验。提高领导市场经济的水平，更要紧的是搞好领导队伍自身建设，包括思想建设、作风建设、组织建设，以及学习型干部队伍建设等。随着领导队伍的自身建设的加强，必然带来领导社会主义市场经济水平的不断提高。

原载《领导科学论坛》1996 年第 2—3 期

论副职

在领导班子建设中，副职的地位和作用十分重要。然而长期以来，这一问题在不少地方和单位没有得到应有的重视，一定程度上影响了领导班子建设和领导工作开展。为此，我们必须科学地认识副职，推动各级领导正确地发挥副职作用。

一、副职的出现及历史演变

在人类领导的历史上，副职的出现晚于正职。开始，领导工作比较简单，工作量也不太大，在一个领导岗位上有一个人就够了。后来，领导工作逐渐繁忙、复杂起来。尽管一再向同级、下级分权，但是毕竟有一些权力无法再分，而一个人又忙不过来，于是出现了副职。春秋战国时期，各国在派将领兵外出打仗时，为了帮助主将正确指挥和决策，也为了监督、制约主将在独立领兵打仗时不发生背国叛君的事情，常常派另外一位将军"副之"。这时的副职还带有临时色彩。到了后来，副职就慢慢地固定下来了，而且扩大到文、武、内、外各个部门。在秦朝，中央主要官员中有"御史大夫"，"掌监察，兼为丞相之副"，就是说，他既负责监察工作，又是副丞相。在地方郡、县领导岗位上，都设有郡丞、县丞，分别是郡守和县令的副职。到了唐朝以后，领导体制进一步完善，各主要领导岗位上都设了副职。例如在唐朝中央的尚书省，正职为尚书令，副职是两名，分别称左仆射、右仆射。左仆射分管吏、户、礼三部，右仆射分管兵、刑、工三部。在下属六部中，正职称尚书，副职为侍郎。其他机关，如门下省、中书省、御史台、九寺、五监等，都有名称不一的副职。

从副职的历史演变中可以看到，其一，副职的出现，是领导工作发展的必然要求。从趋势上看，副职所适用的岗位越来越多，作用越来越大。其二，副职具有十分重要的地位。虽然它主要表现为助手、参谋，但它根本不同于一般的助手、秘书之类的纯辅助性工作人员，不是"一般干部"，而是"领导干部"。这种较高的地位，从他们所得秩禄、品秩的情况可以看得更清楚。例如，西汉大县（有万户以上人口）的县令，年秩禄是六百石至一千石，小县（万户以下人口）的县令，年秩禄是三百石至五百石，而县丞的秩禄则是二百石至四百石，大县的县丞比小县的县令收入还高。在中央机关，唐朝的尚书令为正二品，左右仆射为从二品；六部尚书为正三品，六部侍郎为正四品。明朝的六部尚书为正二品，侍郎为正三品。清朝的六部尚书为从一品，侍郎为正二品。说明副职的地位与正职的差别不是太大，仅一个品级而已。其三，副职的作用很大。他们主要是协助正职处理政务，共同决策问题，使正职的工作离不开他们。同时，他们又制约和监督着正职行使职权（这一点，通常不明说），这是上一级领导直至皇帝都需要的角色。

二、副职的重要作用

进入现代社会以后，不论中国还是外国，副职的地位和作用都相当重要。周恩来总理对外国朋友说过这样的话：没有十几位副总理帮助我，我管不好这么大一个政府的工作。在我国，由党和国家的性质所决定，各级领导都实行集体领导，这就决定了副职是领导班子中不可缺少的重要角色。

（1）在领导班子构成上，副职大都占据多数。副职的素质和作用发挥如何，直接影响着领导班子建设和集体领导能力。

（2）在领导决策的制定方面，副职有重大影响力。在委员会制下，副职以"一人一票"的表决方式与正职共同行使决策权；在行政首长负责制下，副职具有较大的决策建议权，不同程度地参与决策。

（3）在决策的贯彻执行方面，副职一般都担负着某一方面的直接指挥和协调任务。决策能否落到实处，往往取决于副职的工作。

（4）在领导人才的发展方面，一般地说，副职是不可逾越的台阶。可望在领导正职岗位上有所作为的干部，大都要经过同级副职阶段，以便熟悉情况，取得领导这一级工作的必要经验。正常情况下，副职中的佼佼者应是正职的接班人。从这一点说，有好的副职，才会有好的正职。

总的来看，我国各级领导班子中的广大副职干部的个体素质和工作状况是比较好的。当前存在的问题，主要是行为上的超越与不及。所谓超越，即在工作中超越自身职权范围。有的超越正职发号施令，或者把自己的主张强加于正职。有的超越其他副职，插手其分管的工作，横加干涉。有的超越下属，越俎代庖，管了一些管不了、又管不好的事。这些超越行为，是造成领导班子不团结的重要原因。所谓不及，指不能充分运用职权和履行应尽职责的行为。有的副职该管的不管，该说的不说，该挺身而出的时候缩首缩尾；遇事推诿，怕挑重担；碰到矛盾，东躲西闪。这就容易导致领导班子涣散，没有凝聚力和战斗力，必须加以认真解决。

三、当好副职应具备的内在条件

在我国，副职与正职都是党的干部，只不过分工不同。要成为好的副职，首先必须严格遵守党的纪律；同时，要结合副职的特殊性，做到以下几点。

（1）摆正位置，防止行为失当。其一，副职是领导集体中的一员，想问题、提建议、办事情都要从一定领导的全局出发，敢于坚持原则，担负起领导者的责任。其二，相对于正职而言，副职的功能是辅佐、辅助，必须把自己摆在参谋、助手的位置上。在工作上有主见而不固执，多揽事而不争权，尽职而不争功，行权不越权，到位不越位。对正职要维护其威信，分担分忧。其三，相对于其他副职，是同志、同事，要互相尊重和支持，搞好配合。其四，对于所分管的部门和单位，要大胆管理，精心协调，抓出工作成效。

（2）切实加强自身的思想素质修养，这是当好副职的重要基础。为此，一要有坦荡无私的胸怀。出以公心，忠于职守，具有不争名、不争利、不争权的品格和甘愿做配角、助手的牺牲精神。二要有鼎力相助的诚心。向正职反映情况要真，出点子要诚；抓工作要诚，无论集体决定是否与自己的意见一致，都要全面准确地贯彻落实；进谏言要诚，对正职工作中的偏差和失误，要及时谏言劝阻，决不能明知不对也随声附和。三要有忍辱负重的品质。副职抓具体事务较多，常处于上级怪、下级怨的"夹板"之中，要维护团结，稳定大局。四要有甘为人梯的精神。副职的政绩和成就通常深藏在集体荣誉与正职政绩之中。好的副职，应该无怨无悔地为其他人才的成长进步铺路搭梯。五要有处事不惊的涵养。处逆境时能够冷静地思索，遇到难题能够冷静地化解。六要有为下属师表的风范。要以严于律己的思想品德、雷厉风行的工作作风、宽容大度的磊落胸怀、拒功揽过的高尚品质、无悔无怨的工作态度、谦虚和善的待人风格、善解人意的长者风度，团结和带领下属维护领导集体和正职的威信，贯彻落实领导决策。

（3）着力提高领导工作能力。这是成为好副职的必要条件。为此，一要有决策能力，否则难以在领导决策时提出好点子。二要有协调沟通能力，与上下左右保持良好的工作关系。三要有独立指挥和管理能力，能够把自己分管的工作抓出成效。四要有较强的应变能力，当正职不在位或遇到急难险重的非常任务时，能够妥善处理。

（4）善于学习，勤于思考，不断提高领导艺术，改进工作方法。学习是进步的阶梯。要有"入山问樵、入水问渔""择其善者而从之"的学习态度，才有可能胜任所面临的多方面工作。学习要紧密结合工作实际进行积极性思维，做到深思、反思。"自古不谋万世者，不足谋一时；不谋全局者，不足谋一域。"副职尤其要养成由全局而思局部、再由局部而思全局的思维习惯。

四、为正确发挥副职作用创造良好环境

副职的作用能否正常发挥，不完全取决于内因，外在条件影响也很大。为此，要加快领导体制和干部制度改革。要通过定编定岗，防止和纠正副职设立过多过滥的现象。通过建立健全民主选举和监督制度，选拔优秀的领导人才到适当的副职岗位上。上级领导机关对下级副职应给予更多的关心，需要的时候能够为他们讲一句公道话。必须强调，副职的作用能否正确发挥，与正职的人品、能力直接相关。许多情况下，正副职之间的矛盾主要方面在正职。从这个意义上说，有好的正职，才会有好的副职。各级组织部门应高度重视正副职关系问题的研究。这对于增强集体领导能力，具有重要的现实意义。

写于 1996 年 5 月

1997 年

年度背景　党的十五大召开，主题是：高举邓小平理论伟大旗帜，把建设有中国特色社会主义事业全面推向 21 世纪。全党掀起学习贯彻十五大精神热潮。

优势在实践中

充分发挥我们党的思想政治优势、组织优势和密切联系群众的优势，全面加强党的建设，是十五大报告的一个重要精神。实践表明，这是新形势下党的建设必须遵循的正确方向。

重视优势，培养优势，发挥优势，最早是作为战争中的军事指挥原则出现于世的。古代著名的"曹刿论战"，就是专门讲如何变劣势为优势、发挥优势打败敌人的生动故事。后来，这个"优势原则"被作为人类智慧的结晶，一直流传下来。在漫长的社会发展中，人们把这一原则广泛地应用到一切带有竞争性质的社会领域，如政治、经济、体育竞技等。我们党作为中国工人阶级的先锋队，从开始弱小的力量，到战胜强大的反动势力，赢得胜利，无时无刻不在注重培养和发挥自己的优势。可以说，它从诞生时一个被围追堵截的小党，到今天成为世界最大的社会主义国家执政党的过程，就是一个培养和发挥自身优势的过程。如今，在思想政治上，我们党产生了毛泽东思想和邓小平理论两大理论成果，以及一系列正确的路线、方针、政策；在组织上，形成了民主集中制的组织制度和一支德才兼备的干部队伍，拥有 5800 万党员、340 多万个基层党组织；在作风上，坚持全心全意为人民服务的宗旨，密切联系群众。这些，就是我们党立于不败之地的最大优势。那么，这些优势来于何处呢？显然，不是来于上天的恩赐，也不是来于哪一个人、哪一个阶级的礼让，而是完全来于包括全体党员在内的党的实践。从推翻三座大山到领导社会主义现代化建设，从"打土豪、分田地"到"锦州那个地方出苹果，我们的战士一个都不去吃"，从焦裕禄兰考治沙到孔繁森阿里扶贫，这充满前仆后继、艰苦卓绝的创业实践，造就了党的上述三大优势。

优势历来是相对的，而且总是在变化之中，在一定条件下还可以转化为劣势。我们党历史上几次重大挫折，能够说明这个道理；其他一些社会主义政党的兴衰，则更现实地说明了这个道理。有的党，经过几十年的艰苦实践，也曾形成了巨大的政治、组织和作风优势。可是，随着执政日久，优势观念淡薄了，不再以艰苦的实践去保持和发挥党的已有优势。于是，优势让位于劣势，以致丧失了执政地位。这个教训足以成为我们的警钟。

兴亡本无定数，尽在优势得失。优势的得与失，是个由量变到质变的渐进过程。今天，我们党仍然保持着巨大的政治优势，这是一个不争的客观存在。但是，"树大有枯枝"，某些党员、干部乃至组织已经或正在丧失党的优势，也是不争的客观存在。有的口头上讲"高举邓小平理论旗帜"，而实际上总是自觉不自觉地背离这一理论，背离以这一理论为基础形成的路线、方针、政策；有的在党组织内独断专行，违背民主集中制原则；有的任人唯亲，拉帮结伙，嫉贤妒能，压制人才；有的毫无共产党员的先锋模范作用，混同于普通老百姓；有的利用职权贪污受贿，腐化堕落；有的当官做老爷，不关心群众痛痒；等等。可想而知，这样做的结果会是"保持和发挥党的优势"吗？当然不是！只能是践踏党的优势，拉着党从优势走向劣势。对这种现象的危险性，必须保持高度警惕，必须采取有效措施加以遏制。否则，任其蔓延，后果不堪设想。

优势在实践中。按照党的一贯要求不懈地实践，才能够保持和发挥党的优势，这是历史与现实、经验与教训所揭示的真理。这个实践，是全党的实践，是每个共产党员的实践，也是真诚的、脚踏实地的实践。我们有党心民心所向，有党中央的坚强领导，对保持和发挥党的优势充满信心。关键在于，要把信心变为实际行动。我们每一个共产党员和党的组织，都应当头脑清醒，心中有"优势"，而又不背"优势"的包袱，永不满足于已有的成绩，脚踏实地，埋头苦干，一点一滴地为党积累优势、扩大优势。当前，全面贯彻落实十五大精神，是充分发挥党的优势的最重要的实践。在这一伟大实践中，把党的优势进一步发扬光大，必定能够更高地举起邓小平理论的伟大旗帜，把我们的事业全面推向21世纪。

原载《人民日报》1997 年 12 月 16 日

公与功

在人类社会发展中，可以说哪里有民众，哪里便有"干部"；哪里有"干部"，哪里就有民众对"干部"的评价。那么，什么样的"干部"才是"好干部"呢？上上下下，所言甚多，去其繁杂，取其精要，无非是两个字：一曰"公"，二曰"功"。我们今天讲干部道德建设、干部队伍建设，归根结底，就是要做好这两个字的文章。

人类在最初的社会分工中所以需要并设立"干部"这个职业，目的在于组织、指挥、协调众人的行动，为公众谋利益。"公"与"功"从此便成为"干部"的原始基因。体现在对"干部"的评价上，基本的标准就是看为公还是为私，有功还是有过。

为公还是为私，历来是为政的根本问题。上古时期，讲的是"大道之行也，天下为公"，把为天下之公视为为政的"大道"。《尚书·周官》里说："以公灭私，民允其怀。"意为为政者用公心除去自己的私心，天下的百姓就会信任归附。进入阶级社会后，统治阶级中虽然也有人大讲"为公"，但那已经"变味"了。它不再是"天下之公"，而是他那一个阶级、一个集团乃至一个家族之"公"，"公"的范围大大缩小了；"为公"不过是愚弄、压迫民众的一个虚幻的旗号，实则为私，其真实信条是"人不为己，天诛地灭"。马克思主义在彻底清算剥削制度的同时，恢复了社会领导者、管理者即"干部"的本来定位，称作"社会的负责的公仆"。我们党进一步强调，要立党为公，把全心全意为人民服务作为唯一宗旨。这一历史变化告诉我们，为公还是为私，是不同阶级利益和不同领导观、世界观的体现。从大处说，它直接关系到国家和社会的兴衰存亡。从干部个人角度看，它是安身立命的根本。三国时期的学者王粲在《安身论》中有两句话讲得很精辟："安身莫大乎存政，存政莫重乎无私。"必须记住，共产党的干部是人民公仆，公仆只能姓"公"，不能姓"私"。姓"私"的人不能当共产党的干部，这是一条根本原则。

干部为公，最要紧的是牢固树立全心全意为人民服务的领导观，真正把人民"拥护不拥护""赞成不赞成""高兴不高兴""答应不答应"作为一切领导行为的出发点和归宿。在领导权力的运用上，要出以公心，做到公正、公平、公道。一切公务活动都要合乎法律、道德，符合党的政策，予取得当，赏罚合理，秉公办事，公正用人。在公事与私事的关系上，要先公后私或以公灭私。在我们的社会里，干部也是公民，也有一己一家的私事要办、私利要谋。

但是，干部办私事、谋私利，不能动用公众权力，不能靠职权的影响，只能像普通百姓一样，在法律和社会道德的规范内去办，而且要在办完公事之后再去办私事，是谓"取之有道"。当公众利益与个人私利发生矛盾时，应该毫不犹豫地克己奉公，做到大公无私。

当然，对于"好干部"来说，仅仅一心为公、秉公办事是不够的，还必须能够作出与其领导职位相称的实际贡献，这就是"功"。毛泽东、周恩来、邓小平等人民领袖所以受到人民的热爱和拥戴，根本原因就在于他们为人民的解放和富裕创建了丰功伟绩。焦裕禄、孔繁森等优秀领导干部所以活在人民的心中，根本原因也在于他们为改变当地的落后面貌和贫困状况作出了突出贡献。人民选举和委任干部，赋予他领导的权力和义务，为的是让他给人民办好事，办实事，做贡献，因而合乎逻辑地要求，从政要有政绩。当公仆就要做好"仆人"该做的为人民服务的工作。如果对这种工作不会做，做不好，这样的"仆人"要他何用？

在"好干部"的身上，"公"与"功"从来就是不可分的，共同成为干部道德的主旋律。我们共产党人的道德观，是动机与效果的统一，坚持道德行为评价的历史标准，因此，不能把"功"从干部道德中排斥出去。自古以来，功与德就是联系在一起的，正所谓大功者大德，"功德无量"。如果把干部道德作为一个过程看待的话，那么，起点是"公"，终点便是"功"。为人民立功要有公心的指导和支持；公心又要通过为人民立功来不断表现和强化。当然，领导者还必须不断地增强领导才干。"才"是从"公"到"功"的桥梁。德才兼备，才能创造出新时代"公"与"功"的鸿篇巨制。

原载《人民日报》1997 年 4 月 29 日

多做"善"字文章

"善"字包含多层含义，如善良、亲善、爱惜、友好等。在日常生活中，人们往往注意在"善"字上做文章：待人处事，强调心存善意；与人交往，讲究与人为善；对己要求，主张独善其身。当然，"善"字还包含着擅长和善于的意思，体现着领导方法和领导艺术的深刻内涵。

多谋善断。领导的首要职能是决策。决策对头了，是对人民大有益处的好事、善事；决策失误，好事就办不成，有的就会成为坏事乃至恶事。正确决策就要多谋善断。"多谋"是"善断"的基础，是审时度势，谋划决策目标和方案的过程。它要求统筹全局，"没有全局在胸，是不会真的投下一着好棋子的";着眼长远,如前人所说,"深计远虑,所以不殆";周密思考,对相关因素不可说"没有想到";全面运筹,既有实现目标的主体性方案,又有预防意外事变的应急、应变措施,"先作万全之计,然后图强。得之则大,不得则自全"。"多谋"要落实到"善断"上,主要是善于正确选择决策方案和决策时机,即在空间上合理调配力量,在时间上有效把握机会。

知人善任。决策是由"人"制定并贯彻执行的。"事情成败的关键就是能不能发现人才,能不能用人才。"把邓小平这一论断付诸领导实践,就要在"知人善任"上下功夫。"知人"是"善任"的前提,也是一道"难题"。自古以来,许多名家大师都曾为解此题耗费心血,作出答案。姜子牙提出"六守""八证";庄子提出"九征";诸葛亮提出七种"知人之道";刘劭则提出鉴别人才的"八观""五视"。凡此种种,结合今天的实际,不过是"四看":一是自己看。领导者对于拟任用的干部,一定要亲自了解,亲自考查,不能光听别人怎么说。"一流之人,能识一流之善;二流之人,能识二流之善。"二是群众看。群众是社会实践的主体,对干部的优劣最有发言权。识人、用人应当贯彻人民公认的原则。三是看政绩。政绩是干部德才素质的综合反映和集中体现,是干部的主观努力见之于工作实践的一种客观结果。看一个干部的德才,归根到底要看他对人民所做的实际贡献。四是看全面。看主流,看本质,看潜能,看发展,不求全责备。要有举大功不记小过、举大善不咎细瑕的眼光和胸怀。知人,必须看到人才的差别。德有大小,才分高低。根据人才的实际情况安排合适的工作岗位,最大限度地发挥其积极作用,这就是"善任"。

从善如流。不论决策还是用人,仅凭领导者个人的聪明才智是远远不够的,必须充分利用"外脑",善于听取他人意见,择善而从。古代先贤在这方面有很多创造,不但把它作为一种思想方法、工作方法,而且形成制度。现代社会,咨询业日益发达。许多来自社会各界的建议、意见和批评"不请自到"。面对如此众多的"顺耳""逆耳"之言,领导者当冷静分析,判别意见的好与坏、可行与不可行,切忌一听逆耳之言便火冒三丈,凭个人好恶取舍。对于确属正确的意见,不管提意见的人你喜欢不喜欢,都要像激流无阻那样迅速照办。这就叫从善如流。做领导工作,最怕"鸦雀无声"。鼓励人们多提意见,提好意见,广开言路,不因人废言,也不因言废人。做到了这一点,领导工作岂能不"善"!

善始善终。为人民做"善"事永无止境,这是党的宗旨决定的,是每个党员、干部应有的意识。具体到领导工作,就要讲究善始善终。一个好的决策制定出来,不管遇到什么困难,都要矢志不渝地贯彻下去,不能朝令夕改,半途而废,更不能无疾而终。做"官"是一阵子,做人是一辈子。共产党做人,就更要讲言行一致，表里如一，前后一贯，也就是善始善终。

一个人做点好事并不难，难的是一辈子做好事。一个民族有一些人做一些好事并不难，难的是全民族从上到下人人做好事。我们的目标，就是把这个"难"字搬掉。其基本途径，就是坚定不移地加强物质文明建设，加强精神文明建设，加强民主政治建设。为此，要求领导干部带头，人人都来多做"善"字文章。

原载《人民日报》1997 年 6 月 24 日

讲究一点治学之道

我国正处于建立社会主义市场经济体制、全面实现现代化的关键时期。这对于有五千年文明史、饱受百多年屈辱的中华民族来说，是一个极其伟大而辉煌的历史时代。与此相适应的，这也是社会科学理论有大提高、大发展、大建树的时代。生活在这一时代的理论工作者责任重大。那么怎样才能不负时代和人民所望，为伟大时代的改革、发展、稳定提供更有力的理论支持呢？这就必须遵循理论发展的规律，讲究一点治学之道。

中国历代有作为的学者都非常看重治学之道，其中，首推"立志"。明代大学者王守仁提出做学问的四个要点："笃志、力行、勤学、好问。"第一条就是讲"志"。"志不立，天下无可成之事。虽百工技艺，未有不本于志者。今学者能旷废隳惰，玩岁时，而百无所成，皆由于志之未立耳。"当代对王守仁的功过虽然评价不一，但他把荒废学业，虚度光阴，最后一事无成，首先归于"志之未立"，还是有道理的。我们今天搞理论研究，也应该从"立志"做起，立志于丰富、完善和发展科学理论。

发展科学理论有三种基本形态：一是修正性发展，对经过实践证明是错误的理论，给予修正，如我们党在十一届三中全会后否定"以阶级斗争为纲"理论，重新确立党的思想路线、政治路线；二是继承性发展，对已有的科学理论，在新的历史条件下给以丰富和发展，如社会主义精神文明建设的理论，就是对我们党过去思想道德建设理论的继承性发展；三是创造性发展，原来没有的，现在有了，如邓小平提出的社会主义市场经济理论、"一国两制"理论等。以上不论哪一种形态的理论发展，都是社会发展所必需的，都要下决心搞好。

理论来源于实践，是对实践经验的正确总结。发展理论的基本途径，是到群众的实践中去。古人做学问，不但强调"读万卷书"，而且强调"行万里路""读无字书",即深入实践,了解社会,认为只有这样才能作出有用的学问。诸葛亮当年舌战群儒时,特别嘲笑了那些"笔下虽有千言,胸中实无一策"的儒生。清初一些学者在总结明亡的教训时,深感"空谈误国",于是大力提倡"实学",主张"经世治用"。在今天,任何一门社会科学理论的研究离开社会实践,离开科学地说明和解决现实生活中的实际问题,都将是没有出息和出路的。正如有的学者指出的,社会科学研究应该是研究者与社会的对话,而不是学者之间的对话,更不是个人的自言自语。努力选择那些对社会发展有重大影响和重要意义的课题,带着问题到群众中去,到实践中去寻找答案,这应该成为做学问的基本要求。

科学研究是探求未知领域真理的工作,其显著特点在于创造性、创新性。创造,是发展的基本形式;创新,才有可能出科研成果。科研成果之"新"是从哪里来的呢?从大处说,来源于人民群众的创造性实践;对科研人员来说,则取决于他丰富的知识和创造性思维。古语说:"学起于思,思源于疑。"搞科研,首先得学会善于从"无疑"处生"疑",通过一系列分析、综合等思考过程,逐渐释疑。为此,必须解放思想,勇于创新,不能老是跟在别人后面,亦步亦趋。

自古以来做学问就是一件清苦的事,有时还会是一件有风险的事,但它终归是一项大有益于社会的崇高事业,所以从古到今都有数不清的学子无怨无悔地为它奉献着一切。中国古代的学问家历来讲究"先苦后甜",肯坐"冷板凳",耐得住寂寞,注重身后之名和长远社会效益。这种精神很值得我们学习。今天,面对市场经济的大潮,理论工作者不要"目迷五色""心浮气躁",而应该在通古博今中看清世态,看透名利,不为名利所累。重要的是,认认真真地去做学问,以一种"语不惊人死不休"的精神去写好每一篇文章、每一本书,为社会科学理论的发展做一点实实在在的贡献。

原载《人民日报》1997 年 5 月 22 日

1998 年

年度背景　全党全国隆重纪念周恩来总理诞辰 100 周年，隆重纪念党的十一届三中全会召开 20 周年，结合实际深入开展理论研究，加强领导人才队伍建设。

做周恩来那样的领导者

周恩来，是 20 世纪进步人类最响亮的名字之一。他与中华民族的崛起相联系，是中国人民解放事业的杰出代表。他与中国共产党的辉煌相联系，党的每一个重大胜利都浸透着他的心血。他与世界和平相联系，"20 世纪只有少数人比得上周总理对世界历史的影响"。虽然 1976 年那个寒冷的早春逐渐地远去，但是人民对周恩来的怀念与崇敬与日俱增。每当社会发展出现新的难题，人们就会想起他的英名与思想。理智的思考使人们终于发现，周恩来最全面、最深刻地反映了我们党领导的本质，最典型地代表了时代发展的要求，他是人民最需要的领导者，是中国共产党人的精神典范。做周恩来那样的领导者，是我国人民对领导干部的最高要求，也是今天对周恩来诞辰 100 周年的最好纪念。

周恩来对人类进步事业的贡献是多方面的。他是杰出的无产阶级革命家、政治家、思想家、军事家、外交家。但是，他最显著的社会角色，则是"人民的领导者"。在我们党的历史上，周恩来担任党中央领导职务的时间最长；与毛泽东合作共事的时间最长；担任共和国总理的时间最长。这样一种特殊的领导实践，造就了他鲜明的"人民领导者"的特点：其一，他是全心全意为人民服务的典范，是人民群众公认的"社会的负责的公仆"。他"以人民的疾苦为忧，以世界的前途为念"，把毕生的心血和精力贡献给了中国人民的解放事业和社会主义事业，真正做到了"鞠躬尽瘁，死而后已"。他创造了感人肺腑的领导者与被领导者的关系，"人民总理人民爱，人民总理爱人民"。其二，他是"以德服人"的表率，达到了"德服天下"的崇高的人格境界。他身居高位而不显赫，手握大权而不稍纵，丹心尽瘁不求享受，高风亮节没有私利，一生光明磊落，相忍为党。他的领导，更多的不是依靠权力，而是依靠精神感召力、智慧征服力、形象影响力和语言说服力等人格魅力，因而更能体现领导的本质，更有效地实施领导。其三，他富于领导智慧，是高超的领导艺术大师。他广泛地吸收古今中外人类的优秀文化成果，善于用辩证唯物主义和历史唯物主义的世界观、方法论处理各种复杂的领导问题。他的领导智慧是全面而系统的，"既有精于哲理长于历史的睿智，又有运筹帷幄深谋远虑的才智；既有审时度势灵活应变的机智，又有顾全大局团结多数的明智"。通过对领导智慧灵巧而完美的运用，周恩来形成了"不感觉是在领导"的出神入化的领导艺术。他像一团火焰，给人民以热情和力量；他像一块磁石，吸引着人民的心灵。他的领导真正达到了"天下归心"的境界。不管领导任务多么艰巨，领导环境多么复杂，他总是能够拨开迷雾，绕过暗礁，出奇制胜，成功地到达彼岸。

人民是不朽的。以热爱人民、服务人民为本质特征的周恩来式的领导者也是不朽的，必将在人民事业的发展中一再表现出伟大的社会价值。当前，我们正在把社会主义现代化建设事业全面推向 21 世纪。正如党的十五大报告指出的："建设一支适应社会主义现代化建设需要的高素质干部队伍，是我们的事业不断取得成功的关键。"只有培养和造就千千万万个周恩来那样的领导干部，才能有效地解决层出不穷的新情况、新问题，实现社会主义事业的新发展和国家的长治久安。

周恩来波澜壮阔的一生，是现今的领导干部难以比拟的。他是人民领导者群山中一座挺拔、秀丽的高峰，是历史长空中一颗明亮、耀眼的巨星。学习周恩来，做周恩来那样的领导者，首先要有"心向往之"的理想和志向，学习他崇高的思想境界和道德品质，以他为榜样，做好自己担负的领导工作，做人民喜爱和拥戴的公仆。

以博大的爱民情怀，构筑人民公仆的牢固基础。领导者与人民群众的关系问题，是社会主义领导的根本问题。而维系和发展这一关系的基础，是领导者对人民群众的真诚热爱。福克斯说的好，只要你有足够的爱心，就可以成为全世界最有影响力的人。周恩来就是这样一个对人民群众"有足够的爱心"的人，因而也是世界上最有影响力的领导者。他以历史唯物主义作为指导思想的理论基础，对人民的热爱具有彻底性，达到了"博爱"的崇高境界。不论他面对的群众多么平凡，都能平等相待，给予尊重。在群众面前，他没有丝毫的官气和霸气。他时刻把人民群众的疾苦放在心上，坚持从人民的利益出发制定各项领导决策。听到老区人民生活困难，他难过地流下眼泪；为了让群众方便听讲，他宁可自己逆风而立、迎风讲话；他省吃俭用，抚养几十名烈士遗孤……在他的一生中，处处表现着博大的爱民情怀。在人民心目中，周恩来不是令人敬畏的"神"，也不是高高在上的"大官"，而是可以交心的朋友，可以同生死共患难的亲人。正因为有这种与群众水乳交融的情感基础，所以他才能够在为人民服务的活动中做得那么自然，那么彻底。无情不是真豪杰。对人民没有真情实感的人，绝不可能成为合格的人民公仆。

以彻底的负责精神，坚持社会主义的领导本质。社会主义的领导本质，是全心全意地为人民服务。判断为人民服务的真、假、好、坏，关键看领导者是否尽到责任。社会责任心，是人最可贵的品质之一，也是领导干部走向人民公仆的阶梯。周恩来少年立志"为中华之崛起而读书"，就表现了一种强大的社会责任感。投身革命以后，强烈的责任意识伴随了他的一生。他勤勉治政，是世界上公认的工作时间最长、休息时间最短的领导人，为的是做好工作，尽到责任；他一生谨慎，一丝不苟，"举轻若重"，为的是避免失误，尽到责任；他在复杂的党内外斗争中无数次求同存异，苦心协调，刚柔相济，维护大局，为的是发展大局，尽到责任；在"文化大革命"的特殊环境里，他讲的是"我不入地狱谁入地狱"，还是为了国家和民族的团结统一，尽到责任！这种彻底的负责精神，造就了他"人民领导者"的崇高形象。

以高超的领导智慧，领导人民战胜困难，夺取胜利。人民需要领导，为的是在他们的带领下克服困难、赢得利益、不断前进。因此，领导者不但要有为人民服务之德，而且要有为人民服务之才，有胜任领导工作的相应知识、才华和智慧。人民所需要的领导者应当是有智慧克服困难、有力量战胜奸佞小人的强者和智者。否则，让"小人得势、奸臣当道"，就会使人民群众的利益受到根本性的损害。周恩来的伟大之处在于，不但能够在极其复杂的斗争中保护住自己和尽可能多的同志，而且善于积蓄力量战胜错误，不让奸佞小人的阴谋得逞。他之所以成为现代中国政坛为数不多的不倒的"长跑将军"，具有高超的领导智慧是一个主要原因。尽管他有时受到误解，但是人民最终理解了他。"文化大革命"之后，陈云这样说过："没有周恩来同志，后果不堪设想。"这是对周恩来历史功绩的公正评价，也是对他领导智慧的充分肯定。做周恩来那样的领导者，就必须重视领导智慧的培养和运用。

以严谨的自律品格，实现领导者价值的升华。周恩来一生严于律己，具有许多领袖人物难以具备的自我批评精神。特别是在他事业取得重大建树以后，仍然保持着如临深渊、如履薄冰的心态，这是非常难得的。他有一句名言："活到老，学到老，改造到老。"他对自己行为的约束达到了近乎理想与完美的境界，廉洁而又勤政，宽厚而又坚定，柔顺而又卓立，刚正而又笃实，坚强而又合宜。在"文化大革命"的复杂环境里，他更加严格要求自己，坚定而不固执，忍让而不软弱，勇敢而不鲁莽，老实而不愚昧，谨慎而不怯懦。这种严格的自律，使他处于无懈可击的有利地位，进而创造了人生新的辉煌。领导者的价值，是在不断地为人民服务的实践中实现的，是在群众监督和严格自律中保持和发扬的。领导者必须时刻保持清醒的头脑，决不能稍有成绩便飘飘然、昏昏然，孤芳自赏，不可一世。对于掌握一定权力的领导者来说，放任自己，放松改造，便是失败的开始。做周恩来那样的领导者，就要像他那样，谦虚谨慎，终生改造自己，始终保持高风亮节的操守和人民公仆的本色。

原载《人民日报》1998 年 2 月 26 日

领导人才发展的若干规律

培育和使用领导人才，建设高素质的干部队伍，实质是对领导人才发展的要求。所谓领导人才发展，主要包含两个方面的内容：一是指已经在一定领导岗位工作的领导人才，如何进一步优化领导素质，增加领导才干，以获得更大领导效能；另一是指培养后备干部的领导才能，并适时地把他们提拔到相应的领导岗位上工作，充分发挥作用。发展，是我们这个时代的基本特点。领导人才的发展，是由三方面的原因决定的：第一，从领导人才自身来看，任何人的领导才干都不是天生的，而是在学习和实践中形成并提高的。领导人才具有层次性、能级性，只有发展，才能不断提高领导才干，做好本职工作，同时也为到上一级领导岗位工作创造条件。第二，从领导工作的客观要求看，社会在不断发展，领导工作的要求也在相应地提高。这就要求领导者不能停留在已有的领导水平和能力上，必须要有相应的提高。第三，从人的生理发展规律来看，不管是什么样的领导人才，总有一天要老、要死。如果不有计划地培养后备领导人才，并适时地把他们提拔到相应的领导岗位，那么占据领导岗位的就可能是不合格的领导人才，会给领导事业带来难以估量的危害。

任何事物的发展都是有规律的，领导人才的发展也不例外。在专制政体下，当官，可以不讲什么规律。皇帝老子一高兴，可以在一天之内让你"连升三级"；一不高兴，也可以在一天之内把你连贬三级，甚至砍了你的脑袋。领导人才的发展却不会有类似的随意性。一个人，不可能今天是基层支部书记的领导才干，一夜之间，就具备了省委书记的领导才干。领导职务可以马上提升，领导才干却不可能马上提高。1981 年胡耀邦当选为中共中央主席时，就讲过类似的话，受到邓小平的称赞。领导人才在发展过程中可以有"顿悟""突变"的感觉，但总起来说，这是一个积累的过程，渐变的过程，需要多方面的相关条件，具有内在的规律性。领导干部只有正确认识并遵循这方面的规律，才能尽快提高自己的领导才干；上级领导只有正确认识和遵循这方面的规律，才能有效地培育和使用领导人才，推动高素质干部队伍的建设。

领导人才发展规律是什么？这是一个探索中的问题。根据历史唯物主义的立场、观点和方法考察领导人才发展的实践，我认为，领导人才的发展规律不是一条两条，而是有许多条。它们互相影响，彼此联系，共同构成一个有机的规律体系，主导、影响和制约着领导人才的发展。这一规律体系，可以分为个体发展规律和总体发展规律两大类。在领导人才个体发展规律方面，知识的学习，文化的熏陶，实践的锻炼，自律的能力，环境的影响，机遇的把握等，都是极为重要的，也是人们熟知的。根据领导用人、育人，以及建设高素质干部队伍的要求，更应该重视和遵循领导人才总体发展规律。这类规律主要有以下八条。

一、个体成才阶段律

领导人才是具体的，领导人才的总体发展是以个体成才为基础的。现代人才学研究揭示了人才发展的一般规律，任何人才都要顺序地经历四个时期：一是才能萌发期；二是才能增长期；三是才能成熟期，能够进行创造性劳动，并取得显著成绩，亦称"最佳年龄区"；四是才能衰退期，由于自然法则的作用，年龄增长到一定时候，或者身患重病，人的体力和智力水平必然下降，不可逆转地导致人的才能的衰退和衰亡。根据这一规律，本来意义上的领导人才，实际上指的仅仅是处于"才能成熟期"即"最佳年龄区"的人。不同类型的人才和不同个体的人才，"才能成熟期"是不同的。现代生理学、心理学研究表明，人的生理机制和心理机制明显地受到年龄条件的影响，在智力结构与年龄之间存在着某种对应关系。例如，如果把"知觉"最高峰值作为100，那么其年龄对应段是10~17岁，而18~30岁则降至95，31~50岁为93，51~70岁为76，71~90岁仅为46；"记忆"的最高峰值在18~30岁，为100，而10~17岁为95，31~50岁为92，51~70岁为58，71~90岁为55；"比较和判断"的最高峰值在31~50岁，为100，10~17岁为72，18~30岁为90，51~70岁为87，71~90岁为67；"动作和反应速度"的最高峰值在18~30岁，为100，10~17岁为88，31~50岁为97，51~70岁为92，71~90岁为71。可见，组成智力的各种机能都有一个最佳年龄阶段，并在它之前之后，都有趋向和衰退的过程。据此，有的学者对历代1249名杰出科学家的1928

项重大科研成果情况进行分析，从中测算出科技人才的"最佳年龄区"在 25～45 岁，其峰值年龄在 37 岁左右。另有学者对近二千名各类世界名人在事业上首次出成果的年龄进行了统计，表明 10～20 岁的占 22%，21～30 岁的占 30%，31～40 岁的占 24%，41～50 岁的占 13%，51～60 岁的占 6%。这就是说，首次出成果的高峰年龄在 30 岁左右，多数名人从 30 岁左右开始步入才能成熟期。

领导人才与其他人才相比，有许多相同点，也有许多不同的特点。领导人才出成果，受岗位和复杂的社会环境影响非常大，测算"最佳年龄区"往往很困难。有的学者对我党历史上 57 名已有定论的杰出政治、军事、经济领导人才作过统计分析，发现他们大多数在 27 岁至 30 岁左右进入"才能成熟期"，创造出了较显著的领导业绩。平均到 47 岁时，进入领导事业的巅峰状态。这一状态，一般可保持 20 年左右，大约到 67 岁至 70 岁。70 岁以后，虽然智力水平下降，但如果身体素质较好，由于领导经验更加丰富，领导艺术和决策能力仍然可以提高，加上领导威望的提高，完全可以创造新的领导业绩。周恩来 26 岁到黄埔军校担任政治部主任，年过七旬以后，仍处于领导事业的辉煌时期。1927 年 12 月，时年 23 岁的邓小平被任命为党中央秘书长，到 75 岁，成为中国共产党的第二代领导核心，创建了有中国特色社会主义理论，巅峰状态一直持续到 85 岁以后。周恩来、邓小平属于领袖级的领导人才，具有某种天才成分，非一般领导人才可比。对于大多数一般性领导人才来说，步入才能成熟期会晚一些，巅峰状态的持续时间也不那么长。有的学者对某市 46 名已退居二线的县处级领导干部进行统计分析，结果是，他们在首次担任县处级领导职务的峰值年龄是 33.4 岁，取得显著成绩、标志进入事业的巅峰状态的平均年龄为 44.7 岁，开始衰退的平均年龄为 52.1 岁，其巅峰状态滞留时间还不到 8 年。结合其他统计分析进行推断，地县两级领导人才的最佳年龄区一般在 35～55 岁，省部级领导人才的最佳年龄区在 45～65 岁。其中峰值年龄，县级在 45 岁左右，地级在 50 岁左右，省级在 55 岁左右。

个体成才阶段律给我们的启示是：其一，必须正确理解干部"年轻化"的标准，其实质是选拔、使用"最佳年龄区"的领导人才。年龄老化不行，但也不是说越年轻越好，更不是"青年化"。要在德才兼备的基础上，尽量提拔使用年轻一些的干部。其二，对已经进入"最佳年龄区"的领导人才要及时使用、用当其时。"花欲堪折直须折，莫待无花空折枝。"既要及时提拔年轻的优秀人才，又要注意重用那些 50 多岁的优秀中年干部。当前领导人才浪费的一个重要方面，是一大批 50 多岁、年富力强的人才过早地"退二线"。他们领导经验丰富，一般处于"才能成熟期"，属于干事业的"正当年"，应当充分发挥他们的作用。其三，对于处在"最佳年龄区"之外的人，年轻的，要重在培养，而不是使用；年老的，应及时退出重要领导岗位，在其他方面发挥余热。

二、社会发展需求律

在一定的时空条件下，领导人才的类型、数量、内在结构等，受社会发展的需求所决定，这就是领导人才的社会发展需求律。在战争年代，产生最多的是军事领导人才。在和平发展时期，经济类、社会管理类领导人才则占多数，而军事领导人才却大大减少。领导人才的总体数量，随社会发展呈逐步增加的趋势。在古代社会，社会分工简单，所需领导人才的种类和数量都不多。一个县，有一个县官、一个县丞、两个师爷，就足够了。在现代社会，各项事业都有较大发展，社会分工越来越细，要求有更多的领导机关和领导干部。目前一个县，有中共县委、县人大、县政府、县政协、县武装部和县法院、县检察院等数个领导班子，仅"县太爷"级干部就有好几十任。其中不排除有"滥增"的成分，应当精官简政，但是总的说，领导机构和领导人员的增加带有一定的必然性。今后，随着我国社会主义市场经济的发展，以及国家管理职能与社会管理职能的划分，"小政府、大社会"的格局将进一步形成。与此相适应，党政类领导人才的需求量将下降，经济类、社会类领导人才将增加。应该认清这一发展趋势，自觉地调整领导人才结构，使之适应社会发展的需求。

三、政治环境决定律

在有阶级存在的社会里，领导人才是一定阶级或一定政治力量的代表者，是最具政治色彩的人物。领导人才的生长和衰落，首先取决于他所处的政治环境。在阶级斗争、政治斗争激化，政权更迭的动乱年代，领导人才往往随着他们服务的阶级、集团的成败而"大起大落"。一些领导人才迅速崛起，另一些领导人才被无情地毁灭，正所谓"胜者王侯败者贼"。在政权基本巩固的和平时期，决定领导人才生长的政治环境，主要是当时的政治制度和领导集团的用人政策。在同一政治制度下，不同的用人政策对领导人才的生长产生不同的影响。与用人政策相比，政治制度更带有根本性。在封建社会，领导人才的生长道路极其艰难，因"怀才不遇"而抱恨终身的大有人在，被扼杀的优秀领导人才不计其数，其根本原因在于封建专制的政治制度。在民主的政治制度下，就不大可能出现朱元璋大杀功臣、晋朝以门第取士的现象。民主制度能够保障享有公民政治权利的人"凭本事"走上相应领导岗位，即使在竞争中败北，不当领导或者下台就是了，也不至于被打倒，遭杀头。民主政治制度是领导人才生长的沃土，比专制制度更能够保护领导人才，更有利于领导人才的公平竞争和健康成长。为了促进社会主义领导人才的充分涌流，必须加快建立健全社会主义民主政治制度，全面贯彻落实党的"任人唯贤"的干部路线。

四、体制机构制约律

有些领域的人才发展，例如画家、科学家，不会受到体制、机构的制约，谁有能力去当谁就去当；领导人才却不同。领导人才的价值只有在一定的领导实践中才能显现出来，也只有在领导实践中才能真正增长领导才干。但是，历史并不是可以给任何人这样的实践机会。在一个有数千万人口的大省里，具有省长领导才干的何止十个百个，然而在一定时期内，只能有一个人当省长。在地市县乡同样如此。那么，多设一些领导岗位，给更多的领导人才提供实践的机会，是否会有利于领导人才的成长呢？宋代冗官泛滥的教训，说明"官多"反而使领导人才无法发挥作用，从总体上是限制领导人才发展的，并导致政治腐败，有百害而无一利。这就是社会发展的辩证法。因此，要通过科学研究，努力创造精干的领导机构和统一、高效的领导体制，为领导人才的成长提供"好中选优"的客观条件。

五、人才选任机遇律

与上一个规律相联系，某个领导人才之所以能够走上一定领导岗位，既有主观努力、客观需要的必然性一面，又有机遇提供的偶然性一面。在领导人才发展中，不承认必然性不行；只承认必然性，不承认偶然性，不讲机遇，也不是历史唯物主义。社会的进步恰恰表现在机遇的增多。在封建社会，一方面实行"官本位"，千军万马拥挤在"官"这座独木桥上，社会领导类型单一；另一方面，又是"千里马常有，伯乐不常有"，有没有被"伯乐"赏识、重用的机遇，直接影响到领导人才的命运。这就使得大批领导人才没有用武之地。在社会主义社会，领导类型多样化，如党务类、政务类、军事类、经济类、文化类、社团类等，使领导人才有了广泛的选择机遇。由于实行民主制度，领导干部实行选举制、轮换制、任期制，这样，真正的英雄——群众常有，"伯乐"也就常有。只要是优秀的领导人才，一般是不会被埋没的。当然，由于体制和机构的制约，由于对领导人才有一个认识的问题，所以不能说谁具备了某种领导才干就必然能够走上相应的领导岗位。那些已经在某个领导岗位上适应工作的领导人才，应该是历史的幸运儿，应该珍惜历史给予的机遇，创造出应有的领导业绩。

六、能级相称平衡律

所谓能级相称，是指领导才干与领导岗位大体吻合。这是保证领导干部队伍健康、协调发展的重要条件和必然要求。人们常常会自觉或不自觉地把自己同可以胜任的领导岗位上的人做比较。当发现"上级"的能力比自己强时，一般都能心悦诚服地接受领导，领导关系比较顺当。如果发现"上级"能力不如自己，或者下级能力大大超过自己，就容易产生心理不平衡。在一定条件下，这种心理不平衡就会变为不满情绪，甚至发展为反现实的力量，破坏领导系统的正常运行。每个朝代走向没落的时候，都是在领导人才能级倒挂现象大面积出现之后。"小人掌权，奸臣当道"，把大批优秀的领导人才排斥在核心权力之外，进而又会把他们"逼上梁山"，结果为政权的垮台创造了外在的人才条件。作为社会领导集团，为了巩固政权和社会的健康发展，应该把保持社会稳定摆在首位。而稳定社会必须首先稳定干部队伍，稳定干部必须着力保持领导人才的心理平衡。为此，要努力做到能级相称，充分重视各类领导人才的使用，尽量做到人尽其才、才尽其用；尤其要注意不要大材小用，也不要小材大用，更不要误把庸才、奴才和坏人当作人才委以重任。

作为领导人才个体，应当清醒地看待自己的能力，正确对待领导环境，不要一味地"往上爬"。英国人劳伦斯·彼得写过一本畅销书，名为《往上爬》。他认为，在实行等级制度的社会里，人一生下来就开始本能地往上爬，甚至企图爬到能力所不逮的地位上。这个在西方轰动一时的"彼得原理"，指出了等级制度的弊端，也揭示了人性荒谬的一面。人生在世，总要有点作为，对社会做点贡献。把这一点引申到领导人才身上，就不能不讲领导岗位。一个人即使有经天纬地之才，如果不让你在可以经天纬地的岗位上，那么你再想做贡献也只能是空想。但是，人贵有自知之明。一个人到底是不是领导人才，是什么样的领导人才，应当心中有数。不能看别人往上爬，自己也往上爬；别人爬到多高，自己也要爬到多高。岂不知，如同人生会有许多极限一样，受主客观条件的决定，人在"升官"上也会有某种极限。如果硬要"突破极限"，后果往往不堪设想。《红楼梦》早有警言："因嫌纱帽小，致使锁枷扛。"《往上爬》的作者忠告人们："趋向成熟的一个标志，便是知晓自己能力的界限而且对此心安理得。这并不是说，我们不再寻求上进，不再拓展所长；而是说，我们应有现实的态度，清楚自己应在必要的时候退下来，承认有些事情并非自己的能力所及。""人常常这样，不懈地奋斗，并希望凭此获得美好的东西，但其结果常常是破坏既有的美好，甚至使他陷入等级之中而不能自拔，就像染上毒瘾一样。到了这种地步，云梯就不再是一种工具，一种达到自我实现的手段，而是一种反噬其主的怪物了。"因此，要有一颗平常心对待领导职务，不要跌入"步步高升的陷阱"。

七、优胜劣汰竞争律

领导，是社会中一种特殊的职业。它能够给人带来权力、声望、地位乃至财富，被世俗的人们认为是人生自我价值的实现和幸福美满的标志。所以，大凡自认为有领导才干的，或者"有门路"进入官场的人，都千方百计地"往上爬"。另一方面，受体制和机构的限制，上去的人总是少数。这两方面的情况决定了，领导人才的生长充满了竞争。所有竞争，都是按照优胜劣汰的法则进行的。在有阶级存在的社会里，这种竞争首先是阶级的竞争，其次是阶级内部集团与集团、政党与政党的竞争。它们都是领导人才集体的竞争。最后，总是胜利的阶级、集团、政党的领导人才在领导岗位上发挥作用，而失败的一方不得不接受被统治、被领导的现实，无缘施展领导才干。我国古代的"一朝天子一朝臣"，美国大选获胜的总统"组阁"，都是这样。这里所讲的优与劣，主要的不是道德观念上的好与坏，也不完全表明是否代表历史前进方向，而是竞争力对比所形成的优势与劣势。历史上有许多"奸臣"得势、"忠臣"落难的事例，其优胜者（尽管是短暂的）并不是因为品德高尚、才华出众，而是依靠德才之外的条件创造一种"优势"。"好风凭借力，送我上青云"，如此而已。

在社会主义社会里，领导人才的生长同样充满竞争，同样是优胜劣汰。但是，这种竞争是建立在为人民服务的政治基础和道德基础上的。党和人民所倡导的"优"，基本点是领导人才的德才之优，是同一人群中最能为人民谋利益之优；在此基础上，积极争取上级组织的认可和人民群众的拥护，形成竞争的真正优势。因此这种竞争理应是公平、公开、公正的竞争，是文明的竞争，是符合社会主义道德和历史进步方向的竞争，真正体现优胜劣汰的本来含义。当然，今天也有许多不文明竞争的现象。造成这种现象的原因，有干部制度方面的，也有干部个人品质和认识方面的。任何采取不正当手段搞竞争的人，应当经常想一想秦桧。当年他和宋高宗赵构以"莫须有"的罪名杀害岳飞的时候是何等得意啊！其权势一直维持到寿终正寝。然而历史的结论却是，他必须永远赤身裸体、被绑双臂地跪在岳飞墓前，接受世世代代人民的唾骂。历史是公正的，历史的裁判是最终的裁判。真正能够在历史上留下胜利者美名的，是那些为人民群众和社会发展作出贡献的优秀领导人才，绝不是一时得势的小人。因优而胜的是岳飞，因劣而汰的是秦桧，这才是历史的结论。只有这样理解优胜劣汰竞争律，才能正确把握它的实质。

八、群体互补共进律

现代领导，早已不是单纯的个体行为，而是群体行为，表现为领导集团、领导集体或曰"领导班子"的领导。在领导人才群体内部，人们各有特点，彼此互补性强，共同推动着领导事业的发展，也使各自的领导才干得以较快发展。领导人才这种内在联系，可称作群体互补共进律。它一般具有三方面基本特征：一是内向稳定性，不管外界压力有多大，群体在共同目标指引下，有很强的内聚力、协调力，表现出强大的生存能力和创造能力；二是外向竞争性，在与外界的斗争和竞争中，团结一心，统一协调，力量集中；三是互补共振性，群体内部人才取长补短，互相学习，互相启发，互相配合，共同前进。

在一定意义上说，社会主义集体领导的原则，就是群体互补共进律的生动体现。毛泽东在党的七大选举中央委员会时说过，党的事业要求中央委员会通晓各方面知识，但事实上，任何一个人都不可能通晓各方面的知识。所以，不能要求中央委员是"通才"，无所不晓；新的中央应该是包罗各种人才的，互相补充和配合，确保整体上通晓各方面知识。实践表明，不管是多么了不起的领导人才，都会有某些缺点和不足，面对繁重的领导任务，都会有知识、智慧和能力所不及的状况，因此，必须求助于其他领导人才的帮助，正所谓"一个好汉三个帮"。任何一个领导人才要充分发挥自己的作用，都不能离开领导集体，必须老老实实地坚持集体领导的原则。集体领导对于领导人才的发展具有巨大的促进作用：它有利于领导人才从其他领导人才的身上学习自己所欠缺的东西，弥补自己的不足；有利于领导人才少犯错误，少走弯路；有利于领导集体成员的整体进步。背离集体领导原则，领导工作就容易犯错误，如"文化大革命"。为了领导事业的成功、领导人才的发展，必须优化领导班子结构，坚定不移地贯彻党的集体领导的原则。

原载《领导者素质与工作规律述评》，中共中央党校出版社 1998 年 7 月出版

让民主多起来

十一届三中全会的一个重大决策，就是要"在党的生活和国家政治生活中加强民主"。作出这一决策的直接根据，就是邓小平讲的两条：一条是"没有民主就没有社会主义，就没有社会主义的现代化"；另一条是在过去一个相当

长的时期内，"民主太少""在民主的实践方面，我们过去做得不够，并且犯过错误"。随着时间的推移，这一决策的划时代意义越发显得突出，今天在纪念十一届三中全会召开二十周年的时候，无论如何也不能不讲到它。

民主，对于长期处于被剥削、被压迫地位的无产阶级和人民群众来说，是一个神圣的字眼。《共产党宣言》明确提出："工人革命的第一步就是使无产阶级上升为统治阶级，争得民主。"我们党的历史就是一部"争得民主"的历史。社会主义制度的建立开辟了人民民主的新纪元。受社会主义经济基础所决定，社会主义的政治只能是民主政治，必须不断扩大人民当家作主的层次和范围。如果"民主太少"，势必危害整个社会主义事业。所以，在党的十一届三中全会"结束过去，开辟未来"的时候，理所当然地要作出"加强民主"的决策。

让民主多起来，是二十年来我们党始终不变的努力方向。十一届三中全会刚结束不久，邓小平就指出："继续努力发扬民主，是我们全党今后一个长时期的坚定不移的目标。"之后，又把"民主"两个大字郑重地写进了党的基本路线。二十年来，从不断完善人民代表大会制度、中国共产党领导的多党合作和政治协商制度，到推进党和国家领导制度、政府机构和干部人事制度的改革，从完善民族区域自治制度，到发展基层群众自治，从提倡舆论监督，到确立依法治国的基本方略，无不证明我们的民主实实在在地多起来。对比一下二十年前的情况，这是谁也不能否认的。

让民主多起来，仍然是我们今天及以后的重要任务。虽然说十一届三中全会以来我们的民主越来越多，但是，与我们党所确立的建设"高度的社会主义民主"的宏伟目标相比，还是有很大差距的。不能忘记，我们的国家有着几千年的封建专制历史，缺乏民主的传统，怎么可能用几十年时间就完成民主建设的任务呢？不能忘记，民主是一个过程，社会主义初级阶段的民主政治建设，从属于整个初级阶段的历史进程，"至少需要一百年时间"。至于它的巩固和发展，"那还需要更长得多的时间，需要几代人、十几代人，甚至几十代人坚持不懈地努力奋斗"。十五大报告的这一论断，以及"进一步扩大社会主义民主"的要求，明确地昭示我们，不能停留在已有的民主水平上，要不断地创造民主的条件，把民主不断推向新的高度。

让民主多起来，必须遵循民主建设的规律。历史不会忘记，"文化大革命"时期的"大民主"，是违背民主发展规律而形成的怪胎，它只能破坏和延缓民主进程，导致民主的减少。二十年来，我们党不断地学习和研究国内外民主建设的经验教训，对民主建设规律性的认识更加系统化、理论化，初步形成了比较完整的社会主义初级阶段民主政治建设的理论体系。按照这一理论，第一，民主建设要从我国实际情况出发。世界历史表明，任何国家的民主，都离不开那个国家的历史文化传统、经济发展状况和社会制度。只有从我国现阶段的实际情况出发选择民主的形式及发展进程，才能把民主建设纳入健康发展的轨道。第二，民主建设要有改革、创新精神。邓小平在领导社会主义现代化建设中，最重视的是创造性实践。民主建设也同样，这对于走出一条有中国特色的民主道路至关重要。第三，民主建设要法律化、制度化。人民群众"争得民主"的成果，只有靠相关的法律、制度才能巩固下来、推广开去。因此，必须全面贯彻依法治国的基本方略。第四，民主建设必须有领导、有秩序地进行。在我们这样的大国搞民主建设，如果离开中国共产党的正确领导，只能使国家陷于混乱。邓小平指出："不要党的领导的民主，不要纪律和秩序的民主，决不是社会主义民主。"十一届三中全会以来的实践证明，党的领导是民主多起来的可靠保证。

原载《人民日报》1998 年 12 月 22 日

十五大以来急需重视的若干理论问题

党的十五大以来，我国发展进入了新阶段。与此同时，也合乎逻辑地出现了一些相应的理论问题。其中，有人们普遍关注的热点问题，也有不受重视的冷点问题，还有许多人未曾看到的盲点问题。这些都是社会发展迫切需要解决的问题，应当引起领导和理论界的高度重视。

一、关于社会主义市场经济的基本理论

现在我国经济实践中的许多问题，在理论上讲不清楚，归根结底，是因为缺乏适应社会主义市场经济发展所需要的经济学基本理论。过去我们信奉的传统经济学基本理论，是以计划经济为基础的，无法再用；现代西方经济学，立足于西方资本主义，不能照搬。我们的发展实践，迫切地呼唤着有自己特色的经济学基本理论。遗憾的是，现在的经济学研究对此缺乏重视，而更多地偏重于"应用研究"和"对策研究"。其实，所谓"应用"，是对基本理论的应用；讲"对策"，是以基本理论为指导产生的对策。如果没有正确的基本理论，你"应用"什么？又怎么能"对"出有用之"策"？

我们这样一个大国，必须有自己的经济学基本理论。可以这样说，只有真正确立起我们自己的经济学基本理论，社会主义市场经济才能走上健康、成熟的发展轨道。否则，就不会摆脱盲目，也不可能避免失误。

确立我们自己的经济学基本理论的重要标志，是有为越来越多的经济专

家所信服的"扛鼎之作"。它能够清晰地说明"社会主义"与"市场经济"的内在联系，对社会主义市场经济条件下的生产、流通、交换、消费及劳动、管理等一系列重大问题给予科学的说明。

二、关于社会主义经济危机理论

1995 年之后，我国的产品市场从短缺变为过剩，从注重量的增加转向质的提高。与此相关联，千百万职工下岗、失业，大批企业倒闭，产品积压极其严重。毋庸讳言，这实际上就是经济危机。当然，我国的这种经济危机，不表明"腐朽、没落"，而是社会发展取得巨大成就的另一种表现，是前进中的问题，完全可以得到妥善解决。解决这一问题，必须依靠正确的社会主义经济危机理论的具体指导。只有正确地建构起这一理论，才能较好地解决产品过剩、职工下岗、企业倒闭等相关问题。必须指出，我们的经济，将在不断地解决类似当前这种经济危机中健康发展。如果没有正确的社会主义经济危机理论，就会在工作指导上陷于盲目，社会恐慌和社会动荡也很难避免。

三、关于发展代价理论

发展是硬道理。同时，发展也是有代价的。理智的人类，应当善于权衡利弊，把预期的发展成果与发展代价综合起来考虑，然后作出发展的决策。现在关于发展的理论很多，但缺少对发展代价的理论研究。表现在实践中，我们常常不得不为一个又一个的错误决策付出高昂的代价。建构发展代价理论，是对已有的可持续发展理论、社会生态理论的必要补充。它对于经济发展、政治发展、文化发展和社会发展都是大有益处的。

四、关于分配理论

分配不公，是现阶段社会反映很大的问题，也是社会稳定的潜在威胁。不完全正确的分配理论对此负有不可推卸的责任。仅仅"把按劳分配和按生产要素分配结合起来"并不足以解决社会分配不公的问题。应当根据实践的发展，深入研究并且丰富社会主义市场经济基础上的分配理论。例如，对当前行业收入差距过大的问题，除了打破或者缩小行业垄断以外，应当对垄断行业、企业实施工资控制线，并征收再就业税（像韩国那样），用于建立再就业基金，帮助困难企业和下岗职工。而这些，需要分配理论的说明和指导。

五、关于对外开放的理论

东南亚金融风波，震惊了世界，也逼迫我们必须重新审视对外开放的理论与政策。基本的一点是，鉴于我国经济的欠发达性，一方面，必须坚持对外开放，通过引进必需的先进技术和外资，尽快地发展自己；另一方面，要掌握好"开放度"，不能全身心地投入进"国际经济一体化"。同西方富国一样地搞"经济大循环"，非吃大亏不可。必须看到，有的西方大国总想操纵和控制我国的经济命脉，扼杀我们的民族工业。因此，搞对外开放必须时时刻刻保持清醒头脑。应当根据我国生产过剩的现状，及时调整外资、外经政策。引进的项目要少而精、精而管用，有利于保护和发展民族工业。要积极研制"对外开放安全系数"，始终把国家安全放在首位。

六、关于经济体制改革理论

我们的经济体制改革搞了 20 年，其基本理论框架已经形成。但是，应随着改革实践的深入，继续丰富和发展改革理论。例如，当前经济体制改革的核心问题和主要任务（即"主线"）是什么？众说纷纭，不得要领。这一主线，应当是十五大报告提到的："国民经济市场化。"可惜的是，并没有把这一观点提到应有的"主线"位置上去认识，我们应当以国民经济市场化为主线，深化经济体制改革。

七、关于政治体制改革理论

自从 1989 年政治风波以后，政治体制改革一直是一个敏感的问题，人们能不说就不说。但是，改革与发展总有它的必然性和规律性。既然政治发展和政治体制改革不可逾越，那么，作为彻底唯物主义者的共产党人，就必须正视它。事实上，现今社会的许多问题，例如经济体制改革难以深入，腐败现象屡禁不止，领导机关工作效率低下，乃至部分国有企业搞不好等，几乎都与政治体制改革滞后有直接关系。而政治体制改革的滞后，又同政治体制改革理论的不完善、不彻底有直接关系。特别是对这一改革的地位、目标、步骤和条件等重大问题，缺乏令人信服的说明，所论多是"隔靴搔痒"，少有"切肤之痛"。

关于当前政治体制改革的主线，应当是"政治生活民主化"。应以此为纲，以基层民主建设，特别是由群众民主选举基层单位负责人为突破口，推进政治体制改革。现在许多企事业单位和农村，所发生的各种矛盾，查来查去，大都是群众对本单位领导不满所致。如果这些领导事实上是上级领导任命的，那么群众就很容易把不满情绪引向上级，直至中央。作为中央和上级领导，应当把基层单位选择领导人的权力，依法交给基层人民群众。这是民主政治建设、坚持依法治国的必然要求，也是领导的明智之举。

还有一个党政关系问题。目前这种格局，仍然是"苏联模式"的延续。党委、政府两大系统共同行政，人为地增加了许多矛盾。事实证明，在现有格局中，"党政分开"只是幻想；而"以党代政""党政不分"极难避免。机构改革、政治体制改革的深化，必然要求从根本上理顺党政关系。这一点，需要相关理论的说明。

八、关于工人与工人阶级社会地位的理论

大批工人的下岗，以及外资企业、私营企业职工数量的增加，使得工人及工人阶级的地位问题尖锐地提到全社会面前。"工人还是不是企业和社会的主人？""工人阶级还是不是我国的领导阶级？"这个问题如果不能从理论上讲清楚，对我们政权性质和社会性质的怀疑无法避免，而且会引发一系列实际的社会问题。

工人阶级在我国的领导地位，是确定无疑的。它的这一地位是通过共产党的领导实现的。只要共产党在执政，只要共产党还是工人阶级的先锋队，那么工人阶级在我国的领导阶级地位就没有变，而不论少数工人是否下岗。

中华人民共和国的一切权力属于人民。宪法的这一明确规定，表明了工人的社会主人的地位。必须明确，工人的这种"主人地位"，同农民、知识分子等其他公民的"主人地位"是一样的，是在民主政治的范围内实现的。工人没有与其他公民不同的"主人地位"，更不能有如同"文化大革命"中"工宣队"那样的特殊地位。因此，农民可以当"农村剩余劳动力"，可以外出打工，到城市里干最脏、最累的活，可以到工人家庭当保姆；那么，工人也可以下岗，自谋出路，到外资企业、私营企业里去打工。不能因为下岗了，打工了，就说丧失了社会主人的地位。作为国家公民，仍然具有法定的一切社会权利，包括民主选举、参政议政、享受社会保障等。在我国，不仅是工人，其他公民也都有一个随着社会发展不断扩大民主权利的问题。当前，具体体现在工人身上，就要努力办好企业，力争工人不下岗或少下岗；健全企业民主管理机制，使工人真实地享有民主管理企业的权利；完善社会保障机制，保证下岗工人及其家庭免除后顾之忧。这些工作，正是党和政府及其他社会组织当前努力去做的。

九、关于理论的理论

我国的改革和发展，急迫地呼唤着一系列的社会科学理论。任何科学理论的形成与发展，有其特有的规律与逻辑。作为理论工作者，应当有强烈的社会责任感和历史使命感，深入群众，深入实际，坚持为改革和发展服务的

科研主攻方向，努力创造出伟大时代所要求的伟大理论。作为理论工作的领导者，应当了解社会发展对理论的需求，懂得理论形成和发展的规律，按照规律领导和组织理论工作。过去和当前，理论工作者的力量过多地用在了"解释"和宣传上；这项工作虽然需要，但毕竟不是理论工作的主要功能。理论的生命在于创新，在于引导人民群众的创造性实践。为此，应当组织理论界的精兵强将，把主要力量投放在理论难题的攻关上。理论工作者和理论界应当以科学创新为己任，以指导社会进步为光荣。有了这种观念，才会有中国理论的真正繁荣和发展。

原载《思想理论动态参阅》1998 年第 51 期

1999 年

年度背景 全党全国隆重庆祝中华人民共和国成立 50 周年，认真总结新中国 50 年治国理政和加快发展的经验。

中国共产党执政 50 年的基本经验与启示

1999 年，我们迎来了中华人民共和国 50 华诞。"没有共产党就没有新中国。"在社会主义时期，"党的领导要通过执政来体现"。中华人民共和国 50 年的成长史，就是一部中国共产党的执政史。客观、全面地总结中国共产党执政 50 年的基本经验，在理论上，有利于加深对中国共产党执政本质、社会主义国家执政规律等重大问题的真理性认识，有利于中国领导科学的发展；在实践中，有利于全党增强正确的执政意识，努力从规律层面把握和解决执政问题，提高党的执政能力和领导水平。这对于促进经济和社会各项事业健康、快速、协调地发展，顺利实现社会主义现代化建设的宏伟目标，以及国家的长治久安，以崭新的面貌自立于世界民族之林，具有十分重要的意义。

一、对中国共产党执政 50 年的基本评价

研究中国共产党执政的基本经验，要以执政实践为根据。但是，如果不首先确定指导研究的科学理论，那么就会对执政实践"仁者见仁，智者见智"，难以得出正确的结论。同时，执政经验的科学总结，又是以对执政总体情况的正确判断为前提的。所以，必须逻辑地从确立理论依据和分析、判断执政实践开始。

1. 马克思主义关于无产阶级政党执政的理论，是研究中国共产党执政的指导理论。在不同时代、不同国家、不同的政治制度和文化背景下，执政有共同的规律，也各有特殊的规律、内容和形式，因而产生了不同的执政理论。在我国这样的社会主义国家，评价执政的理论依据是马克思主义关于无产阶级政党执政的理论。它告诉我们：(1)以往一切剥削阶级政党和统治集团的执政本质，是依靠暴力和欺骗，维持对人民的剥夺；而共产党执政的本质，是

领导和支持人民掌握管理国家的权力，不断实现人的发展和社会进步。共产党这一执政本质，是由党的无产阶级先锋队的性质、社会主义社会制度以及现代文明共同决定的。（2）受共产党执政本质的决定，执政的最终目的是引导社会进入共产主义（中国共产党执政的近期目的，是把中国建设成为富强、民主、文明的社会主义现代化国家）；执政的基本方法是依靠科学理论的指导，依靠人民群众的力量；执政者的基本条件是德才兼备，全心全意为人民服务。（3）评价执政，必须严格遵循辩证唯物主义、历史唯物主义的原理和方法，从执政的主要过程和主要事件的分析入手，挖掘其中带有规律性的东西。依此，应着重分析——社会矛盾激化率及矛盾化解能力，以此看政权的稳定状况，这是评价执政的首要问题；人民满意率及获得人民拥护的能力，人民的拥护是巩固政权最重要的条件和标志；社会生产增长率及促进社会生产发展的能力，生产力的发展是社会发展的基础，也是执政的基础；社会协调发展率及引导社会整体进步的能力。这些，是评价执政的基本依据。

2. 党执政50年的主要实践及成效。人们知道，当1949年10月1日新中国成立的时候，摆在执政的中国共产党面前的是一个国民经济全面崩溃的烂摊子：工业破产、农业凋敝、交通阻塞、经济混乱、失业现象严重、城乡劳动人民生活极端困苦。在军事上，虽然人民解放战争已获得了基本胜利，但国民党还有上百万军队在西南、华南和沿海岛屿负隅顽抗。在新解放地区，国民党遗留下大批残余力量，同当地恶霸势力相勾结，以土匪游击战争的方式同人民政权作斗争。在国际上，只有苏联等少数国家承认新中国，美国等资本主义国家坚持"扶蒋反共"政策，对新中国实行政治上孤立、经济上封锁、军事上包围，妄图扼杀这个新生政权。不论是评价执政得失，还是总结执政经验，党开始执政时的这个基础是绝对不可忽视的。

中国共产党执政的50年，人们公认可以划分为前后两个时期：前一个时期是1978年党的十一届三中全会以前的29年，后一个时期是这以后的21年。在前期，先是用3年时间医治战争创伤，恢复国民经济，稳定了国内政治局势，取得了抗美援朝战争的胜利，之后又完成了农业、手工业和资本主义工商业的社会主义改造，顺利地实现了向社会主义制度的过渡。在此基础上，开始全面建设社会主义，但是道路非常曲折。党自1957年开始，犯了反右斗争扩大化、"大跃进"等错误。1966年开始的10年"文化大革命"则是更严重的全局性的错误。十一届三中全会全面总结了党执政以来的经验教训，成功地引导全党和全国人民走上了建设有中国特色社会主义道路。虽然在后21年有过一些小的曲折，当前还有诸多困难，但总的说是健康发展的，经受住了80年代末90年代初国际国内政治风波的严峻考验，成就巨大，事业辉煌。

党执政 50 年后的今天，政权巩固，社会稳定，国民经济持续快速健康发展，社会生产力、综合国力和人民生活水平显著提高。1952 年国民经济恢复时期结束的时候，全国工农业总产值是 827.2 亿元，超过历史最好水平；到 1998 年，国内生产总值达到了 79553 亿元，主要工农业产品产量位居世界前列，发展经济和抵御各种风险的物质技术基础大大增强。12 亿人的温饱问题已基本解决，正在进入和建设小康社会。我国同世界绝大多数国家建立和发展了友好关系，国际影响日益扩大，国际地位不断提高。

3. 基本评价。根据马克思主义关于无产阶级政党执政的理论，以及党的执政实践，对比一下 50 年前后翻天覆地的巨大变化，再把它放在中外执政历史上进行比较，不难看出：这 50 年里，党虽然有过重大失误，给人民利益和社会主义事业带来一定的损害，但总的说，政权是巩固的，生产力获得较大发展，社会发展比较协调，人民比较满意，执政之路越走越好；执政是基本成功的，在世界执政历史上属于"比较好"的。这就是对中国共产党执政 50 年的基本评价。

二、党管理国家政务的基本经验

总结党执政的经验，首先是管理国家、处理政务的经验。主要是：

1. 坚持用毛泽东思想、邓小平理论统一全国人民的思想。确立强大的指导思想，历来是巩固政权的必要条件。中国历史上，封建社会能延续两千多年，与孔孟思想的统治有直接关系。新中国成立后，党坚定不移地以中国的马克思列宁主义——毛泽东思想、邓小平理论作为统一全国人民思想的理论基础，从而为党顺利地执政创造了最重要的条件。马克思主义是无产阶级革命的科学的思想结晶，是我们认识和改造主客观世界最强大的精神武器。马克思主义同中国实际相结合有两次历史性飞跃，产生了毛泽东思想和邓小平理论这两大理论成果。党执政 50 年的胜利，是毛泽东思想、邓小平理论的胜利。什么时候背离正确的指导思想，"执政"就会走上弯路甚至邪路，例如"文化大革命"。实践证明，作为毛泽东思想的继承和发展的邓小平理论，是指导中国人民在改革开放中胜利实现社会主义现代化的正确理论。在当代中国，只有这一理论而没有别的理论能够解决社会主义的前途和命运问题。坚持用这一理论统一全国人民的思想，是巩固政权、加快发展的根本保证。

2. 坚持建设中国特色社会主义，确立一条符合社会主义初级阶段实际情况的基本路线。党执政 50 年的"历史经验归结到一点，就是把马克思主义的基本原理同中国的具体实际相结合，走自己的路，建设有中国特色社会主义"。只有社会主义才能救中国，只有中国特色社会主义才能发展中国。走社会主义道路是中国人民的历史选择，是党执政的基础。领导人民走社会主义道路，必须从我国实际情况出发。十一届三中全会召开前29年，党在执政实践中出现重大失误，归根到底是由于脱离了社会主义初级阶段这个最大的实际；而在后21年所以能够经受住困难和风险的考验，保持社会政治稳定和经济快速发展，归根到底是由于从社会主义初级阶段的实际出发，制定和坚持了党在这一阶段的基本路线。这就是：领导和团结全国各族人民，以经济建设为中心，坚持四项基本原则，坚持改革开放，自力更生，艰苦创业，为把我国建设成为富强、民主、文明的社会主义现代化国家而奋斗。党的十五大报告郑重指出："全党要毫不动摇地坚持党在社会主义初级阶段的基本路线……这是近二十年来我们党最可宝贵的经验，是我们事业胜利前进最可靠的保证。"中国将长期处于社会主义初级阶段，因此必须排除各种干扰，坚持党的基本路线"一百年不动摇"。

3. 以经济建设为中心，集中力量发展社会生产力。经济发展是社会进步和执政的基础。生产力是社会发展的最终决定力量。"文化大革命"时期"以阶级斗争为纲"，用政治冲击经济，导致了社会的混乱和进一步贫穷。而贫穷不是社会主义，最终还会危及政权。党在十一届三中全会后明确提出，社会主义的根本任务是发展生产力。除非发生大规模的战争，否则无论遇到什么情况，都不能动摇和影响经济建设这个中心。判断各项工作的是非得失，要以是否有利于发展社会主义社会的生产力，是否有利于增强社会主义国家的综合国力，是否有利于提高人民生活水平为标准。发展生产力，必须自觉调整生产关系，打破束缚生产力发展的一切条条框框；必须大力发展科学教育事业，科学技术是第一生产力，教育是人才之本；必须坚持经济与资源、环境、人口相协调的可持续发展。坚持这些标准和原则，生产力的发展才有可靠的保证。

4. 适时改革，扩大开放。制度和体制是文明社会的产物，但是它只有适合社会发展的要求，才能成为推动社会进步的力量。新中国成立以后，根据当时的具体情况，建立了一系列以计划经济为基础的制度和体制。它在五六十年代发挥了一定的积极作用。随着社会的发展，这种制度和体制的弊端日益显露出来，极大地阻碍了人民群众积极性的发挥，不利于生产力的发展和人民生活水平的提高。十一届三中全会适时决定，深化改革，扩大开放。这以后的实践证明，改革开放是强国之路，是新时期中国最鲜明的特征。改革是社会主义制度的自我完善和发展，是新的历史条件下的一场革命。其中带有基础性质的，是通过经济体制改革，用社会主义市场经济体制取代高度集中的计划经济体制。改革与开放密不可分。对外开放是符合当今时代特征、加快我国现代化建设的必然选择。只有扩大对外开放，才能推动改革的深化，使我国的发展与世界的发展相融合，早日实现现代化。改革开放是全方位、多层次的，必须在党的领导下有秩序地进行；必须着眼于经济社会发展和人的解放，以保持国家安全和社会稳定为前提；必须以思想解放为先导，以制度创新和解决实际问题为基本表现形式；必须从实际出发选择突破口、时机和策略，使之循序渐进，不断深入。这些经验已经成为人们公认的准则，在社会进步中发挥着越来越大的作用。

5. 加强社会主义民主政治建设，坚持依法治国。"没有民主就没有社会主义，就没有社会主义的现代化。"本来，我国是工人阶级领导的、以工农联盟为基础的人民民主专政的社会主义国家，民主、法治是社会生活的题中应有之义。但是，十一届三中全会之前的 20 多年里，"民主太少"，法制遭到践踏，教训惨痛。"文化大革命"中的"大民主"是对本来意义上的社会主义民主的大破坏。三中全会以后，党把"民主"郑重地写进了党的基本路线。日益加强的社会主义民主政治建设，有力地推动了社会的良性发展，也使党和人民日益清晰地看到：民主建设必须遵循民主发展的规律；坚持从我国的实际情况出发；贯穿改革创新精神；在党的领导下有秩序地进行；必须实行民主的法律化、制度化，不因领导人及其看法和注意力的改变而改变。党把依法治国，建设社会主义法治国家，作为领导人民治理国家的基本方略，这是党提高执政水平的重要经验和标志。

6. 加强社会主义精神文明建设，坚持社会的全面进步。"文化大革命"中过分夸大精神的作用，以及这些年存在的物质文明建设"一手硬"、精神文明建设"一手软"的状况，给执政和社会发展带来了重大损失。党通过总结经验教训，明确提出，社会主义社会是人类历史上崭新的社会形态，是以经济建设为重点的全面发展、全面进步的社会。没有精神文明的进步，物质文明建设就没有动力，就会失去正确方向。精神文明建设的根本目的是在全社会形成共同理想和精神支柱。发展教育、科学和文化是精神文明建设的基础工程。加强精神文明建设，才能保持强大的执政凝聚力和丰富的创造力。

7. 必须不断地给人民以看得见的实际利益，最大限度地争取多数。人们所奋斗的一切，都与利益有关。当年马克思主义关于"无产者在这个革命中失去的只是锁链。他们获得的将是整个世界"的论断，激活了全世界无产阶级的革命意识。中国共产党一句"打土豪、分田地"的口号，动员了亿万农民走向革命。"得民心者得天下"，执政者要获得大多数人真心诚意的拥护，必须积极创造条件，使人民获得当时社会条件下应该得到的一切实际权利和利益。"党的全部任务和责任，就是为人民谋利益，团结和带领人民群众为实现自己的根本利益而奋斗。"必须正确处理人民内部矛盾和各种利益关系，使人民群众的实际利益不断增加。同时，要综合运用政策、教育和法律规范、道德规范、技术规范，及时化解矛盾，防止或减少矛盾激化。这是保护人民利益、保持社会安定团结的基本途径。

8. 建设过硬的人民军队和公安警察部队，保持强大的国防能力和政治威慑力。"没有一支人民的军队，便没有人民的一切。"在当今世界帝国主义、霸权主义和强权政治存在的条件下，加强国防和军队建设，是国家安全和现代化建设的基本保证。军队建设，必须坚持党的绝对领导，坚持人民军队的性质和宗旨；按照政治合格、军事过硬、作风优良、纪律严明、保障有力的总要求，提高革命化、现代化、正规化水平；实施科技强军战略，努力实现由数量规模型向质量效能型、由人力密集型向科技密集型转变。为了保持国内政局的稳定，还需要一支过硬的公安警察部队，以有效地打击各种犯罪活动。

9. 奉行自主和平的外交路线，努力创造良好的外部环境。经济国际化与对外交往的扩大，增加了外部环境对执政的影响力。50年执政的一条重要经验，就是着眼于国内的稳定与发展，恰当地处理对外关系，努力争取一个良好的和平环境。这主要是，坚持独立自主的和平外交政策，把国家的主权和安全始终放在第一位；坚持在和平共处五项原则的基础上建立和发展同所有国家的友好合作关系；按照"冷静观察、沉着应付、有所作为、决不当头"的方针处理国际事务等。

三、党提高自身执政能力的基本经验

讲执政的基本经验，不仅包括管理国家、处理政务的经验，而且包括执政者提高自身执政能力和领导水平的经验。这后一类经验更具根本性意义。

1. 始终坚持全心全意为人民服务的执政观。"为什么人的问题，是一个根本的问题"，也是党执政的根本问题。对于共产党来说，执政的过程就是把全心全意为人民服务的宗旨付诸领导实践的过程。如果执政观出了问题，就会从根本上导致执政的失败。50年来，党坚持用权力来自人民、服务于人民的思想教育全党和各级领导干部，坚决纠正各种各样的违背党的宗旨的错误思想，形成领导就是服务、权力就是责任的主权在民的权力观、使命感；在制定各项方针政策方面，坚持一切从人民的利益出发，以人民拥护不拥护、赞成不赞成、高兴不高兴、答应不答应作为出发点和归宿；在检查、评价执政状况的时候，坚持以人民满意为最高准则。经验表明，只有牢固树立为人民服务的执政观，才能不断提高执政水平，成功地执掌国家政权。

2. 加强和善于学习。党执政以来，面对层出不穷的新形势、新任务和大

量复杂的内政外交问题，之所以能够有效地应对和处理，表现出很强的执政能力，主要是因为"讲学习"。通过学习，不断地获得执政需要的各种知识，而"知识就是力量"。党在执政实践中认识到，不讲学习、没有知识和文化的党，是没有前途的。邓小平指出："不注意学习，忙于事务，思想就容易庸俗化。如果说变质，那么思想的庸俗化就是一个危险的起点。"所以，每当革命和建设到了重大转折时期，或者执政遇到重大问题，党总是把结合实际加强学习摆在首要地位，以此提高全党及各级领导干部驾驭政局的能力。进入改革开放新时期以后，党把"知识化、专业化"作为对干部的基本要求；提出第一位的是学习和掌握马克思列宁主义、毛泽东思想、邓小平理论，同时还要学习和掌握社会主义市场经济、现代管理科学、领导科学、法律、现代科学技术及文学、历史等方面的知识；强调端正学风，坚持理论联系实际，着眼于理论的发展和社会的进步。党所强调的学习是多方面的，不仅是书本，而且重视向实践学习，向人民群众学习，向历史学习，学习人类一切先进知识和优秀文化。加强和善于学习，使党永葆青春和活力，立于不败之地。

3. 着力建设一支高素质的干部队伍。党执政的组织基础是全体党员和党的各级组织，但核心是党的干部系统。"政治路线确定之后，干部就是决定的因素。""我们说党的基本路线要管一百年，要长治久安，就要靠这一条。"为了实现执政目的，党总是根据政治路线制定组织路线，坚持任人唯贤的干部路线和德才兼备的用人标准。在新的历史时期，提出按照革命化、年轻化、知识化、专业化的标准选拔领导干部，配备领导班子；进行领导体制和干部制度改革，建立和完善竞争机制，对干部实行优胜劣汰、吐故纳新，努力使大批领导人才脱颖而出；通过政治体制改革，不断健全民主监督制度，把干部进一步置于法律和人民群众的有效监督之下，着力建设一支廉洁的、富有活力的、人民满意的干部队伍。党在这 50 年所以能取得"比较好"的执政成效，关键在于有了这支比较好的干部队伍。如果说执政方面的不足，那么主要的问题也就在干部队伍的建设还不够。

4. 根据执政需要，改革和优化执政方式。社会处于激烈的改革变动之中，党的执政方式也不能一成不变。十一届三中全会以后，党在领导社会改革的同时，加强了自身的改革。改革的目标，是适应社会现代化的要求，实现党的现代化和党执政方式的现代化。一是由主要依靠政策治理国家向主要依靠法律治理国家转变，实行依法治国。党对国家的领导，不再采取直接下指示、作决定的方式，而是通过组织工作、宣传工作和必要的法律、行政程序，把党的意志变成法律意志，即国家机构、经济文化组织、群众团体必须遵循的法律、法令、行政规章等，党在宪法和法律范围内活动。通过党组织和党员的先锋模范作用，使之变为现实。二是改革以往党政不分、党组织包揽一切政务的方式，实行党政适当分开。党的领导主要是政治领导、思想领导和组织领导，保证正确的政治方向，掌握方针政策，推荐重要领导干部，加强思想政治工作，调动各个方面的积极性。凡属政府职权范围内的工作，都由相应政府讨论、决定和发布文件。三是改革、健全党的自身制度和体制，以适应执政方式的转变。其主要是民主集中制，以及集体领导制度、监督制度等。党内制度的改革增强了党的活力，有力地保证了新形势下执政方式的转变和执政效能的提高。

5. 从严治党，坚决同腐败现象作斗争。古今中外的执政史表明，执政的头号天敌是执政者自身的腐败。在有阶级存在的社会里，权力与腐败具有某种天然的联系，绝对的权力导致绝对的腐败。党在执政之初就意识到了这个问题，同腐败现象进行着不懈的斗争。进入改革开放时期以来，金钱、美色和权力的考验更加严峻，腐败现象"随便一抓就是一把"。对此，党保持着清醒的头脑，高度重视反腐败斗争，积极探索反腐败的有效方法和途径。一是以教育为基础，开展积极的思想斗争。当前正在进行的以"讲学习、讲政治、讲正气"为内容的党性党风教育，就是一个有效方法。二是建章立制。主要是建立反腐败的防范机制、制约机制、监督机制和惩处机制。三是坚定不移地依靠群众。群众是真正的英雄，只要真心实意地依靠群众，就没有反不掉的腐败。反腐败斗争是一项长期而艰巨的任务，党只有胜利地完成这项任务，才能夺取执政的最后胜利。

四、历史启示

中国共产党执政 50 年了，今后的路还很长。中国的发展，社会的进步，人民的愿望，共产主义理想的实现，都严正地要求中国共产党不能重蹈苏联、东欧一些党的覆辙，必须深刻总结共产党执政的经验教训，从中获得启示，切实把以后的路走好。

1. 关键是不断加强党的自身建设，形成有权威的执政体系。中国共产党成为中华人民共和国的执政党，是历史的选择，人民的选择。党能否继续牢牢地掌握国家政权，关键在党自身，而不是外部因素。1980 年，邓小平就严肃地提出了"执政党应该是一个什么样的党"这样一个重大课题。党的十五大报告指出："要把党建设成为用邓小平理论武装起来、全心全意为人民服务、思想上政治上组织上完全巩固、能够经受住各种风险、始终走在时代前列、领导全国人民建设有中国特色社会主义的马克思主义政党。"按照这个总目标加强党的建设，就能够成为合格的执政党，引导中国的社会主义现代化事业走向最后的胜利。为此，第一，必须高举毛泽东思想、邓小平理论的伟大旗帜，用它统一全党的思想。只要这面旗帜不丢、不倒，党就有了"主心骨"，就有足够的能力和智慧解决党的建设以及执政中的一切重大问题。第二，积极推进决策科学化、民主化。党的领导决策不发生重大错误，是保持党执政地位的基本前提条件。因此，必须逐步形成深入了解民情、充分反映民意、广泛集中民智的决策机制，努力学习、探索和运用科学决策、民主决策的方法。第三，广开进贤之路，用优秀的领导人才构筑起有权威的执政体系。党的执政最终是通过具体的"人"实现的。党执政的权威性来自党员领导人才的权威性。过去，党所以能够成为全国各族人民的领导核心，是因为"从来没有任何一个政治组织像我们党这样集中了那么多先进分子"；今后，必须吸纳更多的先进分子和领导人才，才能使党更有先进性，党的领导和执政更有权威性。

2. 根本问题是健全和完善社会主义制度体系。经过总结"文化大革命"的教训，党更加认识到制度问题带有根本性、全局性、稳定性和长期性。制度文明，是物质文明、精神文明和政治文明的基础。要充分发挥社会主义制度的优越性，就必须健全和完善社会主义制度体系。首先是社会主义市场经济制度。当前我国正处在计划经济向社会主义市场经济的转变过程中，新的经济体制和制度能否尽快地、科学地建立起来，直接影响经济发展的全局。假如经济方面出现了大问题，就会直接威胁执政党的地位。其次是社会主义民主政治制度。民主，是国际政治发展的大趋势、大潮流。在世界近现代历史上，凡是搞专制的政权都是短命的。只有民主，才能从根本上保证国家的长治久安。再次是社会主义社会的其他制度。如法律制度、社会保障制度、文化制度等。最后是党的领导制度、组织制度、工作制度和生活制度。其中至关重要的是党内民主制度。党内民主，是由党的性质决定的，是党的领导不发生错误的基本保证，也是社会主义民主政治建设的重要前提。这些制度，对于党的执政成败具有根本性意义，必须尽快健全和完善。

3. 以人的发展为中心，努力提高中华民族整体素质。党的最终目标是人的全面发展和彻底解放，近期的奋斗目标是在我国实现社会主义现代化，而现代化的核心是人的现代化。因此，人的发展与解放，着力提高中华民族的整体素质，始终是党执政的核心问题。这就要求：其一，必须以人的发展为中心。在经济、社会发展的目的方面，根本点是不断满足人民日益增长的物质文化需要和自身发展的需要，一切为了人；在经济、社会发展的动力方面，根本点是动员群众，重用人才，以人的发展带动和促进社会发展，一切依靠人。其二，必须在搞好物质文明建设的同时，把社会主义精神文明建设提到突出的地位。切实加强思想道德建设，努力发展教育科技文化，以科学的理论武装人，以正确的舆论引导人，以高尚的精神塑造人，以优秀的作品鼓舞人，培育有理想、有道德、有文化、有纪律的公民，提高全民族的思想道德素质和科学文化素质。

4. 以宽广的眼界观察世界，努力吸取和运用人类一切文明成果治理国家。在经济全球化的今天，中国的发展离不开世界，党的执政也必须善于吸取和运用人类一切文明成果。我们不能照抄照搬历史上和当今世界其他发达国家的政治制度和统治手段，但他们在管理经济社会方面的一些成功做法和有益经验，是值得学习和借鉴的。

5. 解放思想，在创造性实践中增强党的执政力，而不是被动地"保天下"。在社会主义制度下执政，是前无古人的事业，这就决定了不能因循守旧，而必须以科学的思想方法和思维方式，进行创造性实践。改革开放以来党的领导所以取得了巨大成就，根本原因就是在领导实践中坚持了创造性。创造性实践，是人类实践的最高层次，是马克思主义实践观的本质特征和规定，也是党执政经验的基本总结。历史上，所有不思进取、只会一味"保天下"的政权，没有一个是成功的。要创造，首先是解放思想。正如邓小平所说："一个党、一个国家、一个民族，如果一切从本本出发，思想僵化，迷信盛行，那它就不能前进，它的生机就停止了，就要亡党亡国。"解放思想就是思想与实际相符合，本质是实事求是。其次，要敢于抓住新事物，研究新情况，解决新问题。这些"新"是发展的标志，是创造性实践的着力点。再次，要善于抓住创造的机遇。机遇在握，胜利在握。此外，在创造性实践中必须统筹兼顾，正确处理改革、发展与稳定的关系，以及其他重大社会关系。党的创造力越强，执政的主动性就越大，政权也就越巩固。

6. 努力认识和把握社会主义条件下执政的规律性，按照规律办事。"是夺权难，还是掌权难"，这个问题早在唐太宗时期就被提出来讨论过，结论是掌权更难。毛泽东与黄炎培在延安关于历史"周期律"的讨论，也说明了执政的艰巨性。执政之难，在于对执政规律的认识和把握。以马克思主义科学理论武装起来的中国共产党，已经具备了认识和把握执政规律的条件，因而从理论上说，完全可以跳出历史"周期律"。问题在实践上，必须努力从规律层面把握和解决执政遇到的重大问题，而不能只停留在现象层面和经验层面上。具体地说，就要着眼于生产关系以及上层建筑一定要适应生产力发展这一社会历史发展的根本规律，把大力发展生产力放在执政的首要位置；着眼于社会主义社会的一般规律，努力实现全体人民的共同富裕；着眼于我国社会主义初级阶段社会发展的特殊规律，坚持党的基本路线不动摇；着眼于具体领域事物发展的具体规律，一切从实际出发，解决好执政实践中的具体问题。尤其应当注重研究东欧一些执政党下台的教训，从中进一步发掘共产党执政的规律性，提高我们党执政的自觉性。可以相信，只要我们党认识和把握了社会主义条件下执政的规律性，自觉地按照规律办事，不论什么困难都可以克服，不管多么复杂的执政问题都能够顺利解决，最终一定能够驾驭中国这只巨轮胜利到达中华民族伟大复兴的彼岸。

原载《东岳论丛》1999 年第 5 期

居安思什么

《左传·襄公十一年》载："书曰：'居安思危。'思则有备，有备无患，敢以此规。"所谓"居安思危"，就是告诫人们，在安乐的境遇中，应当虑及可能发生的危险，防患于未然。这一充满政治智慧的格言，世代为人们传诵，尤其为一些有作为的政治家所珍视。然而，两千多年来，历朝历代的统治者中虽不乏"居安思危"的政治家，最终却还是挡不住危险的到来和政权的垮台。这是为什么？它至少说明，执政者仅仅懂得要"思危"是不够的，还应当正确判断"危之所在"，正确制定"解危之方"。为此，就要思得更多。

思大势。五十年前，国民党装备精良的八百万军队"兵败如山倒"，自叹"大势已去"；共产党靠"小米加步枪"解放全中国，人称"大势所趋"。政权的得与失，系于"大势"。善弈者谋势。因此，作为执政者，首先必须善于思考大势、谋求大势。对大势思虑不清，把握不准，就会满盘皆输。经过多年的艰苦探索，我们党开创了建设有中国特色社会主义的正确道路，制定了符合社会主义初级阶段实际的基本路线、基本纲领和发展战略。在今天，讲对大势的思与谋，就是要考虑怎样根据新形势、新变化，把党的基本路线、基本纲领落到实处，把建设有中国特色社会主义事业全面推向前进。

思民心。"得民心者得天下"，这是一条铁的规律。由于剥削阶级统治集团与广大人民群众在根本利益上处于对立状态，因此他们采取的"得民心"措施总是有限的，效果是暂时的，最终必然失去民心，丢掉天下。我们党以全心全意为人民服务为根本宗旨，党领导的人民民主专政政权是人民自己的政权，得到了人民群众的拥护和支持。但是，苏联解体和东欧剧变的事实也无可辩驳地说明，如果背离了党的宗旨和执政本质，那么"得民心"也难，失天下也易。思民心，首先在指导思想上必须牢固树立全心全意为人民服务的执政观，作为共产党的干部就不能想从老百姓身上捞好处，而要想怎样才能为老百姓奉献得更多，让人民更满意。其次，要思考怎样才能更快地建立健全社会主义民主制度，有了社会主义民主制度，才会得到真实的民心。再次，还要深入群众，想方设法为人民群众解决实际困难，这是赢得民心的重要因素。

思人才。政权的兴亡与人才有着密切的内在联系。汉代学者王符说："何以知国之将乱也？以其不嗜贤也。"唐太宗通过总结隋亡的教训和唐初治国经验，提出："为政之要，唯在得人""能安天下者，唯在用得贤才。"许多封建统治者在打天下的时候特别器重人才，可一旦坐了天下，便"亲小人，远贤臣"，直到杀戮功臣。这样的政权还能长久吗？我国进入改革开放新时期后，邓小平多次强调要重视人才，广开进贤之路，指出："事情成败的关键就是能不能发现人才，能不能用人才。"思人才，就要树立正确的人才观念，真正有求贤若渴的愿望；就要改革现行的干部人事制度，创造一个使人才脱颖而出的环境；就要坚持正确的用人导向，保障人才用得其所，各展其长。

思己过。错误是成功者进步的阶梯。恩格斯有一句名言："伟大的阶级，正如伟大的民族一样，无论从哪方面学习都不如从自己所犯错误的后果中学习来得快。"十一届三中全会以来，我们党之所以能够领导人民取得改革开放和社会主义现代化建设的巨大成就，从某种意义说就是得益于对以往在探索中所发生的失误的深刻总结和反思。自古以来，剥削阶级统治者文过饰非者多，认真检讨自己所犯错误者少，所以其政权也就自然难逃由盛而衰，直至垮台的命运。事实上，不管是多么英明伟大的执政者，犯错误总是难免的。列宁指出："犯错误对一个先进阶级的战斗的党并不可怕，可怕的是坚持错误，虚伪地不好意思承认错误和纠正错误。"常思己过，是党成熟和有力量的表现，是巩固政权的重要保证。

"马思边草拳毛动，雕盼青云睡眼开。"有思才有行。思考问题的目的是解决问题。只要我们在社会政治稳定、人民安居乐业的今天，能够居安思危，进而思大势、思民心、思人才、思己过，并认真解决相应的实际问题，就会无往而不胜，实现国家的繁荣昌盛和长治久安。

原载《人民日报》1999 年 9 月 23 日

新中国成立 50 年山东省发展的基本经验

注重和善于总结经验，是中国共产党提高领导水平和执政能力，不断取得进步和胜利的重要法宝。在庆祝中华人民共和国成立 50 年的喜庆日子里，认真总结 50 年来的发展经验，对于加快山东省的健康发展，把建设有中国特色社会主义的事业全面推向 21 世纪，具有重大意义。无疑，这也是对新中国成立 50 年的最好纪念。

新中国 50 年是我们山东省发展最具成效的 50 年。1949 年新中国成立的时候，山东同全国一样，面对的是国民经济全面崩溃的烂摊子。长期的战争和恶性通货膨胀，使生产萎缩，民生凋敝，失业现象严重，城乡劳动人民生活极端困苦。当年，全省工农业总产值仅为 32.5 亿元，其中农业和手工业占 85%，粮食产量为 87 亿公斤。政治上，还有 10 余万国民党军队的散兵游勇、土匪恶霸、反动地主与新政权为敌，发生的暴动、暗杀、抢劫、放火、放毒等各类案件达 18193 起，严重地威胁着人民的生命财产安全和新生政权的巩固。在这样一个基础上，山东经过 50 年的发展，现今已是政权巩固，社会稳定，国民经济持续快速健康发展，社会生产力和人民生活水平显著提高。1998 年，全省国内生产总值完成 7162.2 亿元，粮食总产量达到 430 亿公斤。粮食、油料和肉类总产量居全国第二位，蔬菜、水果和水产品总产量居全国第一位。全省人民生活实现温饱，正在向小康水平迈进。50 年前，山东给世人的形象是贫穷、落后、愚昧，外出逃荒"闯关东"；如今，山东则是发展较快、比较文明富裕、走在全国前列的经济大省的形象。

山东是全国的一个省，它的发展始终在全国发展的大格局之中，可谓"盛衰与共"。在发展的经验方面，其总体上是与全国一致的，主要是：(1)坚持用毛泽东思想、邓小平理论统一全省人民的思想。(2)坚持建设有中国特色社会主义的方向和道路，坚决贯彻执行党在社会主义初级阶段的基本路线。(3)以经济建设为中心，大力发展社会生产力。(4)以改革为动力打破旧的体制和机制的束缚，为经济和社会发展开辟道路；坚持对外开放，努力运用人类一切文明成果发展自己。(5)积极进行社会主义精神文明建设，努力实现社会的全面进步。(6)加强社会主义民主政治建设，坚持依法治国。(7)正确处理两类不同性质的矛盾，努力创造良好的发展环境。(8)坚持马克思主义发展观。

讲发展的经验，首先必须明确"什么是发展"。按照马克思主义的发展观，发展，是实现人民群众的目的、满足人民群众需求的过程，是以物质生产、精神生产、信息交流、社会服务等为内容和形式的，有明确价值判断的正向社会变迁。依此来看 50 年的历程，并不是什么时候、什么变化都可以称之为"发展"。发展是人类进步的过程，因而要求以人的发展为中心，努力实现经济、政治、文化和社会各个方面的协调发展。同时，由于人类的发展和需求永不停息，所以必须强调可持续发展，"既满足当代人的需要，又不对后代人满足需要的能力构成危害的发展"，也就是说，使经济社会的发展与资源、环境、人口之间相互协调，实现"人—自然—社会"的协调发展。只有坚持这样的科学发展观，才有可能正确总结发展经验。

在山东省 50 年的发展历史上，勤劳勇敢的山东人民在党中央、国务院及山东省各级党委、政府的领导下，创造了极其丰富的发展经验。从全省范围看，对今后发展更有指导性、战略性意义的经验主要是"结合，创造，抓点，务实，重人，治吏"。

一、坚持一切从实际出发贯彻落实中央精神，努力做好"结合"的文章，形成符合山东实际的发展路子

像山东这样的大省，要实现健康快速协调的发展，首先必须确立正确的发展方略（包括发展方向、方针和发展战略、策略），或者叫发展路子。受我国"集中制"政治体制决定，省这一级的行政区不可能像联邦制下的美国的州那样，有那么多的自治权、自主权，它必须执行中央统一的政令和路线、方针、政策。在这种政体下，中央决策正确，区域发展就好一些、快一些；中央决策失误，区域发展就会走弯路。山东 50 年的发展状况基本如此。因此，一般地说，要使区域发展方略正确，富有成效，首先要求中央的基本决策不发生失误。这是问题的主要方面。另一方面的情况是，同是在中央的统一决策下，为什么在"大跃进""文化大革命"时期，有的地方损失较轻，有的地方损失很重？为什么党的十一届三中全会以来有的地方发展很快，而有的地方发展却比较慢？其中首要的原因，在于"结合"的文章做得有差异。十一届三中全会以后，省委、省政府从历史的经验教训中逐渐重视了"结合"，坚持把邓小平理论、中央的指示精神与山东省的实际情况结合起来，按照具体情况决定工作方针，努力形成符合山东实际的发展方略。20 世纪 90 年代以来，省委、省政府相继确立并实施了"东西结合，共同发展"，强化农业、基础工业、基础设施三个基础，打好发展外向型经济、第三产业和科技教育"三个战役"，抓好建设"海上山东"和开发黄河三角洲两个跨世纪工程，强调培植主导产业、主导产品，以及"内外开拓，纵横突破，纵抓集团，横抓强县"等一系列战略指导方针。这些正确的发展方略，有效地保证了中央指示精神的贯彻落实，也保证了山东的良性发展。

把科学理论、上级指示与本地实际相结合，是中国共产党人从马克思主义那里学到的"真经"，是我们党取得成功的基本经验。马克思主义的精要之处在于，它不是"穷尽"真理，而是为人类实践留下了选择与创造的广阔空间，鼓励人们按照实际情况走自己的路。从这个意义上说，"结合"凝聚了马克思主义的精髓，体现了它的活的灵魂。结合出真理，结合出道路，结合出方法，结合才能充分显示实践的生机和理论的活力。没有"结合"，理论是"空"的，

实践也必定是盲目的。山东 50 年的发展实践充分证明，"结合"是事物发展规律的内在要求，反映了共性与个性的辩证关系，是科学领导的基本点。所谓领导水平的高与低，在一定意义上讲，就是理论与实际、中央精神与本地情况"结合"水平的高与低。

山东 50 年的发展经验进一步说明，要做好"结合"的文章，首先必须明确，"结合"的文章要自己来做。马克思主义同中国革命和建设实际相结合，产生了毛泽东思想和邓小平理论两大成果。这个"结合"的工作，不能指望马克思、恩格斯或者列宁去做，只能由中国同志去做。同样，贯彻中央精神，把它与实际情况相结合，解决本地的具体问题，这个工作，也不能指望中央去做，只能由地方的同志自己去做。这就要求我们不能等待、观望，不能懒惰，必须以高度的事业心、责任感，积极主动地去做"结合"的文章。这些年来，山东各级领导和广大干部就是以对家乡发展高度负责的精神和积极主动的态度，来书写"结合"这篇大文章的，所以才有了今天的成就。其次，必须加强和善于学习马克思主义理论和中央指示精神，抓住其精髓。这是"结合"的前提。50 年中，山东有过对理论和中央指示精神"吃不透""拿不准"的教训，也有正确运用理论和中央指示精神所向披靡的经验。其中的关键就是"讲学习"。早在 1958 年，省委就作出加强理论学习、建设理论队伍的决定，在第二个五年计划期间培养 500 名较系统学过马克思主义经典著作，具有一定实际工作经验和理论水平的优秀理论干部。同时决定创办省委理论刊物《理论与实践》(后改名为《新论语》)，成立了由省委主要领导舒同、夏征农、师哲等组成的编委会。十一届三中全会以来，历届省委、省政府都非常重视马克思主义特别是邓小平理论的学习，努力以科学的态度全面、准确、深刻地理解每一项中央指示精神。这就从根本上保证了全省正确的发展方向和道路。再次，必须不断客观、深入地认识省情。做好"结合"的文章，不但需要掌握科学理论、中央指示精神，尤其要吃透本地实际，否则就会无的放矢，走向教条主义。多年来，省委十分强调深入实际、深入群众调查研究，全面掌握省情，强调把实际情况"吃透"。所谓吃透，不仅要准确把握事关发展的各个要素的基本状况，而且要搞清楚各要素之间的联系；不仅要了解发展的现状，而且要了解发展的历史，通过分析发展的历程，把握发展的规律和趋势。省情是动态的，处于不断的变化之中，因此对省情的把握不能一劳永逸，必须永远坚持调查研究，坚持"一切结论产生于调查研究之后"的思想方法和工作方法。最后，关键是找准结合点。"结合"的根本目的，是解决发展中的实际问题。这就决定了寻找"结合点"必须坚持"以我国改革开放和现代化建设的实际问题、以我们正在做的事情为中心，着眼于马克思主义理论的运用，着眼于对实际问题的理论思考，着眼于新的实践和新的发展"这样的基本原则和路线，决定了"结合点"即是解决问题的关键点。因此，必须善于抓住发展机遇，敢于抓住新事物，研究新情况，解决新问题。抓住了这些"新"，就抓住了"结合点"，也就抓住了发展的关键点，从根本上保证发展方略的正确性。

二、以改革创新赢得发展的主动权，用创造性实践为发展开辟道路

在社会主义条件下发展经济和社会各项事业，是前无古人的，没有现成的经验可循，因而不可能照抄照搬，搞重复性实践；必须以创造性精神和创造性思维，进行创造性实践。"结合"的实质是创造，把"结合"而形成的发展方略付诸实践，同样是创造的过程。创造，是发展的基本形式。创造性实践，是人类实践的最高层次，是马克思主义实践观最本质的特征和规定。包括改革、探索、试验在内的创造性发展理论，是毛泽东思想、邓小平理论的本质体现和重要组成部分。山东从成立农业合作社到大规模兴修农田水利，从建立比较完整的工业体系到完成社会主义改造，每一步发展无不是通过创造性实践实现的。创新是民族进步的灵魂。进入改革开放新时期以后，改革、创新成为发展的主旋律。早在1978年，菏泽地区部分社队冲破"左"的框框，率先分队、分地，实行包产到户。菏泽地委勇敢地支持和鼓励这一伟大创造，揭开了农村改革的序幕。之后，随着农村改革的深入，以家庭联产承包为主的责任制和统分结合的双层经营体制逐步建立和完善，推动农村经济向市场化、产业化、现代化转变。通过不断地改革创新，广大农村培育和发展起了"种、养、加，产、供、销，贸、科、运"一体化的经济实体，以及纵横交错、功能配套的农村社会化服务体系；在尊重农民意愿的前提下，积极变革农业生产经营方式，实施"龙头"企业、股份合作、科技、市场四大带动战略，促进一家一户的分散小生产经营转向集约化、规模化、专业化，创造出了"龙头企业＋农户"的经营模式，"股份合作制＋农户"的联合体模式，"科技实体＋农户"的技术进步模式，"市场流通＋农户"的流通模式等。在企业改革方面，山东大体经过了四个阶段：放权让利，扩大企业自主权；改革企业经营方式，推行承包经营责任制；转换企业经营机制，推动企业进入市场；建立现代企业制度，进行制度创新。每一阶段都充满着艰辛的探索和大胆的创新。在国有企业改革的实践中，山东创造性地提出了"抓大放小"的战略，即通过存量资产的流动和重组，对国有企业实行战略性改组，以市场和产业政策为导向，集中力量抓好一批重点大中型企业或企业集团，放开放活一般小企业，做到"大企业要强，小企业要活，好企业扩展，差企业淘汰"，最终实现国有经济的健康发展。"抓大放小"方针受到中央的肯定和推广之后，在全国产生了重

大的积极作用。此外，山东在宏观管理体制改革、科技体制改革、金融体制改革、社会保障制度改革和政治体制改革等方面，都取得了重大进展，有效地推动了相应领域的发展。

山东省在用创造性实践为发展开辟道路的实践中，形成了一些认识和规律性经验。其一，"首先是解放思想"。思想保守，观念陈旧，是不可能有什么创造的。思想解放是创造性实践的先导。思想解放的程度，决定着改革开放的力度和社会发展的速度。所以，进入新时期以来每当改革和发展遇到新情况新问题，我省广大干部群众就首先抓住解放思想，"在马克思主义指导下打破习惯势力和主观偏见的束缚"，努力实现思想观念的实质性更新、思维方式的科学化变革、精神状态的振奋型改造，进而"大胆地试，大胆地闯"，走出一条新路，干出一番新的事业。其二，积极捕捉创造的机遇。八十年代初期山东半岛地区发展乡镇企业，九十年代以来的国有企业改革，发展非公有制经济、第三产业和外向型经济，之所以成效显著，就是因为机遇抓得好。抓住机遇，就能乘势而上；丧失机遇，发展就会受挫。机遇在转折之中，往往体现在新事物、新情况、新问题上。这些"新"，既是"结合点"，又是创造的机遇所在，是领导工作创造性实践的着力点。其三，尊重群众的首创精神。人民群众是社会物质财富和精神财富的创造者，是创造性实践的主体。领导者也会有创造，但是比起人民群众的无限创造力，只是"沧海一粟"。50 年来，山东许多有重大影响的改革创新，都是基层群众先搞出来的，经过领导的加工、提高和推广，推动了全局的发展。相信群众，依靠群众，"从群众中来，到群众中去"，是领导创造性实践的正确路线。其四，正确对待改革创新中的风险。实践证明，创造性实践是发展的"捷径"，某一点上的突破，常常带来全局性的大发展。但是，既然是改革创新，就会有一定的风险，不可能"万无一失"。因此，省委、省政府在领导改革的实践中，一方面，积极采取措施保护改革者，保护广大干部群众的改革热情和创新精神，尤其当改革创新遇到挫折的时候；另一方面，努力实现民主化、科学化决策，注意制定保护措施和补救措施，力求改革决策不发生重大失误。我们正处在一个伟大的改革创新的时代，照抄照搬、生吞活剥、循规蹈矩、不敢创造，或者才智平庸，不善于创造，都将被时代所淘汰。只有敢于和善于进行创造性实践的人，才能牢牢抓住发展这个硬道理，掌握发展的主动权，走在时代的最前列。

三、抓住具有全局意义的发展点，坚持由点到面的正确发展途径

在山东这样的大省，受千差万别的条件所决定，不论是哪个地区、哪条战线、哪个方面的发展，都不可能是齐头并进的，必然表现为非均衡发展态

势。就发展的基本形态来说，总是先从一点上突破，然后向周围扩展，进而带动面上的发展。新中国成立以来，特别是改革开放以来，山东越来越自觉地抓住具有全局意义的发展点，努力发挥它在整体发展中的积极带动作用。一是抓事关全局发展的关键点。一个省的发展是因素众多、矛盾交织的巨系统，工作千头万绪。但是，在任何一个相对关联密切的矛盾体中，总有一对矛盾处于主要的关键性地位。抓住了这个关键点，就抓住了"牛鼻子"，就能"牵一发而动全身"。1978年兴起的真理标准大讨论，对当时的全局发展具有关键性意义。但是由于当时省委主要领导对这个问题缺乏深刻认识，抱着等待观望态度，影响了这场大讨论的深入开展。1979年7月邓小平来山东视察，要求省委对这次大讨论补课，端正思想路线。这才引起了省委的高度重视，认真地补了这一课。这个关键点虽然抓得晚了一些，但总算抓住了，对后来全省的发展起了巨大作用。1992年邓小平南方谈话以后，1997年十五大召开前后，省委都积极地自觉地把解放思想作为发展的关键点紧紧抓住，取得了良好的发展效果。二是抓经济发展的增长点。这是进入社会主义市场经济建设时期以后山东省的一个自觉行动。所谓经济增长点，一般而言，是指能够大幅度提高经济发展的质量、速度和效益的新的增长部位。它可以大至一个产业、一个行业、一个区域，小到一个企业、一个项目、一个产品和任何一个能够引起裂变增长的经济细胞。多个经济增长点的集合或扩展，就会构成一定时空条件下的经济增长链、增长面。为此，山东首先注重从实际出发，科学地进行经济布局。"八五"期间，全省确立了"二、三、六"的发展格局，即：全省分为山东半岛沿海经济开放区和鲁西内陆开发区两大片，以大中城市为中心，以交通干线和港口为依托，形成胶济、新石、德烟三条各具特色的产业聚集带，贯穿鲁中、胶东、鲁东南、鲁西南、鲁西北、鲁北六个经济区。"九五"时期，根据新的经济发展形势，区域布局调整为"四、四、三、二"，即：构筑起大、中、小城市和乡镇四个层次相互配套的现代化城镇体系，形成以优势明显的重化工工业基地和高新技术产业为依托的胶济、新石、德东、京九四条产业聚集带，建设胶东沿海、鲁中南山区、鲁西北平原三个各具特色的现代化农业区，加快实施黄河三角洲开发和"海上山东"建设两大跨世纪工程，促进全省经济在高层次上实现合理分工，协调发展。在确立宏观区域布局的基础上，省里鼓励各地从实际出发大力培植新的经济增长点。如在深化改革中，在用好用活政策中，在扩大对外开放中，在发展科技教育事业中，在横向经济联合中，在东西部结合、促进平衡发展中，积极主动，把握机遇，正确选择和发展经济增长点。党的十五大以后，根据新的发展形势，省委、省政府积极调整所有制结构，优化经济结构；深化国有企业改革，促进国有经济发展；重视科技进步，提高经济质量；扩大对外开放，开拓新的国际市场；重视经济联合，进一步促进东西结合，平衡发展。这对全省的经济发展起了巨大的推动作用。三是抓改革、发展、稳定和社会主义精神文明建设的先进典型。这方面的工作山东做得相当出色。早在五十年代，就推出了郝建秀、徐建春等先进人物。1957 年毛泽东亲自批示表彰山东省厉家寨，指出"愚公移山，改造中国，厉家寨是一个好例"。之后还有下丁家、杨柳雪等先进单位。进入改革开放新时期以后，山东省的先进典型层出不穷。诸城的"商品经济大合唱"和国有企业改革，莱芜的乡镇政权建设，以股份合作制改造著称的"周村模式"，章丘的依法治村，还有济南交警、济南工商银行、济南民政系统的为人民服务，烟台社会服务承诺制等，以及孔繁森、张海迪、韩素云、王廷江、徐洪刚、李登海、王为民、朱彦夫、刘运库等先进人物，都在省内外引起了较大的社会反响。榜样的力量是无穷的。先进典型的示范、鞭策和激励作用，对于全省的两个文明建设产生了巨大影响。四是抓有全局影响的突出事件。1987 年苍山县发生了震惊全国的"蒜薹事件"，省委正确地引导了对这一问题的讨论，提高了各级领导为发展市场经济服务的自觉性。1995 年查处了泰安胡建学、日照王树文腐败犯罪案件，省委因势利导，进一步加强了党风廉政建设。事实证明，这样的"点"抓好了，对全局的发展往往具有意想不到的成效。

着力抓住具有全局意义的关键点，是主要矛盾理论、"链条理论"、"木桶理论"在发展实际中的应用，是高超的马克思主义领导艺术。山东多年"抓点"的经验表明，第一，必须从统揽全局的高度确认关键点。胸中有大局，手中的典型才有全局意义。"点"代表着大局的发展方向。没有大局观念，缺乏对全局的正确了解和把握，就不会准确发现和抓住具有全局意义的关键点。第二，要在创造性实践中"抓点"。具有全局意义的关键点并不是什么时候想抓就什么时候有的，它产生于群众的创造性实践中。只有实践发展到了一定的阶段，相应的"点"才可能出现。因此，首先是做好工作，推动群众的创造性实践，然后深入实际，深入群众，总结经验，这样才能抓出关键点。第三，必须抓好由点到面的工作。抓点的目的是推动面上的工作，如果仅仅停留在抓点而不顾及面的发展，就失去了抓点的意义。因此，全省十分注重"抓点"之后的带动工作，努力使每一个关键点都能带出一个较大的发展面。由点到面，成为山东发展的一个基本途径。

四、狠抓落实，以务实的精神、扎实的作风和持久的韧劲，实现发展的最终成效

发展是硬道理，也是实打实的硬性工作。在发展面前，"一切空话都是无用的"。发展，必须有正确的发展方略，需要创造性，需要有关键点的突破和带动，但是最终要靠"落实"来取得发展的实效。落实比起决策是"更重要的一半"。山东省第七次党代会特别强调要有实干精神，指出："要讲实话，不欺上，不瞒下，不浮夸，言行一致，表里如一；要办实事，不搞形式主义，不做表面文章，不摆花架子，深入基层，调查研究，脚踏实地，求真务实；要求实效，不能只部署、不检查，只开会、不落实，做任何事情最终都要落脚到实际效果上，用实践、实效、实绩检验我们的工作。"这既是对全省发展的要求，又是对山东省发展经验的重要总结。的确，山东省50年的发展成效，归根结底是全省人民"干"出来的。实干兴邦，实干兴省。沂蒙山区历史上是全国闻名的贫穷、闭塞、落后地区。为了改变落后面貌，多年来沂蒙人民大力弘扬以"艰苦奋斗、无私奉献"为内核的沂蒙精神，把无私奉献、带领群众共同致富的农村基层干部优秀代表王廷江和艰苦奋斗、领导群众脱贫致富的九间棚党支部作为两面旗帜，"挖山不止"。各级党组织和广大干部始终走在艰苦奋斗的第一线。搞工程，基层干部与群众一起风餐露宿、抢镐打钎，脸和群众一样黑，手和群众一样粗。包穷村、穷户，主要领导干部带头靠得上、蹲得住，不达目的不撤点。他们把苦干、实干与科学态度结合起来，依托市场经济走向共同富裕——实施市场带动战略，变"救济式"扶贫为"开发式"扶贫；深化市场体制改革，由政策拉动发展为体制推动；转变经济增长方式，将资源优势转化为市场优势；强化人的素质建设，把传统革命精神与现代市场意识融为一体。就这样，一届接着一届干，一级带着一级干。到1995年底，沂蒙山区在全国率先实现整体脱贫，其经验在全国产生了巨大影响。不仅在经济建设中，而且在精神文明建设方面山东也始终强调一个"实"字。不论是济南交警、工商银行的为民服务，还是烟台实施的社会服务承诺制、文登的农村精神文明建设、莱州的"以人民满意为最高准则"，共同的经验是，既要让人民受教育，更要让人民得实惠。哪里群众意见最大，哪里疾苦声最高，哪里热点、难点问题最多，就把精神文明建设做到哪里。从住房改善到文明新区，从乘车困难到公交新风，从"门难进、脸难看、事难办"到热情服务、提高效率，从治理脏乱差到扫除黄赌毒，等等，都是让人民群众称心如意的实事。只有让人民真正感受到实际利益，精神文明建设才能得到人民的广泛支持和参与，取得实实在在的效果。因此，在理念上，摒弃主观主义、形式主义，致力于建构由生活到理论、再由理论到生活的精神文明建设模式。切实把精神文明建设的效果与人民群众的利益紧密结合起来，着眼实处，着手实事，着重实效，始终贯穿着求真务实的精神。

抓落实是抓发展的最后一个，也是最困难、最需要韧劲和耐力的环节。多年来，山东省在狠抓落实方面，除了强调决策的正确性以及坚持追踪决策之外，一是大力倡导求真务实的精神，要求广大干部群众"为人要老实，情况要真实，任务要落实，作风要扎实"。对于那些艰苦奋斗、扎实肯干、实效卓著的干部，要政治上关心，生活上照顾，舆论上支持，努力让他们在政治上"红起来"、生活上"甜起来"、舆论上"香起来"。而对那些好吹牛皮、弄虚作假的人，坚决批评，严肃处理，决不姑息。二是建立健全领导干部工作目标责任制和责任追究制，从制度上保障落实。通过这一制度，明确领导干部的职责和工作目标，明确失职或达不到工作目标"该怎么办"。以此约束和督促抓落实。三是强化党委、政府的督促检查工作。制度的积极作用归根到底是靠人来发挥的。为了使领导干部工作目标责任制和责任追究制落到实处，山东省各级党委和政府遵照中央领导关于"开展督促检查是一个重要的领导环节和领导方法，此事切不可放松"的指示，不断强化督查工作。年初，把各级领导干部全年工作的目标、责任明确到人；年中，依据这些责任制进行严格检查；年末，对照年初制定的工作目标逐项考核，并与奖惩、升降挂钩。督查的关键是克服"好人主义"和实现责任追究。四是实行政务公开，发动广大干部群众进行监督。抓落实，求发展，是广大干部群众的根本利益和愿望所在。只要充分发动干部群众，人人起来监督，人人负起责任，领导干部就不敢懈怠，不至于发生虎头蛇尾、半途而废、无疾而终、人亡政息的事情，落实就有了可靠保证。

五、紧紧依靠全省人民，重用人才，调动一切积极因素推进各项事业的发展

人民群众是社会发展的根本动力。山东 50 年发展取得的巨大成就，是全省人民创造的，是全省各级党组织和政府紧紧依靠群众的结果。50 年来，山东各级领导遵循党的群众路线，在经济社会发展中坚持人的因素第一，不断克服"只见物不见人"的错误思想，始终抓住"依靠群众、重用人才"这个根本问题，有效地促进了全省各项事业持续健康快速地发展。

正确认识山东人的特点和优点，不断激发人民群众的思想活力和创造精神。"山东人好"，这是全国人民乃至全世界华人的共识。在长期的传统文化、革命文化的熏陶下，山东人形成了许多特点和优点——为人实在，讲信用，重义气，忠诚可靠；勤劳，能干，肯吃苦；忠贞爱国，正义感强，疾恶如仇；注重学习、教育和人才等。在旧社会腐朽落后制度下，山东人只能过着贫穷

落后的日子。而在先进的社会主义制度下，山东人的这些特点和优点就能得到充分发挥，成为创造自己新生活的重要因素。在党的路线方针政策指引下，全省各级领导十分注意把山东人的这些特点和优点引导到经济和社会发展中去，战天斗地，改造山河，发展经济，同各种破坏稳定和发展的势力作斗争。特别在建设社会主义市场经济过程中，由于山东人肯干，讲信用，比较容易得到国内外客商的信赖，这对于发展山东的市场经济发挥了重大作用。当然，从发展的角度看，我们山东人也有一些明显的不足，例如思想不够解放，观念比较落后、比较封闭保守，缺乏经商的机敏、灵活和胆量等。对此，全省坚持有针对性地加强对广大干部群众进行解放思想、实事求是的教育。紧紧抓住"什么是社会主义、怎样建设社会主义"这个根本问题，不断地更新观念，努力摒弃对社会主义本质的曲解或误解，摒弃与社会主义市场经济不相适应的思维模式和工作方式，摒弃一切束缚人们积极性和创造性的条条框框。大力提倡勇于探索的风气，鼓励开动脑筋，勤于思考；提倡尊重实际的风气，想问题、办事情、作决策，从实际出发而不是从观念出发；提倡勇于实践的风气，看准了的事情就大胆地干，不左顾右盼，畏缩不前；提倡敢于负责的风气，以发展的大局为重，以党和人民的根本利益为重，开拓进取，有所作为。这些工作，有效地激发了全省人民的思想活力和创造精神，进一步促进了各项事业的发展。

认真解决人民群众关心的热点难点问题，不断地给人民以看得见的实际利益。要动员广大人民群众投身于事业的发展之中，就必须解决好群众的实际困难和切身利益问题。这是领导的一般原理和党的宗旨决定的，也是山东发展的一条重要经验。改革开放以来，我省在经济发展的基础上，努力增加城乡居民的实际收入，不断改善居住、卫生、交通和通信条件，千方百计提高人民生活质量，使人民群众得到了更多的实惠。许多地方的领导坚持"从群众最需要的事情做起，从群众最不满意的地方改起"，在增加农民收入，制止乱摊派、乱罚款、乱收费，减轻群众和企业的负担，以及解决与群众生活密切相关的就业、住房、医疗、上学、环境、婚丧嫁娶等热点、难点问题方面，都取得了显著的成效。与此同时，各级领导还高度重视正确处理人民内部矛盾，综合运用政策、教育和法律规范、道德规范、技术规范，及时化解矛盾，防止或减少矛盾激化，保护法定的公民权利和利益。人民群众利益的不断实现，更加激发了建设社会主义现代化的积极性。

全面提高国民综合素质，以人的发展带动社会发展。社会主义现代化的核心是人的现代化。人的发展与解放，提高中华民族的整体素质，始终是社会发展的根本问题。多年来，山东在指导思想上坚持以人的发展带动社会发展，全面提高国民综合素质。其一，坚持以人的发展为中心。在经济、社会发展的目的方面，根本点是不断满足人民日益增长的物质文化需要和自身发展的需要，一切为了人；在经济、社会发展的动力方面，根本点是动员群众，重用人才，以人的发展带动和促进社会发展，一切依靠人。其二，坚持在搞好物质文明建设的同时，把社会主义精神文明建设提到突出的地位。切实加强思想道德建设，努力发展教育科技文化，培育有理想、有道德、有文化、有纪律的公民，提高全民族的思想道德素质和科学文化素质。在提高公民整体素质方面，首先从解决温饱、改善营养、防治疾病入手，提高人的身体素质和智力素质；通过科学文化和思想政治教育，提高人的科技素质、文化素质、业务素质以及思想政治素质和道德素质，努力形成科学的世界观，正确的人生观、价值观，现代心理结构。实践证明，人的整体素质越高，社会发展的速度越快。

重用人才，努力创造平等发展、公平竞争的机会与条件。人民群众推动社会发展，是在人才的筹划和组织下实现的。重用人才是依靠群众的基本形式之一，是社会发展的必要条件和关键因素。山东省 50 年的发展成绩，在一定意义上说，是重用人才的结果。像曾呈奎、李登海这样的科学家，张瑞敏、周厚健这样的企业家，王玉梅、方荣翔这样的艺术家，以及各类人才，都在各自的领域发展中发挥了重要的带动作用。为了使更多的优秀人才脱颖而出、发挥作用，山东省不但坚持"人才的基础在教育"的观点，努力抓好普通教育和继续教育、特殊教育，而且积极创造公正的社会环境。在选拔干部、升学、就业等方面，建立公开、平等、竞争、择优的机制，引导人们凭德才、凭工作、凭贡献获得社会承认。各级领导机关和领导干部努力依法办事，公平执政，办事公道，主持正义，使群众话有处说，理有处讲，冤有处诉，反映的问题能得到公正解决。通过在广大干部群众中树立人才观念，建立公平竞争的人才机制，创造人才生长的条件，全省各类人才越来越多地涌现出来。

六、加强和改善党的领导，努力建设一支稳定的、德才兼备的干部队伍

有一个什么样的执政党，党怎样执政，这是当代社会发展中最重要的问题。正如邓小平指出的，"关键在党""关键在人"。这里所说的"人"，首先是指各级各类领导干部。山东省 50 年之所以发展很快，关键在于以加强和改善党的领导为中心，努力建设了一支稳定的、德才兼备的干部队伍。

始终坚持用毛泽东思想、邓小平理论武装党员和领导干部，牢固树立全心全意为人民服务的执政观。"为什么人的问题，是一个根本的问题"，也是党执政的根本问题。对于共产党来说，执政的过程就是把全心全意为人民服

务的宗旨付诸领导实践的过程。如果执政观出了问题，就会从根本上导致执政的失败。50年来，山东各级党组织坚持用毛泽东思想和邓小平理论武装党员和各级领导干部，努力纠正各种各样的违背党的宗旨的错误思想，树立权力来自人民、服务于人民的执政思想，形成领导就是服务、权力就是责任的主权在民的权力观、使命感；在制定各项方针政策方面，坚持一切从人民的利益出发，以人民拥护不拥护、赞成不赞成、高兴不高兴、答应不答应作为出发点和归宿；在检查、评价执政状况的时候，坚持以人民满意为最高准则。进入改革开放新时期以后，山东党的建设突出强调学习邓小平理论，运用其精神实质着重解决教条主义问题、实用主义问题、形式主义问题、官僚主义问题和言行不一问题，从而进一步牢固地树立了为人民服务的执政观，不断提高了执政水平；突出强调讲政治，坚持同党中央在思想上、政治上、行动上保持高度一致，自觉地从政治上考虑和处理问题，增强政治敏锐性和洞察力，保持正确的执政方向。

深化领导体制和干部制度改革，全面贯彻党的干部路线和干部标准。用什么样的人担任领导职务，一直是执政的头等大事。山东在选拔干部问题上始终坚持按照党中央的要求，根据不同时期工作的需要，认真贯彻任人唯贤的干部路线和德才兼备的干部标准。进入新时期以来，全省坚持深化领导体制和干部制度改革，因为只有改革，才能创造充满生机与活力的选人用人机制，促进高素质的领导人才脱颖而出，才能靠带有根本性、全局性、稳定性和长期性的制度来解决干部管理中的种种缺陷和弊端，才能从根本上防止和克服用人上的不正之风和腐败现象。在干部制度改革中，山东着重抓了以下三点：一是用人观念的变革。破除轻视知识、轻视人才的偏见，破除论资排辈、求全责备、平衡照顾的观念，破除能上不能下的陋习，破除少数人说了算的选人用人弊端，努力做到客观看人、公道用人，把人才安排在最能发挥其作用的岗位上。二是扩大干部工作中的民主，坚持群众公认的原则。不断完善民主选举、民主推荐、民意测验、民主评议、民主罢免等具体规则，切实保证群众公认的优秀领导人才能上去，群众公认的不合格的干部能下来。三是加强干部工作的科学化，体现制度的系统性。在干部工作的逐个环节上建章立制，如选任制、委任制、聘任制、考核制、考试制、诫勉制、任期制、轮换制、待岗制、罢免制等，务求环环相扣，不留缺口。通过多年坚持扩大民主、完善考核、推进交流、加强监督，全省提拔和使用了一大批德才兼备的领导干部，有效地保证了各项事业的发展。

注重领导班子建设，保持干部队伍的稳定性和连续性。这是新时期山东发展比较健康的一个重要原因。经验证明，只要干部队伍稳定和健康，社会就不会乱，发展就有保证。对干部搞"翻烧饼"，工作上必然"瞎折腾"。山东在干部队伍建设上，不搞"一朝天子一朝臣"，而是搞五湖四海，讲团结，讲大局。对干部，本着看主流、看本质、看全部历史和全部工作的原则，而不是有点问题就"一棍子打死"。在领导班子建设中，坚持民主集中制原则，实行集体领导和个人分工负责相结合。领导班子成员之间互相尊重、互相理解、互相支持。经验表明，这样对待干部，对待领导班子建设，能够更好地调动干部的积极性，极大地增强党组织的凝聚力战斗力，集中精力加快发展。

从严治党，管住干部，坚决同腐败现象作斗争。古今中外的执政史表明，执政的头号天敌是执政者自身的腐败。进入改革开放新时期以来，金钱、美色和权力的考验更加严峻，腐败现象"随便一抓就是一把"。对此，山东省各级领导牢记党中央的指示："从严治党，是保持党的先进性和纯洁性，增强党的凝聚力和战斗力的保证。""从严治党，首先要治理好领导班子和领导干部。"为了管住和治理好领导班子、领导干部，全省强化对领导干部的教育、管理和监督，形成有效的治理系统。要求各级领导必须能够"管住"下属，层层建立"管住"干部的责任制，一级抓一级，一级向一级负责，严格要求，严肃批评，严明纪律，全面落实从严治党的方针。明确提出"一把手"是领导班子建设的第一责任人，积极建立反腐败的防范机制、制约机制、监督机制和惩处机制。健全对领导干部特别是主要领导干部自上而下、自下而上、从党内到党外的监督制度，加强教育，严格管理，做到信任不放任，放手不撒手，爱护不袒护。只要坚决贯彻从严治党的方针，真心实意地依靠群众，就一定能够管住和治理好领导班子和领导干部。

没有共产党就没有新中国，就没有山东的发展与腾飞。总结新中国成立50 年的经验，展望即将到来的 21 世纪，我们对祖国、对山东的发展充满信心。只要加强和改善党的领导，注重总结经验，认真研究发展的规律性，努力提高从规律层面把握和解决问题的能力，就一定能够牢牢把握发展的主动权，把我们的家乡山东早日建设成为社会主义现代化强省。

原载《大众日报》1999 年 9 月 30 日

命运在自己手中

每个人来到世上，都有一个所谓命运问题。所谓命运，通常是指人的吉凶祸福、高低贵贱和人生遭遇的总体状况。那么，命运是由谁来决定的呢？

宿命论者说，人的命运是先天决定的，即由人出生那一瞬间的"生辰八字"决定的。但是，世界上同年同月同日同时出生的人很多，为什么他们的命运大不相同？新中国成立前，几亿人遭压迫、被剥削，而少数地主资本家作威作福，为什么 1949 年之后情况就发生了根本变化？这能说是先天决定的吗？

有神论者说，是由神决定的，认为神创造了人，人是神的奴婢，人的命运掌握在神的手里。欧洲文艺复兴运动中人文主义者无情地戳穿了"神"的面纱和谎言，指出，由神主宰人的命运，不过是压抑人性、摧残人格的大骗局。科学的辩证唯物论进一步指出，世界是物质的，从来就没有超越物质的"神"。现实中存在的各种有关神的宗教，完全是支配着人的那些自然力量和社会力量以虚幻、颠倒的形式在人们头脑中的反映，在本质上与人的命运毫无关系。

无论古今中外，确有一部分人把主宰自己命运的权力交给了神，交给了上帝，但是，当人们通过斗争把命运的主宰权收回来之后，发现人是可以掌握自己命运的。因此，一代又一代日益觉悟了的人们，一直在不懈地奏响着自立、不屈、抗争的命运交响曲。远在中国古代，孔子就主张"知命"，否定命运的不可知论。墨子主张"非命"，反对所谓"命中注定"之说。明清之际的王夫之提出"造命"，认为人只要认识和遵循事物的必然性，就可以主宰命运。现代科学研究成果表明，人是目前宇宙已知的一切存在物中最高级、最具灵性的存在者，正所谓"天地之性，人为贵"，根本不存在什么主宰人类命运的神或其他东西。马克思主义第一次科学地说明了"人的本质是人的真正的社会联系"，是由现实存在的各种社会关系的总和决定的。而人的命运，就是人在与客观世界的各种关系打交道的过程中表现出的基本状态。在同一个社会环境中，人的命运之所以会表现出很大的不同，主要是由一系列客观条件和主观条件的不同造成的。其中，内因即主观条件是人的命运变化的根据，具有决定性，外因是通过内因发挥作用的。所以，不论是人类发展的实践，还是科学理论的分析，最终的结论就是一句话：人的命运在自己手中。

认识到命运在自己手中，是正确把握自己命运的前提，对人的解放与社会发展具有重大意义。新中国成立五十年来，特别是改革开放二十年来，我国的经济和社会发展取得巨大成就，人民的生活水平大大提高了，精神面貌发生了重大变化。这一切，都是中国人民把握自己命运的结果。假如我们一直把国弱民穷看作是"命中注定"或者是"神的安排"，从而不思进取，不敢与之抗争，哪里会有今天的好日子？然而，遗憾的是，直到今天，仍然有一些人不能正确认识这一点。看到别人工作、生活比较顺利，就说人家"命好"；自己遇到了什么挫折和困难，就说"命不好"。为了摆脱"命不好"的窘境，有的去求神问鬼拜菩萨，把摆脱困境的希望全部寄托在鬼神身上；有的自认"命该倒霉"，默默苦熬。但有更多的人认为，苦熬不如苦干，求神不如求己。于是，有的愈挫愈奋，冷静观察，注重学习，积极创造条件，摆脱困境。就这样，命运在自己的手中不断地放射出新的光芒。

命运在自己手中，并不是说可以任意妄为，而是要在遵循客观规律的前提下，努力发展自己。这个"自己"，也不单单是指个人，同时包括民族、国家、阶级等集体的命运。试想，在民族危亡时刻，如果不首先同仇敌忾，打败侵略者，那就会沦为亡国奴，哪里还有个人的好命运可言？

"从来就没有什么救世主，也不靠神仙皇帝。要创造人类的幸福，全靠我们自己。"多少年来，《国际歌》的高亢旋律，回荡在全世界无产阶级和劳动人民的心中，激励着人们为人类的彻底解放而斗争。今天，我们仍然要高唱《国际歌》，把命运掌握在自己手里，为人民幸福和民族振兴，继续奋勇前进。

原载《人民日报》1999 年 7 月 1 日

2000 年

年度背景　2000 年是跨世纪的一年。世纪之交，全党进一步增强执政意识，农村的改革、企业的发展、理论的进步，全面展现出来，积极应对 21 世纪中叶之前这个"很要紧的时期"。

一个"很要紧的时期"

在期盼和向往中，21 世纪的脚步声即将响起。此时此刻，1992 年初邓小平关于"从现在起到下世纪中叶，将是很要紧的时期"的论断，又在我们耳畔回响。正确认识和把握这一时期的"很要紧"性，自觉地做好"很要紧的"工作，对于在新世纪实现中华民族的伟大复兴具有极为重要的意义。

在绵延不断的人类社会发展史上，每一个时代都是不可或缺的，但并不是什么时期都能够称得上"很要紧的时期"。不同的时期在历史发展中的地位和作用并不相同。有的平静如水，缓缓流过；有的则波澜起伏，风雷激荡，长久地影响着历史。今天，所以强调 21 世纪中叶之前的这一时期是"很要紧的时期"，完全是由中华民族伟大复兴的历史使命、历史机遇以及现代化建设的一般规律决定的。

作为中华儿女，人们不会忘记 5000 年来我们的祖先对人类文明的巨大贡献，更不会忘记 1840 年鸦片战争以来积贫积弱、落后挨打的屈辱历史。100 多年来，为了实现中华民族的伟大复兴，一代又一代中华儿女不懈探索和奋斗，无数志士仁人流血牺牲。是中国共产党，领导中国人民赶走了入侵的帝国主义，推翻了地主和资产阶级的专政，建立了人民的政权，拉开了民族复兴的序幕。党的十一届三中全会以后，中国跨进了改革开放和社会主义现代化建设的新时期，上演了民族复兴的威武活剧。如果我们能够如期在 21 世纪中叶基本实现现代化，那就从根本上摆脱了贫穷和落后，伟大的民族复兴也就将成为现实。这难道不是"很要紧的"吗？

中华民族复兴的过程，就是中国社会现代化的过程。在新的世纪里，我们的目标是，第一个十年实现国民生产总值比 2000 年翻一番，使人民的小康生活更加宽裕，形成比较完善的社会主义市场经济体制；再经过十年的努力，到建党一百年时，使国民经济更加发展，各项制度更加完善；到 21 世纪中叶建国一百年时，基本实现现代化，建成富强民主文明的社会主义国家。其任务的艰巨性，犹如爬泰山中最艰难的路段——"十八盘"，一旦越过了它到达"南天门"，就能够领略到"一览众山小"的奇妙境界。如今，改革到了攻坚阶段，发展进入关键时期，这表明我们的现代化建设处在"很要紧的""十八盘"阶段。如果我们攻坚不力，拿不下"关键点"，岂不是前功尽弃？

必须看到，社会的发展、民族的振兴，总是在一定的历史条件下实现的。而"适宜的条件"并不是什么时候都有，也不是有了适宜的条件就都能够及时抓住并加以充分利用的。历史一再表明，丧失了重要的发展机遇，不管多么优秀的民族都会落伍。纵观历史，放眼世界，今日的中华民族正面临着前所未有的发展良机。国际上，和平与发展依然是时代的主题，科学技术的迅猛发展和经济全球化进程不断加快，使我们有可能在与世界经济的融合中实现经济的腾飞。在国内，我们党经过探索，成功地开辟了建设有中国特色社会主义的正确道路。新世纪这种良好的主客观条件可谓千载难逢。抓住这一机遇，我们就能够乘势而上；而坐失良机的后果，只能是延误中华民族复兴的伟大历史进程。

一个"很要紧的时期"，是标志。在这样一个时期，有许多"很要紧的"工作要做，其中最要紧的是把经济搞上去。为此，我们要毫不动摇地坚持改革开放的基本政策，抓紧完善社会主义市场经济体制。我们相信，具有五千年文明史的中华民族，经过一百多年来血与火的洗礼，一定能够在 21 世纪胜利完成这些"很要紧的"任务，顺利度过"很要紧的时期"，最终实现民族复兴大业。

原载《人民日报》2000 年 12 月 26 日

执政意识断不可少

作为社会主义国家的执政党，我们党需要具备多方面的先进思想和先进观念，但最不可缺少的，是马克思主义的执政意识。党中央领导同志在 1989 年 12 月就提出："必须强化执政意识，提高执政本领。"这是一个非常重要的思想，全党同志应当给予高度重视。

执政者要有执政意识，这本来是一个常识性问题。缺乏执政意识而能够成功地执政是不可能的，因为它违背了规律。然而，古今中外违背这一常识的却不乏其人。人们比较熟悉的有两位，一位是南唐后主李煜，一位是北宋徽宗赵佶。他们居皇帝之位，却不谋皇帝之政，耽于诗文书画，沉溺声色犬马，虽然在诗词和书法方面颇有成就，但却毁了他们的王朝，成了亡国之君。

对于无产阶级政党来说，所谓执政意识，不是以权谋私、弄权整人的意识，而是执政党自觉地巩固政权、维护政权权威，运用政权实现工人阶级和广大人民根本利益的意识。它应当包括以下内容：其一，无产阶级领导权意识。共产党执政的权力，本质上是人民的权力。权力是人民护身的法宝，"对于胜利了的人民，这是如同布帛菽粟一样地不可以须臾离开的东西"。共产党人不争个人的权力，但对人民的权力、无产阶级的权力，是一定要争、一定要掌的。一些国家的共产党丧失执政地位的惨痛教训告诉我们，放弃党的领导权，就是对马克思主义建党原则的背离，对党的历史使命的抛弃，对无产阶级和人民利益的背叛，也就丧失了党的生存权。因此，共产党人的执政意识，首先就是用力量和智慧，必要时用鲜血和生命捍卫无产阶级领导权的意识。其二，服务意识。一定的权力是为实现一定利益服务的工具。共产党没有自己的任何私利，执政的全部出发点和落脚点都是为人民谋利益，是领导和支持人民当家作主。可以说，共产党的执政意识就是全心全意为人民服务的意识。其三，大局意识。不论在何种岗位上工作的共产党员，在处理政治问题或与政治相关的问题时，都必须以党执政的大局为重，自觉地服从、服务于执政大局。对于地方和基层干部来说，尤其不能搞地方主义、本位主义。其四，责任意识。执政，是一种权力，更是一种责任。毛泽东说："人民要解放，就把权力委托给能够代表他们的、能够忠实为他们办事的人，这就是我们共产党人。我们当了人民的代表，必须代表得好。"为了代表得好，他强调：我们的责任，是向人民负责。每句话、每个行动、每项政策，都要符合人民的利益，如果有了错误定要改正，这就叫向人民负责。有了这种凝重的责任感，就能不断提高执政水平，努力做到让人民满意。

共产党执政，是全党的大事。增强执政意识，是对全党的要求。当前，有必要澄清这样一种认识，即认为执政是党中央的事，与地方干部、基层干部、普通党员关系不大。这种认识在理论上是错误的，在实践中也是有害的。我们党是按照无产阶级民主的原则组织起来的，党员有职务高低、分工不同，但在党内都是平等的，具有相同的政治使命，因此不能认为执政仅仅是中央的事。在现代社会，政党执政早已不是最高领导人的个体行为，而是全党行为，是由中央、地方、基层这三个层次组成的执政系统完成的。缺少任何一个层次，这个系统都是不完整的，都不可能正常地运转。拿省、地、县这三级来说，它们是党执政系统中重要的中间层次，处于上下结合、宏观与微观结合的重要位置，起着承上启下、贯通左右的重要作用。这三级党组织的作用发挥好了，对于保证政权的稳定和社会的良性发展，以及整个执政系统的健康运行，具有重大意义。不然的话，就会造成"中梁不正倒下来"的恶果。只有上下同心共筑执政之基，才能战胜各种挑战和困难，不断巩固党的执政地位。

原载《人民日报》2000 年 12 月 12 日

完善细节

  我们正在进行的改革开放和现代化建设事业，犹如一部正在创作的皇皇巨著，不但需要勾勒时代背景、事件发展和人物性格的基本框架，而且需要一系列细节的精美描写。缺乏必要的细节描写，或者细节描写不完善，就会影响整体美。当前，改革开放和现代化建设的宏伟蓝图已经绘出，大政方针也已确定，全部问题在于落实，尤其需要各级领导干部在完善细节上下功夫。

  按照系统论的观点，现代社会的整体进步是在多层次的局部发展和细节完善的基础上实现的。完善细节，是事物发展和改革深化的重要形式，也是真正解决问题的迫切要求。我国的农村改革之所以取得举世瞩目的伟大成就，不仅因为党实行的家庭联产承包责任制的基本政策好，而且因为有一系列行之有效的具体措施及时跟上，对农民如何承包、如何分配等相关细节问题处理得好。今天，改革进入攻坚阶段，发展到了关键时期。多年积累下来的深层次矛盾日渐显露，新情况、新问题层出不穷。在大政方针已定的情况下，细节的完善就显得更加突出。比如，国家昌盛以教育为本，那么，现阶段究竟应采取哪些措施，才能有效扩大教育范围、提高教育质量？这就需要进行认真的调查研究，在弄清我国教育现状和借鉴国外成功经验的基础上，通过制定和实施一系列切实可行的措施，加以完善。所以，细节不是可有可无的小事，而是事关全局的不可缺少的重要组成部分。细节问题解决得越好，就越有利于全局问题的彻底解决。

  完善细节，是马克思主义方法论的要求，是领导工作细致、深入的表现。毛泽东曾经指出："认真调查研究，对具体问题作出具体分析，而不是抽象的主观主义的分析，这是马克思主义的灵魂。"所谓"具体"，就包括对细节的完善。如果领导工作满足于一般号召，大而化之，不求甚解，那就丢掉了马克思主义的灵魂，无法达到预期目的。我们党在战争年代就养成了深入、细致、扎实的工作作风。见事于细微，防患于未然，不仅保证了领导决策的及时有

>>> 249

效，力避损失，少走弯路，而且密切了官兵关系、干群关系，增强了凝聚力和战斗力。所以，"过细地工作"，就成为党对各级领导干部的一个基本要求。改革开放以来，各级领导干部继承了党的这一优良传统，深入基层，与广大群众共同商讨改革和发展的对策，逐一完善细节。可以说，改革开放能够取得今天这样伟大的成就，与广大干部这种深入、细致的工作作风是密不可分的。当然，现实中也有极少数领导干部高高在上，以"领导要抓大事、管战略"作借口，不屑于深入实际，也不着手研究和解决具体问题。这使人想到一则寓言：一群老鼠开会，讨论怎样对付猫的袭击。一只聪明的老鼠提出，给猫的脖子上挂一个铃铛。猫来的时候，铃铛就会响，老鼠不就可以及时跑掉了吗？大家公认这是一个好主意。可是，由谁去给猫挂铃铛？怎样才能挂得上呢？这些细节问题却无从解决。于是，"给猫挂铃铛"就成了一句鼠辈的空话、人类的笑谈。人们由衷地希望，那些高高在上、好说空话的领导干部以此为戒，多关注一些基层，多注意解决一些具体问题。

完善细节不像战略决策那样引人注目，也难以成为轰轰烈烈的英雄壮举，它是一项平淡无奇而又相当艰苦、细致甚至琐碎的工作。因此，完善细节，既需要对事业有高度的责任感，对伟大战略目标有正确的理解和认同，又需要注意把握细节的必要性，善于区分哪些细节是与大局密切相连的、"必要的"，哪些细节"与主题无关"，从而把注意力放在"必要的"细节的完善上。此外，细节的完善还需要始终贯穿创造精神。每当改革、发展遇到新的问题和困难，邓小平总是教导人们要大胆地试，大胆地闯，以走出一条新路。这既是对解决宏观问题的要求，也是对解决具体问题的要求。只有在总体战略和细节完善上都充满创造精神，才能使我们为之奋斗的改革开放和现代化建设这部"巨著"永垂青史。

原载《人民日报》2000 年 3 月 30 日

贵在"始终"

坚持"三个代表"，难的是"始终"，最可贵的也是"始终"。

"有始有终"，是成就任何事业必不可少的条件。然而，做到这一点实在是难而又难。唐太宗在执政之初，记取隋炀帝贪暴而亡的教训，比较认真地实行了"偃武修文""戒奢以俭"等政策，为"贞观之治"打下了良好基础，当称"有始"。随着政权巩固、社会稳定、经济繁荣，就连唐太宗那样的开明君主也逐渐滋生了役民纵欲、骄奢享乐的思想，"虽忧人之言不绝于口，而乐身之事实切于心"。对这种变化,头脑清醒的魏徵深感其危险,接连写出《十渐不克终疏》《十思疏》,劝谏唐太宗,指出历来的统治者"有善始者实繁,能克终者盖寡"。唐太宗察纳雅言,闻过即改,终于创造了了不起的"贞观之治",可谓"有终"。

1000 多年过去了,尽管历朝历代的统治者都对《十渐不克终疏》《十思疏》称赞有加,对"贞观之治"推崇备至,但是,在治理国家中极少有人能够做到"善始善终",也没有一个封建王朝能够"千秋万代"地维持下去。其根本原因就在于,以往的政权在本质上是剥削阶级政权。对他们来说,能够谈得上"始终"的只是追求私利,而绝不是代表先进社会生产力的发展要求和广大人民的根本利益。统治者不可避免地日益腐败,必然导致一顶顶王冠落地。在"有始无终"的表象中,贯穿着"其兴也勃,其亡也忽"的周期律。由此,人们更加感到"善始善终"的困难和可贵。

用马克思主义科学理论武装起来的共产党人,除了无产阶级和最广大人民的利益之外没有自己的私利,具有科学的世界观和执政观,因而从本质上说,党领导的人民政权能够跳出政权兴亡的历史周期律。但是,理论上的认识并不能代替实践。20 世纪 80 年代末、90 年代初,东欧和苏联发生剧变,共产党相继丧失执政地位。对此,人们尽可以按照自己的思想观点和思维方式寻求因缘,但是,他们不能始终按照马克思主义的基本原理和要求治理国家,不能始终代表最广大人民的根本利益,是一个不争的事实。如果说这是一个不该发生的悲剧,"有始无终"就是悲剧的重要原因之一。我们党在 50 多年的执政实践中,总的说,代表了先进社会生产力的发展要求,代表了先进文化的前进方向,代表了广大人民的根本利益,所以才能得到全中国人民的拥护,牢固地执掌着政权。但是,也曾出现过 50 年代后期的"大跃进",乃至十年"文化大革命"那样全局性的严重失误。这说明,即使是用马克思主义理论武装的共产党,也不能在坚持党的先进性方面自然而然地做到"始终"。"始终"就是这样难能而可贵。

正是基于对人类社会执政经验,特别是共产党执政正反经验的科学总结,着眼于实现党的伟大历史使命,党中央站在世纪之交的历史高度,郑重提出,我们党要始终代表中国先进社会生产力的发展要求,始终代表中国先进文化的前进方向,始终代表中国最广大人民的根本利益。并且强调,"三个代表"是我们党的立党之本、执政之基、力量之源。只要始终坚持"三个代表",我们党就能永远立于不败之地,永远得到全国各族人民的衷心拥护并带领人民不断前进。

中国共产党有着良好的执政之"始",取得了骄人的执政业绩。但这一切都已经成为历史，不应成为我们继续前进的包袱。面对建设有中国特色社会主义的伟大事业和最终实现共产主义的远大目标，我们必须紧跟时代发展潮流，不断研究新情况，开辟新境界，努力创造新的辉煌，实现中华民族伟大复兴，达到预期的目标。

原载《人民日报》2000 年 8 月 15 日

2001 年

年度背景　中国进入充满机遇和挑战的 21 世纪。这一年，隆重庆祝中国共产党成立 80 周年，认真总结党执政经验和各个方面工作经验。全党和全国人民继续坚持党的基本理论、基本路线、基本纲领、基本经验，为实现中华民族伟大复兴不懈奋斗。9 月，中共十五届六中全会审议通过了《中共中央关于加强和改进党的作风建设的决定》。

抓住基本最重要

中国共产党 80 年的历史是一个丰富的宝库，蕴涵着许多宝贵的真理。在新的世纪，要全面推进党的事业，就必须从党的这一丰富宝库中汲取营养。其中最重要的就是那些被称为"基本"的东西，包括党的性质、宗旨、指导思想、基本路线、基本制度等。

20 世纪初期，中国大地上曾出现过许多政党，可为什么当时仅有几十名党员的中国共产党能够脱颖而出，不断成长壮大，带领人民推翻"三座大山"，建立新中国，成为世界上最大的社会主义国家的执政党？从根本上说，就是因为我们党是用马克思主义武装起来的中国工人阶级先锋队。由于始终坚持党的性质和指导思想不动摇，因而党能够自觉地顺应历史潮流，实行正确的路线和政策，不断取得革命和建设的胜利。20 世纪八九十年代，世界社会主义处于低潮。在那"高天滚滚寒流急"的严峻情势下，为什么我们党能砥柱中流，而没有像苏联、东欧国家的共产党那样丧失政权？根本的原因是我们党在邓小平理论指引下，坚持全心全意为人民服务的宗旨，一切为了人民，一切依靠人民，始终代表最广大人民的根本利益。改革开放以来，为什么我国能够保持经济持续快速健康发展，人民生活越来越好，社会长期稳定繁荣？说到底是因为我们党有一条正确的、以"一个中心、两个基本点"为主要内容的基本路线。基本路线正确，社会的基本关系就协调，广大人民就有积极性、主动性、创造性，社会主义现代化事业也就能够健康地发展。80 年来，党所面临的环境和任务一再变化，为什么党的组织却始终坚强？就是因为党始终坚持用马克思主义基本理论武装全体党员，不断提高党员的基本素质；坚持党的民主集中制，靠基本制度凝聚党。从党80年的历史中可以清楚地看到：什么时候这些"基本"的问题解决得好，党的事业就顺利发展；什么时候这些"基本"的问题解决得不好，党的事业就会走弯路。

为什么这些"基本"的东西如此重要？因为它们体现着党的本质，反映了党的建设和事业发展的规律。抓住了这些"基本"的东西，就为党的发展和事业的成功奠定了坚实基础。

毋庸讳言，随着执政日久，党增加了脱离群众、脱离实际的危险性，也增加了腐败的危险性。党能不能始终保持同人民群众的血肉联系，战胜腐败，长期执政？这是一个严峻的考验。面对国际国内形势的深刻变化，党能不能领导人民战胜各种困难，把建设有中国特色社会主义的伟大事业不断推向前进，实现我们的宏伟目标？这是又一个严峻的考验。要经受住考验，就必须锤炼一个"不坏金身"，着力在坚持党的工人阶级先锋队性质，坚持马列主义、毛泽东思想、邓小平理论的指导地位，坚持全心全意为人民服务的根本宗旨，坚持党的基本路线等"基本"方面下功夫。在今天，抓住"基本"的东西，关键是全面理解和贯彻"三个代表"重要思想。"三个代表"思想是对党80年历史经验的高度总结，是对新时期党的性质和宗旨的最新概括。把"三个代表"思想贯彻落实到党的建设的方方面面，就能够从根本上保持党的生机与活力，使党永远立于不败之地。

原载《人民日报》2001年7月1日

公开的力量

党的十一届三中全会以来，伴随着改革开放的深化和社会主义民主法治建设的加强，公开，越来越成为人们社会生活中熟悉的词汇和现象。各种形式的政务公开、厂务公开、村务公开，以及领导干部的公开选拔和考核、领导干部家庭收入和重大事项的公开等，相继问世。由于有了公开，过去在公务活动中发生的某些偏私、腐败行为得到了有效的遏制，部分群众对某些干部的怀疑和猜忌也随风而去，干群关系和谐了，工作效率提高了。公开，不仅"给群众一个明白，还干部一个清白"，而且成为新时期维护社会稳定和促进经济发展不可缺少的巨大力量。

党中央在领导社会主义现代化建设中，以宽广的眼界观察世界，告诫我们"现在的世界是开放的世界"，不论经济发展还是公务活动，"关起门来是不行的"。尤其在我们这样一个社会主义国家,人民群众当家作主,各级领导干部都是人民公仆,任何公务活动都不能对人民群众搞封闭。列宁说过,社会主义国家"政权对大家都是公开的,它办理一切事情都不回避群众";"完全的公开性"是民主的必要条件,"没有公开性而来谈论民主制是很可笑的"。因此,20多年来随着民主法治建设的加强,必然是公开领域的扩大。

公开的力量是群众的力量。把公务活动的内容、程序、结果原原本本地公布出来,使群众对重大决策、重要干部的任免以及面临的困难、挑战和机遇有一个清楚的了解,是对人民群众社会主人翁地位的尊重,是相信群众、依靠群众的生动体现,也是动员群众参与社会管理的有效途径。人民群众是推动社会进步的根本动力。群众从公开中感受到领导的真诚和信任,明确了参与的方式和目标,才能把自己无穷的智慧和力量注入公务活动中去,推动社会的良性运行和协调发展。如果什么事情都不让群众知道,怎么可能得到群众的信任和拥护?群众又怎么可能参与进来?没有群众的积极参与和有力支持,任何公务活动都难以取得满意的效果。公开,是聚集群众力量的一面旗帜,公开的领域愈广,聚集的群众力量就愈大。

公开的力量是真理的力量。凡属公务活动,大都是"明生公,暗生私",公开处理问题一般比较公正,办事偷偷摸摸容易发生偏私。一些掌权者之所以特别喜欢"关门办案"、幕后操作,是因为只有这样才便于以权谋私、办"人情案"。要是"打开大门,公开审理",把事情"拿到桌面上",谁个是、谁个非,谁有理、谁无理,人们一目了然,那还怎么徇私枉法?古代一些统治者崇尚"帝王之术",而"术"的要旨是"暗"。如果把"术"公开了,它就不灵了,因为它斗不过一个"理"字。近年来,许多人都说某些官僚主义和腐败现象"很难对付",然而在党的领导下,通过公开"曝光"和公开处理,它们不也都成了不堪一击的纸老虎了吗?真理终究会战胜邪恶。公开,是真理的"绿色通道",公开的力度愈大,真理所显示的威力就愈加不可抗拒。

公务活动的公开化,与政治民主化、社会现代化密切相连,是一个历史过程。要积极而稳妥地推进公开化的进程,必须从稳定大局、发展民主的高度把握公开的程度。我们所讲的公开,当然不是把公务活动的"一切"统统公之于众,而是要从实际出发,在确保国家安全、社会稳定的大前提下,把那些易于"生私"的环节拿到"阳光"下操作,以有利于群众监督和参与管理。公开的最高标准,应该是公务人员无私利可谋,广大群众对公务活动的公正性不存疑虑,公务活动得以健康运行。

过去封建帝王的金銮宝殿上高悬着"正大光明"的匾额,但是,剥削阶级本性和专制主义制度决定了他们不可能对人民群众讲"公开",也做不到本来意义上的"正大光明"，因而不可避免地一个接着一个地垮台。作为人民的政权，我们对国家的长治久安充满希望，其中一个重要的理由，就是我们发现了公开的力量，并且在逐步学会怎样运用公开的力量为社会的健康发展服务。

原载《人民日报》2001 年 2 月 6 日

特别要听得进逆耳之言

在不久前召开的全国统战工作会议上，党中央领导同志明确提出：各级党委和领导干部"特别要听得进逆耳之言，容得下尖锐批评，有则改之，无则加勉"。这一要求针对性强，意义重大，各级领导干部应当给予高度重视。

所谓逆耳之言，就是指那些不中听、不顺耳却包含真知灼见，能够促人警醒的话。就人性的一般特点而言，谁都不愿意听逆耳之言。但是，作为社会中人，又有谁能避得开逆耳之言呢？能不能听得进逆耳之言，对于普通人来说只是个修养问题，所影响的不过是个人之成长与进步；但对于领导者来说，则是关乎领导工作成败乃至整个事业兴亡的大问题。纵观历史，许多王朝的灭亡都与统治者听不进逆耳之言密切相关。从周幽王到殷纣王，从秦二世到隋炀帝，莫不如此。与之相反，一些开明君主则往往能够虚心求谏，真诚纳谏，从而创造了不平凡的业绩，在一定程度上推动了历史进步。可见，领导者要听得进逆耳之言，是执政史上正反两方面经验的一个基本总结。

为什么领导者"特别要听得进逆耳之言"呢？从根本上说，这是实施正确领导和决策的需要。任何领导者要实现自己的领导目的，必须保证决策的正确。而正确的决策来自对各方面信息的综合分析、对形势的正确判断。这些条件，决不是领导者个人所能同时具备的。正如古人所说，"一人之耳目有限，思虑难周，非集思广益，难以求治"。这就要求领导者必须全面地听取各方面的意见，特别是逆耳之言。逆耳之言的可贵之处，在于它能够帮助领导者全面了解并掌握真实情况，努力避免由于"报喜不报忧"造成的情况不明、信息失真等问题；克服在特定环境里容易形成的比较僵化的思想观念和思维定式，拓展解决问题的思路，从而有利于领导者"兼听则明"，作出正确的决策。毛泽东、邓小平都曾讲过，治理国家最怕的就是"鸦雀无声"。"兼听则明"是实施正确领导的基础。如果人人都拣领导者爱听的话来说，而没有逆耳之言，那么领导者能"兼听"什么？没有"兼听"，又有何"明"可言？

在今天，听得进逆耳之言，是社会主义民主政治对领导者的基本要求。在我国社会主义民主政治制度下，领导者与广大人民群众的基本关系是"公仆"与"主人"的关系。我国宪法明确规定公民有言论自由。这就是说,公民在任何领导者面前都有讲"顺耳之言"和"逆耳之言"的权利,而不管你是不是爱听。特别是随着改革开放的深入,我们面对越来越多必须加以认真应对的挑战和更深层次的复杂问题,需要广大干部"察纳雅言,以诹善道"。"敢讲话",是当今社会政治生活的一个重要特点,也是社会进步的可喜标志。领导者应该珍惜这一社会进步,努力改善领导艺术,提高领导效率。如果对下级和群众的"逆耳之言"听不进,或者利用权力进行压制、打击,那么,就在事实上丧失了做领导者的资格,早晚会被人民群众所唾弃。

我们党在长期的革命、建设和改革实践中形成了一系列优良作风,其中就包括密切联系群众、批评和自我批评的作风。不论对下级、对群众,还是对民主党派、外国朋友,我们一直提倡讲心里话,虚怀若谷,闻过则喜,从善如流。即使是尖锐批评、逆耳之言,也本着"有则改之,无则加勉"的态度认真听取。"海纳百川,有容乃大。"作为共产党人,我们必须积极听取各方面的意见,不因人废言,也不因言废人,以做好我们的工作为中心,努力挖掘各种声音中的积极成分,为我所用。只有这样,才能"广纳群言,以收众益",使我们的事业更快、更健康地发展,早日实现中华民族的伟大复兴。

原载《人民日报》2001 年 2 月 27 日

2002 年

年度背景　全党继续贯彻落实十五届六中全会精神，加强和改进党的作风建设。11月，中国共产党十六大召开，制定了全面建设小康社会的宏伟纲领。

反对享乐主义

享乐主义是艰苦奋斗的大敌，是腐败堕落的渊薮，是一个政党、一个政权、一个国家走向衰亡的起始。在我国改革开放、发展社会主义市场经济的条件下，随着经济的发展、综合国力的增强、工作和生活条件的改善，更要高度警惕享乐主义的侵蚀。因此，《中共中央关于加强和改进党的作风建设的决定》把"坚持艰苦奋斗，反对享乐主义"作为"八个坚持、八个反对"之一加以强调，具有很强的现实针对性和深远的意义。全体党员干部特别是领导干部一定要从党和国家事业发展的高度，深刻认识艰苦奋斗的重要性，坚持艰苦奋斗，反对享乐主义。

新形势下，享乐主义有多种表现，比较突出的是：在精神状态上，不再为实现党的任务和人民的利益克服困难、奋发向上，而是思想空虚，精神萎靡，贪图安逸，不思进取；在价值取向上，把个人利益放在高于一切的位置，事情多做一点觉得吃亏，待遇稍差一点满腹牢骚，认为艰苦奋斗已经"过时"，享乐安逸才更"现实"；在工作态度上，怕苦怕累，逃避责任，得过且过，遇到困难和矛盾绕着走，不愿意到艰苦的地方和单位工作，更不想创造性地开展工作；在公务活动中，讲排场、比阔气，铺张浪费，不重实效；在生活方式上，追求"贵族化"，吃喝玩乐，沉湎于花天酒地、声色犬马。

一些党员干部丢掉艰苦奋斗的作风而沉溺于享乐主义，其原因是多方面的。一是我们党长期执政，使一些党员干部逐渐淡忘了党的宗旨，认为艰苦奋斗只是战争年代或困难时期的要求，而不是和平建设年代的需要，因而把自己高居于人民群众之上，丢掉了艰苦奋斗的精神。二是在改革开放、发展市场经济条件下，各种考验接踵而来，一些党员干部经受不住金钱和美色的诱惑，成为拜金主义、享乐主义的俘虏。三是在体制转型过程中，原有的一些管理体制已不适应新形势新情况的需要，而新的体制和机制尚未建立起来，无法对党员干部进行有效的教育管理和监督。这就使贪图享乐的不良风气得以滋长，腐败现象得以蔓延，从而严重侵蚀党的肌体，损害党同人民群众的血肉联系。

"历览前贤国与家，成由勤俭破由奢。"艰苦奋斗是中华民族的传统美德，是我们党的光荣传统和政治本色。80 年来，我们党之所以能始终保持工人阶级政党的先进性，从胜利走向胜利，始终坚持艰苦奋斗的作风是一个重要原因。有了艰苦奋斗的精神和作风，在物资匮乏、环境艰苦的情况下，就能使人保持不畏艰难、锐意进取的意志，去战胜一切困难，实现理想的目标；在物质丰富、条件优越的情况下，也能使人不沉醉于物质享受、不奢侈腐化，而是保持勤劳节俭之风，继续奋发向上、开拓进取，创造更加美好的未来。反之，丢掉艰苦奋斗的精神和作风，就会沉陷于享乐主义的泥淖，因循守旧，不思进取，最终葬送自己和国家的前途。历史上因骄奢淫逸而导致亡党亡国的教训不胜枚举，很值得我们汲取铭记。全党同志一定要从维护共产党人纯洁性的高度，从党和国家长治久安的高度，自觉地向享乐主义开战，更好地发扬我们党艰苦奋斗的优良传统和作风。

坚持艰苦奋斗，反对享乐主义，首先要树立正确的世界观和人生观。外因是变化的条件，内因才是变化的根据。一些党员干部道德操守不佳，行为不检点，甚至走上腐化堕落、违法犯罪的道路，往往是从贪图安逸、追求享受开始的，其思想根源在于世界观、人生观出了问题。对广大党员干部来说，要坚持艰苦奋斗的精神和作风，反对享乐主义，就必须牢固确立马克思主义的世界观、人生观、价值观。党中央领导同志指出："树立正确的世界观和人生观，无论过去、现在和将来，对于每一个干部和党员来说，都是首要的问题。"只有从根本上解决了世界观、人生观、价值观的问题，才能正确认识和对待我们面临的严峻形势和艰巨任务；才能充分认识到要实现全国人民的共同富裕、实现中华民族的伟大复兴，就必须经过全党和全国人民长期的艰苦努力；才能牢固树立群众观点，自觉做到吃苦在前、享受在后，党的艰苦奋斗的好传统才能在自己的思想和作风上真正扎根。因此，党员干部要不断加强思想道德修养，培养积极向上的生活情趣，增强自重、自省、自警、自励的自觉性，抵御拜金主义、享乐主义、极端个人主义的侵蚀，做到一身正气、一尘不染，以共产党人的高风亮节和人格力量影响和带动群众。

坚持艰苦奋斗，反对享乐主义，还要建立健全制度，从根本上铲除享乐主义滋生蔓延的土壤和条件。当前，一些党员干部之所以能够肆无忌惮地违法乱纪、穷奢极欲、腐化堕落，靠的就是他们手中握有缺乏监督和制约的权力。对于他们的种种劣迹，往往是"管得着的看不见，看得见的管不着"。解决这些问题，根本的还在于加快建立健全一整套完善的、系统的和操作性强的制度和体制，形成对党员干部的制约机制，用制度来规范党员干部的从政行为。为此，必须进一步完善民主监督制度，使"看得见"党员干部所作所为的广大人民群众，都能够通过一定的制度和程序"管得着"他们。通过健全民主选举和罢免制度，把那些清正廉洁、艰苦奋斗的好干部选上来，随时淘汰那些贪图享乐、不尽职责的干部；通过健全权力制约机制和监督机制，加强党内监督、法律监督、群众监督和舆论监督，督促领导干部正确运用手中的权力，坚持艰苦奋斗的精神和作风。与此同时，通过深化财政制度改革，建立起严格、具体、可操作、易检查的财政制度，强化预算管理和审计监督，加强财政专户管理，实行严格的"收支两条线"，清理和取消"小金库"，严禁设立账外账，从资金源头上刹住铺张浪费、挥霍奢侈之风。还要建立健全领导责任制度和责任追究制度，按照"谁主管谁负责"的原则，加强对各级党政机关和领导干部检查监督，推动他们在党风廉政建设和各项工作中切实负起责任。"领导是关键"，只要各级领导自身带头并真正负起责任，党风廉政建设就一定能够取得实效，坚持艰苦奋斗、反对享乐主义的各项要求就一定会落到实处。

原载《求是》2002 年第 3 期

关键是解决问题

不论是学习党的基本理论、基本路线，还是贯彻落实党的路线方针政策和重大决策，归根结底，都是为了解决党的建设和社会主义现代化建设面临的各种实际问题。离开"解决问题"这一根本目的，"抓落实"就是一句空话。

解决问题，是我们党一切理论路线方针政策和重大决策的着眼点和落脚点。中国共产党人是彻底的唯物主义者，从来不做脱离实际的空头理论家。在长期的革命、建设和改革实践中，党所以提出这样而不是别样的理论，制定这样而不是别样的路线方针政策，都是着眼于解决中国革命、建设和改革事业发展中遇到的实际问题。因为要解决推翻"三座大山"、使中国人民"站起来"的问题，所以才有了毛泽东思想和党在新民主主义革命时期的总路线；因为要解决中国的现代化、使人民"富起来"的问题，所以才有了邓小平理论和党在社会主义初级阶段的基本路线。因此，正确的理论路线方针政策提出来后，就应该千方百计地把它落到实处，即运用它所提供的正确的指导思想和方法途径，一个一个地去解决实际问题。如果不去解决问题，那么理论路线方针政策再好又有什么意义？

解决问题，是当前加强和改进党的作风建设的根本途径。加强和改进党的作风建设是全面贯彻党的基本理论、基本路线和基本纲领的迫切需要。怎样才能把十五届六中全会《决定》精神落实好，切实"使党的作风有新的明显进步，使党群关系和干群关系有新的明显改善"呢？根本途径就是"要抓住重点，集中解决党的思想作风、学风、工作作风、领导作风和干部生活作风方面的突出问题"；就是"要开动脑筋，以改革开放、现代化建设和我们正在做的事情为中心，着眼于马克思主义的运用，着眼于对现实问题的理论思考，着眼于新的实践和发展，切实解决本地区、本部门存在的实际问题"。要坚持解放思想、实事求是吗？那就必须解决好"反对因循守旧、不思进取"的问题；要坚持理论联系实际吗？那就必须解决好"反对照抄照搬、本本主义"的问题；如此等等。总之，要做到"八个坚持"，就必须解决好"八个反对"的问题。不解决好当前存在的种种不正之风问题，作风建设就不可能有任何实质性进展。

解决问题，是领导职责的基本要求。领导工作的目的是什么？从内容上讲是多方面的，但归结到一点，就是为了解决问题，因为只有解决问题，事业才能发展，社会才会前进。清朝民间有一则寓言——某县李县官死后到阎王处报到，阎王问他为官如何，他说自己为官清廉，所到之处只喝一杯清茶。阎王笑道："设官是为了兴利除弊，如果在公堂设一木偶，连水也不喝，岂不更胜于你？"接着阎王厉声斥责他处处保全自己，对某冤案因避嫌疑而不言，对某事因怕麻烦而不办，"此乃负国负民，你虽不是贪官，却是昏官"。这种不解决实际问题的昏官，历来为世人所不齿。今天，人民赋予各级领导干部以权力，为的就是让领导干部运用手中的权力解决前进中的问题，办好事、办实事。如果对人民迫切需要解决的实际问题不想抓、不敢抓、不会抓，那还谈什么"落实"？

80 年来，我们党领导人民成功地解决了事关中华民族生存与发展的一系列重大问题，把半殖民地半封建的旧中国改造成为社会主义新中国，引导中国人民走上建设富强、民主、文明的社会主义国家之路。如今，几代人为之奋斗的民族复兴伟业尚未完成，改革开放和社会主义现代化建设的一些深层次问题还没有得到妥善解决，而且随着时代的前进，新问题层出不穷。这就要求各级领导干部树立解决问题的强烈责任感、使命感，提高解决实际问题的本领，脚踏实地地解决问题，从而真正把党的理论路线方针政策落实好。

原载《人民日报》2002 年 1 月 17 日

论领导价值

确立科学的领导价值观，是社会主义领导本质的要求。在具体的领导活动中，领导者之所以这样做而不那样做，一般不是直接基于领导本质的考虑，而是对一定条件下领导活动价值选择的结果。领导价值观是领导本质观在领导实践中的支点。树立明确的、正确的领导价值观，对于实施科学、有效的领导特别重要。

一、领导活动本质上是一种社会劳动

讲领导价值，首先必须承认领导活动是一种社会劳动，也创造劳动价值。在这个前提性问题上，需要正本清源。

长期以来，受苏联经济学理论的影响，我国传统的生产劳动观点认为，只有从事物质生产的劳动才是生产劳动，才创造价值，而把从事第三产业的非物质生产的服务性劳动称为非生产劳动，认为它不创造价值，也不计算产值，仅作为国民收入再分配处理。其中，对社会管理和领导连"社会劳动"都不承认，常常用"工人、农民养活干部"的观点教育干部。这对于培养干部的公仆意识或许有一定的效果，但是，这个观点却是不对的，既不符合客观事实，也违背了历史唯物主义的基本理论。

我们应当回顾一下领导现象产生的原始动因。在人类社会之初，为什么要在"一律平等"的人群中非得推选出一个人或一些人当"领导"？我们假定最初人类社会由 100 人组成。开始，人类以狩猎、打鱼为生，100 个人一起出动，干"一样的活"，可以不需要什么领导和指挥。后来，人们在生存实践中逐渐开辟了农业和手工业，于是，100 个人里有人打猎，有人种地，有人纺纱织布，有人做衣服，等等。这样，第一、二产业相继出现，同时也出现了新的问题：这 100 个人里，哪些人干这项工作，哪些人干那项工作，每一项工作需要多少人，各项工作之间如何连接，等等。由于没有人"管"，生产秩序混乱，有的人没有活儿干，有的活儿没有人干，每年总产值仅 100 元（当然还是"假定"）；生产秩序的混乱又带来了人与人之间的矛盾，原本和谐、安定的社会环境出现了怨恨和动荡。为了解决这些问题，100 个人经过讨论，决定推选一个德高望重而又充满智慧的人，专门当"领导者"，集中大家正确的意见，处理社会矛盾，对大家的劳动进行指挥和协调，而不再参加某项具体劳动。由于有了这位领导者的指挥和协调，其他 99 个人的生产劳动有了秩序，各就其位、各司其职，彼此合作，效益大增，每年总产值达到了 300 元。

显然，领导者的出现，不是偶然的，而完完全全是共同劳动的需要，是社会劳动分工的必然结果。因为有了"领导"，社会劳动才更加协调有序，社会总产值才能从 100 元增加到 300 元。如果按照传统经济学理论，只认定从事第一、第二产业的那 99 人是劳动者，创造价值，而领导者不是劳动者，不创造价值，那么于情于理都讲不过去。事实上，所增加的那 200 元产值，就是领导活动的价值所在。虽然这 200 元不是直接出自领导者之手，但是必须承认，它是由领导者和被领导者共同创造的，理应有领导者的一份。领导者付出的是他的聪明才智，是脑力劳动。

进入现代社会以后，国民经济成为一个有机的整体，社会管理与领导已经成为其中一个重要的生产劳动门类。随着生产力的高度发展，现代科学技术向社会全方位渗透，社会分工越来越细，彼此间的合作也越来越密切，结成了网络般的经济联系，劳动社会化出现了质的飞跃。一方面，有越来越多的劳动者从物质生产部门转向非物质生产部门。直接从事物质生产的人数越来越少，比重不断下降，而从事非物质生产的人数越来越多，比重不断上升。十几年前，美国学者奈斯比特在其著名的《大趋势》一书中说，当时美国"只有 13％的劳动力在从事制造业"，而"大多数美国人的工作都是在创造、处理及分配信息"，"从事信息方面工作的人已经超过 60％"，其中就包括社会管理和领导人员。另一方面，传统意义上的物质生产与非物质生产出现水乳交融的情景，共同为发展生产、创造价值、提高人们的物质文化生活水平作出贡献。现代社会产品的巨大增长，产值成倍上升，主要的不是靠劳动时间的延长，也不是靠劳动强度的增加，而主要是靠科学技术的发展，靠人们知识素质的提高，靠现代科学管理和有效领导。其中，领导的改善是关键性因素。在现代社会，不论什么样的重要劳动成果及其所具有的价值，既是物质生产部门的产物，也是科学技术、教育、社会服务等非物质生产部门的产物，还是社会领导与管理的产物。同样可以假定，如果没有现代领导，还会有现代社会高度发展的经济吗？还会有高速度增长的产值吗？还会有现代社会吗？当然都不会有。

从历史到现实的考察中，完全可以得出这样的结论：领导活动是一种社会劳动，同样创造着劳动价值；领导者与社会其他劳动者之间，是一种社会劳动分工、相互交换劳动成果的关系，不是"谁养活谁"的关系。

二、领导价值的特殊形态

社会劳动是人类生存和发展的根本条件，但只有在商品经济条件下，社会劳动才表现为价值。价值的实体是人类的抽象劳动。既然领导活动是一种社会劳动，那么必然具有劳动价值追求，也必然有其特定的价值表现形态。

我们知道，工人的劳动价值，一般体现在他所生产的产品上。在传统手工业时代，一个工人自己打一把镰刀，如果镰刀的价值是一元，那么工人的劳动价值就是一元，可以不打折扣。在现代工厂里，工人用先进的大机器生产镰刀。如果这时镰刀的价值仍然是一元，那么分到工人名下的劳动价值就不可能再是一元了。因为使用大机器进行生产，劳动生产率大大提高了，镰刀的价值里面除了有工人的劳动含量，还有科技含量、教育含量和领导含量等，分到工人名下的劳动价值可能只有 2 角或 3 角。这说明，劳动价值在不同的社会条件下具有不同的表现形态。尽管如此，工人的劳动价值总归是体现在他的劳动产品上，比较单一，而领导活动的价值表现，就复杂得多了。

在前面我们"假定"的人类社会之初产生领导者的故事中，已经知道，由于有了领导活动，社会总产值由 100 元增加到了 300 元。这里新增加的 200 元就包含领导活动的劳动价值。但在事实上，领导价值绝不仅仅是这 200 元有形的、可以计算出来的价值，还有大量无形的、难以计算的社会价值。我们以古文献记载的上古时期的领导者"三皇五帝"为例说明这一点。一是开创了人类新的生活方式。《韩非子·五蠹》载："上古之世，人民少而禽兽众，人民不胜禽兽虫蛇。有圣人作，构木为巢以避群害，而民悦之，使王天下，号之曰有巢氏。民食果蓏蚌蛤，腥臊恶臭而伤腹胃，民多疾病。有圣人作，钻燧取火以化腥臊，而民悦之，使王天下，号之曰燧人氏。"二是开创了人类新的生产方式。《白虎通》卷一载："古之人民皆食禽兽肉，至于神农，人民众多，禽兽不足，于是神农因天之时，分地之利，制耒耜，教民农作，神而化之，使民宜之，故谓之神农也。"三是为民众解除病痛。《淮南子·修务》载：神农氏"尝百草之滋味，水泉之甘苦，令民知所避就，当此之时，一日而遇七十毒"。四是以德义教化民众。《淮南子》载，黄帝做领袖的时候，"使强不得掩弱，众不得暴寡，人民保命而不夭，岁时熟而不凶"。《河图·挺佐辅》载："黄帝修德立义，天下大治。"五是率领群众与自然灾害作斗争。最著名的当是大禹治水的故事。六是为民众树立了做人的榜样。"三皇五帝"都是品德高尚的领袖人物。史载他们"有圣德"，公正无私、仁慈爱民、勤劳俭朴，严于律己，明于事理，被世代尊为做人和做官的楷模。以上六个方面当然不可能全面涵盖古代领导者的领导价值，但仅此就已充分说明，那有形的"200 元"只是领导价值极小的一部分，绝大部分是数字难以统计的。

随着人类文明水平的提高，人们越来越重视领导价值，因为它直接影响着社会的进步与倒退、人民的安乐与忧患、经济的繁荣与萧条、国家的统一与分裂。西汉前期的"文景之治"，直接来于当时领导状况的改善，或者叫领导价值的增值；东汉末年的"白骨露于野，千里无鸡鸣"，又直接来于领导的腐败，或者叫领导价值的大贬值。从历史发展的经验和社会主义领导理论中，人们逐渐地认识到，社会主义领导价值的基本形态，主要表现在：顺应历史前进方向，推动社会更快、更好、更健康地向前发展，而不是违背历史发展方向，拉社会倒退；促进先进生产力和先进文化的发展，而不是起阻碍作用；维护国家的统一、社会的安定、人民的团结，而不是相反；合理地、有效地组织社会生产和人民生活，而不使其发生混乱；以自身的模范作用带动社会文明，而不是滋生和助长不正之风。

上述领导价值，一方面要求领导方向的正确性，另一方面要求领导工作的高效率，两个方面综合起来，才是体现社会主义领导本质的领导价值所在。

三、牢固地树立马克思主义领导价值观

为了在领导活动中保持正确的领导价值取向，最根本的，是牢固树立马克思主义的领导价值观。价值观，是指人们对一切事物有无价值和价值大小的总体看法和评价标准。领导价值观，就是对什么是领导活动中最重要、最贵重、最值得追求的基本观点和评价标准。价值观是以世界观为基础的。如果把人生观看作是对人生的意义和价值大小的一种根本看法，那么人生观也是一种价值观。

在社会主义初级阶段，利益的多元化决定了人们有多方面的，甚至是相反的价值取向。由于"领导"处于社会的核心地位，因而不同领导价值观的对立显得更加突出，矛盾也更加尖锐。在现实生活中，马克思主义领导观、权力观和价值观常常被扭曲，与之相对立的，就是个人利益至上的个人主义领导价值观。它以领导干部个人为中心，把个人看作唯一的目的，把领导权力看作是达到个人目的的手段，认为只有追求个人的私利、谋取金钱和名位，才算当领导的最大价值；而国家的利益、人民的利益，都是被认为没有价值的，不值得为它奋斗和献身。具有这种领导价值观的领导干部，从来不讲无产阶级政治，不讲社会主义领导原则，只会追求权力，然后以权谋私，谋取名位、金钱和美色，把人民的权力变成谋取私利的工具。改革开放以来，多少干部因此而被揭露，锒铛入狱甚至丢了脑袋。这种个人主义的领导价值观表现形式各不相同，但都是危害极大的。它直接破坏社会主义领导原则，破坏党在群众中的威信，破坏党群关系、干群关系，是社会主义领导系统和国家政权最危险的癌毒。

中国共产党一直坚持和倡导的领导价值观，是国家利益、人民利益高于

个人利益的集体主义领导价值观。这是马克思主义领导价值观在社会主义社会的具体体现。集体主义是社会主义的价值导向，又是社会主义社会一切公民应当树立的价值观念。集体主义的领导价值观，始终把国家利益、人民利益和社会整体利益放在领导活动的首位。它在领导决策、用人、指挥、协调以及各项领导工作中，总是把怎样做更有利于实现国家利益、人民利益和社会整体利益作为考虑问题的出发点和归宿，而从不把个人得失参与其间。具有这种领导价值观的领导干部，人民立场坚定，大公无私，一身正气，为民掌权，头脑清醒，办事光明磊落，能够经受住名位关、权力关、金钱关、色情关、人情关等考验，深得党和人民的信任，焦裕禄、孔繁森就是这样。这种领导价值观，是社会主义领导系统赖以存在的基石，是党群关系、干群关系的黏合剂，是坚持正确领导方向和道路的方向盘，是提高领导效能的内在动力。

树立集体主义的领导价值观，是新时期党和人民对一切领导干部的基本要求，也是做好领导工作，使领导干部健康成长的根本性保证。当前，为了使更多的领导干部牢固树立起集体主义领导价值观，首先，必须加强马克思主义领导观、价值观的学习和教育。只有从理论上真正学懂弄通了，才能有树立集体主义领导价值观的自觉性。其次，要坚决划清集体主义领导价值观与个人主义领导价值观的界限，坚决抵制和批判一切错误的领导价值观。正确的领导价值观是在与错误的领导价值观的斗争中形成并确立的。一定要从党和国家盛衰兴亡的高度，认识这一斗争的意义，增强开展这一斗争的意识。再次，要自觉地进行自我改造，把树立集体主义领导价值观作为长期任务。正确的领导价值观不是自发的、短时间内就可以树立起来的，也不是一旦树立了就不再改变了。它需要经过长期的教育、修养和在实践中的磨炼，才能逐渐地形成。同时，个人主义的领导价值观、旧社会的腐朽思想文化的影响，又会不断地腐蚀着领导干部，动摇着集体主义的领导价值观。这种情况，正如邓小平指出的："要说有风险，这就是最大的风险。"因此，要求一切领导干部向周恩来学习，"活到老，学到老，改造到老"，时刻提高对个人主义领导价值观的警惕和斗争的自觉性，严格要求自己，牢记社会主义领导本质，按照集体主义的领导价值观做好领导工作，努力创造领导活动的最大价值。

原载《理论探讨》2002年第4期

2003 年

年度背景　春天，我国遭遇一场突如其来的非典型肺炎疫情。全党全国人民在中共中央、国务院的领导下，坚持一手抓防治非典，一手抓经济建设，夺取了防治非典工作的重大胜利。全面贯彻党的十六大精神，深入推进发展、改革、稳定工作。

心中有民　　方能为民

虽然 2003 年的春夏渐行渐远，非典的阴影逐渐淡去，但我们党在抗击非典斗争中"立党为公、执政为民"的生动形象仍清晰地铭刻在人们心中。当突如其来的非典病魔肆虐并危害人民群众生命健康的时候，我们党勇敢地站在了抗击非典的最前线。党中央、国务院科学判断形势，迅速作出一系列重大决策，果断采取一系列重大措施，胡锦涛等中央领导同志亲临抗击非典第一线；哪里疫情严重，哪里有抗击非典的战场，哪里就有共产党员的身影，就有各级领导干部的现场指挥。面对抗击非典的伟大实践和胜利，许多有心人在想：为什么我们党能够如此完全彻底、富有成效地"为民"？答案只有一个，那就是我们党时刻把人民群众的安危冷暖和利益放在心上，心中有民。

抗击非典斗争仅仅是我们党立党为公、执政为民的一个缩影。我们党作为马克思主义武装起来的中国工人阶级、中国人民和中华民族的先锋队，立党也好，执政也好，一切都是围绕"为民"展开的，理所当然地把"心中有民"作为"执政为民"的基础和前提。因为心中有民，所以以毛泽东为代表的中国共产党人才能不怕流血牺牲，领导人民排除万难闹革命，搬掉"三座大山"，终于使中国人民站起来了。因为心中有民，所以以邓小平为代表的中国共产党人才能冲破旧观念、旧体制的束缚，毅然举起改革开放和社会主义现代化的大旗，使贫困的中国人民富起来。焦裕禄、孔繁森所以能够成为人民敬仰的执政为民的楷模，就是因为他们"心里时刻装着群众，唯独没有自己"。那么，心中无民会怎么样呢？"大革命"以后的国民党，因为心中无民，所以改变了孙中山先生的新三民主义路线，立党为私，压制民主，鱼肉百姓，中饱私囊，变成了彻头彻尾的"刮民党"，终于被人民赶跑了。因为心中无民，所以成克杰、胡长清才能以权谋私，腐败堕落，变成贪官污吏，被依法处以极刑；所以程维高才能无视党纪国法，专横跋扈，支持或纵容子女、秘书胡作非为、聚敛财富，为世人所唾弃。实践证明，心中有民还是无民，直接导致一个政党、一个官员为民、利民还是坑民、害民的不同效果，也决定了他们自己在历史上盛衰成败的命运和地位。

执政的根本问题，是对人民群众的态度以及同人民群众的关系问题。这个道理，在中国古代就有人说过。其中最著名的是"水舟论"，民是水，官是舟，"水可载舟，亦可覆舟"。但是说归说，真正把人民群众当作载舟之水给予高度重视并始终做到心中有民、执政为民的，没有几个人，因为那时还没有科学的历史观。是马克思主义，科学地说明了历史活动是群众的事业，生机勃勃的创造性的社会主义是由人民群众自己创立的，人民群众是主宰历史发展方向和进程的根本力量。执政者要想"平安执政"并在推动历史进步中发挥积极的作用，就必须做到心中有民、执政为民。不然的话，就只能被人民所推翻，为历史所抛弃。

当然，我们所讲的"心中有民"，并不是简单地说"想想老百姓"，而是具有科学含义的马克思主义群众观点。群众观点是马克思主义的基本观点，是坚持群众路线、运用科学领导方法的思想基础和理论基础。有没有群众观点，是一个根本的立场问题、世界观问题、党性问题。所谓群众观点，就是在领导活动中对群众地位、作用以及领导与群众相互关系的基本看法，主要包括人民群众是历史创造者的观点，向人民群众学习的观点，全心全意为人民服务的观点，干部的权力是人民赋予的观点，对党负责与对人民负责相一致的观点，党要依靠群众又要教育和引导群众前进的观点，以及群众利益无小事的观点等。其中，贯穿了一条忧民、安民、富民、乐民的主线。

心中有民，首先要有民之忧。"先天下之忧而忧"是古今一切具有社会责任感的志士仁人所共有的特点。真诚为民，无不自爱民、忧民始。邓小平在第三次复出之后，面对堆积如山的社会问题和群众困难忧心如焚，语重心长地告诫广大领导干部要"忧民"，要关心群众疾苦，"深入群众倾听他们的呼声"。强烈的爱民忧民意识，使党在制定路线方针政策和重大决策时，总是把实现人民群众的根本利益放在首位。推行家庭联产承包责任制，实行改革开放政策是如此，抓住机遇、加快发展，制定三步走的发展战略是如此，实施全面建设小康社会的战略部署也是如此。中国共产党的实践表明，忧民之所忧，才会有高度的领导责任感，制定出体现人民群众意愿的领导决策。

心中有民，要有民之安。和平、社会稳定和安居乐业，是巩固政权和社会发展的必要条件，是人民群众的根本利益所在，也是领导者的根本职责所在。经过百多年的战乱和多次社会动乱、政治风波，中国共产党同全国人民一样，十分重视社会的稳定，重视"安民"。民不安，社会岂能稳定？安民之本在于安定民心；安定民心的根本途径在于切实帮助群众解决实际困难。为此，邓小平"坚决批评和纠正各种脱离群众、对群众疾苦不闻不问的错误"，要求各级领导干部"一定要努力帮助群众解决一切能够解决的困难。暂时无法解决的困难，要耐心恳切地向群众解释清楚"。这些年来，在党的领导下，扶贫攻坚战打响了，就业和再就业机制启动了，城乡大批富余劳动力找到了出路，社会保障体系初步建立，基层民主制度和精神文明建设加强了，党群、干群关系也在一定程度上得到了改善。群众的实际问题逐步地得到解决，自然就心安气顺，所以才有今天这样稳定和发展的大好局面。这一实践表明，平安真富贵，"解困"大文章。当前社会上的不安定因素和影响安民的实际困难还有很多，各级领导干部要增强安民意识，继续做好为民解困这篇大文章，以真正实现国泰民安，长治久安。

心中有民，要有民之富。富民，是人民群众的根本利益和愿望的集中体现，是社会进步的基础和标志。共同富裕是社会主义的本质要求。中国共产党始终认为，富民不是领导对群众的恩赐，而是领导的职责。自十一届三中全会以来，党坚持以经济建设为中心，坚持改革开放，把发展作为党执政兴国的第一要务，大力发展社会主义市场经济。与此同时，始终着眼于人的解放，放手发动群众，让群众依靠自己的力量从贫困中解放出来。这些都是富民之心的生动体现，也确实使人民得到了前所未有的实惠。尽管如此，我们的国家仍在"欠发达"之列，很多群众的生活还在贫困之中。因此，各级领导应坚持科学的发展观，首先抓好人的发展，继续带领群众解放思想、深化改革，"大胆地试，大胆地闯"，在创造中走出一条富裕之路。人民群众是社会物质财富和精神财富的创造者，人的发展和解放，必然带来先进生产力的发展，带来不尽的丰收和富裕。

心中有民，还要有民之乐。"后天下之乐而乐"是古今一切志士仁人的崇高理想和追求。但是，只有在人民当家作主的社会主义社会，这一理想才能成为现实。经验表明，民之乐是建筑在消除民忧、民怨、民穷基础上的，体现在执政者为人民办好事之中。一个人做一点好事并不难，难的是一辈子做好事不做坏事。作为执政党，一个时期一些干部做一些好事并不难，难的是所有干部都能够始终做好事不做坏事。因此，必须按照胡锦涛总书记的要求，"各级党委和政府都要坚持把广大群众是否赞成、是否受益作为决策和工作的重要依据，紧紧抓住人民群众最现实、最关心、最直接的问题，使我们的各项决策和工作真正体现群众的愿望、符合群众的利益，不断使群众从经济社会发展中得到更多的实惠。各级领导干部要切实关心群众的生产生活，为群众诚心诚意办实事，尽心竭力解难事，坚持不懈做好事，特别是要多到困难大、群众意见多、工作基础差的地方去，团结那里的群众一起克服困难，创造美好生活"。倘若真能够这样去做，人民群众何须再忧、再怨，又岂有不乐之理？

"群众观点是我们的传家宝。""有了坚固的明确的这些群众观点，才能有明确的工作中的群众路线，才能实行正确的领导。"老一辈革命家这些至理名言，再一次告诉人们，心中有民方能够做到执政为民。在深入贯彻"三个代表"重要思想的今天，尤其要记住这一点。

原载《求是》2003 年第 19 期

深从具体来

学习贯彻十六大精神和"三个代表"重要思想，不能停留在表面上的轰轰烈烈，而必须不断地深下去——认识要更深刻，改革要更深化，工作要更深入。只有切切实实地深下去，才能扎扎实实地把握实质，取得实效，推动实践。那么，怎样才能深下去呢？一个基本途径就是具体化。

一具体就深刻。没有革命的理论，就没有革命的行动；没有深刻的理论，就没有创造性的实践。马克思主义是指导我们认识和改造世界的锐利武器，但要运用马克思主义解决具体的问题，还必须同具体的社会实践相结合，形成新认识，找到好办法。我们之所以称毛泽东思想、邓小平理论为深刻的理论，就在于它们把马克思主义基本理论具体化、中国化了。在新世纪新阶段，我们党提出"三个代表"重要思想，并把它确立为党必须长期坚持的指导思想。要运用这一重要思想解决实际问题，必须通过一系列创新的环节，使之具体化。如果没有结合具体实践而进行的创新，理论就会成为抽象的教条，也就必然会失去生机和活力。只有紧密结合具体实践进行理论创新、制度创新、科技创新、文化创新和其他各项创新，"三个代表"重要思想才能根深叶茂、开花结果，更加生动、更加丰富、更加深刻、更加管用。

一具体就深化。实践告诉我们，我国改革不断得以深化的一个"秘诀"，就是在对改革大局进行总体谋划的同时，善于抓具体。抓住了制度的具体弊端、体制的具体障碍、机制的具体缺陷，就抓住了深化改革的切入点。比如，我国社会主义市场经济体制已经初步建立，但还不完善。怎么使之不断完善呢？这就要抓住具体问题，大胆进行改革，包括坚持和完善公有制为主体、多种所有制经济共同发展的基本经济制度；健全全国统一、开放、竞争、有序的现代市场体系，整顿和规范市场经济秩序；理顺分配关系，完善宏观调控，健全社会保障体系等。一个行动胜过一打纲领。突破一个难题，改革就深化一步，社会也就前进一步。

一具体就深入。学习贯彻十六大精神和"三个代表"重要思想，目的是推动各项工作，使之更加深入，适应形势和任务的需要。工作深入的标志，不仅在于各级领导干部具有扎实的工作作风，能够深入到群众中、实践中，而且主要在于能够解决一个又一个具体的问题。具体问题必须具体分析，具体分析才能找到具体办法。衡量工作是不是深入，一个重要的标准就是有没有具体抓、抓具体。深入，就是以正在做的事情为中心，针对具体问题，拓展新思路，拿出新举措，开创新局面。当前，改革发展稳定面临一些深层次问题，如农民收入增长缓慢、就业和再就业压力增大、地区间发展差距拉大以及产业结构调整、国有企业改革等。如果不能解决好这一个又一个的具体问题，那么所谓工作深入就没有到位，开创事业发展的新局面就会落空。

为什么一具体就能够深下去呢？原因就在于，具体不是空说，而是行动；不能大而化之，必须真抓实干。也就是说，具体所面对的是社会发展中的实际问题和人民群众活生生的实践活动。实践的观点是马克思主义首要的、基本的观点，共产党人相信人民群众的实践活动是推动历史进步的动力。实践出真知。只有深入到人民群众的具体实践中，才能对事物的本来面目和发展规律形成真理性认识，产生深刻的理论。实践出智慧。只有深入到人民群众的具体实践中，才能在总结人民群众实践经验的基础上，找到过河的桥或船，不断深化改革。实践出成果。只有深入到人民群众的具体实践中，我们才能同人民群众心连心，同心协力地推动各项工作深入开展，取得社会发展进步的实际成效。

原载《人民日报》2003 年 6 月 19 日

倡导公开批评

贯彻落实党的十六大精神，加强和改进党的作风建设，不能缺少批评和自我批评这个武器，当前尤其应该提倡公开批评。

批评和自我批评是中国共产党的优良传统作风，是党抵御各种政治灰尘和腐朽思想侵蚀、纠正自身错误、清除党内不良作风的有效武器，是解决党内矛盾、维护党的纪律的基本方法。由于我们党是用马克思主义武装起来的工人阶级先锋队，以中国最广大人民的最大利益为出发点，相信自己的事业是完全合乎正义的，因此党总是坦诚面对人民群众，处事光明磊落，从不隐瞒自己的政治观点。体现在批评和自我批评上，历来主张公开，而不是"私下了事"。从民主革命时期几次纠正"左"、右倾错误，到社会主义时期纠正反右扩大化和"文化大革命"等错误，我们党都是"公开承认错误，揭露犯错误的原因，分析产生犯错误的环境，仔细讨论改正错误的方法"。勇于公开批评，是我们这个"郑重的党"所特有的风范。

倡导公开批评，是因为公开批评更有力量，更有利于执政党保持自身肌体的健康。对这一点，我们党的认识是比较早的。

1950 年 4 月 19 日，中共中央发出《关于在报纸刊物上展开批评和自我批评的决定》，指出："我们的党已经领导着全国的政权，我们工作中的缺点和错误很容易危害广大人民的利益，而由于政权领导者的地位，领导者威信的提高，就容易产生骄傲情绪，在党内党外拒绝批评，压制批评。"为此中央决定："在一切公开的场合，在人民群众中，特别在报纸刊物上展开对于我们工作中一切错误和缺点的批评与自我批评。"为了确保这种公开批评不受压制并取得成效，还明确规定："凡在报纸刊物上公布的批评，都由报纸刊物的记者和编辑负独立的责任。""只要报纸刊物确认这种批评在基本上是正确的，即令并未征求或并未征得被批评者的同意，仍然应当负责加以发表。""批评在报纸刊物发表后，如完全属实，被批评者应即在同一报纸刊物上声明接受并公布改正错误的结果。如有部分失实，被批评者应即在同一报纸刊物上作出实事求是的更正，而接受批评的正确部分。如被批评者拒绝表示态度，或对批评者加以打击，即应由党的纪律检查委员会予以处理。上述情事触犯行政纪律和法律的部分，应由国家监察机关、司法机关予以处理。"这一决定在全党和全国人民中间产生了热烈的反响。在刘青山、张子善因巨额贪污被处决的一个月前，一些党员群众就投书《人民日报》，批评河北省委、省政府领导干部的官僚主义作风。他们质问道："刘、张小集团进行贪污行贿已有一年之久，而天津地委同志和李克才等亦不断有过检举、报告……河北省委为什么长期没有发现这件事情？""像他们这样大规模地贪污、盗窃国家财物，在天津专区闹得风声很大，为什么河北省政府竟长期没有发觉？"在党内外的公开批评下，中共河北省委副书记马国瑞、河北省政府主席杨秀峰分别代表省委、省政府在《人民日报》上作了公开检讨。1952 年 1 月 15 日，《人民日报》又发表了河北省委书记的妻子弓彤轩的检讨："检讨我接受刘青山、张子善礼物的错误。"因检讨不彻底，保定市委办公室两位同志投书《人民日报》，要求"弓彤轩应重新作检讨"。1952 年 2 月 6 日《人民日报》为这封来信加"编者按"予以支持。当时，这种公开批评虽然涉及高级别领导干部，但党内外并没有感到有什么特别和不妥之处，也没有给经济发展和社会稳定带来负面影响。事实表明，公开批评具有私下批评不可比拟的巨大力量。公开批评把错误的事实和严重性告诉人民，人民以群体的权威和智慧帮助领导者认识错误、改正错误，进而有力地倡导正气，打击不正之风。它显示的是人民的力量、真理的力量，以及我们党的自信与睿智———一种更重要的力量。

实行公开批评，是新形势下加强和改进党的作风建设、深入开展反腐倡廉工作的迫切需要。党的十五届六中全会《中共中央关于加强和改进党的作风建设的决定》指出，目前党的作风方面存在一些亟待解决的问题，在一些地方、部门和领导干部中，教条主义、本本主义滋长，形式主义、官僚主义盛行，弄虚作假、虚报浮夸严重，独断专行、软弱涣散问题突出，以权谋私、贪图享乐现象蔓延。面对这些问题，作为共产党员和领导干部，理应挺身而出，拿起批评的武器，开展积极的思想斗争———事实上有许多党员干部就是这样做的；但确有一些党员和干部，对不正之风和腐败现象安之若素。有的以个人利益为价值取向，事不关己，高高挂起，奉行"你好、我好、大家好"的庸俗处世哲学；有的患得患失，批评上级怕穿小鞋，批评同级怕伤和气，批评下级怕丢选票。于是，党内政治生活出现了原则性弱化和庸俗化倾向，上级对下级"拢着、哄着"，同级之间"容着、护着"，下级对上级"捧着、抬着"，甚至出现了严重的违纪违法问题，还互相包庇。如果有人敢于开展批评，往往会被讥为"政治上不成熟""不懂人情世故"，视为"另类"而加以排斥。批评的武器一丢，必然导致是非不分、赏罚不明、好的不香、坏的不臭，正气难以树立，纪律难以严明。在这种情况下，更需要形成公开批评的制度保证和舆论氛围，使广大党员干部和群众比较方便地拿起批评的武器，大张旗鼓、理直气壮地批评各种不正之风和腐败现象。只有这样，党的作风建设才能得到改进和加强。

党中央一再告诫我们要从政治上看问题。贪污受贿、贪赃枉法，固然是腐败。但是，如果长期执政以后我们的干部丧失了当年夺取政权和建设初期那样一种蓬勃朝气，那样一种昂扬锐气，那样一种浩然正气，而变得明哲保身，事不关己、高高挂起，官僚主义、形式主义严重，以致滥用权力使党和人民的利益受到损害，那么最后必然失去最广大人民的拥护和支持。认识这一历史兴亡的规律，就要倡导公开批评，永葆党的政治活力和先进性。

原载《中国党政干部论坛》2003 年第 12 期

2004 年

年度背景　2月，中共中央发出通知，要求全党贯彻实施《中国共产党党内监督条例(试行)》。9月，党的十六届四中全会作出《中共中央关于加强党的执政能力建设的决定》。全党加强干部队伍建设，积极推进中国特色社会主义事业发展。

监督是什么

没有制约的权力必然导致腐败，这是政治学的经典论断。所谓制约，实际就是监督。在现代社会，毫无监督的权力恐怕很难找到了，但监督的效果却有大有小。有的监督有力、有效，保证了权力的健康运行；有的监督苍白无力、形同虚设，掌权者几乎可以为所欲为。由此，人们不禁要问：监督是什么？到底应该怎样看待监督？

所谓监督，最一般的解释就是"监视督促"，通俗地讲就是"找毛病""挑刺儿"，以促进被监督者改正缺点和错误，按照监督者的要求做得更好。这就会让一些被监督者感到不舒服，因而总是自觉不自觉地抵制或逃避监督。其实，监督好比医生看病，如果医生不是认真地"挑毛病"，而是一味地恭维病人如何健康，这是对病人的爱护还是坑害呢？答案是不言而喻的。事实上，正是因为缺乏有效的监督，成克杰、胡长清、王怀忠之流才会走上不归路。中央领导同志强调，我们加强监督的目的，就是希望领导干部不犯错误或少犯错误。可见，监督的实质是爱护。只有这样来理解监督，才能把监督摆在一个适当的位置，进而积极地加强监督和主动地接受监督，真正把《中国共产党党内监督条例(试行)》和各项监督制度落到实处。

对于公民、党员以及各级党组织来说，监督是权利，也是义务。公民对各级国家机关及其工作人员的监督，党员对党的各级组织和领导干部的监督，党组织之间的监督，是我国宪法和法律、党章和党内监督条例赋予的神圣权利，可以而且应该理直气壮地行使，任何人都无权干涉和剥夺。同时，监督也是公民、党员以及党组织应尽的义务和责任，这一点尤其值得强调。当前，某些领导干部存在违纪违法现象和严重的不正之风，迫切要求一切具有正义感的公民和具有党性的党员，勇敢地拿起监督的武器，予以揭露和批评，帮助领导干部改正错误。如果对其不闻不问、听之任之，那就没有尽到公民、党员和党组织应尽的监督责任，最终不仅会毁了干部，给党和国家带来危害，也会损害广大公民和党员的实际利益。显然，这是不可取的态度，也是不明智的做法。

从系统观点来看，监督是行为方式，也是制度规定。监督是一个有机的系统，有效的监督既来自公民、党员等负责的监督行为，更来自科学的监督体制、机制和制度。与个人的监督行为相比，监督制度更带有根本性、长期性、稳定性和全局性。制度好，公民、党员等个体的监督就不再是一时一事的偶尔监督，而是全方位、全过程的监督，是有力有效、事半功倍的监督；制度不好，体制不顺，机制不活，公民、党员等个体的监督权利就无法正确而有效地行使。当前，少数地方和单位腐败现象较为严重，主要的原因就是没有建立科学的、管用的监督制度。因此，亟须以贯彻落实党内监督条例为契机，紧密结合实际，进一步建立健全监督体制、机制和制度。

从监督的价值取向分析，监督是有风险的，更是光荣的。当前，许多人奉行"多栽花、少挑刺"和"事不关己、高高挂起"的处世哲学。从加强监督的角度说，这是一种落后甚至有害的意识。当然，这种意识也不是凭空产生的。长期以来，确实有不少人因为监督，因为给领导干部"找毛病""挑刺儿"，吃了苦头。然而实践一再证明，敢于履行监督职责的人，敢于同错误作斗争的人，最终是光荣的，会得到党和人民的认可。可以相信，随着政治体制改革的深入，包括各项监督制度在内的社会主义民主政治制度必将进一步健全和完善，从根本上解决"监督难"和"难监督"的问题。

原载《人民日报》2004 年 4 月 22 日

胸怀与事业

事业，是人们为了美好前景而从事的活动。成就事业，是一切进步人类的共同理想和追求。一般地说，成就事业很难，需要许多条件，其中必不可少的是胸怀。事业越大，所要求的胸怀越宽广；而胸怀越宽广，就越有利于成就事业。

胸怀宽广的基本标志是能够容得下不顺眼的人、听得进不顺耳的话、装得下不顺心的事。在历史上，凡成就大事业者，都有着宽广的胸怀。齐桓公不计一箭之仇，任用管仲为"卿"，尊称"仲父"，并支持他进行改革，使齐国国力日强，成为"春秋五霸之首"。魏徵原在瓦岗军中，属于李世民政敌方面的人物。李世民即位后，不计前嫌，擢魏徵为谏议大夫。尽管他对魏徵的逆耳之言常常发火，但最终还是听了进去。魏徵前后陈谏二百余事，提出"兼听则明，偏信则暗""水能载舟，亦能覆舟"，力言必须"居安思危，戒奢以俭"等。可以说，贞观之治的形成是与唐太宗的宽广胸怀密不可分的。相反，那些心胸狭隘的人，没有一个是能成就大事业的。

为什么胸怀与事业之间具有如此密切的内在关联呢？这是因为，只有胸怀宽广，才能广泛吸引人才，争取多数。事关江山社稷的宏大事业，绝不是一两个人或少数人就能够干成的，必须有事业所需要的各级各类大批优秀人才加入进来，并充分发挥其积极性、创造性。我国历史上那些成就大事业者，都能够礼贤下士，广开进贤之路。正所谓"海纳百川，有容乃大"。如果领导者心胸狭隘，奉行"武大郎开店"的用人政策，吹毛求疵，嫉贤妒能，那么优秀人才就不可能为其所用。这样的人又怎能成就大事业呢？只有胸怀宽广，才能做到"兼听则明"，实施正确的决策。成就事业的过程，就是制定和实施正确决策的过程。为了制定正确的决策，就必须掌握各种信息，听取各方面的意见，善于比较多种不同的决策预案。如果胸怀不宽，别人就会"报喜不报忧"，听不到真实情况；就会自以为是，刚愎自用，听不进不同意见。这样，"一着不慎，满盘皆输"的状况就不可避免。只有胸怀宽广，才能理智地思考问题，明智地处理问题。讲到胸怀，人们往往会想到《三国演义》中"诸葛亮三气周瑜"的故事。周瑜器量狭小，意气用事，最终被"气"而死。这说明，成就大事业者，对不顺心的事情应拿得起、放得下，不被它扰乱心智。心智乱了，就不可能正确地判断和处理问题，非犯大错误不可。

检验人的胸怀是否宽广，最好的试金石是其对"错误"和"政敌"的态度。在党的七大上，毛泽东力主选举犯了严重错误的王明进入中央委员会。这对于团结那些犯过错误的同志，共同推进中国人民的解放事业，具有重大意义，也充分体现了毛泽东的博大胸怀。经验表明，胸怀宽广的人大都知道错误与正确、政敌与朋友之间的辩证关系。美国总统林肯曾试图跟他的政敌交朋友，引起一位官员不满，他认为林肯应该利用权力消灭他们。对此，林肯则十分温和地说："当他们变成我的朋友时，难道我不是在消灭我的敌人吗？"

作为当代中国共产党人，我们正在全面建设小康社会和推进社会主义现代化，争取早日实现祖国统一和中华民族的伟大复兴。为了成就这项前所未有的伟大事业，我们必须按照党的十六大和十六届四中全会的要求，以共产党人的伟大胸襟，善于团结一切可以团结的人，最广泛、最充分地调动一切积极因素。这就要求大力发展社会主义民主和党内民主，依靠民主的制度，调动全党和全社会各方面的积极性、创造性；善于听取不同意见，尤其要在党内努力营造不同意见平等讨论的环境，鼓励和保护党员讲真话、讲心里话；提高领导水平，讲求执政艺术，以科学执政、民主执政、依法执政的执政理念和执政方式，确保我们的事业取得胜利。

原载《人民日报》2004 年 12 月 20 日

毛遂自荐与伸手要官

对于党和国家的事业来说，人才特别是领导人才，始终是影响成败的关键。十六大再一次把重视人才的问题提到全党面前，提出要通过深化干部人事制度改革，努力形成广纳群贤、人尽其才、能上能下、充满活力的用人机制，把优秀人才集聚到党和国家的各项事业中来。为此，必须注重开发领导人才资源，广开进贤之路，各级党组织在选拔领导人才时要开阔视野，尤其应鼓励优秀人才自荐、他荐。

自从公元前 257 年赵国出了"毛遂自荐"的故事以后，历朝历代都把自告奋勇、自我推荐担当重任作为一种美谈，也引出无数英雄豪杰在社会最需要的时候挺身而出，发挥重要作用。由此，自荐成为历朝历代选官的一条重要渠道。中国共产党成立后，为了取得革命的胜利，如同当年刘备一样，到处网罗人才，礼贤下士，更是希望人才自荐，主动请缨，在革命事业中发挥重要作用。正是由于党吸引了众多人才，才赢得了革命的胜利，成为世界上最大的社会主义国家执政党。但是，随着执政日久，情况逐渐发生了变化。有些地方和单位的领导虽然也说"人才是关键"，要"求贤若渴""广纳贤才"，但实际上很少有人真的这样去做。不要说"三顾茅庐"这样的故事很少听说，就连送上门"毛遂自荐"也都成了忌讳，代之以"伸手要官"这样的贬义词而大加批判。因此，如何认识毛遂自荐与伸手要官，就成为当前用人的一个重要问题。

所谓"伸手要官"，是指想要到某一个领导岗位上工作的人，通过直接的或间接的、公开的或隐晦的方式，向有权选派或委任的人提出要求的行为。为什么有人想"要官"？分析个案可以看到主要是两种情况：一种是要到官后可以有更显要的社会地位，可以以权谋私；另一种是可以利用当官的有利条件，更好地为人民群众谋利益，实现人生的价值。正因为这样一种社会行为的背后可能会有两种不同的动机，所以就不能一概否定。同时，判断一种社

>>> 277

会行为是否合理，不能仅靠猜想其行为动机的善恶，而必须看行为本身是否符合社会规范。那么，"伸手要官"的行为是不是违背国家法律和共产党组织原则呢？当然不是，因为在法律条文和党规党法中就根本没有这样的规定。所以，不能把"伸手要官"同"买官卖官"这样两种不同性质的事情混为一谈、"捆在一起"进行批判。

在计划经济的条件下，一切资源的配置都靠党和政府，人才资源也不例外。活生生的人才成为"一块砖"，"哪里需要哪里搬"，"一切听从组织安排"，个人不能提出任何要求，否则就是"不相信组织""组织观念淡薄"。于是，对人才"乱点鸳鸯谱"的悲剧故事便时有发生。实践已经证明，在现代社会，计划经济是走不通的，包括人才在内的资源的合理配置需要市场。当前，根据"党管干部"的原则，对领导干部的挑选和推荐主要还是靠党组织，这当然是对的。但是党已经认识到，仅有这一条渠道不足以广纳贤才，所以在人民代表大会的选举中允许代表联名推荐候选人，在许多地方和单位实行竞聘上岗，面向社会公开招考公务员，等等。这就有了更多的"市场配备人才资源"的味道。在这样一种条件下，组织在考虑领导干部人选的时候，既应该有组织自己掌握的，也应该有群众举荐、名人推荐的，还应该有本人自荐的。渠道多了，给所有希望在领导岗位上一展才华的人都提供机会，这样才"于法周延"，尽可能地避免优秀人才被遗漏的错误。

在中国历史上，历来把"野无遗才"作为"盛世"追求的重要目标。唐太宗为了广纳贤才，健全科举制，扩大进士科。当他在金殿端门看到新进士鱼贯而出的盛况时，情不自禁地说："天下英雄，入吾彀中矣!"当然，进入李世民圈子里的是不是都称得上"天下英雄"，倒不见得，但他网罗人才的迫切愿望是显而易见的，并且取得了"贞观之治"的显著成效。他在选人用人方面视野非常开阔，其名言是"不以卑而不用，不以辱而不尊"。在今天，凡是具有法定政治权利的公民，一律平等，没有什么"卑"与"辱"的身份和地位，只要德才兼备，都有被党和人民挑选做领导工作的权利。同时，只有选拔人才的视野广阔、心胸开阔，才有人才可用。

如何看待"伸手要官"，反映了对公民权利和大是大非的根本看法。我国是人民当家作主的社会主义国家，依照宪法和法律规定，凡是具有选举权和被选举权的公民，都有资格去当各级政权机关的公务员和领导干部。在中国共产党内，一切没有受到特别处分的党员也都有资格去当党内的各级领导干部。明确这一点十分重要。它告诉人们，领导人才资源在人民群众中。领导干部是在人民群众的实践中成长起来的，谁也不能剥夺任何一个具有选举权和被选举权的公民"当官"的权利。也就是说，"官"是每一个公民都可以做的。

自荐当官，是公民实现宪法赋予被选举权的一种方式，既合理又合法，无可厚非。公民想不想当官、要不要当官，那是他个人的权利和自由，别人无权干涉，也不应该说三道四。既然人们可以接受"不想当将军的士兵不是好士兵"的说法，为什么不能容忍公民当干部、想提升的想法、说法和做法呢？就正直人而言，想当领导干部，为人民造福，是高度社会责任心、使命感的表现。当年，面对社会的黑暗和腐败，老一辈革命家公开疾呼："天下者，我们的天下，国家者，我们的国家，我们不说谁说？我们不做谁做？"就是要把政权从大地主大资本家的手中夺过来。面对"四人帮"利用权力鱼肉百姓的行为，如果能有人站出来说"你们滚下去吧，由我来当官为民造福！"谁能说这种"要官"的人是不好的呢？相反，面对奸臣当道、坏人掌权，却故作清高，表示无意染指于权力，这样的人倒是真正值得怀疑：是是非非不分呢，还是坏蛋的帮凶？在今天，一些地方发展缓慢、腐败现象严重，一些有识之士挺身而出，要在领导岗位上为地方发展作出贡献，这是难得的好事。所以，不要给自荐的人戴什么帽子，另眼相看。问题不在于要不要官，而在于给不给官。如果"要官者"德才兼备，就没有理由不给；如果他缺德少才，不给就是了，他要与不要又有什么意义？应当创造一个平等的、公开的竞争环境，谁想当官都可以，就看你是否具备了相应的德才标准。现实的情况是，有些有权提拔干部的人，表面上把"不准伸手要官"喊得山响，真的把那些正派的干部唬住了，连自荐也不敢了；背地里却做着"买官卖官"的权钱交易。他们那么激烈地反对自荐、他荐，说穿了，无非是怕丧失了挑选、任用干部的垄断权，以及由此带来的各种私利。这是当前吏治腐败的一个突出表现，必须揭穿之、斗争之。因此，开发领导人才资源，应该面向所有具有选举权和被选举权的公民，为他们参与选官创造一切必要的条件。要尽可能地把本地区、本单位所有合适人选，无遗漏地纳入到人民选举和领导用人的视野。

允许和鼓励优秀领导人才自荐，不能孤立地提出，必须同以下两个问题一并解决。

一是健全和完善社会主义民主政治制度，实行人才的公平竞争。我国人口多，人才也多，能够胜任一个省、市、县领导工作的人才绝不止十个百个。那么怎样才能在这众多人才中"好中选好""优中选优"呢？有效的办法是靠"赛马"而不是"相马"。这就需要创造公开、平等的竞争环境，完善民主选举制度，广泛听取人民群众的意见，而决不能少数人说了算，搞暗箱操作。民主制度是杜绝用人上的不正之风和吏治腐败的根本途径。如果主要领导干部都是真正依法经过人代会或党代会选举产生的，那么优秀人才就可以堂堂正正地参加竞选，不必再向少数人"伸手要官"了。

　　二是疏通"出口"，把那些相形见绌的人才和非领导人才随时"淘汰出局"。平庸的领导干部下不去，优秀的领导人才就上不来。新陈代谢是宇宙的普遍规律。为此，必须坚决执行干部离退休制度；建立健全考核、监督与惩处相结合制度和公众决定去留制度；实行真正的任期制、罢免制、弹劾制，随时把那些实践证明相形见绌的人从领导岗位上撤下来，而不论你原来是组织挑选的，还是自荐他荐的。只有进行正常的吐故纳新、新陈代谢，不断地开发人才资源，广开进贤之路，才能保持领导系统的生机与活力。

原载《内部参阅》2004 年第 1 期

2005 年

年度背景　中共中央决定，从 2005 年 1 月开始，在全党开展保持共产党员先进性教育活动，继续加强党的执政能力建设和社会主义和谐社会建设。10 月，党的十六届五中全会审议通过了《中共中央关于制定国民经济和社会发展第十一个五年规划的建议》。

执政当以民生为本

党的十六届五中全会通过的"十一五"规划《建议》，在指导思想、主要目标和提出的重大举措等方面都突出了以人为本，强调了关注民生、改善民生。学习贯彻十六届五中全会精神，要求我们在执政实践中牢记"民生"二字，认真解决人民群众最关心、最直接、最现实的利益问题。

一、唯物史观对执政者的要求

在人类历史上，马克思主义第一次科学地说明了社会发展的基本规律，突出强调了生产力在社会发展中的决定作用，同时又赋予物质生产以目的性，揭示了人类"生活"的本源性。在马克思、恩格斯的全部学说中，最重视的是人，最关注的是人的生活，并把人及其生活作为自己理论的重要基石。马克思说："人们的存在就是他们的实际生活过程"，"人们为了能够'创造历史'，必须能够生活。但是为了生活，首先就需要衣、食、住以及其他东西。因此第一个历史活动就是生产满足这些需要的资料，即生产物质生活本身"。马克思明确地把自己所建立的历史观表述为："从直接生活的物质生产出发来考察现实的生产过程"。在马克思主义基本理论中，人的"生活"是生产力和生产关系赖以存在的舞台，又是一切物质生产的最终目的。马克思、恩格斯虽然没有亲身参加过社会主义实践，也没有对共产党如何执政提出过系统的理论，但从他们所建立的基本理论来看，最大限度地满足人们日益增长的物质文化生活需要，才是社会主义的生产目的；一切为了最广大人民的生命、生存、生活，才是执政的根本。执政以民生为本，是马克思主义唯物史观的必然要求和生动体现。

我们党是全心全意为人民服务的马克思主义政党，执政以民生为本是党执掌政权以来始终坚持的执政理念。新中国成立时，国家百废待兴，工作千头万绪，党首先关注的是人民群众的吃饭穿衣、生产生活问题，把解决民生问题放在了执政实践的第一位。正如当时主管全国财政经济工作的陈云所说："我们面临着如何把革命成果巩固和发展下去的问题，关键就在于要安排好六亿多人民的生活，真正为人民谋福利。"此后，解决民生问题、提高民生质量，一直是我们党执政的基本实践活动。经过半个多世纪的艰苦奋斗，我国经济社会发展取得举世瞩目的巨大成就，人民生活水平已经有了根本性改善，绝大多数人的吃饭穿衣等温饱问题基本解决，并正在为实现全面建设小康社会的宏伟目标而不懈努力。但必须看到，民生问题会随着社会变迁而不断有新的表现形式。毛泽东强调，要随时关心群众生活，要有新的利益给他们，否则群众就不会跟党走。这进一步说明，对民生问题的高度关注，不是一般的工作方法问题，而是重大的政治问题，直接关系到党的执政地位的巩固。

二、现阶段需要重点解决的问题

根据我国现阶段的实际情况，坚持以民生为本，最重要的是努力实现《建议》确定的各项目标，尤其应注重解决好以下几方面的问题。

最便宜的吃饭。我国人口众多，让所有百姓吃饱饭曾经是一件十分困难的事情。在中国共产党领导下，这个难题终于得到了基本解决。但是，目前我国还有两千多万人的温饱问题没有彻底解决。吃饭问题，说到底是经济发展和社会公正的问题。因此，必须加大解决"三农"问题的力度，按照《建议》的要求，统筹城乡经济社会发展，推进现代农业建设，全面深化农村改革，大力发展农村公共事业，千方百计增加农民收入。其根本措施，首先在于推进农业的产业化、农民的非农化、农村的城镇化。产业化是解决农业问题的基本出路，非农化是解决农民问题的重要途径，城镇化是解决农村问题的根本战略。其次，保持粮食、肉菜的稳定增产与合理流通。粮食是特殊商品，政府对粮食的生产与流通应实行特殊政策，既不能管得过死，又不能完全放开，必须始终保持粮食、肉菜的总量足以保证全国人民的需求。此外，增加对高消费的税收，补贴最低食品价格。一方面，加强对高级餐饮的税收；另一方面，通过有力措施，稳定普通百姓日常吃的米面、蔬菜、肉类的价格，使人们都能够买得起、吃得饱、营养足。

最方便的看病。及时、方便地治病，是每个人的切身利益所在，是民生的重大问题。当前，普通百姓看病难、看病贵的问题较为突出。为此，《建议》提出：认真研究并逐步解决群众看病难、看病贵问题，继续深化医疗卫生体制改革，完善公共卫生和医疗服务体系，基本建立新型农村合作医疗制度。必须探索适合国情的新的医疗体制，选择有利于所有公民的医疗卫生体制改革的方向和方法。这就需要打破城乡、所有制等界限，建立覆盖全民的、一体化的医疗卫生体制，形成结构合理、管理规范、竞争有序、投资多元的医疗服务体系。政府应综合运用市场的、行政的、法律的手段，加大解决看病难、看病贵问题的力度，如严格控制药价虚高、限定医院收入比例等。此外，应坚持预防为主的方针，广泛开展全民健身和保健活动，防患于未然。

最充分的就业。就业是民生之本，也是安国之策。没有充分的就业，个人和家庭的生活没有保障，社会也就难以安宁。目前，劳动力供求总量矛盾与结构性矛盾并存，城镇就业压力大与农村富余劳动力转移速度加快同时出现，新成长劳动力就业与下岗失业人员再就业问题相互交织。《建议》明确提出："要把扩大就业摆在经济社会发展更加突出位置，坚持实施积极的就业政策"，千方百计扩大就业。在就业指导方向上，主要是通过发展经济和各项社会事业，扩大就业渠道。在就业机制上，坚持以市场导向为主，发挥市场配置劳动力资源的基础性作用。在政府服务方面，加强职业培训工作，健全公共就业服务体系，综合运用税费减免、财政投入、小额贷款、就业援助和服务、社会保险补贴、控制企业裁员和信息服务等手段，完善具有中国特色的积极就业政策。针对不平等就业的问题，尽快制定有关反就业歧视的法规，以保障和促进公民的平等就业。

最有效的教育。教育有效，人的素质就高，社会文明程度就高。如果教育水平低下，那么就会直接影响经济社会发展。在新的历史时期，我们党制定并实施了科教兴国战略，已经取得一定效果。但是，目前我国教育仍存在一些问题。首先是对干部的教育问题。一些地方党风政风不正，腐败问题时有发生。其次是社会教育问题。许多地方出现了不讲信用、庸俗文化泛滥、社会风气不良等问题。再次是学校教育问题。党的教育方针在一些地方和学校没有得到有效贯彻，上学难的问题较为突出，高校学费上涨过快。各级党委、政府应高度重视教育问题，真正把它放在关乎国之兴亡、民之安危的基础位置上。应按照《建议》的要求，坚持教育优先发展，全面实施素质教育，普及和巩固义务教育，大力发展职业教育，提高高等教育质量，深化教育体制改革，加快教育结构调整，促进各级各类教育协调发展，建设学习型社会。加大教育投入，改革教育体制，整合教育资源，充分发挥各类教育资源的作用。制定有效措施，切实保证所有适龄儿童的义务教育，解决好上学难问题。

最人性的养老。养老最能够反映一个社会的文明程度。2000 年人口普查表明，我国 65 岁以上老年人口在总人口中所占比重达 6.96％。我国已经跨入老龄化社会，养老的压力不断增大。如何使老人们的生活更有保障，充分发挥他们应有的社会价值，是养老的要义所在。近年来，随着我国经济社会的发展，老年人经济收入有所增加，家庭生活条件有所改善，文化素质有所提高，并得到了社会多方面的服务与关怀。但是，在经济供养、精神寄托、家庭劳务、医疗保健、文化生活等方面，老年人仍然遇到很多问题。应按照《建议》的要求，积极建立健全与经济发展水平相适应的社会基本养老制度。通过立法，拓展养老保险基金的筹集模式，确保养老经费足额、到位。在整个社会加强社会公德和家庭美德教育，使尊老、敬老蔚成风气。创造条件，积极发展养老产业，大力兴办符合条件的养老院、托老所，解决好养老问题。

最安全的环境。人的生存与发展是在一定的环境中实现的。人创造环境，同样环境也改造人。实现人的全面发展，不仅需要没有污染的绿色环境，更需要良好的社会治安环境以及各种有利于人们和谐相处、健康发展的工作环境和生活环境。应按照《建议》的要求，落实安全生产责任制，强化对食品、药品、餐饮卫生等的监管，加快建设资源节约型、环境友好型社会，大力发展循环经济，加大环境保护力度，切实保护好自然生态，认真解决影响经济社会发展特别是严重危害人民健康的突出的环境问题。加强社会治安综合治理，依法严厉打击各种犯罪活动，维护国家安全和社会稳定，保障人民群众生命财产安全。

"乐民之乐者，民亦乐其乐；忧民之忧者，民亦忧其忧。"只要我们坚定不移地贯彻落实科学发展观，努力完成党的十六届五中全会确定的各项任务，就一定能够实现人民安居乐业、国家长治久安。

原载《人民日报》2005 年 12 月 12 日

自己做好，管住下属

预防，是反腐败不可或缺的重要手段。预防腐败需要从教育、制度、监督等多方面努力，其中一个重要方面就是领导干部要"自己做好，管住下属"。

严格意义上的腐败，是指公职人员不正当地使用权力谋取私利。这表明，腐败的主体不是普通百姓，而主要是手握权力的领导干部。所以，领导干部在预防腐败中具有关键性作用。强调领导干部要"自己做好，管住下属"，原因有三。其一，如果所有领导干部都能做到不贪污受贿，不搞权钱交易，那么腐败就可以基本预防住了。其二，现实生活中历来是"上行下效""上有所好，下必甚焉"。领导干部是一般干部的榜样，上级是下级的榜样。如果上级领导干部洁身自好，那么就会潜移默化地带动和影响下属廉洁自律。其三，领导干部自己做好了，就能更好地管理下属。批评也好，教育也好，处分也好，都可以挺直腰杆，理直气壮。否则，"己不正，焉能正人"？

对领导干部而言，自己做好，不贪污受贿，不搞权钱交易，从理论上说应该不难做到。然而，事实上就是有人做不到。为什么呢？因为那些搞腐败的领导干部往往是从社会风气、人情面子等方面寻找腐败原因，却忘记了"觉悟"二字。腐败，说白了，就是抵挡不住金钱、权力和美色的诱惑而错用了权力。之所以抵挡不住，原因之一是因为没有悟到诱惑对人的伤害，没有把一时的"腐败快乐"会带来身败名裂的道理想透。如果能及早地"觉悟""想透"，知道腐败带来的绝不仅仅是金钱、权力、美色，而且还有惩罚乃至家破人亡，就会自觉地远离腐败。唐朝吴兢在《贞观政要》中说："今人臣受任，居高位，食厚禄，当须履忠正，蹈公清，则无灾害，长守富贵矣。"这确是明智之言。一千多年前的封建官吏已经把腐败与廉洁的关系看得这么清楚，岂不值得今天的领导干部思考？

预防腐败，领导干部首先要自己做好，但这还不够，还得按干部管理的职责和权限管住下属。社会生活极其复杂，诱发腐败的因素多种多样。不管领导干部自身做得多么好，下面也会有人不走正路。这就需要提醒他、监督他、约束他。做到这一点，从根本上说要靠制度和机制。不过，在现有条件下，还须有来自内部的监督，上下级之间的相互监督。特别是在权力的授受制度尚不完善的情况下，真正能够有效监督并管住干部的，往往是他的上级领导。如果受到上级的有效管理，那么下级就不可能随意弄权、为所欲为。因此，预防腐败，要求上级领导干部和领导机关必须管住下属。党中央一再强调落实党风廉政建设责任制，其原因也在这里。

自己做好，关键在于始终坚持以科学理论武装头脑，牢固树立正确的世界观、人生观、价值观和权力观、地位观、利益观，做到自重、自省、自警、自励。管住下属，关键是要通过思想教育、制度规范、纪律约束、组织使用等手段，使干部不发生腐败。领导干部要管住下属，就不能高高在上、闭目塞听，不注意研究下属的特点和思想；也不能回避矛盾、不敢碰硬，奉行好人主义，放弃领导责任，对下属的腐败苗头不抓不管，任其泛滥，直至酿成大祸。领导干部必须从对党和人民负责的高度，善于从理论和实践的结合上找出有效的方法与手段，真正管到点子上，管出成效来，使下属不犯或少犯错误。只要领导干部自己做好了，同时把下属管住了，预防腐败的任务就能够落到实处。

原载《人民日报》2005 年 12 月 7 日

怎样营造党内不同意见平等讨论的环境

党的十六届四中全会《决定》关于"营造党内不同意见平等讨论的环境，鼓励和保护党员讲真话、讲心里话"的重要论述，对于增强党的团结和活力，提高党的执政能力，具有重要意义。

我们党是以马克思主义为指导的工人阶级政党，党员之间是平等的，都享有党章规定的权利，包括平等讨论问题的权利。同时，我们党又是一个有6800多万党员的大党。这么多党员对党内事务的认识不可能完全一致，因此党内有不同意见是正常的、不可避免的。党的实践表明，能否正确对待党内不同意见，事关党的兴衰成败。如果党内各种不同意见能够进行平等、充分的交流和讨论，那么就可以使党内的认识逐步正确起来、统一起来，比较容易制定和实施正确的决策；如果运用权力或以多数人的权威压制不同意见，那么就难以保证决策的正确，甚至会出现"文化大革命"那样的严重错误。实现党内不同意见的平等讨论，需要有一个合适的环境。环境好，气氛宽松和谐，人们就能够畅所欲言，不同意见的平等讨论也就比较容易做到。当前，一些地方和单位缺乏不同意见平等讨论的适宜环境，直接影响了党组织的活力，影响了事业的发展，也影响了党的执政能力建设。因此，营造一个宽松和谐的环境，实现党内不同意见的平等讨论，是当前党的建设中一项紧迫的工作。

营造党内不同意见平等讨论的环境，离不开全体党员的共同努力。这就要求在讨论党内问题时，每个党员应从党的利益出发，坚持党性原则，以对党的事业高度负责的精神，大胆发表意见，做到讲真理，不讲面子；讲党性，不讲私情；不唯上，不唯书，只唯实。现实情况表明，党员能否在党内讲真话、讲心里话，领导机关、领导干部是否具有民主作风至关重要。由于长期以来我们实行党政不分的体制，党内的平等关系常常被行政的隶属关系、上下级关系所替代。本来书记是党的委员会中平等的一员，但逐渐演变成为一切说了算的"一把手"。于是，在一些领导班子中出现了"一把手有绝对真理，二把手有相对真理，其他人没有真理"的不正常现象。在这样的环境里，怎么可能会有不同意见的平等讨论？因此，党的各级领导机关和领导干部必须坚持党章规定的原则，发扬党内民主，允许党员发表不同的意见，做到知无不言、言无不尽，而决不允许搞"一言堂"、家长制。对于任何党员提出的批评和意见，只要是正确的，都应当采纳和接受。只有各级领导机关和领导干部带头正确开展党内不同意见的平等讨论，宽松和谐的环境才能营造起来。

营造党内不同意见平等讨论的环境，最根本的是靠制度。与领导机关和领导干部的作用相比，制度更带有根本性。时至今日，我们党关于保障党内不同意见平等讨论的基本制度已经建立起来，主要包括党章、《关于党内政治生活的若干准则》和《中国共产党党员权利保障条例》等。现在应着力解决的问题，一是有关制度需要细化，使之增强操作性；二是对制度要狠抓落实，不能制度规定是一套、实际做的是另一套；三是加强监督检查，对那些压制不同意见的错误行为予以坚决纠正。必须明确，反对某个同志的某个意见，不等于反对这个同志；反对某个领导机关的某个同志，不等于反对这个组织，不等于反领导，更不等于反党。在党内应严格实行不抓辫子、不扣帽子、不打棍子的"三不主义"。如果领导干部利用职权对提不同意见的同志挟嫌报复、打击陷害，用"穿小鞋"等办法整人，那就是违反党内民主制度的行为，必须坚决反对。

原载《人民日报》2005 年 2 月 7 日

在牢固的基础上构建和谐社会

今天，我们所要构建的"和谐社会"，无疑是建立在社会主义基础上的。那么，社会主义是什么样的社会呢？"贫穷不是社会主义"，"发展很慢也不是社会主义"。这就是说，社会主义的经济发展必须是快速的、健康的，必须是以全体人民共同富裕为趋向的。因此，社会主义和谐社会的构建，首先必须大力发展先进的社会生产力，按照科学发展观，保持经济全面、协调、可持续发展，不断提升全体人民共同富裕的水平。不善于强化社会主义经济基础，就不可能构建社会主义和谐社会。其次，"没有共产党就没有新中国"，"没有民主就没有社会主义"，"社会主义中国是法治国家"。社会主义的政治是民主政治，基本点是坚持共产党领导、人民当家作主和依法治国的统一。只有善于坚持共产党领导、人民当家作主和依法治国的统一，社会主义和谐社会才能有牢固的政治基础。此外，在社会主义经济、政治基础上，相应地要大力加强社会主义先进文化建设。只有社会主义先进文化发展得好，社会主义思想道德教育深入人心，社会主义和谐社会才能有牢固的文化基础。俗话说："基础不牢，地动山摇。"善于筑牢社会主义经济基础、政治基础和文化基础，就从根本上为构建社会主义和谐社会创造了条件。

和谐，是多种不同事物共生共荣的一种状态。构建和谐社会，就是要正视和面对多样化的世界，使之和平共处、和谐发展；就是要正确对待和妥善处理各种社会关系和社会矛盾，以理顺关系、化解矛盾。为此，需要从宏观上把握住以下几点。

基点是人与人的和谐。社会和谐，说到底，是人与人之间的和谐。构建和谐社会首先要尊重人。社会主义和谐社会是建立在尊重人性、人格和以人为本基础上的。我们当然要尊重人才，尊重知识分子，但是，不是人才的人，不是知识分子的人，也必须得到应有的尊重。只有尊重所有人，尊重所有人的法定权利、自由和创造，社会主义和谐社会的构建才能有坚实的基础。其次，要维护人与人之间的平等关系。平等是民主政治的基石，也是人与人之间和谐的基石。再次，要以公平正义作为处理人与人之间关系的根本尺度。在社会生活中，人与人之间总会发生各种各样的矛盾。解决这些矛盾固然要用多种多样的办法，但基本准则是公平正义。不讲公平，难以服人；没有正义，百弊丛生，带来的是更多更大的矛盾。公平正义是实现人与人之间和谐、社会和谐的必由之路。

始终着眼于社会的全面进步。社会主义和谐社会不是静态的完美，而是动态的协调，始终伴随着社会前进的脚步。改革开放以来，我们已经形成了"发展是硬道理"的共识，发展是我们党执政兴国的第一要务；为了发展得好，必须深化改革，勇于创新。不论是发展，还是改革创新，都会在一定程度上打破原有的某种平衡，但这不是破坏和谐，而是走向新的和谐必由之路。社会运转的体制机制不协调，发展缓慢，不利于构建社会主义和谐社会。只有深化改革，才能为构建社会主义和谐社会提供制度保证。

关键是合情合理合法地调整利益关系。在一定意义上说，现存的社会就是一个利益共同体。人们之间的利益矛盾和冲突，是影响社会和谐的一个基本原因。追求利益，是人的"天性"。作为彻底的唯物主义者，马克思主义不但不否认人对利益的追求，而且承认利益对人的思想和行为具有基本的导向作用，始终把它作为观察人与社会的重要出发点。和谐社会不是没有利益冲突的社会，相反，它是一个有能力解决利益矛盾和化解利益冲突，并由此实现利益关系趋于均衡的社会。实践表明，解决利益矛盾，调整利益关系，根本出路是建立科学的利益均衡机制。同时，在思想方法上，既要讲究合法，也要讲究合情合理，讲究适度。妥善协调各方面的利益关系，就要善于把改革的力度、发展的速度和社会可以承受的程度统一起来，使改革发展稳定相互协调、相互促进，确保人民群众安居乐业，确保社会政治稳定和国家长治久安。在价值取向上，要努力使不同的利益主体在分歧中求协调、在差异中求一致、在对立中求妥协、在冲突中求共存，在市场竞争中获得双赢。

重在解决实际问题。构建和谐社会要从解决不和谐的问题入手。当前，我国在构建和谐社会过程中面临着许多不和谐的问题，如区域发展、城乡发展不平衡，分配不公、收入差距过大，腐败蔓延、党风和社会风气不正，以及社会广泛关注的就业、看病、教育、住房等问题。这些实际问题解决得愈好，我们离社会主义和谐社会就愈近。

原载《学习时报》2005 年 6 月 22 日

2006 年

年度背景　全党继续贯彻落实党的十六大精神，加强党的执政能力建设。10月，党的十六届六中全会作出《关于构建社会主义和谐社会若干重大问题的决定》。

丢什么也不能丢掉信誉

执行力和公信力，是任何政府都不可或缺的、具有内在紧密联系的两大能力。从一定意义上说，政府的公信力更重要。

我国古代最早论述政府公信力重要性的是孔子。一部《论语》，有 38 处讲到"信"，其中有 24 处包含着守信用的意思。孔子的学生子贡向他请教治国理政的道理，他讲，要使老百姓吃饱饭，有充足的武器和军备，取得人民的信任，具备了这三个条件，国家就治理好了。子贡问，如果迫不得已非去掉一个条件不可，应该先去掉哪一个呢？孔子答"去兵"。子贡又问，如果再去掉一个呢？孔子答"去食"，并解释说："自古皆有死，民无信不立。"意思是说，人总是要死的，如果人民不信任，国家朝政就难以立世生存。

社会信誉，是衡量社会文明以及政权稳固的重要尺度。历史上，不论哪一个王朝的灭亡，"信任危机"都是直接的导火索。在现代市场经济和民主政治体制下，社会信誉问题更为重要。西方有的国家领导人之所以下台，不是因为犯了多么大的工作错误，而是因为"没有向人民说真话""欺骗人民"了。我们党是以全心全意为人民服务为宗旨的执政党，党领导的政府是人民的政府，党和政府历来重视信誉。在 1989 年那场政治风波中，邓小平严肃地向中央领导层提出，要兑现反腐败的承诺，"是一就是一，是二就是二，该怎么处理就怎么处理，一定要取信于民"。这对于此后全国政局的稳定和经济社会的发展，起了重要作用。历史一再证明，取信于民是事关民心得失、政权存亡的根本性问题。"自古驱民在诚信，一言为重百金轻。"加强政府公信力建设，提高人民群众对政府的信任程度，应该成为各级政府及其工作人员须臾不可"去"的大事情。

言行一致，说话算数。有足够的能力为人民群众作出实实在在的好事、实事，是取得人民群众信任的基本要求。现在有一些干部，对人民说得好听，而实际上在"耍花枪"，还自以为得计。其实这是最短视、最愚蠢的政客行为。古文献《礼记》上有一句名言："口惠而实不至，怨灾及其身。"意思是说，口头上允诺给人好处，行动上却不付诸实现，必然会招致怨恨和灾害。那些言行不一、欺骗人民的人，"把戏"早晚会被戳穿，他们自己也会受到应有的惩处。重要的是，做一个老实人，"言必信，行必果"。

实事求是，敢讲真话。列宁说过，我们的力量在于说真话。讲真话是有力量的表现，也是向党和人民负责的表现。因此，无论现实情况多么"不利"，都要作出真实的反映和实事求是的分析，这样才能赢得党和人民的信任。现在有些干部，上级要救灾，他们就谎报灾情，多报损失；上级要提拔，他们就报喜不报忧，在数字上做文章，搞"政绩膨胀战略"。这样的干部是得不到群众信任的。

自我批评，坦诚相待。领导干部只要是干事情，就可能犯错误。如何对待自己的错误，是能否取得人民群众信任的试金石。有的干部之所以不讲真话，文过饰非，并不是存心欺骗谁，而是过不了"面子关"。对此，老一辈革命家陈云曾尖锐地指出："有的时候你愈要面子，将来就愈丢脸。只要你不怕丢脸，撕破了面皮而诚心诚意地改正错误，那时候也许还有些面子。共产党员参加革命，丢了一切，准备牺牲性命干革命，还计较什么面子？把面子丢开，怎样对于老百姓有利，怎样对于革命有利，就怎么办。"实践证明，真诚地进行自我批评，"怎样对于老百姓有利就怎么办"，是取得人民群众信任的基本途径。

既讲"约"信，又讲"义"信。凡是与人民群众有言在先、有约在录的，都要坚决地履约践诺，而不能工作报告讲的一套，实际上做的是另一套。这是"约"信。此外，有些事情尽管没有形式上的许诺和契约，但是只要对人民有利，是人民政府及其领导干部应该做的，即"仁义"所要求的，也要坚决去做。这就是古人提倡的"义"信。只要"约"信、"义"信都做到了，就能够得到最广大人民的拥护和信任。

原载《中国行政管理》2006 年第 8 期

正确对待错误

提高党的执政能力，加强社会主义和谐社会建设，具有丰富的内涵。它的直接目的之一，是使党的执政活动不发生或少发生错误，尽可能不犯重大错误，一旦发生了错误则能够及时纠正，把错误的损失减少到最低限度。因此，如何正确对待自身的错误，是加强党的执政能力建设必须解决的重大问题。这个问题解决的好与不好，直接关系党的执政地位的巩固与丧失，关系国家的治乱与兴衰。最近，中央领导同志在论述"十一五"期间是我国发展的关键时期，务必正确应对的时候，特别讲到"耽误不得，失误不起"这八个字。这进一步要求增强纠错防错的意识，提高纠错防错的能力。

一、执政者对自己所犯错误的不同态度，导致不同的政治后果

古人云："人非圣贤，孰能无过？"毛泽东通过总结历史经验，清醒地看到，"任何政党，任何个人，错误总是难免的"。对于长期执政的政党、集团和个人来说，错误尤其难免，迄今还没有哪一个长期执政者从来没有犯过错误。问题在于，错误发生之后，是承认之、改正之，还是推诿之、坚持之，区别很大，后果也是完全不同的。这方面，中国历史上有两个典型事例：

一个是秦穆公。公元前 628 年，秦穆公不顾谋臣蹇叔的竭力反对，派大将率军远途奔袭郑国。因郑国获讯做了准备，秦军只好无功而返。归途中不出蹇叔所料，在崤山遭晋军伏击，大将被擒，全军覆没。秦穆公面对自己因刚愎自用而导致的惨败，没有推脱责任，怪罪部下，而是公开认错，痛改前非。他"素服郊次，乡师而哭，曰：'孤违蹇叔，以辱二三子，孤之罪也。'不替孟明，曰：'孤之过也，大夫何罪？且吾不以一眚掩大德。'"秦穆公谦诚坦白的胸襟和坚决改正错误的态度，赢得了臣民的尊敬。三年后，秦军终于在彭衙之战大败晋军，使秦国声威大振，为后来称霸乃至统一中国，奠定了重要基础。

另一个是袁绍。东汉末年，称雄冀北的袁绍，不听谋士田丰劝阻，贸然发动官渡之战，结果大败。袁绍不但不承认自己的错误，反而文过饰非，将田丰杀了。他固执地坚持错误，加上心胸狭隘，偏信谗言，使得士气涣散，人心惶惶，人才外流，终为曹操所灭。

以上两个事例都已经被收入到史籍之中，为此后的执政者们所熟知。尽管如此，这两种现象仍然不断发生，即便是中国共产党这样伟大、光荣、正

确的党及其伟大领袖，也不能完全避免。1958 年，由毛泽东倡导搞起来的"大跃进"表现出明显的错误，造成了严重后果。在 1959 年庐山党中央的会议上，彭德怀上书毛泽东，指出"大跃进"的错误。毛泽东不但不承认错误，反而说彭德怀犯了"路线错误"，并把他罢官。由于毛泽东听不进批评，以至于带来了更大的错误，最终发生了"文化大革命"那样的全局性灾难。党的十一届三中全会之后的党中央，彻底否定了"文化大革命"，纠正了"左"的错误，从而使党重新走上了正确的执政轨道。历史经验表明，要保证党和国家的事业兴旺发达，必须善于在随时坚持真理的同时，随时纠正错误。如果对已经出现的错误不作坚决纠正，就可能带来一连串甚至更严重的错误。错误多了、大了，就会积重难返，最终可能一朝覆亡。袁绍是这样，苏联共产党不也是这样吗？

二、坚持正确对待错误的方法论原则

古人说，"知错能改，莫之善也。"时至今日，知错就改的道理是一切具有理智的人所认可的。那么为什么在执政实践中，有的人对于已经发生的错误能够坦然承认，积极地改正错误，而有的则至死不愿意承认并改正错误呢？思想方法不同是一个基本的原因。根据中国共产党的执政理论与实践，正确对待错误必须奉行以下原则。

以对历史负责的精神不怕犯错误。人类错误的类型很多，大体上可以分为两类：一类是前进中的错误，一类是逆历史潮流而动的错误。中国共产党执政 50 多年来，不论犯的何种错误，仔细分析一下可以看到，都是在探索推进社会主义事业的进程中发生的，本质上属于前进中的错误。如果党不想前进、不敢探索，许多错误自然就不会发生。但是，党的性质和宗旨决定了，执政必须要对中国人民负责，对历史负责，因而总得前进、总得探索。正如邓小平反复强调的那样："现在我们干的是中国几千年来从未干过的事。""我们搞的实质上是一场革命。从另一个意义来说，我们现在做的事都是一个试验。对我们来说，都是新事物，所以要摸索前进。既然是新事物，难免要犯错误。"如果怕犯错误，这个"试验"就无法进行，"前进"也只能是纸上谈兵。因此，邓小平坚定不移地说，面对可能要犯的错误，"我们不能怕，不能因噎废食，不能停步不前。胆子还是要大，没有胆量搞不成四个现代化"。20 世纪90 年代初，在改革开放深入发展的关键时期，党内出现了怀疑、彷徨、止步不前的思想倾向。邓小平以向历史负责的精神和气魄，再三告诫中国共产党人不要怕犯错误，要大胆地试，大胆地闯，勇于实践，勇于探索，勇于创新。认为只有这样，才能推动改革开放向纵深发展，为实现社会主义现代化和中华民族的伟大复兴杀出一条"血路"。列宁指出："犯错误对一个先进阶级的战斗的党并不可怕，可怕的是坚持错误，虚伪地不好意思承认错误和纠正错误。"从列宁和邓小平的教诲中能够感悟到，要正确对待错误，必须首先选择正确的价值取向——能够为人类的进步事业探索出新的路子，即使犯了错误也是值得的。因此，对于执政的共产党人来说，第一位的不是考虑犯不犯错误的问题，而是如何有效引导历史前进的问题。只要历史前进需要，就不怕犯错误。

以辩证的眼光看待错误。所谓错误，直观地说，是给事业带来损失和负面影响的事，属于"坏"的范畴。由于事物是发展、变化的，在一定条件下，坏事可以变成好事，好事也可以变成坏事，"错误"的命运也是如此。有的人所以固执地不承认、不改正错误，就是以僵死的眼光看待错误，而没有看到错误的可变性，更没有看到它可能成为"好事"。其实，从古至今，变错误为成功、化腐朽为神奇的事例可谓千千万万。据此，聪明的人类创造了许多有益的格言，如"吃一堑长一智""失败是成功之母"等。的确，对富于辩证思维的人来说，错误是成功者进步的阶梯。恩格斯有一句名言："伟大的阶级，正如伟大的民族一样，无论从哪方面学习都不如从自己所犯错误的后果中学习来得快。"中国共产党就有这方面的丰富经验。在一定意义上说，如果没有第一次、第二次国内革命战争时期所犯的"左"、右两个方面的错误，就不会有遵义会议之后正确的理论和路线，以及新民主主义革命的胜利；如果没有从"大跃进"到"文化大革命"这一阶段的错误，或许至今都走不到改革开放和社会主义市场经济体制的正确轨道上来。毛泽东非常重视对错误的辩证观，他说："人们经过失败之后，也就从失败取得教训，改正自己的思想使之适合于外界的规律性，人们就能变失败为胜利，所谓'失败者成功之母'，'吃一堑长一智'，就是这个道理。""失败是成功之母。失败如果没有什么好处，为什么是成功之母？错误犯得太多了，一定要反过来。这是马克思主义。'物极必反'，错误成了堆，光明就会到来。""错误和挫折教训了我们，使我们比较地聪明起来了，我们的事情就办得好一些。"因此，对于已经发生的错误，不必矢口否认、刻意回避或者推诿、粉饰，而应该正视它，分析它，从中吸取教训，找出从错误走向正确、从失败走向成功的路径，努力使以往的错误变得更有价值。

以事业发展为重揭露、承认并改正错误。揭露错误、承认错误是改错纠错的逻辑起点。然而，许多执政者正是在"起点"这里止步不前的。古代那些具有无上权威的君主，别说公开承认错误、改正错误，就是收回自己说过的一句话，有时也是非常之难的。原因在于他们把自己的面子看得比天还大。

当然也有例外，比如下过"罪己诏"的清顺治皇帝。不过他那个时候快死了，"人之将死，其言也善"，顾不得什么"金口玉言"了。比较地说，古代帝王中真正能够听得进批评意见、鼓励下属揭露错误、勇敢地承认并改正自己错误的，当属唐太宗李世民。对此，史书记载了许多故事。为什么唐太宗能够做到承认并改正自己的错误呢？因为他把"江山永固"看得比自己的面子更重要。隋王朝所以灭亡，一个极其重要的原因是隋炀帝为了顾及自己的颜面而拒不承认和改正错误，因而犯了一个比一个严重的致命性错误。而唐初所以能够出现"贞观之治"的盛世，直接得益于唐太宗从隋王朝灭亡的事实中汲取了教训，能够听取正确的意见，避免了很多犯大错误的机会。鉴于历史的经验教训，中国共产党人在面对错误的时候，总是以党和人民的事业为重，历来强调"讲真理不讲面子"。毛泽东指出："应该使每个同志明了，共产党人的一切言论行动，必须以合乎最广大人民群众的最大利益，为最广大人民群众所拥护为最高标准。"因此，"共产党人必须随时准备修正错误，因为任何错误都是不符合于人民利益的"。毛泽东还说："以中国最广大人民的最大利益为出发点的中国共产党人，相信自己的事业是完全合乎正义的，不惜牺牲自己个人的一切，随时准备拿出自己的生命去殉我们的事业，难道还有什么不适合人民需要的思想、观点、意见、办法，舍不得丢掉的吗？难道我们还欢迎任何政治的灰尘、政治的微生物来玷污我们的清洁的面貌和侵蚀我们的健全的肌体吗？无数革命先烈为了人民的利益牺牲了他们的生命，使我们每个活着的人想起他们就心里难过，难道我们还有什么个人利益不能牺牲，还有什么错误不能抛弃吗？"正是因为党坚持了这样的思维方式和思想方法，所以才能形成批评和自我批评的优良作风，才能在党内和人民内部做到"知无不言，言无不尽""言者无罪，闻者足戒""有则改之，无则加勉"，也才能做到有错必纠，"惩前毖后，治病救人"。

以宽广的胸怀包容错误。作为执政党，要成就执政兴国的大事业，必须有蓝天与大海般的宽广胸怀。这是因为，事关社会发展的宏大事业，绝不是少数人能够干成的，必须依靠人民，有事业所需的各类人才加入进来，并充分发挥其积极性、创造性。只有胸怀宽广，才能广泛吸引人才，争取多数。胸怀宽广的基本标志是能够容得下不顺眼的人、听得进不顺耳的话、装得下不顺心的事，其中就包含某些错误和有错误的人。所谓"包容错误"，不是说对所有错误听之任之，而是要在同原则性错误斗争的同时，对那些无损大局、无伤大雅的错误有所容忍。之所以要这样做，首先，是因为所有人都会犯错误，如果不允许错误存在，那么就很难会有追随者了。这就是"水至清则无鱼，人至察则无徒"的道理。其次，"错误"是客观的，但具有主观性。有些想法和做法，尽管被掌权者甚至多数人认定是错误的，但未必就真错，很可能是真对的，而真错的是掌权者和多数人。在这种情况下，"包容错误"就是为纠正错误保留了种子。再次，只有"包容错误"，才能有所比较，做到"兼听则明"，实施正确的决策。许多心胸狭隘的人不能容忍别人的错误，其实情况常常如法国的拉罗什夫科所说："没有什么人比那些不能容忍别人错误的人更经常犯错误的。"

三、重要的是做好预防错误的基础工作

自从人类进入文明社会以来，进步了几千年，也犯了几千年的错误。人们在不断总结进步经验的同时，也对为什么会犯错误、怎样改正和预防错误，进行过多方面的探索和反思。恩格斯指出："我们只能在我们时代的条件下进行认识，而且这些条件达到什么程度，我们便认识到什么程度。"这就是说，人的认识"总是在客观上被历史状况所限制"，是"受历史条件制约的"。因此，实践着的人类想彻底摆脱错误、永远不犯错误，是绝无可能的。现实的可能性在于，怎样通过深入研究错误发生的一般规律和特殊规律，尽量少犯错误、不犯大错误，犯了错误则能够很快得以纠正。这就需要做好预防错误的基础性工作。

始终坚持党的先进性。历史上那些执政者所以屡犯错误（特别是在执政的后期），最后被赶下历史舞台，人们可以为其寻找这种原因、那种原因，但是最根本的原因，是他们丧失了执政者应有的先进性和历史的进步性。因为他们不能站在历史发展的前头，代表历史前进的方向，所以在处理社会基本矛盾和各方面具体问题的时候，必然出现这样那样的错误，最终毁掉自己的执政地位。以马克思主义为指导的中国共产党清醒地看到了这一点，始终坚持把先进性建设作为自己执政的基石。首先是执政的指导思想先进。思想理论是执政实践的先导，只有思想理论是先进的，才有可能保证执政实践不发生致命性错误。我们党执政后所以会发生"文化大革命"那样的重大错误，第一位的原因是党的指导思想上发生了错误。党的十一届三中全会以来之所以没有再发生重大错误，主要是因为党的指导思想正确，始终遵循着邓小平理论，确保党自觉地代表先进生产力的发展要求，代表先进文化的前进方向，代表中国最广大人民的根本利益。其次是党的组织结构和基本制度的先进。因而使各级党组织更加坚强有力，有效地团结全党为实现执政目标而奋斗。再次是充分发挥广大共产党员的先锋模范作用。党员是党的活动主体。广大党员的先进作用发挥出来了，党的先进性就有了基本保证。

始终坚持先进的社会制度。经过多年的探索，我国基本建立起来了公有

制为主体、多种所有制经济共同发展的基本经济制度，按劳分配为主体、多种分配方式并存的分配制度，人民代表大会制度、共产党领导的多党合作和政治协商制度为主体的基本政治制度，以宪法为核心的法律体系。与此相适应，党的领导方式和执政方式也在发生积极变化，逐步走上科学执政、民主执政、依法执政的轨道，坚持把党的领导、人民当家作主和依法治国有机统一起来。实践证明，这些基本的法律制度和执政方式，总体上反映了我国现阶段的基本国情，符合中国人民前进的要求，能够保证党领导人民建设社会主义社会的实践活动有序进行，能够从根本上保证党的正确执政。当然，上述基本制度还不够完善，相关法律制度还不健全，应根据社会发展的需要，加大法律制度建设的力度。

始终坚持决策的科学化、民主化。执政是对国家的管理，执政活动的核心就是决策——制定决策与实施决策。所谓执政错误，实际上就是在处理重大政务问题时决策发生错误；纠错防错的关键问题，就是保证决策不发生错误。就我国现阶段决策失误的教训看，主要有三个方面：一是权力缺乏有效监督和制约，领导者滥用权力，导致决策失误；二是领导干部有道德缺陷，为了达到以权谋私的目的，故意制造错误决策；三是决策水平和能力低下，不会根据实际情况作出正确决策。为了从根本上减少和避免决策失误，首先必须对一切领导机关和领导干部的权力作出科学的界定。任何权力都不是无限的，都要受到有效制约；任何人对权力的运用都要依照一定的法律程序，不能随意弄权。因此，要全面领会和贯彻党的十六大的要求，精心建立结构合理、配置科学、程序严密、制约有效的权力运行机制。其次，实行政务公开，加强对权力运行的监督。不受监督的权力必然导致腐败。腐败分子给执政带来的错误是无限的、致命的。防止某些干部因道德缺陷而沦为腐败分子，必须加强以政务公开为基础的权力监督，使揭露错误、分析错误更加方便和正常。再次，着力健全和完善深入了解民情、充分反映民意、广泛集中民智、切实珍惜民力的决策机制。一切重要决策，都要坚持研究先行的原则，坚持以调查研究作为决策基础，坚持决策公开化，坚持按照科学决策的程序办事，坚持发挥有关专业人士的咨询作用。

始终坚持德才兼备的用人标准和任人唯贤的干部路线。人才是执政党的"第一资本"。当一个执政者的队伍里人才济济的时候，决策错误就比较少些，即使发生了错误也比较容易改正，较好地做到"公开承认错误，揭露错误的原因，分析产生错误的环境，仔细讨论改正错误的方法"。而如果执政者队伍"世无英雄"，那么各种各样的错误就会层出不穷，直到该政权垮台为止。中国共产党执政以来，所以能够在较多的时候作出正确决策，能够在发生错误后依靠自己的力量予以纠正，主要原因之一是有一支比较好的领导人才队伍。同时，也必须要说，之所以还经常地发生一些不该发生的错误，主要原因之一在于许多重要领导岗位上的人还不是职位所需要的人才，而是庸才、奴才以及各种各样的非人才。因此，如何坚持德才兼备的用人标准和任人唯贤的干部路线，广开进贤之路，就成为纠错防错、正确执政的重要的基础性工作。这就要求各级领导必须增强人才观念，时刻保持对人才的渴求；健全和完善广纳群贤、人尽其才、能上能下、充满活力的用人机制，使人才的生长和使用不再是某些领导机关和领导干部的随意行为；加强领导人才的培养、锻炼和使用，使执政所需要的各类人才充分涌流。

始终坚持思想道德和科学文化建设。执政党的正确执政，不仅依赖于执政者的良好素质和能力，而且需要全民族的高度文明作为基础。历史表明，广大人民思想道德和科学文化素质高，从他们中产生的领导干部的水平一般也比较高，比较容易制定和实施正确的决策，即使领导决策出现某些错误，也容易在实践中得到克服和纠正；如果多数群众素质不高，从中产生的领导人素质也高不到哪里去，难以制定和实施正确的决策。在当今世界上，凡是清廉的国家都有一个浓浓的崇廉文化氛围，使得贪污受贿、侵吞社会财富等行为如同偷盗抢劫一样，被视为卑鄙肮脏的不义之举，没有生存空间；凡是腐败现象易发多发的地方，都是廉政文化建设薄弱、缺乏崇廉文化氛围的地方。由此可见，只有不断加强思想道德和科学文化建设，提高全民族的文明程度，才能为执政者纠错防错提供良好的社会基础和环境。

我国古代文献《鹖冠子》曾载一个故事：魏文王问名医扁鹊，你们家兄弟三人，到底哪一位医术最好呢？扁鹊回答，大哥最好，二哥次之，我最差。文王再问，那为什么你最出名呢？扁鹊说，我大哥治病，是治病于未发之前。一般人不知道他事先能铲除病因，所以他的名气无法传出去。我二哥治病，是治病于初起之时。一般人以为他只能治轻微的小病，所以他的名气只传于乡里。而我治病，是在病情严重之时，所以大家认为我的医术高明。这个故事对于如何对待执政中的错误很有启发。自古以来，医人与治国的道理是相通的。党在执政的实践中，一定要加大预防错误的力度，努力像扁鹊的大哥那样，"良医治未病"。发现错误的苗头时，要像扁鹊的二哥那样，治病于初起之时，及时纠正，早灭祸根。对于已经发生的严重错误，要像扁鹊那样，动手术，下猛药，务必彻底揭露，严肃查处，坚决改正，吸取教训。只有这样，才能有效增强党的执政能力建设，在正确执政的道路上阔步前进。

原载《学习时报》2005 年 12 月 19 日、26 日，2006 年 1 月 2 日

2007 年

年度背景　1月，十六届中央纪委七次全会提出全面加强领导干部作风建设。10月，党的十七大召开。全党进一步解放思想，贯彻科学发展观，深入推进党风廉政建设和反腐败斗争。

作风建设重在"做"

胡锦涛同志 2007 年初在中央纪委第七次全体会议上发表的重要讲话，是新时期全面加强领导干部作风建设的纲领性文献。实践表明，认真学习贯彻讲话的精神和要求，领导干部作风建设就能不断取得新的成效。对于广大领导干部来说，要实现作风的进一步转变，为全面建设小康社会、构建社会主义和谐社会提供有力保障，必须继续在"做"上下功夫。

一、进一步认识领导干部作风建设的极端重要性，增强"做"的自觉性

作风建设是一种实践活动。作风好还是不好，不是靠说来体现，而要靠做来证明。人民群众正是通过广大党员干部的实际行动，才感受和认识党的作风的。因此，讲作风建设，不能仅仅停留在"说"上，而一定要落实到"做"上。

作风建设是全党的任务，首先要求领导干部带头。邓小平同志曾经指出："为了整顿党风，搞好民风，先要从我们高级干部整起。"这是因为，"高级干部能不能以身作则，影响是很大的。现在，不正之风很突出，要先从领导干部纠正起。群众的眼睛都在盯着他们，他们改了，下面就好办。"事实正是如此。近年来，党中央的一些重大决策部署之所以在有的地方得不到有效贯彻落实，就作风方面的原因来看，主要问题不在于普通党员和群众，而在于领导干部。在我国，历来有"上行下效""上有所好，下必甚焉"的说法。领导干部是一般干部的榜样，上级是下级的榜样，党员干部是群众的榜样。如果上级领导干部作风好，那么就会潜移默化地带动下属形成好的作风，无形中约束下级不敢恣意妄为。否则，"己身不正，焉能正人"？可见，胡锦涛同志突

出强调加强领导干部作风建设，抓住了问题的要害。

为了增强"做"的自觉性，必须深刻认识作风建设的极端重要性。我们党为什么在革命、建设和改革的各个时期都强调加强作风建设？这是因为，作风是无形的力量，具有难以估量的巨大作用。好的作风，能够密切党同人民群众的血肉联系，使党立于不败之地；能够使科学理论同具体实际正确结合，推动党的事业健康发展；能够使党不断克服自身的缺点和错误，始终保持先进性。在今天，加强领导干部作风建设，是全面贯彻落实科学发展观的必然要求，领导干部作风好，才能推动经济社会又好又快发展，不断开创科学发展的新局面；是构建社会主义和谐社会的必然要求，领导干部作风好，才能营造和谐的党群干群关系，形成共建和谐的强大力量；是提高党的执政能力、保持和发展党的先进性的必然要求，领导干部作风好，才能发挥先锋模范作用，增强党的凝聚力和号召力；是做好新形势下反腐倡廉工作的必然要求，领导干部作风好，才能防微杜渐，自觉抵御消极腐败现象的侵蚀，始终保持清正廉洁。总之，党的作风体现着党的宗旨，关系党的形象，关系人心向背，关系党和国家的生死存亡。我们党之所以长期执政受拥护、千锤百炼更坚强，作风好是一个重要原因。只有这样认识和理解作风建设，才能在实践中自觉地按照党的优良作风的要求去做。

二、明确领导干部作风建设的基本要求，正确把握"做"的方向

我们党作风建设的实践表明，实现党的任务和加强党的作风建设有着密不可分的内在关系。一方面，党的各项任务靠党的优良作风来贯彻落实；另一方面，党的作风建设须臾不能脱离党的中心工作。如果作风建设脱离党的奋斗目标和中心工作，那就既没有价值和意义，也难以取得预想的成效。在新的历史条件下，推动经济社会又好又快发展是全党的中心工作。以胡锦涛同志为总书记的党中央提出的科学发展观，是推动经济社会发展、加快推进社会主义现代化必须长期坚持的重要指导思想。科学发展观要靠科学求实的态度和真抓实干的作风来贯彻落实。因此，当前加强领导干部作风建设必须紧紧围绕促进科学发展来进行，按照科学发展观的要求来进行。

胡锦涛同志在讲话中大力倡导勤奋好学、学以致用，心系群众、服务人民，真抓实干、务求实效，艰苦奋斗、勤俭节约，顾全大局、令行禁止，发扬民主、团结共事，秉公用权、廉洁从政，公道正派、情趣健康八个方面的良好风气。这八个方面的良好风气，是把贯彻落实科学发展观的基本要求同当前领导干部的实际作风状况紧密结合的产物。按照这八个方面的良好风气转变领导干部作风，必须牢牢把握贯彻落实科学发展观这个核心。

——科学发展观要求开拓创新，转变作风，就不能因循守旧、不思进取，而应该通过加强学习、大胆实践，不断解放思想、更新观念，始终保持朝气蓬勃、奋发有为的精神状态，做到视野宽广、思维活跃，善于作出正确决策。

——科学发展观讲究按照规律办事，转变作风，就不能违背规律、盲目蛮干，而应该吃透"两头"，做好理论与实际、中央精神与本地实际结合的文章，努力使工作体现时代性、把握规律性、富于创造性。

——科学发展观注重全面协调发展，转变作风，就不能在工作中畸轻畸重，而应该学会"弹钢琴"，做好统筹城乡发展、统筹区域发展、统筹经济社会发展、统筹人与自然和谐发展、统筹国内发展与对外开放的各项工作，推进经济、政治、文化、社会建设的各个环节、各个方面相协调。

——科学发展观强调可持续发展，转变作风，就不能只看眼前、不顾长远，而应该始终着眼于推进中国特色社会主义伟大事业和实现中华民族伟大复兴，着眼于最广大人民的根本利益，搞好眼前工作与长远发展的衔接，坚持走生产发展、生活富裕、生态良好的文明发展道路，保证一代接一代地永续发展。

——科学发展观注重发展实效，转变作风，就不能做表面文章、搞花架子，而应该大兴求真务实之风，大兴调查研究之风，把心思用在干事业上，把精力投到抓落实中，坚决抛弃私心杂念，克服浮躁情绪，反对形式主义，决不搞劳民伤财的"形象工程""政绩工程"。

——科学发展观是建立在实事求是、一切从实际出发的基础上的，转变作风，就不能好大喜功、脱离实际，而应该坚持从现阶段我国的基本国情和本地区本部门本单位的实际出发，既尽力而为，又量力而行，把发展的速度、改革的力度和社会可承受的程度统一起来，切实把好事办实、实事办好。

三、找准领导干部作风建设方面存在的突出问题，提高"做"的实效

领导干部作风建设既有共性的问题，也有个性的问题。当前一些领导干部身上存在着一些突出的作风问题，主要是不思进取、得过且过，漠视群众、脱离实际，形式主义、官僚主义，弄虚作假、虚报浮夸，铺张浪费、贪图享受，阳奉阴违、我行我素，独断专行、软弱涣散，以权谋私、骄奢淫逸，等等。这些问题是每个领导干部都要切实注意的，但并不是说这些问题在每个领导干部的身上都存在。事实上，广大领导干部作风状况总的来说是好的，问题严重的只是少数。由于不同领导干部的个人素质和所处的外部环境有很大的差异，所以每个人在作风建设方面应该着重做什么、怎么做，情况并不完全相同。因此，对领导干部转变作风的一个基本要求，就是从自身实际情

况出发，有什么问题就解决什么问题，什么问题突出就重点解决什么问题，做到对症下药。

按照党中央关于贯彻落实科学发展观、构建社会主义和谐社会的要求找问题。应当在关注和改善民生，解决就业、社会保障、住房、医疗、教育、安全生产和社会治安等问题方面，在提高自主创新能力方面，在解决"三农"问题方面，在节能减排和环境保护方面，在树立正确政绩观方面等，深入查找自己在作风上存在的问题。这是按照科学发展观的要求全面加强领导干部作风建设的基本途径。

从听取群众意见中找问题。领导干部作风如何，问题在哪里，群众最有发言权。领导干部应当多到基层、多到群众中去，通过听取群众的意见、观察群众的反应、了解群众的情绪、分析群众的要求，来分析查找自己在作风上存在的问题。

在与正反两方面典型的对比中找问题。我们党在各个历史时期培养树立的先进典型，是党的优良作风的创造者、践行者和传播者。领导干部应当从他们身上找到改进作风的方向和目标。同时，也要注意汲取那些反面典型的教训，提醒自己不要重蹈他们的覆辙。经常把自己与正反典型作对比，有利于常修为政之德，常思贪欲之害，常怀律己之心，常弃非分之想。

四、加强对领导干部作风建设的领导和监督，形成"做"的合力

领导干部作风方面的问题找准了，最重要的就是"做"，即按照党的优良作风的要求转变自己的作风。实践表明，尽管在领导干部作风建设中内因是决定因素，但外因也往往起着很大作用。领导干部的好作风当然是自己"做"出来的，但同时也是上级领导"带"出来的，广大群众"帮"出来的，所处环境"逼"出来的，社会氛围"熏"出来的。因此，全面加强领导干部作风建设，需要从各个方面共同努力，形成推动领导干部转变作风的合力。其中，尤其要加强领导和监督工作。

加强对领导干部作风建设的领导。各级党委要高度重视领导干部作风建设，把它作为一项重点工作来抓，列入党的建设的重要议事日程，从制定规划、组织领导、制度保障、督促检查等各方面采取措施，切实建立健全领导干部作风建设的领导机制和工作机制。党委的领导必须具体，有具体的制度、具体的方法、具体的责任，保证领导干部在作风方面出现苗头性、倾向性问题的时候就能够及时发现和解决，而不是等到酿成违法犯罪大错的时候才来补救。

加强对领导干部作风建设的监督。有效监督是加强领导干部作风建设的

重要条件。监督要以思想教育为基础,但又不能停留在教育层面,而必须健全相关的监督制度。一是健全包括组织生活会和领导班子民主生活会制度、集体领导和个人分工负责相结合制度、党内情况通报制度、重大决策征求意见制度等在内的党内生活制度。通过这些制度,营造一个良好的党内政治生活环境,强化领导班子内部监督,使领导干部能够比较自觉地运用批评和自我批评的武器,开展积极健康的思想斗争,抵御不良风气的侵蚀。二是健全党内监督的各项制度。主要是党风建设责任制及责任追究制度,领导干部个人重大事项报告制度,述职述廉制度,民主评议制度,诫勉谈话制度,巡视制度,经济责任审计制度和质询制、问责制等。实行这些制度,有利于监督关口前移,搞好事前防范,及时发现和纠正领导干部作风方面的问题。三是整合各种监督力量,使联合监督形成制度。应进一步推进党务公开、政务公开,拓宽监督渠道,把党内监督与人大监督、政府专门机关监督、政协民主监督、司法监督、群众监督、舆论监督等结合起来,增强监督的合力和实效,共同促进领导干部按照科学发展观的要求转变作风。

原载《人民日报》2007 年 6 月 22 日

努力打造责任政府

随着中国共产党的与时俱进,党领导的政府内涵越来越丰富——是服务政府,坚持全心全意为人民服务的宗旨,以人民满意为最高准则;是民主政府,坚持民主决策、民主施政;是法治政府,坚持依法行政、依法办事;是廉洁政府,反对一切贪污腐败行为,坚持廉洁从政;是廉价政府,坚持节官、节事、节支,努力建设节约型政府;是效能政府,积极运用现代科学技术,不断提高工作效率;等等。而这一切,都建立在"责任"二字之上。如果不讲责任、不负责任,那么上述的一切都做不到。因此,政府要不负人民重托,必然着力把自己打造成责任政府。

在现代民主政治制度下,所谓责任政府,一般是指政府必须对选民履行法定政府职能,并承担宪法责任。打造责任政府,是本届政府的重要目标和任务。2006 年 3 月 5 日,十届全国人大四次会议强调,建立健全行政问责制,提高政府执行力和公信力。9 月 4 日,国务院召开全国电视电话会议再次强调,权力就是责任,有权必须尽责。各级政府及其部门要认真履行各自的职责,违法和不当行使权力,或者行政不作为,都要依法承担相应的责任。

增强政府工作人员的责任意识,是打造责任政府的内在动力。责任政府是政府对自己的内在约束,直接动力只能是自身的责任意识。新中国成立以来,党和各级政府总是教育政府工作人员牢记毛泽东关于"我们的责任,是向人民负责"的教导,不断增强为人民服务的责任意识,因而较好地履行了不同时期政府的责任,取得人民的信任和拥护。在新的历史条件下,一些政府工作人员只记得自己的权力,"履行责任"的意识却淡薄了,不愿意为民解困负一点点责任。而一旦丧失了责任感,权力与义务就会失衡,不可避免地导致失职渎职、滥用权力,沦落为腐败分子。因此,必须加强对政府工作人员责任教育,做到"警钟长鸣",使其明确"责任要求"。政府首长要加强"责任带动",以自己的高度责任心带动下属树立起高度责任感。有了内心强烈的责任意识,就有了打造责任政府的积极性和主动性。

健全和完善责任制度,是打造责任政府的根本保证。与"人心"相比,制度带有稳定性和长期性。只有把以责任为核心的一系列政府公务活动制度化、规范化,形成一系列责任制度,才能与"责任意识"相辅相成,从根本上推进责任政府的建设。当前,应着重健全和完善政府的工作流程制度,使得每一个岗位有明确的工作任务和责任;政务公开制度,把那些同人民群众利益直接相关、社会关注的工作公开,使人民群众能够比较清楚地看到责任主体的行为,便于监督;行政问责制度,做到有责必问,有错必究,取信于人民。温家宝总理明确指示,要"按照权责统一、依法有序、民主公开、客观公正的原则,加快建立以行政首长为重点的行政问责制度"。在全国率先实行行政问责制的重庆等地的实践表明,行政问责制是打造责任政府的有效手段,必须坚定不移地全面推行。为了推行行政问责制,必须在更大范围内依法明确各级政府具有有限权力,而且不受上级所剥夺。不然的话,就不可能正确地追究和承担责任。

提高履行政府职能的责任能力,是打造责任政府的关键所在。政府如何尽到自己的责任,"关键在人",在于政府及其工作人员履行责任的能力。根据一些地方的经验,提高履行政府职能的责任能力,首先靠领导带动。从履行领导责任抓起,建立领导首问责任制和工作连带责任制。领导讲责任、尽责任,一大批有责任能力的人就会跟着走出来。其次是教育启动。通过政治教育、道德教育、知识教育、技术教育,建设"电子政府",能够有效提高工作人员履行责任的能力。再次是竞争驱动。把竞争机制引入管理,用竞争的方式发现、培养和激励优秀的责任人,是提高政府整体责任能力的好办法。最后团结互动。在明确职责和分工的基础上,强调服从大局、互助合作。当大家齐心协力都来为履行责任贡献力量的时候,我们的责任政府就会被打造出来。

原载《中国监察》2007 年第 6 期

2008 年

年度背景 5月12日，四川汶川发生里氏8级特大地震，我国迅速组织了历史上救援速度最快、动员范围最广、投入力量最多的抗震救灾活动，夺取了抗震救灾斗争的重大胜利。8月，北京成功举办第29届夏季奥林匹克运动会，中国以51枚金牌居金牌榜首名，是奥运历史上首个登上金牌榜首的亚洲国家。12月，全党隆重纪念改革开放和恢复重建中央纪委30周年。

抗震救灾彰显我国政治制度的优越性

2008年5月12日发生的汶川大地震，是新中国成立以来破坏性最强、波及范围最广、救灾难度最大的一次地震。党中央、国务院领导和组织的全国性的抗震救灾活动，集中展现了21世纪中华民族同命运抗争、与困难搏斗的不屈精神，也集中展现了中国特色社会主义政治制度的优越性。中国的抗震救灾工作吸引了世界的目光。海外有媒体发表文章指出："中国的行为已经引出了人们对政治制度的反思。在以往，人们（无论海内外）都往往简单地把西方式民主视为是好的，而其他的非民主则是不好的。但现在人们则开始意识到，民主与非民主的简单划分并不能充分衡量一个政体的好坏。""衡量一个政体的好坏更多的是要看这个政体是否有意愿和能力来为人民提供所需的服务。西方式民主并不见得一定有能力这样做，而非西方式政体也并不见得没有意愿和能力这样做。"应该说，这是一种客观的、有积极意义的评论，值得重视。

判断一种政治制度是否优越，不能从任何理念、原则出发，只能从实际出发，坚持实践的标准。其主要看两方面：一是在社会常态方面，能否保证现实经济社会较快、协调、可持续发展，不断满足人民日益增长的物质文化需求；二是在非常态方面，能否保证对各种突发事件和危机作出及时、有效处理，减少人民的生命财产损失。由此来看改革开放30年来我国的实践——经济发展突飞猛进并且健康、协调，具有可持续性，人民生活水平显著提高，各项社会事业发展迅速，政治安定，民族团结，国际合作广泛；在应对亚洲金融风暴、九八抗洪、"法轮功"邪教组织闹事、非典疾病的传播以及今年年初南方大冰雪等种种突发的危机事件方面，党和政府处理及时，措施得当，成效显著，把损失降到最低限度。所有这些，可谓"天日昭昭"，国内外有目共睹。既然对常态的社会发展管理得好，对非常态的突发事件处理得好，那么还有什么理由指责这种政治制度是"不好的"呢？结论当然是明确的。

疾风知劲草，烈火见真金。汶川大地震的救灾工作再一次彰显了我国政治制度的优越性。

我国的政治制度是以中国共产党为领导核心的制度；党对抗震救灾工作坚强、有力、富有成效的领导，彰显了政治制度的优越性。汶川大地震，在10万平方公里的区域释放出相当于数百颗原子弹爆炸的能量。霎时间，山崩地裂，江河呜咽。北川、汶川、青川等地一栋栋房屋倒下，一座座桥梁坍塌，一个个生命消失。突如其来的巨大灾难，首先震惊了灾区的数百万人民。惶惶然，茫茫然，是当时人们普遍的精神状态。在这关键时刻，胡锦涛总书记立即主持召开政治局常委会议，决定成立抗震救灾总指挥部，要求灾区各级党委、政府和中央各有关部门紧急行动起来，把抗震救灾作为当前的首要任务，不怕困难，顽强奋战，全力抢救伤员，切实保障灾区人民群众生命安全，尽最大努力把地震灾害造成的损失减少到最低程度。温家宝总理第一时间赶赴灾区，在第一线组织抗震救灾工作。灾区各级党组织和广大党员干部，响应中央号召，舍小家，顾大家，挺身而出，昼夜奋战在抗震救灾第一线。看到这些，受灾群众的心中有了主心骨，情绪平稳了；抗灾有了领路人，战胜灾害的信心增加了。在抗震救灾的关键时刻，又是党和政府，迅速启动应急机制，派出救援队伍，调拨救灾物资，组织打通交通、通信、电力等生命线，全力搜救受困人员，救治转移受灾群众。搜救受困人员的阶段基本结束之后，各级党员领导干部深入到每一个受灾乡村、社区和城乡居住点，每一个受灾群众安置点和救助点，每一户受灾群众家中，让所有受灾群众都能看到领导干部的身影，听到领导干部的声音。党员干部向受灾群众宣传党中央、国务院关于抗震救灾的安排部署，详细讲解关于医疗救治、生活救助、住所安置、卫生防疫和恢复重建的政策措施，让群众安心、放心。抚慰每一位受灾群众，特别注重做好受伤人员和遇难者家属的心理安抚工作，让他们感到不孤单、有希望。逐人逐户地仔细了解受灾群众的实际困难，耐心听取他们的意见和要求，想方设法帮助他们解决实际问题。加强工作协调，把各地调运的帐篷、衣物、食品、药品等救灾物资，公平、公道、及时送到受灾群众手中，确保他们有饭吃、有衣穿、有干净水喝、有安全住处。积极组织群众有序开展生产自救，严防次生灾害发生和疫病流行，等等。就这样，整个抗震救灾工作紧张而有序、有力又有效地进行着。正如国外一些媒体所讲的，如果没有共产党和人民政府这种坚强、有力的领导，想组织好这么大规模的抗震救灾是不可想象的。而这，正是中国政治制度的优越性的生动体现。

我国的政治制度是人民利益至高无上的制度，人民的生命得到及时抢救，灾民生存条件得到最大限度的改善，彰显了政治制度的优越性。"以人为本"是我们党的政治理念，也是我国政治制度的精髓。特别是在灾害面前，我们党总是把人的生命看得比什么都重要。灾情就是命令，时间就是生命。汶川地震一开始，党中央、国务院就表现出强烈的救生决心，制定了正确的救生决策。明确指示：第一位的任务是救人，只要有一线希望，有一点生还可能，就要尽百倍努力，决不轻言放弃。为了救人，党中央、国务院、中央军委立即组织人民解放军、武警部队、民兵预备役和医疗卫生人员，以最快速度赶赴灾区，全力抢救被困人员。解放军官兵和消防、医护、志愿、新闻等人员夜以继日地奋战，一遍又一遍地"地毯式"搜救。每救一个人，往往要耗费数小时甚至数十个小时。正因为对人生命的高度尊重和爱护，所以创造了一个又一个生命的奇迹。当"黄金救援72小时"过去之后，距离大地震发生100个小时，有人被从废墟中救出；108、117、123个小时，有人被救出；139、146、150个小时乃至226个小时，还有人成功获救！救灾就是救命，救治更加刻不容缓。当救援者把一个个人从废墟中救出来后，并没有认为"救援到此结束"，而是立即开展一系列后续工作：对幸存者进行全面身体检查，为伤病者提供治疗，把危重患者送到中心城市的大医院进行抢救；为他们提供洁净的水、有营养的食物和较好的居住环境；进行卫生防疫，防止传染病的发生；及时进行心理治疗，消除灾害留给人们的阴影，维护人的心理健康；等等。在救灾第一线，救援者舍生忘死、昼夜苦战，被救者积极配合、相互鼓励，发生了无数可歌可泣的故事。每天的救灾工作都使人的心灵受到强烈震撼，让人真切地感受到，在如此不和谐的自然环境中，人与人的和谐与大爱却展现得那么充分、那么自然。地震无情，人间有爱。"一切为了抗震救灾！"成为全国人民共同的心声。全国各地一支支救援队伍、一批批救援物资以最快速度源源不断抵达灾区。各地腾出最好的医院和病房接纳灾区伤员，用一流的设施和最好的药品，为灾区伤病员提供一流的服务。从城市到乡村，从领导机关到企事业单位，从老人到孩子，从下岗职工到残疾人，从农民工到企业主，人们以强烈的爱心和责任，尽自己所能，有钱出钱，有力出力，有智献智。这一切，都是为了更好更快地改善灾民的生存条件，都是为了人的尊严和幸福。如此爱惜人的生命、珍视人的生存、同心协力打造人与人之间和谐关系的政治制度，怎么可能不是优越的制度呢？

　　我国的政治制度是能够集中力量办大事的制度，能够在短时间内举全国之力投入抗震救灾，彰显了政治制度的优越性。海外有媒体指出，汶川大地震之后，在中国制度体系"很多方面的优越性中，最显著的莫过于现存制度的动员能力。在短时间内，中国政府能够动员如此巨大的力量投入赈灾，这是其他任何制度（无论是民主政体，还是权威主义政体）所不能比拟的"。在这次抗灾中，从中央到地方政令畅通、步调一致，各部门服从大局、密切协作，形成了克服困难、战胜灾害的强大合力。在短短的半月里，军队和武警部队共出动13.7万余人抗震救灾，出动各型飞机2300多架次，动用大型运输车、吊车、冲锋舟、便携式通信设备、发电机等各型装备12万台（件），派出162支医疗队、防疫队、心理专家服务队，发放被装、食品、战救药材、帐篷等各类物资器材492万套（件），调运各类物资10余万吨。解放军在抗震救灾中充分发挥了主力军和突击队的重大作用。中央迅速从各地和国家战略储备中筹措大量救灾物资，构建起空中、铁路、公路、水路立体运输线，将数百万吨食品、药品、帐篷、抗灾机械等，源源不断运到抗灾一线。在地质结构极其复杂、道路桥梁严重损毁、塌方和泥石流不断发生的情况下，短短几天就打通了通往重灾区的生命线，并全面修复了电网、通信，创造了世界抗灾史的奇迹。抗震救灾充分运用了高科技手段，雷达生命探测仪、百吨液压顶、专业救助直升机、海事卫星电话等投入救灾。启动9种型号15颗卫星绘制气象云图，实施卫星通信，进行地貌普查，提供导航服务，将灾区的重要信息及时提供给指挥部，运用卫星网远程会诊、救治伤员。强有力的物质技术条件保障，为赢得救人时间、提高救灾效率发挥了重要作用。没有任何制度能够阻止像汶川地震这样大的自然灾害，但优越的政治制度却能够在灾害发生时减少人类的损失。这次抗震救灾能够举全国之力，形成全国一盘棋，共同办大事，足以表明我们政治制度的优越性。

　　我国的政治制度是开放的制度，抗震救灾工作高度公开和透明，广泛吸纳不同社会制度国家的政府和民间人士参与其中，彰显了政治制度的优越性。在当代世界，优越的政治制度的共同特点是它的公开性、开放性。这次抗震救灾信息公开透明，报道及时准确。国务院和受灾省区每天召开新闻发布会公布受灾情况、伤亡人数和救援进度，各电视台、广播电台直播，报纸、通讯社、网络全程跟踪报道。在救灾的技术层面，广泛听取有关专家的意见，实行民主的科学的决策。虚心听取各界群众的批评和建议，及时改进工作。这次抗震救灾的一个亮点，是数以万计的志愿者的可贵参与。自地震发生以来，他们纷纷奔赴灾区，积极参与灾区抢救护理伤员、心理抚慰调适、排查灾害隐患、维护灾区稳定等工作。他们不计报酬、不怕困难、不顾危险，有的不远千里运来了灾区急需的食品和水，有的放下数千万元的生意加入搜救队伍，有的为了去灾区甚至不惜举债前行。这种"奉献、友爱、互助、进步"的志愿义举，播撒着同胞之爱、民族之情，彰显着爱国主义和人道主义的光辉，从一个侧面体现了我国制度的优越性。地震发生后，中国政府主动向国际社会通报灾情，积极欢迎国际援助，接受了多个不同社会制度的国家救援队和医疗队参与救灾，向世界展示了一个开放自信的中国。

讲我国政治制度具有优越性，主要是从它本质上、发展趋势上讲的，是从它与中国以往制度的比较上讲的，并不是说它一切尽善尽美。事实上，我们正处在改革的时代，一切制度都在改革的过程中，即使是我们认为优越的政治制度，也需要改革，也都在学习和借鉴世界政治文明成果，逐步加以健全和完善。这一点是必须提及的。

原载《求是》2008 年第 13 期

用辩证的观点看压力

人生在世，大都喜欢活得自由自在，恐怕极少有人愿意为他人所逼、受环境所迫。但是，外界压力是客观存在的，一般来说不受人的主观意愿支配，具有某种必然性。换个角度，用发展的、辩证的观点看，外界压力也有可能是人们获得发展与成就的机遇和先导，并不一定都是坏事。

从历史上看，生存压力带给人类发展进步。《韩非子·五蠹》载：上古之世，"人民少而禽兽众，人民不胜禽兽虫蛇"。在恶劣环境下，以有巢氏为代表的先进分子开动脑筋，"构木为巢以避群害"。上古之世，"民食果蓏蚌蛤，腥臊恶臭而伤害腹胃，民多疾病"。在病痛之下，以燧人氏为代表的先进分子开动脑筋，"钻燧取火以化腥臊"。后来，人民众多，吃饭成了大问题。在饥饿之下，以神农氏为代表的先进分子开动脑筋，"用天之时，分地之利，制耒耜，教民农作。神而化之，使民宜之"。可见，外在压力迫使人类学会了盖房子、煮食物、种粮食。人类社会能有今天这样发达的科学技术、生产方式，在很大程度上与人类克服外来压力的奋斗过程相关。

对于做学问来说，压力之下能产生重大成就。这样的例子，古今中外有很多。史载："文王拘而演《周易》；仲尼厄而作《春秋》；屈原放逐，乃赋《离骚》；左丘失明，厥有《国语》。"曹植的七步诗，更是在以死相逼的巨大压力下产生的。曹植富于才学，受其父曹操赏识，然而却遭其兄曹丕忌恨。曹丕称帝后，一日召曹植，命他于七步之内成一诗，否则处死。曹植于悲愤之下，写成了著名的七步诗:"煮豆燃豆萁,豆在釜中泣。本是同根生,相煎何太急。"这首面对生死而成就的诗,不但保住了曹植的性命,也为中国文坛留下一篇千古佳作。

毋庸讳言,如果没有外界的种种压力,许多人生活的基本轨迹就是循规蹈矩、安于现状,而不是改变现状、推陈出新。铁人王进喜当年说过:"井无压力不出油,人无压力轻飘飘。"有了压力,就有了革命、创造、发明与发愤的动力,就有了创作和改变的愿望与毅力。压力能够使人明确前进的方向。真正的强者,善于从顺境中找到阴影、从逆境中找到光亮,时时校准自己前进的目标。压力能够让人生发出超常的毅力。被动和逆境给人宝贵的磨炼机会,使人更能坚强不屈,表现出坚韧的美德。因此,压力能够激发出人们平常难以显现的智慧和创造力。

不同的人面对压力会有不同的态度,当然结果也就大不相同。同样面对苦难和不幸,有的奋力抗争,成了强者、智者、英雄;有的则被压垮,成了乞丐、精神病人、自杀者。如同巴尔扎克说过的,不幸是天才的晋身之阶、信徒的洗礼之水、能人的无价之宝、弱者的无底深渊。面对压力,我们应以积极的态度去面对,抓住机遇,有效应对,使压力变动力,从而激发出创造美好生活的巨大潜力。

原载《人民日报》2008 年 4 月 8 日

繁荣社会科学是科学发展的必然要求

——为山东省社会科学院建院 30 周年而作

30 年前的 1978 年,中国共产党召开了具有划时代意义的十一届三中全会,从此我国跨进了改革开放和社会主义现代化建设的新时期。在那一伟大历史时刻诞生的山东社会科学院,本身就是新时期的产物。在她发展的 30 年历程中,鲜明地表现了新时期的特点:高举中国特色社会主义理论的伟大旗帜,坚决贯彻执行党的十一届三中全会以来的路线、方针、政策和省委、省政府的重大决策;解放思想,实事求是,以严谨的科学态度发展社会科学事业,并初步形成了有自己特色的优长学科和研究方向;勇于探索,大胆创新,提出了许多具有实用价值的经济社会发展的对策建议;站在理论发展的前沿阵地,坚持正确的政治方向,坚决反对各种错误倾向,捍卫党的正确路线和马克思主义的纯洁性。30 年来的历史和成就证明,山东社会科学院没有辜负省委、省政府和全省人民的期望,已经成为山东省现代化建设中不可缺少的一支重要力量。

社会的发展，特别是科学发展，离不开社会科学的指导和支持。社会科学从总体上讲是研究社会现象、剖析社会矛盾、探求社会发展规律的科学。它为促进人的发展和社会的全面进步提供理论和方法。社会科学是一个国家文化和文明的重要尺度，是当今知识经济赖以生存的重要支撑。改革开放 30 年来，我国的社会主义事业取得了举世瞩目的辉煌成就，社会科学研究工作也有了长足发展，山东省已初步形成了具有相当规模、学科门类齐全和一定学科优势的社会科学研究体系。这个体系，基本覆盖了社会科学各个学科，并形成了一批具有一定特色、在国内外有一定影响的优长学科和某些方面的研究优势。

改革开放 30 年来，我国的社会科学研究取得了丰硕的成果，为改革和发展作出了重要贡献。概括地说，主要有以下几方面。

突破了原来的认识模式，赋予辩证法以时代的新特征，开辟了价值论研究的新领域，为中国特色社会主义理论特别是解放思想、实事求是、与时俱进的思想路线进行了哲学论证，为改革开放和现代化建设提供了新观念、新方法；

对过去那些超越历史阶段的教训进行了总结和反思，对国情进行了详细的分析和研究，拓展了人们对社会主义初级阶段理论的新认识；

积极探索社会主义初级阶段的经济发展形态，为改革开放以及建立和完善社会主义市场经济体制作出了巨大理论贡献；

深入研究民主法治建设中的重大理论问题，为坚持依法治国、建设社会主义法治国家的治国方略，提供了坚实的理论基础；

围绕社会转型时期思想、道德和文化问题，开展了富有成效的研究，为揭示建设社会主义先进文化的规律，推进社会主义精神文明建设，发挥了重要作用；

针对现代化建设中遇到的和将要遇到的各种重大发展问题展开理论研究，提出了一系列新的理论观点和思路，并积极参与国家和地区的发展战略和规划的制定，强化发展对策研究，取得了良好的社会效益；

以宽广的眼界观察世界，深入研究我们所处时代的基本特征和国际关系中的一系列问题，研究民族和宗教问题，为正确制定对外政策、民族政策和宗教政策提供了依据。

30 年来，社会科学研究最重要的成就是深入研究了中国特色社会主义理论，在它的形成、发展、体系、结构、立场、观点、方法以及社会价值等各个方面，都取得了丰硕的研究成果，为全党和全国人民高举中国特色社会主义理论伟大旗帜,贯彻落实科学发展观,作出了不可替代的重要贡献。

回顾我国社会科学的发展历程,有这样一些基本经验是需要牢记的:社会科学研究必须坚持以中国特色社会主义理论为指导,坚持党的基本路线,才能保持正确的方向;必须把改革开放和现代化建设作为科研的主攻方向,为党和政府决策服务,为物质文明、精神文明、政治文明建设服务,才能最大限度地实现社会科学研究应有的价值;必须坚持解放思想、实事求是的思想路线和科学的态度、科学的方法以及马克思主义学风,社会科学才能有所创造、有所前进,适应时代发展的要求;必须坚持"双百方针",尊重社会科学发展规律,创造良好的学术环境,才能真正促进社会科学的繁荣和发展;党和政府加强领导、重视、支持社会科学研究,提高社会科学研究人员的地位和待遇,不断改善社会科学发展所需要的人、财、物条件,是繁荣社会科学事业的根本保证。

人类社会正处在一场广泛而深刻的变革之中。世界的发展、中国的发展都处于一个关键时期,这就必然要求社会科学有一个大的发展。中国一定要成为文化大国,成为社会科学发达繁荣的大国,否则,就不能实现中华民族的全面振兴,不能建成富强民主文明和谐的社会主义强国。因此,要把我们的事业全面推向胜利,必须坚定不移地大力发展和繁荣社会科学。

首先,应当继续提高对发展社会科学事业的认识,进一步搞好社会科学院的建设。建立社会科学院,大力发展社会科学研究事业,是进入新的历史时期以后党中央的一项重大决策。党中央领导指出:"社会科学研究方向正确与否,社会科学发展状况如何,对人们的思想意识和道德风尚,对经济建设,对社会的稳定和发展,都会产生巨大而深刻的影响。"和平与发展是当今时代的两大主题。政治多极化、经济全球化趋势日益增强,科学技术和知识经济迅速发展,社会主义事业在曲折中发展前进。从国内看,到 21 世纪中叶,我国将基本实现现代化,建成富强、民主、文明、和谐的社会主义国家。现阶段正是我国改革开放和现代化建设的关键时期。这一伟大实践,需要社会科学提高强有力的理论指导和智力支持;党和政府的重大决策需要社会科学提供更有效的科学依据;经济和社会发展也需要社会科学提供更有利的思想舆论环境。国际国内的新形势、新任务对社会科学提出了具有战略意义的紧迫任务。所以,必须进一步提高认识,搞好社科院的建设,抓好社会科学研究工作,使社会科学有一个较大的发展,把建设中国特色社会主义的伟大事业推向前进。在今天,重视社会科学绝不是一个空泛的口号,而要体现在推进社会科学事业发展的实际行动中,其中就包括重视社会科学院。新一轮机构改革开始后,关于社科院的去向问题有种种猜测、议论,搞得人心惶惶。应该明确地指出，社会科学的公益性特点决定了不能把社会科学研究完全推向市场。在现今社会条件下，社会科学院无法走"自收自支"的路子。"财政断奶"就意味着"断送"。问题倒是应当这样提出：怎样才能把社会科学院更快地发展起来，使之发挥出更大的作用。

其次，要高举中国特色社会主义理论伟大旗帜，把学习、研究和宣传这一理论提高到新水平。繁荣发展社会科学事业，要以我们正在做的事情为中心，着眼于马克思主义理论的运用，着眼于对实际问题的理论思考，着眼于新的实践和新的发展，紧紧抓住改革开放和社会主义现代化建设这个根本问题，深入学习中国特色社会主义理论的科学体系和精神实质，把握其深刻内涵。社会科学研究必须坚持以中国特色社会主义理论为指导，这是我国社会科学研究沿着正确方向发展，取得更大成绩的根本保证，也是从 30 年来我国社会科学发展的历史与现实中得出的不可动摇的结论。研究现实经济、政治、文化和社会问题不能离开中国特色社会主义理论的指导，研究文史哲儒等人文学科也不能离开这一理论的指导，否则研究工作就会走到邪路上去。

此外，坚持理论联系实际，把为本省改革开放和经济社会的发展服务作为地方社会科学院研究的主攻方向。科学属于全人类。地方的社会科学是全国乃至世界社会科学事业的一部分。因此，我们的社会科学研究工作必须用宽广的眼界观察世界，这样才有可能产生一流的科研成果。同时，科学研究又是有分工的。在我国，作为省级社科院，科研工作应该重点为本省的改革和发展服务。要立足本省，面向本省、研究本省、宣传本省、服务本省。自古以来有作为的学问家，历来强调学以志道、学以致用。我们今天搞社会科学研究，也有一个"志道"和"致用"的问题。社会科学属于上层建筑，本质上就是为社会经济基础服务的。社会科学工作者只有通过对社会发展提供良好的服务，才能实现自身的价值，正所谓"有为才能有位"。我们一定要树立强烈的服务意识，把"志"立在主攻方向上，把学问做在主攻方向上。多出精品力作，为党和政府的决策以及科学发展搞好服务。

社会科学的地位和作用，从根本上说，取决于它把握、理解和解决时代重大课题的程度和水平。面向未来的中国社会科学，必须紧紧把握人类面临的重大问题，特别是我国社会主义现代化建设过程中的重大问题，在对时代重大问题的灵敏反应、准确把握和科学解答中构筑生长点，为我国的改革开放和科学发展，为人类的发展和进步作出应有的贡献。这应当成为我们社会科学工作者的共识。

原载《东岳论丛》2008 年第 11 期

2009 年

年度背景 全国隆重庆祝中华人民共和国成立 60 周年。9 月,党的十七届四中全会通过了《中共中央关于加强和改进新形势下党的建设若干重大问题的决定》。在党中央领导下,我国积极应对国际金融危机,取得显著成效。

信心·创新·同心

磨难生长智慧。当席卷全球的国际金融危机波及我国时,我们对"危机"一词作出了一个充满智慧的解读:危机,既是"危难"也是"机遇";我们要从危难中寻求机遇,把损害发展的危难转化为促进发展的机遇。而接下来的问题是:怎样做到转危为机?这里有三个因素至关重要,那就是信心、创新和同心。

信心是克服困难、转危为机的重要思想基础。去年下半年,当金融危机还让世界一片迷惘的时候,我们强调:"信心比黄金和货币更重要。"如今,这句话已风靡世界,成为激励人们勇敢面对金融危机的一句名言。今年的政府工作报告进一步指出:我们的信心和力量,来自中央对形势的科学判断和准确把握;来自已经制定并实施的应对挑战、着眼长远的一系列政策举措;来自工业化、城镇化快速推进中的基础设施建设、产业结构和消费结构升级、环境保护、生态建设和社会事业发展等方面的巨大需求;来自充裕的资金、丰富的劳动力资源等要素支撑;来自运行稳健的金融体系、活力增强的各类企业和富于弹性的宏观调控政策;来自改革开放 30 年建立的物质、科技基础和体制条件;来自集中力量办大事的政治和制度优势、和谐安定的社会环境以及全国上下促进科学发展的积极性、创造性;来自中华民族坚忍不拔、发愤图强的伟大精神力量。细细品味这八个"来自",我们就会感到,对我国经济社会发展形势悲观失望是没有根据的,应该增强转危为机的信心。

信心十分重要,但信心还不等于转危为机的巨大力量。要获得这种力量,必须在增强信心的基础上,大力推动各项创新。面对国际金融危机所要进行的创新,主要是生产方式、经营方式、体制机制、科学技术等方面的创新,即按照党中央、国务院的部署，坚持把推进经济结构调整和自主创新作为转变发展方式的主攻方向，整合生产要素，拓展发展空间；坚持把深化改革开放作为促进科学发展的根本动力，加大重点领域和关键环节改革力度，消除体制机制障碍，激发创造活力；坚持推进企业组织结构调整和兼并重组，强化企业创新主体地位，推动创新成果向企业集中、创新政策向企业倾斜、创新人才向企业流动，把增强自主创新能力的要求切实落实到企业；等等。

创新是系统工程。面对全球性金融危机，只靠少数人、少数企业、少数地区推动创新是不够的，必须是东西南北、上下左右同心协力才行。同心的基点在哪里？就在中央的重大战略决策。经过较长时间的调查研究，中央已制定应对国际金融危机的一揽子计划，提出大规模增加政府投资、大范围实施调整振兴产业规划、大力推进自主创新、大幅度提高社会保障水平四大举措，并明确了必须把握好的四项原则：扩内需、保增长；调结构、上水平；抓改革、增活力；重民生、促和谐。只要全党全国人民把思想统一到中央的重大决策部署上来，步调一致、勠力同心，转危为机就一定能够实现。

当然，转危为机的过程决不会轻松，必然充满无数的困难和艰辛。企图不花气力，舒舒服服地度过危机，只是一种良好愿望。转危为机，意味着我们必须克服一个个或大或小的困难、压力，克服自己的弱点、缺点。个中的艰辛，不仅是"在所难免"，而且是"如影随形"。我们必须有大无畏的精神、勇往直前的气概、百折不挠的意志，不断调整自己，克服困难，变压力为动力。只有这样，才能始终保持清醒的头脑和坚定的信念，成功实现既定目标。

原载《人民日报》2009 年 4 月 10 日

把"重品行"的要求体现到干部工作全过程

"讲党性、重品行、作表率"，是党的十七大对全党同志特别是领导干部提出的重要要求。这三者是有机的统一体，不可分割。从贯彻这个要求的实际情况看，当前尤其应当注重党员干部的品行建设。我们党在现阶段提出"重品行"问题，不是一般的道德号召，而是针对党员干部的实际情况采取的管党治党的重大举措。因此，不能把"重品行"的要求仅仅停留在口头上，而必须体现到干部选拔、任用、管理、教育、监督等各个方面，落实到干部工作的全过程。

把品行好作为选人用人的基本尺度。按照我们党的一贯要求，选人用人的基本标准是德才兼备、以德为先。其中的"德"，就包含"品行好"的内容。

然而,从已查办的违纪违法案件中可以发现,有的地方和单位在选拔干部的时候,对"德"的考察往往只注重政治立场和政治态度(这当然是重要的、必要的),而不大重视甚至忽略品行问题——把品行问题视为"小节",认为"小节无害",可以"不拘"。这种做法,容易造成误导,后果十分严重,必须加以改变。这就要求在选人、用人时仔细把关,决不能忽视品行问题,决不能把那些品行有缺陷的人选拔上来。

把重品行作为干部教育的基本内容。任何人的好品行都不是天生的,而是在多种因素影响下形成的,主要取决于社会的教育引导和个人的道德修养。应该说,绝大多数被选拔出来的干部具有良好的品行。但不容否认的是,有的人规避党组织的考察,掩盖自己品行的缺陷;有的因为受到权力、金钱、美色的腐蚀,出现品行下移,甚至发生蜕变。因此,必须把重品行作为干部教育的基本内容。对干部的品行教育,既要加强又要改进,以保证取得实实在在的成效。

把品行情况作为干部管理和监督的重要方面。坚持党管干部是党的重要原则。对干部"管"什么?自然要管干部的选拔、使用,管干部的素质、能力,但也必须管干部的品行、品德。这里,必须破除一个错误观念,就是以为"职务越高、品行越好",因而不需去管、去查。现实情况表明,总有个别党员干部因品行缺陷而违纪违法、腐化堕落。所以说,党员干部无论年龄大小、职位高低,都有一个不断加强主观世界改造、不断增强党性修养的问题,都需要通过加强管理和监督来保持良好品行。

把重品行的要求体现到干部制度的改革和建设中。深化干部人事制度改革,是加强领导班子建设和干部队伍建设的根本之举,也是防止和克服用人上的不正之风和腐败现象的治本之策。把重品行的要求体现到干部制度的改革和建设中来,就是要坚持民主、公开、竞争、择优的方针,真正把那些品行高尚、德才兼备、群众拥护的干部选拔到合适的领导岗位上来。只有通过改革和制度创新,才能把中央关于"重品行"的要求和号召变成实打实的制度规定,成为选拔使用、管理监督干部的"硬杠杠",成为广大党员干部的自觉追求。

原载《组工通讯》2009 年第 70 期

重视对庸官懒官的治理

谈起干部作风问题，人们往往对贪污腐败反映最为强烈，认为以权谋私、大肆索贿受贿的贪官对政权和社会危害极大；而对于庸官、懒官，一些人则不以为然，认为他们没有往自己腰包里搂钱，只不过是平庸一些、懒惰一些，无伤大局。一些庸官、懒官玩忽职守、渎职犯罪后，甚至还有人为之讲情、开脱罪责。实际上，从一定角度看，庸官懒政对党和国家事业危害很大，治懒治庸是加强干部管理一项不容忽视的重要任务。

庸官、懒官给人民生命财产带来重大损失。近年来，国内有的地方频频发生重特大安全事故，造成重大人员伤亡和财产损失，一个重要原因就是那里的一些官员是庸官，不懂得怎样抓好、管好安全生产；是懒官，不愿意深入生产第一线，不肯动脑、动手去解决可能引发事故的隐患问题。据 2008 年 3 月最高人民检察院向十一届全国人大一次会议的报告，2003 年以来的 5 年间，我国共立案侦查渎职侵权犯罪案件 34973 件，涉及 42010 人，其中已被判决有罪的 16060 人，是前 5 年的 2.3 倍；被查办的各类渎职犯罪，给国家造成的直接经济损失高达 557.3 亿元。2003 年至 2005 年，全国检察机关立案侦查的 21553 件渎职侵权案件，共造成 1263 人重伤、8722 人死亡。这说明，与贪官一样，庸官、懒官不但浪费大量国家资源和财产，而且使众多无辜的人丧失生命和健康，其危害甚大，决不容等闲视之。

庸官、懒官极大地损害党和政府的公信力。公信力是党和政府的命根子。党和政府的公信力从哪里来？从正确决策中来，更从为人民服务的态度和成效中来。在实际工作中，绝大多数党员干部坚持"为人民服务、向人民负责"的工作态度，使党和政府在人民群众中始终保持崇高的威信。但确有那么一些人，在岗不在状态，在位不谋公事："混"字当头，尸位素餐，碌碌无为；和尚撞钟，得过且过；推诿扯皮，效能低下；吃喝玩乐，追求安逸。群众到他们那里办事，常常是"门难进、脸难看、事难办"。这些作风和做法对党和政府公信力的伤害，丝毫不逊色于贪腐。

庸官、懒官严重损害党的先进性。庸官、懒官最大的特点，是散漫拖沓、暮气沉沉。不论发展压力多么大、民生问题多么急、机遇变化多么快、上级要求多么紧迫，他们却总是快不起来，悠悠然地磨蹭着，心懒、嘴懒、手懒、身懒。这样的人多了，我们党就会失掉在艰巨复杂的革命、建设、改革考验中形成的蓬勃朝气、昂扬锐气、浩然正气，变得迟钝、保守甚至麻木，官僚主义、形式主义严重，最后就会失去最广大人民的拥护和支持。如果说贪污腐败是我们党的"致命伤"，那么，庸官、懒官则会使党染上致命的"慢性病"，同样会严重危害党的生命力和先进性。对贪污受贿的贪官可以依据党纪国法以"动手术"的方式予以清除，而对那些似乎"无大错"的庸官、懒官带来的"慢性病"，治疗起来就不那么容易了。这更加说明，对党中央提出的治懒治庸决策万万不可掉以轻心，非高度重视不可。

治懒治庸是干部队伍建设问题，是党的作风建设问题，也是反腐倡廉建设的大问题。事实上，有的庸官、懒官同贪官是合而为一的，不少腐败分子就是从庸、懒的路子走到贪的。因此，治懒治庸是惩治和预防腐败的必然要求。只有不断加大反腐败工作力度，才能为治懒治庸创造更加有利的条件；也只有切实整治庸官、懒官，才能使反腐倡廉建设的道路越走越宽广。

原载《人民日报》2009 年 12 月 23 日

中国共产党历史上最早的反腐倡廉实践

中国共产党是用马克思主义武装起来的中国工人阶级先锋队，从成立那天起，就把"反对腐败、保持廉洁"庄严地写在了自己的旗帜上，成为始终不变的立党方针。党在 1921 年起领导的安源工人运动中，就组织开展了最早的反腐倡廉实践，并取得了显著成效，为中国共产党史，特别是党的反腐倡廉史书写了光辉的一页。

一、安源工运期间反腐倡廉的历史背景和起因

中国共产党成立三个月后的 1921 年秋天，党的一大代表毛泽东，按照一大通过的《关于当前实际工作的决议》所确定的党在当前的基本任务是"成立各种产业工会"的要求，以组织工会、开展工运、建立产业工人党组织为目的，来到江西萍乡安源考察。安源有规模宏大的煤矿，晚清以来一直由官督商办，是中国最大的煤铁联合企业汉冶萍公司(汉阳铁厂、大冶铁矿、萍乡煤矿的合称)的重要能源基地，干系国民经济命脉。安源路矿工人有一万余名，是当时全国产业工人最集中的地方之一，又有同盟会的工作基础，因而是组织工人运动的理想地。

1921 年 12 月中旬，作为中共湘区区委书记、中国劳动组合书记部湖南分部主任的毛泽东再次来到安源，将安源确定为湖南党组织工运工作的重点地区，先后派共产党员李立三、蒋先云、刘少奇等到安源工作。经过他们艰辛

而卓有成效的工作，1921 年 12 月底成立了全国产业工人最早的共青团组织——共青团安源支部；1922 年 1 月创办了安源路矿工人补习学校；1922 年 2 月，吸收了四名优秀的安源工人入党，成立了全国产业工人中第一个党组织——安源党支部。在安源党组织的领导下，1922 年 5 月 1 日成立了安源路矿工人俱乐部。1922 年 9 月 14 日至 9 月 18 日，俱乐部发动了震惊中外的安源路矿工人大罢工，在全国第一次工运高潮中取得了"硕果仅存"的完全胜利。刘少奇、朱少连在 1923 年 8 月合著的《安源路矿工人俱乐部略史》曾作如下评述："这一次大罢工，共计罢工 5 日，秩序极好，组织极严，工友很能服从命令。俱乐部共费计一百二十余元，未伤一人，未败一事，而得到完全胜利，这实在是幼稚的中国劳动运动中绝无而仅有的事。"

安源路矿工人俱乐部成立，特别是第一次大罢工取得胜利后，安源党组织集中力量开展了四个方面的工作：一是加强党的队伍建设，在安源工人中积极培养和发展党员，壮大党的组织；二是加紧吸收和扩大工人加入俱乐部，推进俱乐部部员队伍建设和俱乐部的组织、管理、制度等建设；三是着手对俱乐部的办公和活动阵地、场所建设，筹建和兴建新的俱乐部；四是为了增强俱乐部的凝聚力、号召力和战斗力，创办和发展安源路矿工人消费合作社这一我党领导下的第一个工人经济组织和经济实体。1922 年 5 月至 1925 年 9 月之间进行的这四大建设，有力地促进了安源工运的发展、壮大。在很短的时间内，俱乐部部员迅速发展，从 700 多人发展到 13000 多人。此时的俱乐部，实行民主选举的代表大会制度，即十代表、百代表和总代表制，总代表会议为俱乐部最高权力机构，下设教育股、互济股、游艺股、故工抚恤会、职业介绍所、裁判委员会、工人纠察队等职能部门，使俱乐部成为一个半政权性质的组织，被誉为中国的小莫斯科。部员上缴的部费也随之增加，加上路矿当局"每月须津贴俱乐部常月费洋二百元"，俱乐部有了一定数额资金和较为稳固的经济基础。安源路矿工人消费合作社这一经济体创办后，开始入社者 30 多人，集资仅百元，"后乃以'创办消费合作社可买便宜货'为口号向群众宣传，加入俱乐部者因是渐众"。消费合作社于 1923 年 2 月 7 日正式开业后，通过向部员发行股票的方式，筹措和扩大资金，认股金额达 7845 元，合作社的总资金达 18662 元。至 1924 年 12 月底，合作社结算时基金为 28321 元。安源路矿工人俱乐部当时的发展情形正如李立三所言："'二七'前五个月，安源各方面的工作有很大的发展，当时工会简直是半政权机关，什么事情都找工会，司法官、矿警局没用处，工人有纠察队，打架就找工会，合作社有许多铺子……工会的确是半政权性质。"工人既有自己的权力机构，又有自己的经济实体和经济利益，这对于经年累月受剥削、受压迫的工人来说是一个翻天覆地的变化，是迈向解放的重要一步。但事物发展的辩证法表明，这在客观上也为工人队伍中可能产生腐败提供了条件。从主观上看，由于罢工的胜利，事业的发展顺利，经济状况大有好转，一些工人运动的骨干和管理人员"遂生出来了一种虚骄之气""趋于骄傲"，加之成立不久的俱乐部工作机构缺乏有效管理，尚未建立和健全各项规章，于是出现了以贪占公款公物为主要形式的腐败问题和脱离群众的作风不正问题。

1922年9月至1923年7月，是安源工运中的腐败问题和作风不正问题的突出表现时期。

一是官僚主义习气渐盛。俱乐部的常设办事机构"主任团"，"办事计划只知道应付事变，而不在事变未来的时候设法预防。又主任团各主任到后来都有点官僚的态度，对工友很少细心和悦"。一些由各工作处工人推选的工人代表，"以为俱乐部是行政机关，以为自己有很大的权力和威风，因此自己渐习于一种官僚绅士的态度，对工人的态度和谈话，多骄傲不和悦；且久而见只有牺牲没有权力就不快活了"。一些管理人员出现了轻视工人、脱离工人的风气。

二是工作失职，管理混乱。一些经济管理机构不认真履行职责，导致工作秩序出现混乱，其中的典型是安源路矿工人消费合作社和俱乐部会计股。合作社内"各股单独进行，形成一种无政府状态"，且"社内办事无统系的规则，又无划一的簿记，账务的清理甚难"；对俱乐部会计股"账目的清算及常月费的清查，也有些须缺点"。

三是侵吞挪用公款。1923年上半年合作社发生了经济上"最大的错误，是服物股经理陈梅生久欠公款千余元，事前合作社总经理及工作职员毫未发觉，现因此事，大失工人信仰"。一些俱乐部的负责人和代表也不同程度地存在着挤占公款、借款不还、拖欠公款等问题。

这些问题出现之后，使很多工人群众对俱乐部和有关领导产生了不满情绪，也影响了工人运动骨干之间的团结和协调，安源工人运动的成败面临着严峻的考验。安源党组织和安源路矿工人俱乐部主要领导对此非常重视，决定尽快妥善解决这些问题，决不让腐败问题和作风不正的问题影响工人运动的健康发展。

二、安源工运期间反腐倡廉的主要实践和成效

安源路矿工人俱乐部在刘少奇、李立三、毛泽民、朱少连的领导下，从1923年7月至1924年底，集中开展了整顿作风与惩处腐败相结合的反腐倡廉工作。

1. 查找问题，正视错误

1923 年 7 月开始，首先对俱乐部和消费合作社进行了账务的全面清理，看看从经济上到底存在哪些问题。1923 年 8—9 月，在第二届俱乐部成立期间，许多俱乐部的负责人纷纷撰写文章或发表演讲，力陈俱乐部存在的种种问题，分析原委，提出解决方法。通过查找问题，大家认识到，大罢工的胜利，虽然只是安源工运"成功第一步"，但俱乐部一些领导人开始滋生官僚习气，出现脱离工人和轻视工作的倾向；一些工作部门责任心不强，团结精神松懈，管理混乱，规章缺失；一些管理人员利用职务和工作之便，捞取个人好处。

2. 开展批评，提高认识

针对查找出来的问题，俱乐部开展了面对面的批评教育。这些批评教育的主要情况和主要内容集中体现在刘少奇 1923 年 8 月 20 日撰写的《对俱乐部过去的批评和将来的计划》一文中。该文提出，整个批评教育本着"对于过去的批评，专注意各种错误，大略地写出来，至于各人的好处和事件之办得很对的，均从略不说"的原则，重点解决存在的问题。通过对问题逐一进行分析与批评，提出解决的办法。刘少奇首先拿起批评与自我批评的武器，对自己进行毫不留情的自我批评，认为自己"作事精神不好，过于审慎，平时对工友的交际和谈说，都表现一种不愿意的懒散态度……到后来对俱乐部事务不十分负责，以致引起工友的误会，这都是他的错过"。然后对主任团主要负责人李立三、朱少连、余江涛、陆沉的问题逐个进行尖锐而深刻的批评。刘少奇除了对各部门和工人代表"普遍的错点"进行直率的批评教育，还着重批评"合作社开办仅数月，三换总经理，以致社内事权和经济不能统一，各股单独进行，弄成一种无政府状态。经济的支配不能均匀，各股扩充各股，以致现在资本周转不灵。全社无一种统一的营业计划，只知卖东买西。社内办事无统系的规则，又无划一的簿记，账务的清理甚难"。通过刘少奇倡导的批评和自我批评，大家深刻挖掘了自己的错误，彼此互相帮助，认识有了极大提高，思想基本上统一起来，俱乐部领导层一致同意对不良行为和腐化现象进行毫不留情的批评和斗争。于是开始了著名的 1923 年"八月整顿"。

3. 严肃查处，痛改前非

"八月整顿"的第一步实际行动是"力改前非，保持前日团结的精神"。针对已发生的几起侵吞公款、谋取私利的事件，俱乐部在据实查证后，形成决议，作出处理，并及时向广大工人群众报告。查处的突出案例有：(1)合作社第二任总经理易礼容挥霍公款案。易礼容借得公款千余元，以到湖南长沙等地购物为由，挥霍一空。俱乐部得知后，组织专人将其缉拿回安源，关押在俱乐部讲演大厅的暗室中，以儆效尤。(2)合作社服物股经理陈梅生侵欠和挪用千余元公款案。安源地委、安源路矿工人俱乐部对此案作出了处罚决定，上报中共湘区区委。湘区区委于1924年上半年将此案件以湘区报告附件的形式上报中央，被中央收为5月中央扩大执委会文件之一。1924年12月，俱乐部最高代表会议作出处理决定："将陈梅生房屋用具封存。暂限半月缴欠款五百元。"干事会报告第二项的第四条决定："陈梅生准予辞服物股经理职。"（3）对其他挪用和欠公款者作出相应处理，其中包括对某些有影响的负责人。1924年8月中旬，俱乐部最高代表会报告决议事项第十九条决定："朱少连所欠合作社之款，内以二百元作为交际费，余额限即日归还；否则每月将工资扣还五十元。李隆郅欠合作社洋一百三十元，内以一百元作为赠送，三十元作为暂借。此外私人欠款在廿元以内者，分两月清还；十元以内者，一月内须清还。"对于这些处罚决定，李立三、朱少连都坚决服从，心悦诚服地接受处罚。（4）对严重违反俱乐部章程和纪律的工人，经教育仍无改悔者，作出开除部籍的处理。1923年上半年，矿局桥梁处有140多名工人受聘于一桥梁建设工程，合同规定工程竣工后，他们应散去，但少数工人在竣工后仍要求继续做工，聚众俱乐部闹事半月之久，甚至以死相要挟。对此，俱乐部召开第53次最高代表会议，作出开除桥梁处部员部籍的决定。还以此为例，教育广大部员要巩固团体，服从大局，遵规守纪，要明白"我们工友组织俱乐部，为的是谋全体一万多人的幸福；倘使有少数人为谋自己的利益而妨害大众，这是我们不能容许的。我们俱乐部惟一重要的是纪律，凡是各种会议的议决案，我们都应该绝对遵守，不遵守议决案便是反对俱乐部这更是我们不能容许的"。

4. 建章立制，严格监督

经过"八月整顿"，大家认为必须形成新的规矩，以便有章可循，理顺关系。其一，制定《安源路矿工人俱乐部总章》。1923年8月通过的《总章》有9章28条，1924年对它进行了补充修订，达到9章63条。之后又制定了《安源路矿工人俱乐部办事细则》，共21条。这些规章从部员、代表大会、各组织机构到经费筹集与使用等九个方面，对工作职权、工作职能、工作方式、工作要求、经费收支等作出明确规定，使俱乐部的规章制度和运行机制进一步健全和完善。其二，对俱乐部经济方面的活动作出一系列规定。通过《最高代表报告》的形式，作出了涉及职员生活费、设立经济委员会、合作社分红规定等经济事务方面的决定达13条之多。经济委员会作出了加强和开展保管及审查经济的8条具体规定；俱乐部干事会作的7项重要决定中，涉及与合作社经济事务有关的就有4项。针对以往在借贷、赊货上出现的问题，俱乐部干事会作出决定："消费合作社及会计股，以后无论何人，不得用私人名义赊货或借贷。"其三,制定《安源路矿工人消费合作社办事公约》。为规范和健全合作社的经济管理,毛泽民领导制定了《安源路矿工人消费合作办事公约》,共17 条。为限定和规范总经理与各股经理的权限,防止各行其是或混乱无序,规定"各股经理有管理各股营业全权,但进货及定价须先与总经理商妥办理"。对营业员的聘用,规定"须有二人负责之介绍信,并须得俱乐部主任团之同意,经二月之试验合格,始得正式聘请;辞去时亦须得主任团之同意"。对各股每日营业情况、经营账目的核查和检阅等,都作出了详细的规定。对合作社的来客接待,规定分公私两类,在住宿天数、用餐审批、接待方式等方面作出具体明了的规定。这些针对性强、便于操作的具体管理细则,保证了合作社的良性运行。其四,制定相关的监管规定。《安源路矿工人俱乐部办事细则》规定:"因俱乐部经济扩充,事实上需要一监督与保管的机关,遂由最高代表会议定推选九人组织经济委员会","专事保管本部经济并审查各项账目"。《经济委员会报告》规定:"本会之职权仅在保管及审查俱乐部之经济。""对于消费合作社,教育股,会计股,庶务股之账项,每月均审查过一次,审查无讹后,即由本会审查部主任及委员盖章,张贴本部前门。""消费合作社每星期须将其营业状况及经济状况,报告主任团一次,每月总报告一次,社内各项用费每月须报告一次。"俱乐部决定,"合作社事权及经济支配,在事实上应绝对集中,实行新式簿记,由总经理担任全责,主任团严加督促"。这些规章和决定,有效地堵塞了经济运行中已经出现和可能出现的漏洞,推动了俱乐部各项事业的发展。

5. 加强管理,全面防范

针对俱乐部建设和管理中存在的薄弱环节和不足之处,俱乐部加强了内部的改组、健全、整顿工作。俱乐部提出,"凡所以谋自身之健全的事,我们无不竭力维持"。为此,设立由主任团和七个股构成的俱乐部组织机构,形成了总代表、百代表、十代表的工人代表制和行使权力的模式;借鉴欧洲先进的民主管理制度的有益做法,学习苏联苏维埃人民代表大会制的合理内容,建立和实行新型的工作制度和理事制度,形成规范秩序、遵章守矩之风。在此基础上,强调"应特别尊重办事秩序,办事的界限和手续应竭力要求清晰"。这直接表现为实行报告制和公开制。在第二届俱乐部换届工作中,有 11 个工作部门和工作机构,如实向俱乐部报告本部门的工作情况和存在的问题,提出改进、完善和接受监督的意见。在第二、第三届俱乐部大会上,最高代表会、干事会、会计股、庶务股、经济委员会、消费合作社都向俱乐部报告工作,说明问题,接受监督。1923 年有 14 个部门、1924 年有 16 个部门分别向俱乐部报告工作。这些报告不但公开发布,还编辑成册,在全国主要工会发行和传播。俱乐部坚持对重大事项实行专题报告制。1924年12月，负责俱乐部演讲大厅工程的建筑委员会向俱乐部作建设情况的专题报告，公开报告该委员会组织机构以及该工程建设的各项事宜，对实际施工中工程图纸调整作出说明，特别是对整个工程的各项经费开支，逐项公布，作出了"预定总额洋一万元，现工程将竣，其决算不致超过预算"的结论。

到1924年底，历时一年半的安源路矿工人俱乐部集中开展的反腐倡廉工作大体告一段落。这一阶段的成效是显著的、多方面的。

从直接成效看：一是有效地遏制了腐败现象滋生蔓延的势头，它刚刚出现就被打压下去，没有使它"成气候"。二是改进了俱乐部领导人员、工人代表的作风，使他们又如从前一样和颜悦色地同工人说话，满腔热情地为工人办事，同广大工人群众的关系更加密切了。三是俱乐部领导层和广大工人群众加大了对各项经济活动的监管力度，使得各部门特别是安源路矿工人消费合作社的经济活动更加健康，更加富有活力。

从间接成效看，这次以整顿作风、清理账目、反对侵占集体经济利益、建章立制为主要内容的反腐倡廉工作，有力地保证了安源工人运动的健康发展和勃勃生机，使安源工运成为中国工人运动的一面光辉旗帜。安源开展的这次反腐倡廉，使安源党组织在工人群众中有了更高的威望，大大增强了党的号召力、凝聚力、战斗力。安源工人运动的大发展，不仅是一个煤矿、一个地方的事，而且对中国共产党的发展、对人民军队的创建、对党领导经济工作的经验积累，都发挥了重大的作用。

——为党组织的发展壮大作出重要贡献。安源党组织在健康发展的工人运动中，积极发展党员，壮大党的队伍。到1925年党的四大召开时，安源地委已经拥有党员约200人，成为全国最大的地方党组织，党员总数占当时全国的1/5。产业工人党员能够占这么大的比例，在中国共产党的组织史上是罕见的。

——为中国共产党培养、输送了一大批领导人才。当时，党中央对安源工人运动抱有极大期望，提出把它建设成"无产阶级的大本营"，把许多从苏联学习归来的党员和有培养前途的知识分子派到安源，既加强对安源工人运动的领导，又使他们在工人运动的实践中得到锻炼。刘少奇、李立三、毛泽民等就是其中的优秀代表。株萍铁路工人朱少连，以及在安源工人运动中经受锻炼的工人王荷波，在1923年党的三大上被选为中央委员，成为我国工人中最早的中央委员。1927年5月，党的五大选举产生了第一个维护和执行纪律的专门机关——中央监察委员会，王荷波被选为主席。

——为党员的培养教育探索了经验。安源党组织除了注重在工人运动的实践中培养锻炼党员之外，还注重党员的学习教育。1924年冬，创办了中共安源地委党校。这是中国共产党最早的地方党校。

——为党开展经济工作创造了经验。1922 年 7 月创办的安源路矿工人消费合作社，是中国共产党最早创办的工人消费合作社。它通过股票方式筹集资金，通过民主方式进行管理，通过市场方式谋取利益，是党直接领导经济的成功尝试。1926 年冬至 1927 年夏，党领导的萍矿总工会和株萍铁路总工会联络萍矿同业协会，共同管理萍乡煤矿的生产、运输和销售，成为中国共产党领导工人管理大型企业的最早实践。这些都为日后党的执政提供了领导经济工作的重要经验。

——为党中央的工作运转提供了重要的经济支撑。我们党在初创时期，所需经费由共产国际拨给一部分，但没有稳定的国内经济来源，极大影响了党的工作开展。安源路矿工人消费合作社的成立，以及后来管理萍乡煤矿，使党中央的活动有了可靠的经费来源。

——为创建人民军队作出巨大贡献。安源工人运动的健康发展，培养了一大批有革命觉悟的工人。1922 年 9 月成立的安源工人侦探队，使许多工人掌握了一定的军事知识。1927 年秋收起义时，毛泽东来到安源，以安源工人为主体，组建了工农革命军第一军第一师第三团（后改称"第二团"）。这是一支守纪律、有文化、懂技术的特殊的矿工武装，后来成了人民军队工兵和通信兵的"始祖"。其中跟随毛泽东上了井冈山的安源工人，不少成了红军的高级将领，有的成了共和国的将军。

三、安源工运期间反腐倡廉实践的重大意义和启示

1923 年至 1924 年安源工运期间反腐倡廉工作，是中国共产党有史可查的最早的反腐倡廉实践。它取得的成效和经验，直接影响了党在执政前的反腐倡廉工作，对于今天的反腐倡廉建设也有重要的启示。

经过安源工人运动的锻炼，刘少奇写下两篇涵盖工运和反腐倡廉内容的历史文献《对俱乐部过去的批评和将来的计划》和《俱乐部组织概况》。这是历史上党的领导者最早涉及反腐倡廉内容的重要文献。1924 年之后，刘少奇、李立三、毛泽民等党的一批重要领导干部逐步从安源走出来，到党的中央机关和各地组织领导革命工作。刘少奇、李立三等人在上海、广州、武汉等地开展工人运动，相继组织成立了汉冶萍总工会、全国铁路总工会、全国海员总工会等工会组织。刘少奇在 1925 年 5 月又担任了全国总工会副委员长。他们走到哪里，就把安源的经验带到哪里，使安源反腐倡廉的价值得到广泛拓展。李立三曾说："安源工人运动的一些主要经验是十分重要的。后来 1924 年，我们到上海做工人运动的时候，也就是运用了这些经验。"1937 年 2 月，

刘少奇对安源工运的历史经验教训进行总结，其中包括反腐倡廉经验，给中央写了一封重要信件，此信件后来作为延安整风运动的学习材料之一。安源工运期间的反腐倡廉实践引起了当时党中央的高度重视，从而开始警惕党内和革命队伍内腐败现象的产生。1926年8月，中共中央发布了第一个反腐败文件——《坚决清洗贪污腐化分子》的通告，吹响了全党反腐败的号角。

安源工运期间的反腐倡廉开展于我党的初创时期，虽然当时它贯穿于经济工作之中，并不是如今天这样大张旗鼓地开展，但它留给我们的启示却是多方面的。

其一，哪里有权力、有利益，哪里就可能产生腐败。一般认为，执掌政权了才可能产生腐败。安源路矿工人俱乐部的实践告诉我们，事实并非如此。在任何一个社会组织内，只要有权力的存在，有实际利益存在，就会有人利用权力去谋取私利，就会发生腐败现象，而不管这个社会组织是否掌握政权。这表明，反腐败斗争具有长期性、艰巨性。如今，中国共产党执政了，各级党组织有着更大的权力，可以支配更多的资源，这就更要警惕腐败现象的发生，更要积极主动地开展惩治和预防腐败工作，时刻保持党组织的先进性和纯洁性。

其二，反腐败的首要条件是领导者的坚强决心和实际行动。安源路矿工人俱乐部的反腐倡廉工作为什么能够搞起来，并取得显著成效？第一位的原因是当时安源党组织的领导人刘少奇、李立三、朱少连等反腐倡廉的坚定不移态度。假如领导者对已经出现的腐败问题不敏感、不重视，或者因为自身陷入了腐败的利益关系不能自拔，那么就不可能有真正的反腐败行动。刘少奇、李立三、朱少连等不愧为共产党人，他们敏锐地看到问题的严重性和危害性，认识到这样的问题是不抓不行的。尽管李立三、朱少连有个人利益受到一定伤害，但仍然以党的事业大局为重，带头执行俱乐部"整顿"的决定，所以才有了反腐倡廉的成效。今天，我们面临的反腐败斗争形势比安源工运时期严重得多，腐败对党的事业的危害越来越大。这就要求党的各级组织的负责人像当年刘少奇、李立三、朱少连那样，有强烈的责任感和使命感，不计个人得失，树立腐败不除誓不罢休的彻底革命精神，始终把反腐败作为关系党和国家生死存亡的大事来抓，从新的时代特点和实际情况出发，坚定不移地把反腐败斗争进行到底。

其三，把思想教育作为党内反腐败的前提。安源路矿工人俱乐部开展反腐倡廉，首先从查找问题、开展批评和自我批评、提高思想认识入手。大家的思想统一了、认识提高了，行动上就能够自觉，抓工作就有了明确方向。我们党在长期革命实践中，历来重视思想建党。在今天的党风廉政建设和反腐败斗争中，应切实加强和改进对党员干部的反腐倡廉教育，建立起牢固的反腐败思想道德防线。

其四，必须严厉打击贪腐行为，彻底纠正错误。安源路矿工人俱乐部在反腐倡廉实践中，对具有贪腐罪错的人毫不留情地进行批评教育直至组织处理，对工作中发生的各种错误坚决纠正。共产党人的这种彻底革命精神，对那些有贪腐罪错的人是有力的打击和教育，使之不敢继续错下去；对广大工人群众是个极大的振奋，使大家从中受到教育，更加坚定在党的领导下做好反腐倡廉工作的决心。在今天，只有严厉惩治腐败分子，坚决纠正各种贪腐罪错，才能教育和挽救更多的党员干部，组织和动员起广大干部群众投身到反腐倡廉建设中去。这就是"惩治有力才能预防有效"的道理。

其五，建立健全规章制度，堵塞腐败漏洞。安源路矿工人俱乐部在反腐倡廉实践中，注重从制度建设层面防止问题的再度发生。1923 年 8 月之后，俱乐部全面建立各工作机构的规章制度，实行各股工作的报告制和重大事情的公开制，形成了工作有序有效的局面，提高了俱乐部的办事效率和办事质量。在今天，我们对反腐倡廉制度建设有了更深刻的认识，也建立了一系列的反腐倡廉法律制度。现在的问题是，必须执行这些法律制度，不能使之束之高阁，不能让它在执行中变形走样。要通过有效的教育和严格的监督，落实各种反腐倡廉的法律和规章制度。

其六，重要的是平时严格管理、严格监督，培养良好作风。安源路矿工人俱乐部在大罢工胜利后，俱乐部的影响和权力日益扩大，一些负责人逐渐骄傲起来，放松了对自己的要求，思想作风和工作作风大不如前，于是发生了一些腐败现象。对此，刘少奇等人从大局出发，从领导层抓起，及时予以严肃的党内批评和有效的整顿，及时制止和扭转了不利局面。反腐倡廉工作取得初步成效后，安源党组织坚持严格管理、严格监督，注重培养俱乐部领导干部和骨干分子的良好作风。由此，有效地保持了"八月整顿"的成果，维护了俱乐部风清气正的良好局面。在今天，干部作风建设的重要性比以往任何时候都更加明显。好作风是从哪里来的呢？是学习来的，是实践锻炼培养的，更是通过组织上、领导上严格管理、严格监督而形成的。这就要求各级党组织特别是党的领导干部，既要严格要求自己，做优良作风的表率，又要对下属严格要求、严格管理、严格监督，帮助他们养成良好作风，远离腐败。

随着时光的流逝，安源工运已经渐行渐远，那时的反腐倡廉实践也已经同今天的反腐倡廉建设不能同日而语。但是，安源工运期间的反腐倡廉精神是永存的，以其"中国共产党历史上最早"而永载史册，以其勇敢的探索、显著的成效启迪我们的心灵，激励我们在中国特色反腐倡廉道路上奋勇前行。

原载《中国监察》2009 年第 23 期

2010 年

年度背景　2月，中共中央印发了《中国共产党党员领导干部廉洁从政若干准则》。10月，党的十七届五中全会审议通过了《中共中央关于制定国民经济和社会发展第十二个五年规划的建议》。按照党中央部署，全党大力推进学习型党组织建设。

以应用为目的统率学习

按照中央的要求和部署，当前全党正在大力推进学习型党组织建设，积极开展学习。但也有一些党员干部在学习中还存在这样那样的问题，如不是积极、主动地学，而是消极、被动地学；不是理论联系实际地学，而是脱离实际地学。这样的学习当然不可能取得应有的成效。之所以出现这些现象，一个重要原因就是没有真正解决好学习目的问题，使学习失去了灵魂和方向。

我们党历来重视学习，始终强调学习的目的全在于应用。在新形势下，建设学习型党组织，推动全党进一步加强学习，目的仍然在于应用——根据时代特点和实践要求，着重提高党员干部的理论素养和解决实际问题的能力，有效推动全面建设小康社会和社会主义现代化建设的进程。因此，在建设学习型党组织的过程中，必须坚持以应用为目的统率学习。

坚持以应用为目的统率学习，学习才会有不竭动力，真正具有可持续性。所谓应用，第一位的要求就是回应实践发展的要求，解决面临的实际问题，使工作取得实质性进展。如果真正以应用为学习目的，就必然会紧紧围绕做好工作进行学习。由于实践永不停息，总是有新的情况需要研究、有新的问题需要解决，因此，人们的知识、能力、思想观念和思维方式等就不能总是停留在原有的水平上，而必须有新的、不断的提高。实现这种提高，就要求人们不断进行新的学习。所以，应用是学习不竭的动力源泉，是学习可持续的根本保证。

坚持以应用为目的统率学习，才能正确选择学习内容，学到"最该学的"。人生有涯，学海无边。越是在忙的情况下，越需要搞清楚自己为什么学习。

坚持以应用为学习目的，就要根据工作需要和自身知识结构的实际状况来选择学习内容，坚持"急用先学"。一般地说，当前党员干部特别是各级领导干部应当根据党的十七届四中全会的要求，重点围绕提高战略思维、创新思维、辩证思维能力和解决实际问题能力进行学习，因为这两种能力直接影响着党的执政能力和领导水平。为了提高这两种能力，在学习的内容上就不能仅仅局限于现代科学和管理知识，而应当注意学习哲学，掌握马克思主义的世界观和方法论。毛泽东曾说过，在马克思主义理论中，基础的东西是马克思主义哲学。这个东西没有学通，我们就没有共同的语言，没有共同的方法，扯了许多皮，还扯不清楚。有了辩证唯物论的思想，就省得许多事，也少犯许多错误。

坚持以应用为目的统率学习，才能端正学习态度，保持优良学风。要解决"怎样学"，即学风问题，一个有效的办法就是"回到原点"，搞清楚"为什么学"的问题。只有坚持以应用为学习目的，才能做到真学而不是假学，因为搞形式主义是学不到真东西的，是解决不了任何实际问题的；才能做到深学而不是浅学，因为学习越深入、学到的东西越丰富，解决起实际问题来才越有主动性；才能做到实学而不是空学，因为理论与实际脱节的学习只会学到"屠龙之术"，对解决实际问题毫无帮助。

坚持以应用为目的统率学习，才能有效推动组织化、团队化学习，形成科学的学习制度。当前我们党倡导的学习，不仅仅是党员干部个体的学习，更是组织化、团队化的学习。这就需要有机制和制度来保证，不断提高学习的科学化、制度化、规范化水平。只有坚持以应用为学习目的，才能把大家学习的积极性调动起来，形成科学、管用的集体学习、个人自学、调查研究、岗位培训、主题教育、学习考核和成果转化等制度，才能严格执行、坚决落实各项学习制度，不断取得学习的新成效。

原载《人民日报》2010 年 9 月 1 日

社会公正的三重涵义

社会公正是一个古老的话题，也是一个常谈常新的话题。

古希腊思想家亚里士多德把公平正义划分为"分配的公平正义"和"校正的公平正义"。"分配的公平正义"，涉及财富、荣誉、权利等的分配。就此而论，对条件不同的人给予不同的对待，对条件相同的人给予相同的对待，即可称得上公平正义。"校正的公平正义"，涉及对被侵害的财富、荣誉、权利等的补偿。从这个角度说，施害者补偿受害者，受害者从施害者那里得到合理补偿，就可以称得上公平正义。一些当代学者则侧重从社会基本结构的角度来阐述公平正义。他们所理解的公平正义主要包括两个方面内容：一是社会各种资源、利益和负担全面分配的公平正义；二是社会利益冲突解决上的公平正义，即通过法律手段解决利益冲突。前者被称为实体公平正义，后者被称为形式公平正义或者诉讼公平正义。综合古今思想家的观点，可以概括出社会公正的三重涵义。

分配公正。这是实现社会公正的基础。古今中外的许多思想家都把分配的公平正义放在社会公平正义的基础地位加以强调。新中国成立后，我国实行按劳分配的社会主义分配原则，从根本上改变了旧社会分配不公的状况。随着社会主义市场经济的不断发展，特别是社会进入转型期，我国贫富差距出现了拉大的趋势。为此，党的十七大提出了"初次分配和再分配都要处理好效率和公平的关系，再分配更加注重公平"的要求。有效解决贫富差距拉大的问题，应按照"初次分配更加注重效率，二次分配更加注重公平"的原则，提高低收入群体的收入水平，扩大中等收入群体，通过财税政策等对高收入群体进行调节。具体而言，就是千方百计增加农民收入，加大对城市低收入群体的扶持力度，提高工资性收入，不断缩小城乡收入分配差距，实现分配方式和分配效用的公平，筑牢社会公平正义的基础。

程序公正。这是实现社会公正的关键。为此，应加强程序建设，不断增强人们的程序意识。重结果不重程序，重内容不重形式，是我国社会生活中存在的一种不容忽视的心理与习惯。这种心理与习惯对于法治社会建设非常不利，在一定程度上影响了社会公正的实现。其实，程序公正与结果公正具有同等重要的意义。在法治实践中，程序公正不仅有助于形成正确的裁判结果，实现结果公正、实体公正，而且其本身也具有包括公平、正义、合理等涵义在内的独立价值。当前，推动程序公正建设应主要从两方面入手：一是在全社会倡导程序公正精神，培育人们的程序公正理念；二是加快健全和完善各种法律程序和相关制度。

司法公正。这是实现社会公正的保障。一个公正的社会必定是一个崇尚法治的社会。司法对社会公正的作用可以从两方面来看：一方面，司法可以维护社会公正，保障社会公正不受侵犯；另一方面，司法不公则对社会公正起到很大的破坏作用，会使社会公正失去最后一道防线，动摇人们对社会公正的信心。因此，应大力推动司法公正，努力培育高素质的司法队伍，鼓励社会各界对司法审判进行监督，及时纠正和有效防止各种形式的司法不公现象。

原载《人民日报》2010 年 5 月 7 日

治国理财重在节用

经过改革开放 30 多年的艰苦奋斗，我国的经济实力大大增强，人民生活水平日益提高，政府手里可支配的钱也多了起来。钱多了就可以大手大脚地随意花吗？当然不行。相反，钱越多，越要节省，越要注意养成勤俭节约的好作风。

"成由勤俭破由奢"，这个道理被古今中外的无数事实一再证明。不论是一家还是一国，只要不想破败，那就非勤俭不可，而不管你有钱没钱。事实上，目前我国远没有达到"钱多得花不完"的富裕程度，还是一个发展中国家，处于国家整体财力不足的状态。多数地区的人均税收还很少，仅仅维持"吃饭财政"而已。尽管如此，一些机关奢侈浪费之风已经滋生蔓延了。有的讲排场、比阔气，公款消费大手大脚；有的楼堂馆所越建越多、越盖越豪华，与当地经济发展和人民群众生活水平反差很大；有的超标超量配备使用公务用车，违规设立"小金库"，挥霍国家资财。这些行为，不仅造成巨大浪费，损害群众的利益，而且助长了奢侈享乐之风，腐蚀了党员干部的服务意识和进取意志。这些问题不解决，势必损害党和政府形象，影响政府的公信力和执行力，甚至影响党的执政地位。鉴于此，近年来党中央、国务院高度重视节约型机关建设，再三要求党政机关在建设节约型社会中发挥模范带头作用。必须从保持党的执政地位和国家长治久安的战略高度认识这个问题，切实增强建设节约型机关的自觉性。

在机关工作人员中养成"节用"的意识和习惯。节俭是一种美德，要从日常一点一滴培养起。当前，尤其需要通过教育，使所有机关工作人员懂得并认真实践"治国理财重在节用"的道理。所谓"节"，就是要加强对机关服务保障需求的管理和控制，在资产管理、房地产管理、政府采购、办公用房以及公务用车、公务接待、公务活动等工作中，防止讲排场、比阔气、搞攀比，努力做到少花钱、多办事、办好事。所谓"用"，就是要积极盘活存量，把有限的资源"用在刀刃上"，保证资源配置的规范性和资源使用的公正性、合理性、有效性。

突出抓好近期建设节约型机关的重点工作。（1）严格控制办公用房建设。坚决贯彻落实国务院的指示："从现在起到 2010 年底，各级党政机关一律不得新建办公楼，不得建设培训中心、宾馆、招待所等楼堂馆所。已批准并开工建设的，要执行规定标准。严禁为领导干部超标准建造和装修住房。各级机关都不得借扩大内需之名，行大兴土木之实。"(2)切实加强公务用车管理。严格按编制配备公务用车，有效控制公务用车规模。(3)从严控制公务消费支出。强化会议费、差旅费和接待经费的预算控制，严格界定公务消费范围，认真执行公务消费标准，严格经费支出审批，加强费用报销审核。强化公务消费监督，逐步将公务消费纳入政务公开的内容，推进公务消费的公开化和透明化。(4)努力提高机关基建投资效益。优化项目管理流程，提高项目运作效率，缩短建设周期，减少管理费用。(5)深入推进机关节能减排。主要是抓好建筑节能、节油节气、节约用电和节水节材。

强化建设节约型机关的制度保障。建设节约型机关是一项系统工程，必须强化各项管理制度，建立从源头抓起、全过程全方位控制的约束机制，切实保障各项措施落实到位。一是加强相关法规制度建设，逐步将节约型机关建设纳入法制化、规范化轨道。加快制定公共机构节能条例配套政策，积极推动机关事务条例制定工作。二是严格机关经费预算管理，从源头上控制行政成本、推进厉行节约。三是切实强化国有资产管理。进一步理顺资产管理体制，明确资产管理职责，实物资产管理要为资产预算管理提供依据，资产预算管理要对实物资产管理进行约束。四是大力推进政府采购。完善集中采购办法，规范采购流程，推行"阳光采购"和电子采购，降低采购成本。五是切实加强监督检查。严格执行行政问责制，对把关不严、管理不善造成严重浪费的，严肃追究有关领导人员和直接责任人的责任。要通过有效的管理和监督，切实把建设节约型机关的任务落到实处。

原载《中国监察》2010 年第 20 期

中国领导科学向何处去

提出这个问题，主要出于两点考虑：

第一，对于当代理智的人来说，不论是个人的进步，还是一个团体、一个学科、一个国家的发展，总是要经常地或者相隔一段时间集中地考虑一下自己前进的方向和道路问题。通过总结以往的经验教训，分析面临的形势，进一步修正和确定前进的目标。只有这样，才能保证自己不犯大错、少走弯路，使发展和进步取得更大的成绩。领导科学的发展也应该如此。

第二，领导科学发展的现实状况，迫切要求进一步校正前进方向，提出新的目标和任务。新时期领导科学诞生 30 年来，取得了长足发展和飞快进步。它的普及面之广、社会影响之大，是其他学科 30 年的发展无法比拟的。

但是必须看到,在领导科学应当发挥的社会作用方面,我们的声音还不大,对于社会领导的许多方面,我们甚至是"失声"的,没有发挥出应有的"指导和说明"的作用;在学科建设方面,还缺少在全国叫得响、在世界上占有一席之地的中国领导科学"扛鼎之作"。面对这两个方面的重大现实问题,难道不该好好思索一下"向何处去"吗?

一

正确回答"中国领导科学向何处去"的问题,首先必须明确中国领导科学发展的"大势"。从根本上说,我国领导科学的发展应该服从于、服务于中华民族的伟大复兴,服从于、服务于国家的改革、发展、稳定和长治久安。其直接目的是,促进党和国家的领导科学化,实现科学领导、和谐领导、有效领导。

为了使领导科学的发展顺应历史潮流和时代需要,必须明确我国现阶段的历史特点,这就是邓小平在 1992 年指出的,"从现在起到下世纪中叶,将是很要紧的时期"。这个"很要紧的时期",完全是由中华民族伟大复兴的历史使命、历史机遇以及现代化建设的一般规律决定的。认识这一时代特点,就要增强领导科学的历史责任,努力为这个"很要紧的时期"作出"很要紧的"贡献。倘若我们作不出时代所要求的"很要紧的"贡献,那就是领导科学的历史性失误,是这一代领导科学工作者的遗憾甚至耻辱。

为了使领导科学作出与当前"很要紧的时期"相适应的"很要紧的"贡献,领导科学的研究必须紧密联系领导工作的实际,一刻也不能脱离领导实际,对实际存在的各种领导问题进行深入的研究。领导工作深入到哪个领域,领导科学研究就应该跟进到哪个领域,而不应画地为牢,自我封闭;领导工作在哪里遇到问题,领导科学就应该研究哪里的问题,而不能隔岸观火,刻意回避。必须看到,在当前这个"很要紧的时期",我国社会发展和领导工作状况显现出前所未有的复杂局面。就领导问题的特点来说,既有人们普遍关注的、迫切需要解决的热点问题,也有暂时不受重视、或许不久就会热起来的冷点问题,既有影响社会发展全局、久攻不下的难点问题,还有许多人目前未曾看到、但以后可能成为重大问题的盲点问题。诸如此类,都应该纳入领导科学的研究视野,努力从中找到规律性的东西,增强领导的主动性、前瞻性、预见性和有效性。

二

领导科学必须走进领导实践。现阶段领导科学需要研究的领导问题很多,但重点如下。

第一，社会稳定中的领导问题。社会稳定是社会发展和改革的基础。没有社会稳定，就谈不上社会的发展与进步。新中国成立60多年来，总的说社会是稳定的，但是当前也有一些影响稳定的因素存在。其中最大的问题，是部分领导干部的腐败问题。党的十七大指出，"当前的消极腐败现象仍然比较严重，反腐倡廉形势仍然严峻"。凡是有点历史知识的人都知道，自从人类进入阶级社会以来，腐败现象就没有绝迹过。历朝历代的政权更替，大都是腐败惹的祸。1949年，中国共产党之所以能够取得全国政权，主要原因就是当时执政的国民党政府腐败。人民反对腐败，于是便拥护清廉的中国共产党来执政。但是，情况正如党的十七届四中全会《决定》所指出的，"党的先进性和党的执政地位都不是一劳永逸、一成不变的，过去先进不等于现在先进，现在先进不等于永远先进；过去拥有不等于现在拥有，现在拥有不等于永远拥有"。胡锦涛同志强调："在和平建设时期，如果说有什么东西能够对党造成致命伤害的话，腐败就是很突出的一个。"腐败，是和平时期影响社会稳定、导致执政党下台的最大问题。如何在我国有效加强反腐倡廉建设，确保社会不因腐败而动荡，确保共产党的执政地位不因腐败而动摇，确保社会稳定不因腐败而破坏，是领导科学必须参与研究和解决的重大问题。除了腐败问题，影响社会稳定的还有贫富差距拉大和种种社会不公问题。这类问题的实质，是执政党同人民群众的关系问题。因此，领导科学应当深入研究怎样才能密切党同人民群众的关系，以期在领导工作中有效地实现"坚持尊重社会发展规律与尊重人民历史主体地位的一致性，坚持为最高理想奋斗与为最广大人民谋利益的一致性，坚持完成党的各项工作与实现人民利益的一致性"。

第二，科学发展中的领导问题。发展，是当代中国的主旋律，是解决当前中国一切重大社会矛盾和问题的基础。没有发展，社会矛盾和问题只能越来越突出，社会稳定就无法得到保证。科学发展是我国领导的主旋律，领导科学研究必须紧紧围绕科学发展来进行。与此同时，科学领导是科学发展的保证。没有科学领导，就没有科学发展。这里讲的科学发展，是坚持以人为本，经济、政治、文化、社会的全面、协调、可持续的发展，人与自然的和谐发展。坚持科学发展，既要集中精力抓好经济建设，又要积极创造条件加强民主政治建设和精神文明建设，既要深化改革，又要加强国家法律建设和党的制度建设。这里讲的科学领导，是符合客观规律的领导，是坚持以人为本，坚持经济、政治、文化、社会的全面、协调、可持续发展的领导，是坚持人与自然和谐发展的领导。通过科学领导，切实解决发展面临的重大实际问题，正确处理发展、改革、稳定的关系以及各项重大关系，全面推动科学发展和社会进步。

第三，深化改革中的领导问题。党的十一届三中全会以来，改革成为推动我国社会发展和稳定的强大动力。在当今社会讲领导，必然包含对改革的领导。如果不懂改革、不会改革，就没有资格担任这一时代的领导。怎样领导改革使之不断深化？这是需要领导科学深入研究的大问题。现在改革进入攻坚阶段，容易改的已经改了，剩下的都是难改的；以前改得不对的，到了付出代价的时候了；越是面临困难，越要坚定不移地深化改革，因为没有退路。

第四，领导人才的选拔问题。领导事业能不能取得成功，关键是能不能发现人才，能不能正确地使用人才。从另一方面来说，"吏治腐败是最大的腐败"，现在的腐败现象，同实际上存在的任人唯亲、任人唯钱、任人唯吹等现象有着直接的关系。人才是领导的"第一资本"，研究领导人才的选拔，始终是领导科学的头等任务。当前，研究领导人才的发展既要宏观更要具体。应首先解决好一系列宏观问题，如人才发展的总体目标、指导方针、主要任务、体制机制、重点领域和关键环节等。但同时必须看到，人才是具体的。所有有关人才的路线方针政策和规划、制度，归根结底都要落实到具体的人身上。只有具体问题解决得好，领导人才的选拔才有保证。现在的问题是，有的地方和单位把"重视人才、使用人才"的口号喊得震天响，但一具体，就说这个不是人才、那个也不是人才，无法使用。情况正如邓小平早就指出的那样，"真正的人才没有很好地发现，发现了没有果断地起用"。对领导人才说一千道一万，最终要看一个"用"字。为此，必须加快干部人事制度改革的步伐，推进干部工作的科学化、民主化、制度化；要求各级领导干部有"识才的慧眼，用才的气魄，爱才的感情，聚才的方法，知人善任，广纳群贤"。领导科学工作者应当在领导人才的选拔和使用方面有重要的发言权，积极推动源源不断的领导人才支撑党和国家的领导事业。

三

对现实重大领导问题的研究愈深入、愈有成绩，领导科学在社会上就愈有影响和地位。那么，怎样才能使领导科学研究更深入、更有成绩，实现"向何处去"的既定目标呢？

一个是加强领导科学研究队伍的建设。领导科学的发展归根结底要靠"人"。领导科学研究队伍的状况如何，直接决定了领导科学的兴衰。现在这支队伍虽然已经初具规模，但整体素质急需提高。协作是重要的生产力，领导科学工作者必须组织起来，加强与广大领导干部的联合与协作，才能更好地推动领导科学的发展。应当有组织有计划地通过理论学习、实践锻炼、学术交流、专业培训等途径，提高现有研究队伍的素质和水平，同时要抓紧培养和发现新人，高起点、高标准、高要求、高质量地建设一支领导科学的学科带头人和年轻的学术骨干队伍，形成"海纳百川"之势，推动领导科学蓬勃地向前发展。

另一个是解放思想，与时俱进，改进领导科学研究方法和手段。应该深入学习和研究古今中外的领导理论和方法，突破现有领导科学理论框架和某些观点、方法的局限，构建出一个充满现代科学精神而又适应现代科学领导实践需要的崭新的领导科学理论体系。推进领导科学研究向纵深发展，最重要的是掌握正确的研究方法和手段。领导科学作为一门理论性和应用性都很强的综合性学科，研究方法和手段应该是多样的。首先是坚持运用马克思主义哲学方法。这对研究领导科学具有最高层次的方法论指导意义。其次，要学习和掌握一系列新的现代科学方法。这些方法同唯物辩证法相互联系、相互补充，能使人们在领导科学的研究中不断地开拓思维空间，提高研究的水平。再次，要学习和掌握先进的研究手段。主要是利用现代高科技电子信息工具、网络技术、通信手段、光电和影视技术等，并将这些技术手段同传统的深入群众、调查研究等方法相结合，使领导科学研究工作在信息、数据处理上更精确，交流速度上更快捷，传播形式上更多样、更生动形象。只要研究态度端正、研究方法对头、研究手段先进，就能够取得事半功倍的效果，使我国能够尽早产生具有科学精神、实用价值而又在国内外有重大影响的"扛鼎之作"，推动领导科学事业沿着正确的方向大踏步前进。

原载《中国领导科学》2010 年创刊号

2011 年

年度背景 全党隆重庆祝中国共产党成立90周年,全面总结党的领导经验,努力解决前进中的问题。10月,中共十七届六中全会审议通过《中共中央关于深化文化体制改革推动社会主义文化大发展大繁荣若干重大问题的决定》,提出建设社会主义文化强国。

毛泽东怎样领导中国共产党走向胜利

在中国共产党90年波澜壮阔的历史上,涌现出许许多多优秀领导干部和领袖人物,毛泽东是全党全国人民公认的、崇敬的伟大领袖。以毛泽东为代表的第一代共产党人为党奠定了领导的理论基础和实践基础,引导党的事业从胜利走向胜利。1976年毛泽东逝世以后,尽管他的几代继任者在领导方面各有不同的创新与发展,但都没有脱离毛泽东奠定的基础,而是把自己的创新与发展深深地根植于毛泽东领导理论与实践之中。深入学习和研究毛泽东领导中国共产党不断走向胜利的理论与实践,对于新形势下提高党的执政能力和领导水平,巩固党的执政地位,全面推进中国特色社会主义事业,具有重大意义。

一、始终坚持全心全意为人民服务的宗旨,把群众路线作为领导活动的根本工作路线

为什么人的问题,是领导的根本问题。以毛泽东为代表的第一代中国共产党人坚定地认为,人民群众是推动社会进步的最伟大动力,是党夺权、执政能力的本源所在。党只有坚持全心全意为人民服务的宗旨,给人民带来更多、更大的实际利益,才能赢得人民的信任,增强人民对党的支持力、拥护力,进而实现党的纲领和目标。

毛泽东在党的七大政治报告中指出:"紧紧地和中国人民站在一起,全心全意地为中国人民服务,就是这个军队的唯一的宗旨。"这一宗旨的基本特点如下。

第一,在领导的出发点和目的上,一切为了人民。毛泽东指出:"全心全

意地为人民服务，一刻也不脱离群众；一切从人民的利益出发，而不是从个人或小集团的利益出发；向人民负责和向党的领导机关负责的一致性；这些就是我们的出发点。"中国共产党是为中国人民的彻底解放而建立起来的。"我们一切工作干部，不论职位高低，都是人民的勤务员，我们所做的一切，都是为人民服务。"

第二，在领导实践的过程中，一切依靠人民。我们党所讲的为人民服务，并不是把人民当作无能无为的偶像、神祇而供养，恰恰相反，是建立在人民是历史主人的基础上的。毛泽东指出："群众是真正的英雄，而我们自己则往往是幼稚可笑的，不了解这一点，就不能得到起码的知识。"党对人民群众的领导，是用正确的思想理论和路线把人民组织起来，发动起来，去实现人民自己的利益，不应该也不可能代替人民包打天下。因此，一切依靠人民，是贯彻为人民服务根本宗旨的题中应有之义。

第三，在领导的主观态度上，"要全心全意为人民服务，不要半心半意或者三分之二的心三分之二的意为人民服务"。

第四，在领导的客观效果上，坚持以人民满意为最高准则。为人民服务，仅有"全心全意"的主观态度是不够的，还必须体现在为人民服务的实效上。对此，毛泽东指出："应该使每个同志明了，共产党人的一切言论行动，必须以合乎最广大人民群众的最大利益，为最广大人民群众所拥护为最高标准。"在领导实践中达到这一"最高标准"，是坚持全心全意为人民服务宗旨的最后落脚点。全心全意为人民服务的根本宗旨，是我们党领导过程与领导目的、出发点与落脚点、主观动机与客观效果的高度统一，是贯穿在毛泽东领导理论和领导实践中的一条红线。牢牢把握这条红线，才能抓住毛泽东领导理论的精髓。

群众路线是党的根本宗旨在领导工作中的生动体现。"群众路线"这个概念，是周恩来在 1929 年 9 月《中共中央给红军第四军前委的指示信》中提出来的。他说，筹款没收地主豪绅财产解决红军给养，"一定要经过群众路线"。后来经党和毛泽东等在领导实践中不断总结和完善，形成了党的根本工作路线。它的基本内涵就是：一切为了群众，一切依靠群众，从群众中来，到群众中去。群众路线正确地反映了领导活动的一般规律，是马克思主义认识论在党的领导工作中的正确运用和体现。1990 年《中共中央关于加强党同人民群众联系的决定》指出，群众路线"是实现党的思想路线、政治路线、组织路线的根本工作路线，是中国共产党的优良传统和政治优势。历史经验反复证明，什么时候党的群众路线执行得好，党群关系密切，我们的事业就顺利发展；什么时候党的群众路线执行得不好，党群关系受到损害，我们的事业就遭受挫折"。

坚持群众路线，必须坚持马克思主义的群众观点。主要是："人民群众是历史创造者的观点，向人民群众学习的观点，全心全意为人民服务的观点，干部的权力是人民赋予的观点，对党负责与对人民负责相一致的观点，党要依靠群众又要教育和引导群众前进的观点。""群众观点是我们的传家宝。""有了坚固的明确的这些群众观点，才能有明确的工作中的群众路线，才能实行正确的领导。"

坚持群众路线，必须坚持"从群众中来，到群众中去"的基本程序。既然群众路线是正确反映领导活动规律的科学的路线，那么它必定会以某种基本不变的程序反复地表现出来。1943 年毛泽东为中共中央写的《关于领导方法的若干问题》决定中指出："在我党的一切实际工作中，凡属正确的领导，必须是从群众中来，到群众中去。这就是说，将群众的意见（分散的无系统的意见）集中起来（经过研究，化为集中的系统的意见），又到群众中去作宣传解释，化为群众的意见，使群众坚持下去，见之于行动，并在群众行动中考验这些意见是否正确。然后再从群众中集中起来，再到群众中坚持下去。如此无限循环，一次比一次地更正确、更生动、更丰富。这就是马克思主义的认识论。"这里，毛泽东从哲学的高度，生动地概括和论述了群众路线的"两步走"和"无限循环"的基本程序。这一基本程序所以是正确的，所以不能违背，根本原因在于它是领导规律的体现和必然要求，而违背规律不能不受到惩罚。

二、正确履行领导职责，在深刻认识领导环境的基础上，做好出主意、用干部、教育群众的工作

领导工作是具体的。任何领导者"走马上任"后的第一要务，就是明确职务对自己的基本要求，即领导职责。职责不明，尽责不力，决不是好的领导。毛泽东在领导实践中，特别注重以下四个方面。

（一）认识环境，掌握情况

一般地说，领导者总是首先是从认识环境、掌握情况开始进入领导角色。这虽然不是本来意义上的领导行为，但它确是实施正确领导最重要的基础和前提。正确认识领导环境是实施正确领导的基本根据，许多领导的失败，就是对领导环境和情况的错误认识造成的，所以毛泽东把"了解情况"作为共产党领导机关的两大基本任务之一提出来。毛泽东最早提出并一贯坚持"中国革命斗争的胜利要靠中国同志了解中国情况"，反对离开中国国情照抄照搬外国的东西。他说："认清中国的社会性质，就是说，认清中国的国情，乃是认清一切革命问题的基本的依据。"进入社会主义建设时期以后，毛泽东指出，必须把国情作为我们考虑一切建设问题的基本出发点，走我们自己的路。20 世纪 50 年代中期，当照搬苏联模式发生了问题的时候，毛泽东尖锐地指出：

"苏联方面暴露了他们在建设社会主义过程中的一些缺点和错误,他们走过的弯路,你还想走?"后来,正是在毛泽东这一思想指导下,以邓小平为代表的中国共产党人,坚持从中国国情出发,进行改革开放,走出一条建设有中国特色的社会主义道路。

(二)"出主意"

毛泽东指出:"领导者的责任,归结起来,主要地是出主意、用干部两件事。一切计划、决议、命令、指示等等,都属于'出主意'一类。"毛泽东所讲的"出主意",就是今天人们熟知的领导决策。由于"用干部"也需要"出主意",所以出主意,以及推动干部把主意落到实处,即制定决策和执行决策,就成了贯穿领导过程始终的基本活动,是领导者的首要职责。

"主意"出得好不好,直接关系到领导事业的成败。毛泽东说:"革命党是群众的向导,在革命中未有革命党领错了路而革命不失败的。"领导者要把主意出好,就必须遵循以下原则:(1)一切为了人民、一切依靠人民的原则。毛泽东认为:"没有民主,意见不是从群众中来,就不可能制定出好的路线、方针、政策和办法。"(2)一切从实际出发的原则。毛泽东指出:"按照实际情况决定工作方针,这是一切共产党员所必须牢牢记住的最基本的工作方法。我们所犯的错误,研究其发生的原因,都是由于我们离开了当时当地的实际情况,主观地决定自己的工作方针。"(3)抓住中心、统筹全局的原则。毛泽东说:"在任何一个地区内,不能同时有许多中心工作,在一定时期内只能有一个中心工作。"抓中心不是孤立的行为,而恰恰是为了统筹全局,推动全局工作。因此毛泽东一再强调要正确处理全局与局部、主要矛盾与次要矛盾、当前与长远等重大关系,提出了善于"弹钢琴"的决策指导思想。(4)重大问题集体决策的原则。毛泽东认为,一个人的智慧总是有限的,"只有靠集体的政治经验和集体的智慧,才能保证党和国家的正确领导"。为了搞好集体决策,毛泽东提出要在领导集体内部充分发扬民主,造成一种让大家畅所欲言、生动活泼的讨论局面,主要领导要正确对待不同意见。

出主意的目的是改造世界,因此必须积极"推动干部去做"群众的工作,执行决策。毛泽东强调三点:第一,向群众把决策讲明白,"善于把党的政策变为群众的行动……广大的群众都能懂得,都能掌握"。第二,要依靠群众找出一系列执行决策的具体措施和办法。"工厂怎么办?合作社怎么办?商店怎么办?在机关里面是搞不清楚的。越是上层越没东西。要解决问题,一定要自己下去,或者是请下面的人上来。"第三,要在执行决策的群众实践中检验决策。领导的主意好不好,要在执行的实践中才能得到验证。毛泽东说:"政策必须在人民实践中,也就是在经验中,才能证明其正确与否,才能确定其正确和错误的程度。"

（三）"用干部"

毛泽东高度重视人民群众在创造历史活动中的决定性作用，同时承认群众中的优秀分子和杰出人物对历史的推动作用。他指出："政治路线确定之后，干部就是决定的因素。因此，有计划地培养大批的新干部，就是我们的战斗任务。"

用干部，首先"必须善于识别干部"。毛泽东曾引用过白居易"试玉要烧三日满，辨材须待七年期"的诗句，来说明识人之难。怎样才能做到正确识别干部呢？一是"不但要看干部的一时一事，而且要看干部的全部历史和全部工作，这是识别干部的主要方法"。二是在实践中识别和考察干部。毛泽东指出："无产阶级革命事业的接班人，是在群众斗争中产生的，是在革命大风大浪的锻炼中成长的。应当在长期的群众斗争中，考察和识别干部，挑选和培养接班人。"三是依靠群众。毛泽东多次指出，识别和考察干部必须走群众路线。干部好还是不好，有何特点和能力，群众最有发言权。

用干部，贵在"善于使用干部"。在这方面，毛泽东首先强调要坚持任人唯贤的干部路线。他指出："共产党的干部政策，应是以能否坚决地执行党的路线，服从党的纪律，和群众有密切的联系，有独立的工作能力，积极肯干，不谋私利为标准，这就是'任人唯贤'的路线。"毛泽东一生也用错过人，但他确是我们党"任人唯贤"的典范。他告诉秘书：我们共产党的章法，决不能像蒋介石他们一样搞裙带关系，一个人当了官，沾亲带故的人都可以升官发财。如果那样下去，就会脱离群众，就会和蒋介石一样早晚要垮台。其次，要用人之长，人尽其才。毛泽东这样说过："一个人，才有长有短，性情习惯有恶点亦有善点，不可执一而弃其一。"他反对对干部求全责备。所谓"用干部"，"就是用他的长处，使他的长处得到发展，短处得到克服"，"发挥长处是克服短处的最好办法"。再次，不拘一格地选用优秀的新干部。事业的发展，要求干部队伍不断补充新生力量。没有优秀的新干部源源不断地提拔上来，"我们的事业就会中断"。毛泽东反对论资排辈。他说："要充分相信青年人，绝大多数是会胜任的"，"青年人不比我们弱"。再次，干部要能上能下。新陈代谢是宇宙的普遍规律，党的干部队伍也不例外。毛泽东指出："一个伟大的斗争过程，其开始阶段、中间阶段和最后阶段的领导骨干，不应该也不可能是完全同一的；必须不断地提拔在斗争中产生的积极分子，来替换原有骨干中相形见绌的分子，或腐化了的分子。"毛泽东的这一思想，对于干部制度的改革具有重要的指导意义。此外，要搞五湖四海。全面团结各地、各方面、各种类型的干部，共同致力于党的事业，是毛泽东"用干部"的重要思想。他坚决反对干部问题上的山头主义、宗派主义、本位主义。他说,所有干部"都是一个父母生的",都是党的干部,党的财富。必须正确处理"外来干部和本地干部的关系,军队干部和地方干部的关系……老干部和新干部的关系。""不但要关心党的干部,还要关心非党的干部",要"善于和非党干部共事"。

用干部,"必须善于爱护干部"。关于爱护干部的办法,毛泽东早在1938年就做过系统的阐述。

(四)对群众进行思想政治教育

推动社会变革的根本动力是人民群众。但是,人民群众不可能自发地产生革命意识和共产主义思想,必须依靠党进行"灌输"和教育。因此,对群众进行思想政治教育,就成了党的领导的基本职责之一。毛泽东说:"掌握思想领导是掌握一切领导的第一位。""掌握思想教育,是团结全党进行伟大政治斗争的中心环节。如果这个任务不解决,党的一切政治任务是不能完成的。"

为了使思想政治教育更加有效,第一,实现教育引导与群众自我教育相结合。毛泽东一再告诫广大干部,要相信"我国广大的人民群众是拥护社会主义的,他们很守纪律,很讲道理,决不无故闹事"。因此,对群众的教育工作"是人民内部的自我教育工作,批评和自我批评的方法就是自我教育的基本方法"。第二,思想政治工作结合经济、业务工作一道去做。"思想工作和政治工作是完成经济工作和技术工作的保证,它们是为经济基础服务的。"这就决定了思想政治工作"不能孤立地去做",必须"结合经济工作一道去做"。第三,解决思想问题和解决实际问题相结合。毛泽东要求干部"应该深刻地注意群众生活的问题,从土地、劳动问题,到柴米油盐问题"。如果我们这样做了,"广大群众就必定拥护我们,把革命当作他们的生命,把革命当作他们无上光荣的旗帜"。第四,教育与管理相结合。加强管理、严格纪律同思想教育,"是相辅相成的两个方面",缺一不可。第五,身教与言教相结合,身教重于言教。毛泽东坚决反对干部"说的是马克思主义,行的是自由主义;对人是马克思主义,对己是自由主义"。第六,思想政治教育的坚定性与方法的灵活性相结合。毛泽东指出:"凡属于思想性质的问题,凡属于人民内部的争论问题,只能用民主的方法去解决,只能用讨论的方法、批评的方法、说服教育的方法去解决,而不能用强制的、压服的方法去解决。"同时,还要运用典型示范、物质鼓励和精神鼓励等方法。

三、加强领导作风建设,以优良的领导作风带动党风、政风、民风,保证领导目的的实现

领导作风是指领导者在领导活动中一贯表现出来的比较稳定的态度和行为。它是领导者的世界观、领导观和基本素质的体现。领导作风是一种无形

的力量，对于被领导者的思想、情绪和行为具有直接的导向作用。领导作风直接影响党风、政风、民风，影响着党的路线和生死存亡。毛泽东高度重视领导作风的整顿和改进。他指出："我们要完成打倒敌人的任务，必须完成这个整顿党内作风的任务……只要我们党的作风完全正派了，全国人民就会跟我们学。"

"三大作风"是毛泽东最早总结概括的党的优良作风。他指出："以马克思列宁主义的理论思想武装起来的中国共产党，在中国人民中产生了新的工作作风，这主要的就是理论和实践相结合的作风，和人民群众紧密地联系在一起的作风以及自我批评的作风。"这三大作风，反映了中国共产党对待革命理论，对待人民群众和对待自己的科学态度，体现了党作为工人阶级先锋队所特有的品质和战斗风格，是党不断取得领导事业胜利的重要保证。

理论和实践相结合的作风，就是把马克思主义的基本原理同中国革命和建设的具体实际相结合，一切从实际出发，实事求是的作风。毛泽东指出："马克思主义看重理论，正是，也仅仅是，因为它能够指导行动。如果有了正确的理论，只是把它空谈一阵，束之高阁，并不实行，那末，这种理论再好也是没有意义的。"为了"学会"把理论应用于实际，首先，毛泽东主张要学懂弄通马克思主义。他提出："一般地说，一切有相当研究能力的共产党员，都要研究马克思、恩格斯、列宁、斯大林的理论……特殊地说，干部应当着重地研究这些，中央委员和高级干部尤其应当加紧研究。"其次，做好理论与实际结合的文章。一方面，努力吃透实际情况，带着实际问题到马克思主义理论中找立场，找观点，找方法。另一方面，运用马克思主义理论之"矢"，去射领导实际之"的"，找出客观实际发展的规律性，进而决定解决具体问题的实际办法。这种实事求是、有的放矢的态度，"就是党性的表现，就是理论和实际统一的马克思列宁主义的作风。这是一个共产党员起码应该具备的态度"。

密切联系群众的作风，是党的根本宗旨和根本工作路线在领导作风上的必然体现。毛泽东指出："凡属正确的任务、政策和工作作风，都是和当时当地的群众要求相适合，都是联系群众的；凡是错误的任务、政策和工作作风，都是和当时当地的群众要求不相适合，都是脱离群众的。"因此，他得出这样的结论："只要我们能够掌握马克思列宁主义的科学，信任群众，紧紧地和群众一道，并领导他们前进，我们是完全能够超越任何障碍和战胜任何困难的，我们的力量是无敌的。"发扬密切联系群众的作风，必须端正对人民群众的态度；要关心群众痛痒；先做学生再做先生；避免尾巴主义；克服主观主义、官僚主义、命令主义。

批评和自我批评的作风，就是在原则问题上进行积极的思想斗争，坚持真理，修正错误。它是我们党成熟和富有活力的标志，是保证党的肌体健康发展和党的事业胜利前进的有力武器。毛泽东说："房子是应该经常打扫的，不打扫就会积满了灰尘；脸是应该经常洗的，不洗也就会灰尘满面。我们同志的思想，我们党的工作，也会沾染灰尘的，也应该打扫和洗涤……对于我们，经常地检讨工作，在检讨中推广民主作风，不惧怕批评和自我批评，实行'知无不言，言无不尽'，'言者无罪，闻者足戒'，'有则改之，无则加勉'这些中国人民的有益的格言，正是抵抗各种政治灰尘和政治微生物侵蚀我们同志的思想和我们党的肌体的唯一有效的方法。"他还指出，发扬批评和自我批评的作风，必须坚持"团结—批评—团结"的原则，即从团结的愿望出发，经过批评或斗争，使矛盾得到解决，从而在新的基础上达到新的团结；坚持"惩前毖后，治病救人"的方针，真正达到既弄清思想，又团结同志的目的。作为被批评者，要端正态度，虚心听取别人的意见，勇于承认和修正错误。只有这样，才能保证批评和自我批评正常进行。

在1949年党领导的人民革命即将胜利的历史时刻，毛泽东郑重地告诫全党："中国的革命是伟大的，但革命以后的路程更长，工作更伟大，更艰苦。这一点现在就必须向党内讲明白，务必使同志们继续地保持谦虚、谨慎、不骄、不躁的作风，务必使同志们继续地保持艰苦奋斗的作风。"毛泽东所以如此强调这两个"务必"，完全是因为它们直接影响着党的领导事业的成败。毛泽东讲过李自成因骄傲而失败的教训，也讲过"我党历史上曾经有过几次表现了大的骄傲，都是吃了亏的"教训。他从中引出的结论是："力戒骄傲，这对领导者是一个原则问题。""虚心使人进步，骄傲使人落后，我们应当永远记住这个真理。"发扬艰苦奋斗的作风，是实现党的历史使命、巩固党的执政地位的需要。过去，党在夺取政权的斗争中，面对强大的敌人和无穷的困难，没有艰苦卓绝的奋斗是不行的。如今，在领导人民建设社会主义的过程中，仍然面对着无数的困难，更要艰苦奋斗。历史上，多少个统治者都是因为执政后贪图享乐而腐化堕落，丧失了政权。我们党执政以后，因为胜利，党内的骄傲情绪，以功臣自居的情绪，停顿起来不求进步的情绪，贪图享乐不愿再过艰苦生活的情绪，都会生长。如果不能继续保持谦虚谨慎、艰苦奋斗的作风，党就会丧失执政地位。因此，对于一个执政党和党的领导干部来说，能够始终保持谦虚谨慎、不骄不躁和艰苦奋斗的作风是极其重要的。

四、改进领导方法，解决好过河的桥和船的问题

把辩证唯物主义和历史唯物主义运用于领导实践，形成具有中国共产党

特色的领导方法和领导艺术，是毛泽东为中国共产党领导事业作出的重要贡献。领导工作是具体的社会实践活动。"怎样"去实现领导宗旨和领导职责，"怎样"正确表现优良的领导作风，归根结底都要具体落实到领导方法上。毛泽东从一开始进入党的领导活动，就十分关注领导方法问题。他说："我们不但要提出任务，而且要解决完成任务的方法问题。我们的任务是过河，但是没有桥或没有船就不能过。不解决桥或船的问题，过河就是一句空话。不解决方法问题，任务也只是瞎说一顿。"他要求："领导工作不仅要决定方针政策，还要制定正确的工作方法。"新中国成立以后，毛泽东还强调，"领导方法很重要。要不犯错误，就要注意领导方法"。

改进领导方法，首先是端正领导者的思想方法。毛泽东指出："所谓方法，无非是思想方法和工作方法。思想方法和工作方法是互相结合的，思想不对头，工作方法也就不对头。"他强调，世界观和方法论是同一个东西，思想方法决定工作方法。因此，他号召"全党都要学习辩证法，提倡照辩证法办事"。毛泽东认为，照辩证法办事，最主要的就是要承认矛盾分析是最基本的思想方法。其一，要两点论，不要一点论。矛盾具有普遍性。对任何事物，都要坚持"一分为二"的观点，看到矛盾各方的情况，不可犯片面性错误。其二，要坚持两点论的重点论。矛盾对立的双方并非处于同等重要的位置上，必有一方居于矛盾的主导地位，决定着事物的性质。因此，必须善于抓住主要矛盾和矛盾的主要方面。其三，坚持发展、转化的两点论。一切事物都是在发展变化的。矛盾对立的双方在一定条件下可以互相转化。同一事物的两重性可以转化，"坏的东西可以引出好的结果，好的东西也可以引出坏的结果"。主要矛盾和次要矛盾、矛盾的主要方面和次要方面的地位和相互关系也可以转化。这就要求用发展、转化的眼光看问题。其四，要重视矛盾的特殊性，坚持具体问题具体分析。"离开具体的分析，就不能认识任何矛盾的特性。"具体问题具体分析，是马克思主义活的灵魂。不同事物、不同问题之间有质的区别，同一事物的不同发展阶段也各有其特点。要从事物的区别和特点中，具体决定解决问题的方法。毛泽东指出："我们共产党人无论进行何项工作，有两个方法是必须采用的，一是一般和个别相结合，二是领导和群众相结合。"

领导艺术是领导方法的延伸和升华。毛泽东是领导艺术大师。在他波澜壮阔的领袖生涯中，创造了无数令人叹为观止的领导艺术杰作。总结毛泽东的领导艺术，明显感到其显著特点在于：（1）"神"在辩证思维。对毛泽东，人们往往感到他"料事如神""用兵如神"。这种神奇的领导艺术，首先来自毛泽东的辩证思维。是纯熟的辩证思维，使他运筹帷幄，审时度势，高瞻远瞩，神机妙算。他能够抓住事物的本质，能够把握事物变化的规律和趋势，所以对问题看得准，对形势判断得正确。他能够抓住事物的个性，善于具体问题具体分析，所以能够做到因时因地制宜。他能够坚持适度的原则，对处理问题能够把握住"火候"，使人感到恰到好处。他善于抓住事物的主要矛盾和矛盾的主要方面，所以解决问题能够击中要害，牵住"牛鼻子"，进而统领全局。他能够熟练地运用对立统一规律，灵活巧妙地运用"相反相成"的思想，所以能够做到出奇制胜。(2)"妙"在掌握心理。"领导的艺术在于了解群众的心理"。领导的对象是人，而人的一切行为都是由心理活动支配的。只有把握住人的心理活动规律和活动态势，才能表现出成熟的领导艺术。掌握心理，首先要注意满足群众需要。需要是人一切生命活动的出发点和动力源泉，抓人心，最根本的就是抓住人的需要。从满足群众的切身需要出发，去吸引群众，动员群众，是毛泽东领导艺术的重要特点。掌握心理，就必须善于沟通群众，正确了解群众的心里到底在想什么，是怎么想的；必须积极运用对象能够接受的语言和道理，排除心理障碍，化消极因素为积极因素；必须了解群众的真实情绪，从群众的议论中寻找决策启示。在对敌斗争中，毛泽东非常注意掌握敌人的心理动态，不失时机地利用对方心理弱点打攻心战，多次创造了战史的奇迹。(3)"巧"在实践锻炼。领导艺术不是忽发奇想、胡思乱想的产物，而是在长期实践中艰苦探索的结果。在战争中学习战争，在与群众共同实践中熟悉群众，这是掌握战争艺术、领导艺术的基础。实践出真知，领导实践是领导艺术生长的摇篮。正是在领导实践的基础上，毛泽东才成功地创造了趋利避害的领导决策艺术，知人善任的用人艺术，善于调动一切积极因素的协调艺术等。

毛泽东领导实践丰富多彩，毛泽东领导理论博大精深，决不是一篇小文章能概括得了的。如果今天的共产党人能够从以上四个方面的回顾和学习中进一步获益，做好目前的领导工作，那就是对中国共产党成立 90 周年、对伟大领袖毛泽东的最好纪念了。

原载《中国领导科学》2011 年第 5 期

文化引领与引领文化

深化文化体制改革、推动社会主义文化大发展大繁荣，努力建设社会主义文化强国，有两个重要的理念需要明确：一是"文化有什么用"，即文化对于经济社会发展的意义与作用是什么；二是"文化发展的主体是谁"，即由谁来引领文化、推进文化改革发展。

文化引领时代风气之先，对经济社会发展具有重要导向作用。纵观人类历史，文化的大发展大繁荣往往能够带来社会发展的突飞猛进。例如，我国战国时期的百家争鸣不但带来了人们思想观念和学识的全面更新，而且推动了各诸侯国的变法改革，促进了新的生产方式、生活方式和新的社会秩序形成；13 世纪末在意大利兴起、16 世纪在欧洲盛行的文艺复兴运动不仅推动"人性"战胜"神性"、"人权"战胜"神权"，而且引领欧洲从黑暗、落后的中世纪走向更高形态的资本主义，催生了比封建制度进步得多的资本主义制度。

为什么文化能对社会产生巨大的引领作用？说到底，是因为文化是人的思想集合，社会是人的互动场所；而人的行为总是由思想支配的，所以文化必然引领社会。近一个世纪来，中国之所以能够从受人压迫和欺侮的半殖民地半封建社会发展成为自立于世界民族之林、快速发展的社会主义社会，先进文化的引领至关重要。从五四新文化运动到我们党领导的民族的、大众的、反帝反封建的新民主主义文化兴起，从真理标准问题讨论引发的新时期思想解放到中国特色社会主义文化建设，每一次文化的觉醒和繁荣总是引领社会向更高水平发展。如今，人们日益清晰地看到，文化引领发展、引领风尚、引领时代，文化越来越成为民族凝聚力和创造力的重要源泉，越来越成为综合国力竞争的重要因素，越来越成为经济社会发展的重要支撑。

文化的发展不是自发的。充分发挥文化对经济社会发展的引领作用，需要作为文化主体的人树立高度的文化自觉与文化自信，引领文化前进方向，推动文化改革发展。文化人才是推动文化改革发展的中坚力量。推动社会主义文化大发展大繁荣，必须培养造就一大批掌握先进思想和知识的优秀文化人才特别是文化领军人物。人民群众是推动文化改革发展的基本力量。推动社会主义文化大发展大繁荣，必须充分发挥广大人民群众的积极性、主动性、创造性。党是文化改革发展的领导力量。推动社会主义文化大发展大繁荣，必须切实加强党对文化工作的领导。归结起来，深化文化体制改革、推动社会主义文化大发展大繁荣，努力建设社会主义文化强国，需要全党全社会共同努力。落实到实践中，就是按照党的十七届六中全会的要求部署，坚持社会主义先进文化前进方向，推进社会主义核心价值体系建设，巩固全党全国各族人民团结奋斗的共同思想道德基础；繁荣文化创作生产，为人民提供更多更好的精神食粮，不断满足人民日益增长的文化需要；加大文化投入，加快文化事业和文化产业发展，提高我国文化总体实力；深化改革开放，加快构建有利于文化繁荣发展的体制机制，增强文化发展动力和活力；加大文化人才培养力度，建设宏大文化人才队伍，为社会主义文化大发展大繁荣提供有力人才支撑；扫清文化发展的体制机制障碍；等等。通过这些措施，促使文化创新发展的源泉充分涌流，形成文化领域百花齐放、百家争鸣的喜人局面。

原载《人民日报》2011 年 12 月 20 日

2012 年

年度背景　11月，党的十八大召开，采取重大举措加强党风廉政建设和反腐败斗争。全党继续总结中国共产党90年的发展经验，推动各项工作。

西柏坡精神与反腐倡廉建设

在中国共产党90多年波澜壮阔的历史上，产生了许多凝聚着党的特点和优点的伟大精神，西柏坡精神就是其中一个。中共中央在西柏坡时期，是中国革命的伟大历史转折时期，为实现党的工作重心从农村到城市、从战争到建设的转变，为从新民主主义向社会主义的过渡开辟了通途。西柏坡精神产生的这一历史方位，决定了它具有承前启后的显著特征——既是井冈山精神、苏区精神、长征精神、延安精神等党在夺取政权时期一系列革命精神的继承和发展，又为党执政以后一系列新的时代精神的形成奠定了重要基础。在此后党的执政实践中，西柏坡精神显现出耀眼的光芒。它对于推进反腐倡廉建设、巩固党的执政地位尤其具有重要意义。

一、政治家的远见卓识

西柏坡精神，是毛泽东在党的七届二中全会上提出的。从那时起，迄今60多年里，对西柏坡精神的研究不断深入。研究者普遍认为，西柏坡精神的内涵十分丰富①。2002年12月5日，刚当选为中共中央总书记不久的胡锦涛同志，带领中央书记处的同志专门到西柏坡。他在讲话中开宗明义地说："这次，我和中央书记处的几位同志一起到西柏坡来，主要目的是回顾我们党带领人民进行伟大革命斗争的历史，重温毛泽东同志在党的七届二中全会上的

---

① 关于西柏坡精神的内涵，有的学者认为，它包括万众一心的团结精神，自强不息的赶考精神，团结进取的大无畏精神。有的认为，它包括敢于斗争、敢于胜利的开拓进取精神，坚持依靠群众，坚持团结统一的民主精神，戒骄戒躁的谦虚精神、艰苦奋斗的创业精神。有的认为，它包括两个"敢于"（敢于斗争，敢于胜利）的革命精神，两个"善于"（善于破坏旧世界，善于建设新世界）的科学精神，两个"坚持"（坚持依靠群众，坚持团结统一）的民主精神，两个"务必"（务必保持谦虚谨慎的作风，务必保持艰苦奋斗的作风）的创业精神。

重要讲话，牢记毛泽东同志当年倡导的'两个务必'，首先从自身做起，并号召全党同志特别是领导干部，大力发扬艰苦奋斗的作风，为实现党的十六大确定的目标和任务开拓进取、团结奋斗。"①由此可见，"两个务必"是西柏坡精神的核心。

中国共产党经过 20 多年艰苦卓绝的斗争，到西柏坡时期，所领导中国革命即将全面胜利。在军事上，党中央指挥展开战略决战，组织了震惊中外的辽沈、淮海、平津三大战役，从根本上扭转了战局，打破了国民党军队数量上的优势。在政治上，封建半封建土地制度面临灭亡，封建专制的统治地位摇摇欲坠，人民当家作主的政治制度即将诞生。这种形势，许多具有一定政治判断力的人都看到了，以毛泽东为核心的中国共产党领导集体当然也看到了。但是，毛泽东和他战友们的目光，并没有停留在眼前如此"一片大好"的形势，而是看到了这个形势之后的发展变化，看到了胜利之后的潜在危险，看到了执政以后可能出现的种种问题。以"两个务必"为核心的西柏坡精神，就是应对这"发展变化""潜在危险""种种问题"的基本思想和原则。

毛泽东和他战友们是深谙历史发展规律的伟大政治家。当年，以毛泽东为代表的中国共产党人刚刚把红旗插上井冈山，点燃革命的火种，就有人对这支弱小革命武装的前途表示了怀疑，质问"红旗到底能打多久"。毛泽东回答说："星星之火，可以燎原。"正是根据对人类社会发展规律的深刻认识、秉持星火燎原的坚定决心和坚强信念，中国共产党克服了重重艰难险阻，从小到大、由弱变强，团结和领导中国人民取得了中国革命、建设和改革的一个又一个胜利。

深谙历史发展规律，不仅能够在黑暗中看到光明、在失败时看到胜利，而且也能够看到胜利后可能产生的危险、危险可能带来的失败。对这后一种情况，毛泽东早在延安时期就明确预见到了。

1944 年 3 月，历史学家郭沫若发表《甲申三百年祭》，说的是 1644 年李自成进北京、出北京的事，引起了毛泽东的高度重视。这篇文章发表 20 天后，毛泽东在给延安高级干部作《学习和时局》报告时说："我党历史上曾经有过几次表现了大的骄傲，都是吃了亏的……全党同志对于这几次骄傲，几次错误，都要引为鉴戒。近日我们印了郭沫若论李自成的文章，也是叫同志们引为鉴戒，不要重犯胜利时骄傲的错误。"②

1945 年 7 月，在延安窑洞里，黄炎培问毛泽东，怎样才能跳出"其兴也

---

① 胡锦涛. 坚持发扬艰苦奋斗的优良作风 努力实现全面建设小康社会的宏伟目标[J]. 求是，2003，(01)：3—8.

② 毛泽东选集：第 3 卷[M]. 北京：人民出版社，1991：948.

勃""其亡也忽"这个历史周期率？毛泽东回答："我们已经找到了新路，我们能跳出这个周期率。这条新路就是民主。只有让人民监督政府，政府才不敢松懈，只有人人起来负责，才不会人亡政息。"①这说明，毛泽东对"兴"后之"亡"是有充分预见的，对中国共产党避免"兴"后之"亡"是充满信心的。

到了 1949 年 3 月在西柏坡召开的七届二中全会上，毛泽东进一步系统阐述对夺取全国胜利后的思考和部署。他首先向全党敲起警钟："因为胜利，党内的骄傲情绪，以功臣自居的情绪，停顿起来不求进步的情绪，贪图享乐不愿再过艰苦生活的情绪，可能生长"，一些党员干部可能"在糖弹面前要打败仗。我们必须预防这种情况"。他告诫全党："夺取全国胜利，这只是万里长征走完了第一步。革命以后的路更长，工作更伟大，更艰苦。这一点现在就必须向党内讲明白，务必使同志们继续地保持谦虚、谨慎、不骄、不躁的作风，务必使同志们继续地保持艰苦奋斗的作风。"毛泽东坚信："我们有批评和自我批评这个马克思列宁主义的武器，我们能够去掉不良作风，保持优良作风。"②在离开西柏坡前夕和进驻北平途中，毛泽东强调，这是"进京赶考"，发誓"决不当李自成"。

从上述事实和分析可以看到，毛泽东之所以提出"两个务必"，并以此为核心形成西柏坡精神，完全是他对党的历史经验的正确总结，对中国政治发展规律的深刻认识，对党执政后发展趋势的科学判断，对胜利后可能产生骄傲自满、骄奢淫逸的积极应对，充分体现了此时中国共产党政治上的成熟和高瞻远瞩。

二、执政党的伟大实践

党中央离开西柏坡半年后，中华人民共和国宣告成立。党在执政后始终认为，"两个务必"是党保持自身清正廉洁、远离腐败，进而保持党的执政地位的重要法宝。在关乎党和国家生死存亡的反腐败问题上，党自觉践行西柏坡精神，积极采取措施，不断取得新的成绩。

尽管党在执政以前开展了长期的反腐败斗争和根据地廉政建设，七届二中全会还特别提醒全党警惕资产阶级糖衣炮弹的侵袭，不要犯胜利后骄傲的错误，但是，真到了执掌政权，一些党员干部还是憧憬执政给个人带来的种种好处，有的经受不住权力、金钱和美色的考验，滑向了腐败的泥潭。根据当时的统计，北京从 1949 年解放到 1951 年底，在市属机关和企事业内部，查处贪污腐败分子 650 人，贪污总金额约 15 亿元（旧币，本段下同）。同期上

---

① 中共中央文献研究室．毛泽东年谱：中卷[M]，中央文献出版社，2002：609－610.
② 毛泽东选集：第 4 卷[G]．北京：人民出版社，1991：1438.

海发生的大大小小贪污案 3002 件，涉及 3230 人，贪污总额 186 亿元。其他地方这类腐败现象也多起来。时任西南局领导人的邓小平指出：蜕化腐朽"倾向正在发展，特别是经济方面的问题很多。无论城市农村，贪污腐化现象都很严重"。"这种现象如不纠正，不但影响工作，损害党的声誉，而且要垮掉一些同志。"[①]

面对已经出现的和可能出现的腐败现象，以毛泽东为首的党中央基本态度是迅速反应、严惩不贷，决不心慈手软、姑息养奸。新中国最早的反腐败斗争，是 1951 年 12 月开展的"反贪污、反浪费、反官僚主义的斗争"，即"三反"运动。其中，对刘青山、张子善这两个"地位高，功劳大，影响大"的腐败分子的严厉惩治，发挥了很大的震慑和教育作用。"三反"运动结束以后，党中央一刻也没有放松警惕，除了严惩腐败分子外，还通过各种方式，保持党和政府的清正廉洁。主要是：加强思想教育，倡导"两个务必"，注重榜样作用，营造浓厚的反腐败社会氛围；充分依靠群众，加强人民监督，形成压制腐败的强势；注重制度建设，努力从制度层面解决问题。

新中国建立后的五六十年代，是中国共产党人廉洁从政的光荣岁月。党在扫除旧社会的污泥浊水、保持党和国家机关清正廉洁方面，取得了举世公认的成就。以毛泽东为代表的第一代中国共产党人为新中国的廉政建设打下了坚固的基础。他们的实践启示后人，反腐败必须始终着眼于形成廉政大势；重要的是最高领导具有反腐败的坚定性和彻底性，率先垂范，成为所有干部廉洁从政的榜样；善于运用正确的方法和制度，有效带领下属共同保持廉洁。

1978 年党的十一届三中全会，开启了改革开放和社会主义现代化建设的新的历史阶段。此后，我国的经济建设、政治建设、文化建设、社会建设和党的建设逐步走上健康的轨道。在廉政建设方面，展现出了与以往不同的新形势、新特点。总的情况是，一些地方和部门违纪违法现象激增，腐败这股风来得很猛。在以邓小平同志为核心的党的第二代中央领导集体、以江泽民同志为核心的党的第三代中央领导集体和以胡锦涛同志为总书记的党中央的坚强领导下，全党坚持"两个务必"，坚持两手抓、两手硬，坚持从严治党、从严治政，反腐倡廉建设经历了波澜壮阔、与时俱进的伟大进程，取得了重大成绩，为改革开放和社会主义现代化建设事业提供了坚强保证。

改革开放初期，少数领导干部特殊化现象严重，利用职权追求奢侈浮华，搞铺张浪费；贪污受贿、谋取不正当利益现象开始蔓延；经济领域中的走私贩私等违法犯罪活动猖獗。党中央果断采取了一系列重大举措——制定制度，

---

① 邓小平文选：第 1 卷[M].北京：人民出版社，1994：158－159.

严肃纪律，坚决反对和纠正领导干部特殊化；依靠法律，坚决打击严重经济犯罪活动；开展整党，整顿作风、加强纪律、纯洁组织，纠正群众反映强烈的不正之风。党有效地遏制了腐败现象蔓延的势头，保证了改革开放的顺利进行。

1989 年"六四"事件发生。邓小平指出："动乱给我们上了一堂大课。""这次出这样的乱子，其中一个原因，是由于腐败现象的滋生，使一部分群众对党和政府丧失了信心。因此，我们首先要清理自己的错误……"①党中央根据邓小平的要求和实际情况，采取的主要思路和对策是：反腐败要紧密结合重大改革措施和行政、经济决策的实施来进行，为推进改革、建设和发展服务；反腐败的主要工作，一是加强对领导干部廉洁自律情况的监督检查，二是集中力量查办一批大案要案，三是狠刹群众反映强烈的不正之风；反腐败要加强法规和政策的研究，及时规范行为，把惩治腐败纳入法制轨道；反腐败要加强综合治理，既治标又治本；紧紧依靠人民群众开展反腐败斗争，但不搞群众运动；反腐败斗争的重点放在党政领导机关和司法部门、行政执法部门、经济管理部门；反腐败从领导做起，首先从高级干部做起，包括领导身边的工作人员，弘扬勤政爱民、艰苦奋斗、乐于奉献的良好风尚。党中央的这一系列思路、对策、原则和部署，推动党风廉政建设和反腐败斗争取得了巨大成效。

党的十六大以来，党中央"牢记毛泽东同志当年倡导的'两个务必'，首先从自身做起，并号召全党同志特别是领导干部，大力发扬艰苦奋斗的作风，为实现党的十六大确定的目标和任务开拓进取、团结奋斗"。党中央坚持标本兼治、综合治理、惩防并举、注重预防的反腐倡廉战略方针，扎实推进惩治和预防腐败体系建设，在坚决惩治腐败的同时，更加注重治本，更加注重预防，更加注重制度建设，拓展从源头上防治腐败工作领域，进一步探索出从源头上预防和治理腐败的中国特色反腐倡廉道路。一是认真抓好反腐倡廉教育和领导干部廉洁自律工作。深入开展保持共产党员先进性教育活动、学习实践科学发展观教育活动和保持党的纯洁性等教育，严格执行"四大纪律八项要求"，认真解决领导干部廉洁自律方面存在的突出问题。二是坚决纠正损害群众利益的不正之风。注意把涉及民生的突出问题纳入治理内容，维护群众的切身利益。三是严肃查处违纪违法案件。重点查办领导干部滥用职权、贪污贿赂、腐化堕落、失职渎职的案件，查办官商勾结、为黑恶势力充当"保护伞"、严重侵害群众利益的案件。四是不断加大对领导干部的监督力度。颁布

① 邓小平文选：第 3 卷[M]. 北京：人民出版社，1993：300.

实施《中国共产党党内监督条例(试行)》《中国共产党纪律处分条例》等党内重要法规。建立巡视机构，加强巡视工作，使反腐败斗争更加主动，更有成效。五是深入开展治本抓源头工作。推进各项改革，积极运用现代科技手段和管理方式，加强预防腐败工作，收到良好效果。

新中国的实践生动说明，实现中华民族的伟大复兴，实现现代化，是中国人民的根本利益所在，必须始终把发展作为党执政兴国的第一要务。为了实现科学发展，必须坚持"两个务必"，不懈地进行反腐倡廉建设。以"两个务必"作为强大精神动力，一手抓发展，一手抓廉政，应当成为长期不变的方针。

三、新时期的历史使命

党的十七大以来，党中央领导全党坚持"两个务必"，加强以保持党同人民群众血肉联系为重点的作风建设，加强以完善惩治和预防腐败体系为重点的反腐倡廉建设，着力解决反腐倡廉建设中人民群众反映强烈的突出问题，围绕中心、服务大局，整体推进、突出重点，党风廉政建设和反腐败工作总体呈现良好的发展态势，为全面做好党和国家各方面工作发挥了重要保障和促进作用。

同时，党中央清醒地看到，面临许多前所未有的新情况新问题新挑战，执政考验、改革开放考验、市场经济考验、外部环境考验是长期的、复杂的、严峻的。精神懈怠的危险，能力不足的危险，脱离群众的危险，消极腐败的危险，更加尖锐地摆在全党面前，落实党要管党、从严治党的任务比以往任何时候都更为繁重、更为紧迫。在反腐倡廉建设方面，有些老问题仍然顽固地存在着，还出现了一些新情况新问题。

一些领域腐败现象仍然易发多发。土地、矿产等稀缺资源成为不法分子谋取私利的重点对象，工程建设、国有企业、金融等资金密集的部门和领域是腐败现象的高发区，组织人事、司法等权力集中的部门腐败现象居高不下。

腐败案件类型、性质和作案手段出现新的变化。一是以权谋私期权化。一些腐败分子为了隐瞒腐败证据，刻意将权钱交易的时限拉开，等若干年后甚至退休后再进行获利，这种"放长线、钓大鱼"的期权方式，使案件发现和查处难度大大增加。二是获利敛财间接化。不少人通过配偶、子女、情人或朋友、亲戚等特定第三人代为收受，或者以特定第三人经商等形式曲线获取巨额收益。三是对抗调查智能化。不少违纪违法人员已由过去利令智昏、不计后果的"冲动"型，转变为处心积虑、预谋在先的"智能"型，以合作投资、委托理财、代理炒股等形式掩盖受贿实质。四是腐败案件涉外化。有的违纪违法人员把作案地选择在国外、境外，或者将赃款赃物转移到国外、境外，还有的甚至通过各种关系，秘密取得外籍身份或者双重国籍。

此外，公款出国（境）、公务接待、公务用车，以及领导干部收受红包礼金即"三公一金"问题在一些地方和部门仍然屡禁不止。

互联网的发展对反腐倡廉建设提出了新的机遇和挑战。一方面，为强化监督提供了新手段，网络反腐舆情成为开展党风廉政建设和反腐败斗争的重要信息源；另一方面，由于网络空间高度自由，各种舆论互相影响，交织放大，容易把简单问题复杂化、单一问题普遍化、个别问题扩大化，使网上舆情瞬间形成舆论风波，甚至形成"网上群体性事件"。在当前信息化高度发达的条件下，腐败问题和社会矛盾交织在一起容易产生放大效应，使得反腐败斗争更加敏感而复杂。如果对这种复杂性认识不清、处理不力，就会走向反面。

总之，目前反腐败斗争形势依然严峻，任务依然艰巨。怎样使全党同志在新的历史条件下充分认识反腐败斗争的长期性、复杂性、艰巨性，自觉地坚持"两个务必"，继续加强反腐倡廉建设，这是全党面临的严峻任务和重大挑战。

四、前行者的光明未来

"我们不但善于破坏一个旧世界，我们还将善于建设一个新世界。"[①]毛泽东在西柏坡发出的这个豪言壮语，早已深刻地镶嵌在中国人民的脑海里，成为指引中华民族前进的指路明灯。今天，我们在实现中华民族伟大复兴的前行路上，理所当然要发展，要建设，要改革，要创新。与此同时，必须坚持思想、作风的与时俱进，保持党的先进性、纯洁性，继续发扬谦虚谨慎、不骄不躁和艰苦奋斗的作风，不断同自身的缺点、弱点和错误作斗争，同腐败现象作斗争。

扎实做好保持党的纯洁性各项工作。当前，保持党的先进性和纯洁性，是党在改革开放和社会主义现代化建设进程中应对和经受住各种考验、化解和战胜各种危险的重要法宝。党的纯洁性，体现在党的思想、政治、组织和作风各个方面。保持党的纯洁性，就是要求各级党组织和广大党员、领导干部，在思想上，必须坚持把马克思主义及其中国化的理论成果作为指导思想，坚持把为社会主义、共产主义奋斗作为理想信念，坚持马克思主义实事求是的思想路线，坚决抵制各种反马克思主义思想的侵蚀，坚决同各种违背马克思主义的错误思想作斗争；在政治上，必须坚决执行党的纲领、章程和路线

---

① 毛泽东选集：第 4 卷[M]. 北京：人民出版社，1991：1439.

方针政策，坚持以经济建设为中心、坚持四项基本原则、坚持改革开放的基本路线，坚决抵制和反对一切违背党的基本路线的错误政治倾向；在组织上，必须坚持贯彻党的民主集中制原则和遵守党的组织纪律的要求，自觉维护党的团结统一，坚决反对一切危害和分裂党的行为，严格坚持党章所规定的共产党员标准和领导干部条件，坚决把背离党纲党章、危害党的事业、已经丧失共产党员资格的蜕化变质分子和腐败分子清除出党；在作风上，必须坚持发扬党的理论联系实际、密切联系群众、批评和自我批评以及谦虚谨慎、不骄不躁、艰苦奋斗等优良作风，坚持贯彻党的从群众中来到群众中去的工作路线和调查研究的工作方法，坚决反对主观主义、官僚主义、形式主义、以权谋私、弄虚作假和个人专断、追求奢华等不正之风。只要党的纯洁性保持得好，党就能够更加坚强有力，党的事业就能健康发展，就能够远离腐败。

增强新形势下坚持"两个务必"的自觉性。新形势下，所以强调坚持"两个务必"，是因为当前一些党员干部骄傲自满情绪、停顿起来不求进步的情绪、贪图享乐不愿再过艰苦生活的情绪仍然严重，直接影响着党的先进性、纯洁性，制约着科学发展和改革稳定。

"艰苦奋斗是我们的政治本色。"①发扬艰苦奋斗的作风，是实现党的历史使命，巩固党的执政地位的需要。过去，党在夺取政权的斗争中，面对强大的敌人和无穷的困难，没有艰苦卓绝的奋斗是不行的。如今，在我们党成为执政党、日子越来越好过的条件下，仍然要自觉地发扬艰苦奋斗作风。首先，要搞清楚艰苦奋斗的本质含义。吃苦受累，这是艰苦奋斗的表象。从本质来说，艰苦奋斗是共产党人改造客观世界和主观世界过程中所表现的一种精神状态。它主要是克己奉公、全心全意为人民服务的精神，奋发图强、埋头苦干的精神，自力更生、勇于创造的精神，艰苦朴素、勤俭建国的精神，英勇奋斗、顽强拼搏的精神。具有这些精神实质的艰苦奋斗，是任何成就伟大事业的人都不可或缺的，这对于立志实现共产主义的中国共产党人来说更是如此。其次，要充分认识我国的国情，创造性地开展工作。我国现在处于并将长期处于社会主义初级阶段。这就决定了我们必须长期生活在一个比较艰苦的环境之中，必须继续艰苦创业，改造和发展比较落后的经济、政治、文化。邓小平说："艰苦奋斗是我们的传统，艰苦朴素的教育今后要抓紧，一直要抓六十至七十年。我们的国家越发展，越要抓艰苦创业。提倡艰苦创业精神，也有助于克服腐败现象。"②此外，要与人民群众同甘共苦，坚决反对特殊化。在提倡一部分人、一部分地区先富起来的今天，必须明确，党的领导干部不

① 毛泽东文集：第7卷[M]. 北京：人民出版社，1999：818.
② 邓小平文选：第3卷[M]. 北京：人民出版社，1993：306.

应该先富起来。现在还有相当一部分群众没有脱贫，更多的群众生活水平还不高。如果领导干部利用职权谋取私利，贪图享乐，先富起来，势必要脱离群众。对领导干部个人来讲，没有艰苦奋斗，就没有政治上的进步。凡是沉迷于声色犬马的，没有不玩物丧志的。只有与群众同甘共苦的人，与群众一起艰苦奋斗的人，才能够成为群众最拥戴的领导干部。

"虚心使人进步，骄傲使人落后。"①党执政以后，一些党员干部在胜利面前、成绩面前和发展面前，确实骄傲了，不谨慎了，因而出了一些不该有的失误和错误，给党的事业和人民利益带来了损失。在新形势下发扬谦虚谨慎、不骄不躁的作风，首先，要正确地看待自己。毛泽东曾经分析说，一个人如果不能正确对待自己，什么有了成绩、不犯错误、年长、年轻、知识分子出身、工农出身等，都可能成为骄傲的资本。所以他要求应该辩证地看待自己的成绩和荣誉，正确地看待自己的错误或不足。有了成绩和荣誉，"不要翘尾巴，而要夹紧尾巴，戒骄戒躁，永远保持谦虚进取的精神"②。有了错误也不必悲观失望，而要振作精神，作认真的自我批评，改正错误。其次，要正确地看待他人。如果总是以己之长量人之短，或者嫉贤妒能，看不起别人，就不可能不骄傲。因此必须学会和养成善于发现别人长处、取人之长补己之短的习惯，养成虚心听取别人批评意见的习惯。再次，要注意研究骄傲生成的条件，对骄傲自满时刻保持高度警惕。经验证明，只要我们稍微忽视群众的力量，只要我们的眼界狭窄起来，只要我们脱离一点实际，只要我们把成绩估计得过分些而把缺点估计得不足些，只要我们的日子好过一些，就容易产生骄傲自满。毛泽东告诫说："我们应该抑制自满，时时批评自己的缺点，好像我们为了清洁，为了去掉灰尘，天天要洗脸，天天要扫地一样。"③最后，要不断给自己提出新任务、新目标。毛泽东说："当着人们刚刚想要骄傲的时候，那个尾巴刚刚翘起来的时候，就给他提出新的任务……使他来不及骄傲，他没有时间。"④实践证明，这是一个有效的方法。组织上给新任务是重要的，自己主动承担新任务更重要。领导者应该结合自己的工作任务和特点，从实际出发，主动给自己提出新的目标，激励自己不断前进。这样就能够从根本上避免骄傲自满、故步自封、孤芳自赏的不健康的精神状态。

坚定不移地加强惩治和预防腐败体系建设。发扬西柏坡精神，加强反腐倡廉建设，当前重点是加强惩治和预防腐败体系建设。一是继续加大查办案

---

① 毛泽东文集：第 7 卷[M]．北京：人民出版社，1999：117.
② 毛泽东文集：第 6 卷[M]．北京：人民出版社，1999：402-403.
③ 毛泽东文集：第 3 卷[M]．北京：人民出版社，1991：935.
④ 毛泽东选集：第 5 卷[M]．北京：人民出版社，1991：1156.

件工作力度。对腐败案件发现一起坚决查处一起，决不手软、决不姑息。二是加强反腐倡廉宣传教育。认真开展理想信念教育、党性党风党纪教育和从政道德教育。把培育廉洁价值理念贯穿于党员、干部培养、选拔、管理和使用的全过程。三是强化对领导干部的监督。认真执行党内监督条例，加强对领导干部特别是党政主要领导干部的监督，规范权力运行。四是深入推进各项惩治和预防腐败制度的改革创新。五是深入推进各项公开工作，全面推进权力公开透明运行，引导社会力量有序参与反腐倡廉建设。

我们总要努力，总要拼命向前，一个光华灿烂的世界就在前面。这是中国共产党和一切历史前行者的坚定信念。当年，党中央离开西柏坡、进北京，是"赶考"；如今，我们改革开放、建设社会主义现代化，同样是"赶考"。我们的宗旨始终是全心全意为人民服务，我们的一切工作都是为了让人民这个最伟大的"考官"满意。为了向人民交出满意的答卷，我们必须坚持"两个务必"，必须加强反腐倡廉建设，让伟大的西柏坡精神更加发扬光大。

原载《中共中央党校学报》2012年第4期

积极创造人民监督政府的条件

近年来，党中央、国务院领导同志针对社会主义民主政治建设、构建和谐社会、加强反腐倡廉等实际问题，多次强调"创造一种条件，让人民监督和批评政府"。我们党和人民政府的性质，决定了接受人民监督的必然性。只有不断地听取人民群众的批评意见，接受社会各方面的监督，才能够不断地改进工作，把社会管理好、发展好。进一步说，"只有让人民来监督政府，政府才不会松懈，只有人人起来负责，才不会人亡政息"，才能跳出毛泽东、黄炎培当年讨论过的那个历史周期率。可见实现人民监督政府意义之巨大。

实现人民监督政府，需要具备一系列条件，特别是领导方面的条件。

闻过则喜的心理。人民对政府的监督，不是说好话、唱颂歌，而是要讲些问题、说些不足，甚至会有尖锐的批评和责问。如果领导者太顾及面子而不愿意听"带刺儿"的话，那就会把人民监督拒之千里。这就需要领导者首先摆正与人民的关系。公仆能够拒绝主人的监督批评吗？当然不能！领导者要增加知识和修养，切实把人民的监督看作是对自己的爱护、对政府的关心、对事业的支持。领导者有了闻过则喜的心理，就为人民监督政府敞开了第一扇大门。

宽容批评的环境。就监督来讲，好的环境比开明的领导者更重要。环境好，气氛宽松和谐，便于人们畅所欲言，监督、批评、问责也比较容易做到；环境不好，气氛紧张，大家就会感到压抑，监督的意见很难说出来，即使说出来了也很难达到监督目的。因此，领导者应该努力营造一个宽松和谐、倡导批评、鼓励监督的环境，使监督者与被监督者都能够心情比较舒畅。

信息真实的公开。讲监督，离不开信息的公开。这些年，在中央的倡导和督促下，政务公开有了长足进步，有力地推动了人民监督。但在一些地方，信息公开不真实、不全面、不规范的问题仍然存在着。这就需要进一步推进政务公开，凡不是党纪国法规定保密的东西，人民需要公开什么就公开什么、需要以什么方式公开就以什么方式公开。公开是原则，不公开是例外。有公开的深度，才有监督的力度。

交往畅通的渠道。人民与政府交往的渠道越多、越畅通，就越有利于人民监督。对已有的党代表、人民代表、政协委员与人民群众的联系渠道，应进一步疏通，让代表委员更多、更准确地反映民意。对各级信访渠道，需要随时清理障碍，使百姓提出的问题及时得到合法合情合理的解决。如今，"网上监督"日益受到社会重视。一些腐败官员"被鼠标点掉"，充分显示了"网络反腐"的巨大威力。但是，网络空间高度自由，容易把简单问题复杂化、单一问题普遍化、个别问题扩大化，使网上舆情瞬间形成舆论风波，这种情况实际上并不利于实现正确的人民监督。因此，必须充分认识网上监督"双刃剑"的复杂性，实施正确引导、有效管理、理性分析、扬正抑负。

法制健全的保证。在当代法治社会，人民监督要依法进行，政府也必须依法接受监督。我国宪法明确规定公民对政府的监督权，规定政府接受人民的监督，但相关法律不健全、不配套的问题还很突出。应根据人民监督实践的需要，抓紧制定监督的专门法律法规和具体制度。同时，要及时清理那些过时的、不利于人民正常监督的法律制度。对适用的法律制度，要加大执行力度。做到了有法可依、有法必依、执法必严、违法必究，人民监督就有了重要的保证条件。

积极回应的态度和接受监督的作为。实现人民监督，归根结底要落实到政府改善领导、改进工作的实践中。因此，对来自人民的监督，政府工作人员一定要像公仆对待主人那样，诚实相待，有问必答，有求必应，有错必改，而决不能虚于应付，搞外交辞令，更不能居高临下，吹毛求疵，一副老爷派头。对批评意见，要有则改之，无则加勉。对工作建议，要认真研究，积极采纳。只有真诚回应人民监督，切实改善领导、改进工作，才是实现人民监督政府最重要的条件。

原载《中国行政管理》2012 年第 8 期

2013 年

年度背景 全党全国全面贯彻落实十八大精神，努力建设廉洁政治。党中央强调"以民之所望为施政所向"，奋力夺取全面建成小康社会新胜利。

首先是管 关键在严
——论党要管党、从严治党

党的十八大以来，中华民族伟大复兴的"中国梦"如春潮般在祖国大地上涌动，广大人民群众对中华民族的"领路人"中国共产党寄予厚望，这体现了实现中国梦与坚持党的领导的内在联系。办好中国的事情，关键在党。越是面对艰巨复杂的形势和任务，越要坚持从严治党方针，保持党的先进性纯洁性，增强党的凝聚力战斗力。党的90多年建设经验告诉我们，"党要管党、从严治党"，首先是管，关键在严。

一、实现"中国梦"的必然要求

中国共产党何以能够担负起领导中国人民实现民族复兴的历史重任？从根本上说，是党的性质和宗旨决定的。党是用马克思主义科学理论武装起来的工人阶级先锋队，能够正确认识和把握历史发展大趋势，作出顺应时代要求的正确决策；党始终坚持全心全意为人民服务，能够得到最广大人民真心实意的拥护，有了什么力量也打不破的铜墙铁壁。同时，这也表明，党要实现宏伟目标，首要的是从严"管"好、"治"好自身。

中国共产党90多年来的一条基本经验，是始终坚持党要管党、从严治党。不论党面临的环境多么恶劣、肩负的任务多么艰巨，也不论党取得了多么大的胜利、事业有了多么大的发展，党始终清醒地把"管党"放在一切工作的核心地位，不断加强自身建设，以党的建设推动党的事业发展；始终坚持从严治党方针，保持党的凝聚力、增强党的战斗力。实践证明，"党要管党、从严治党"，是我们党的一大法宝，是实现中华民族伟大复兴的必要条件。

建党90多年来，新中国建立60多年来，特别是改革开放30多年来，我们党以及党员干部队伍的主流始终是好的，在中国革命、建设、改革的历史进程中发挥了中流砥柱的作用，得到了全国各族人民的信赖和拥护。我们党一以贯之地为保持发展党的先进性纯洁性而努力，一以贯之地把党风廉政建设和反腐败斗争作为重大任务来抓，以鲜明的态度、坚定的决心、有力的举措，坚持发扬党的好作风、好传统、好经验，同时坚持严肃纪律、纯洁队伍，不断整顿作风、整肃队伍，清理贪腐分子、铲除腐败现象滋生蔓延的土壤，以实际成效取信于民。党的十八大后，以习近平同志为总书记的党中央，以加强作风建设为切入点，进一步从严治党管党，中央政治局作出的"八项规定"，充分体现了党中央带头改进作风的坚定决心，体现了首先是管、关键在严的要求，得到广大党员干部群众的真心呼应，效果立竿见影，党心民心为之振奋。

但也要清醒地认识到，新形势下，党面临的执政考验、改革开放考验、市场经济考验、外部环境考验更加复杂和严峻。一些党员干部特别是某些高级干部把"党要管党、从严治党"的要求置于脑后。当前一些地方和单位党组织软弱涣散，缺乏凝聚力战斗力，一些党员干部理想信念动摇、宗旨意识淡薄，形式主义、官僚主义、享乐主义问题突出，奢侈浪费现象严重，精神懈怠危险、能力不足危险、脱离群众危险、消极腐败危险更加尖锐。正如习近平总书记强调的，"反腐倡廉必须常抓不懈，拒腐防变必须警钟长鸣"。

我们党是执政党，肩负着治国理政的重任，只有党把自己管好了、治好了，才有资格领导人民、治理国家，才有力量带领人民实现"中国梦"。如果管党不力、治党不严，党就不可能保持先进性纯洁性，就没有凝聚力战斗力，不要说治国理政，恐怕连执政地位也保不住。

管党治党并不是孤立进行的，而是在治国理政的社会实践中不断推进的。作为党员干部特别是领导干部，应当具有科学的系统观念和辩证思维。所谓系统观念，就是要把治国理政、经济建设、社会发展等具体工作与党的建设和管理作为一个有机系统看待，无论工作怎样千头万绪，都不能忘记和丢掉从严管党与治党。所谓辩证思维，就是要用发展、变化、联系的观点看待管党治党与治国理政的关系，学会"弹钢琴"。把我们执政党管好治好，无疑是治理国家和社会发展的必要前提。

二、关键是从严管好领导干部

实践证明，在管党、治党方面，关键是领导干部，特别是主要领导干部、高级干部。

在思想上，重在坚定理想信念，坚守共产党人精神追求。少数领导干部之所以在形形色色的负面影响和诱惑下犯了严重错误，甚至堕落为腐败分子，很重要的一个原因，是理想信念这个"总开关""总闸门"出了问题。习近平总书记指出："坚定理想信念，坚守共产党人精神追求，始终是共产党人安身立命的根本。对马克思主义的信仰，对社会主义和共产主义的信念，是共产党人的政治灵魂，是共产党人经受住任何考验的精神支柱。"因此，管住领导干部，首先要在思想教育和引导上下功夫。不少领导干部，或多或少地存在着"高人一等"的优越心理，很难真正接受思想教育。这就必须运用党的组织权威，充分发挥党的组织优势和制度优势，形成让领导干部不能不接受教育的氛围。领导干部的理想信念端正了、坚定了，才能够按照党的要求管住自己。

在组织上，重在严守党的纪律特别是政治纪律。我们党是靠革命理想和铁的纪律组织起来的马克思主义政党，纪律严明是党的优良传统和独特优势。党面临的形势越复杂、肩负的任务越艰巨，越要加强纪律建设，确保全党统一意志、统一行动。政治纪律是最重要、最根本、最关键的纪律，遵守党的政治纪律，是遵守党的全部纪律的基础。每一个领导干部都必须自觉用党章和党内政治生活准则来规范自己的一言一行，在任何情况下都做到政治信仰不变、政治立场不移、政治方向不偏。必须同中央保持高度一致，自觉维护中央权威，决不允许"上有政策、下有对策"，决不允许有令不行、有禁不止，决不允许在贯彻执行中央决策部署上打折扣、做选择、搞变通。必须坚决查处严重违反党的政治纪律的行为，让党的政治纪律制度化、具体化、刚性化，成为一条决不能触碰逾越的高压线。

在作风上，重在始终保持同人民群众的血肉联系。从严治党，必须重点整治领导干部的作风。作风上的问题绝对不是小事，如果不坚决纠正不良风气，任其发展下去，就会像一座无形的墙把我们党和人民群众隔开，我们党就会失去根基、失去血脉、失去力量。抓作风建设，首先，各级领导干部要以身作则、率先垂范，要求别人做到的自己先要做到，要求别人不做的自己坚决不做；其次，要坚持和发扬艰苦奋斗精神，坚决抵制享乐主义和奢靡之风；再次，要不折不扣贯彻执行改进作风的各项规定，以踏石留印、抓铁有痕的劲头抓下去，善始善终、善做善成；最后，让全党和全体人民来监督领导干部的作风转变，以人民满意为标准，评判干部作风是否确实好转。各级纪检监察机关要加大监督检查力度，执好纪、问好责、把好关，切实督促领导干部改进作风。

在权力运用上，重在严格规范权力行使，决不允许搞特权。一是破除特权思想。从一定意义上说，腐败就是特权惹的祸。因此，要管住领导干部，就必须加强对权力运行的制约和监督，把权力关进制度的笼子里，夯实不搞特权、远离腐败的制度基础。二是加强权力的规范和制约，防止权力恶性膨胀。要建立结构合理、配置科学、程序严密、制约有效的权力运行机制，以权力制约权力；保障宪法关于公民自由、平等及各项权利不受侵犯，以权利制约权力。三是加强对权力运行的监督，防止和减少权力"暗箱操作"。要完善党务公开、政务公开等各项施政行为公开制度，提升公开的范围和质量，加强党内监督、民主监督、法律监督、舆论监督，有效防止领导干部滥用权力。四是依纪依法严惩腐败，为防止权力腐败作出有效警示。坚持党纪国法面前没有例外，不管哪一级领导干部滥用权力搞腐败，都要一查到底，决不姑息。邓小平同志早就尖锐指出："不惩治腐败，特别是党内的高层的腐败现象，确实有失败的危险"；"你这里艰苦创业，他那里贪污腐败，怎么行？"

三、重要的是做好基础性工作

党要管党、从严治党，不仅要抓好管住领导干部这个关键，还要做好一系列基础性工作。

严把党员和各级领导干部的"入口关"。要严格执行"坚持标准、保证质量、改善结构、慎重发展"方针，做好发展党员工作，努力把社会各领域各阶层先进分子吸收到党内来。在干部选拔任用中，坚持五湖四海、任人唯贤、德才兼备、以德为先，真正使最优秀者成为党的各级干部队伍的主体。如果让只想从执政党的地位中捞好处，信奉"当官不发财，请我都不来"的人混入党内，特别是提拔到领导岗位，那么无论怎样努力"管党""治党"，都很难取得理想的成效。

加强学习型党组织建设。从坚持党要管党、从严治党的角度看，只有加强学习，才能筑牢管党、治党的理论基础、思想基础，才能使管党、治党的理念、方针、方法与时俱进，取得成效。因此，党要管党的题中之意，也包括管学习。要大力营造和形成重视学习、崇尚学习、坚持学习的浓厚氛围，建立健全管用有效的学习制度，使党员的学习能力不断提升、知识素养不断提高、先锋模范作用充分发挥，使党组织的创造力、凝聚力、战斗力不断增强。

进一步发展党内民主。党员是党的主体，也是管党、治党的主体。只有充分发展党内民主，切实保障党员的民主权利，才能有效发挥党员主体的作用，提高他们自觉履行党员义务和管党、治党的积极性主动性。党内的任何不良现象，不管以什么作挡箭牌，都逃不过全体党员的眼睛。"党内民主是党的生命"，民主是从严治党的利器，无论是从党的长远发展考量，还是为了解决眼前管党、治党的实际问题，都必须高度重视和切实发展党内民主。

真正提拔和重用优秀领导人才。党的治乱兴衰，根本在于大批领导人才的得与失。如果在党的各级领导岗位上的是优秀领导人才，那么党内存在的问题就能够看得准、抓得住、解决得好，管党才能管得牢，治党才能治得严；反之，则必然是管党管不住、治党治不严，误党误国，贻害无穷。

建构密切联系群众和群众监督的科学机制。密切联系群众是我们党长期执政的根本政治优势，是保持党的先进性、纯洁性的基本途径和必然要求，也是克服党内一切不良现象的力量源泉。密切联系群众不能泛泛而论，而应该从制度层面作出规定，形成人民群众监督、评价党组织和党员、领导干部的科学机制。要解放思想，创新思路，建立健全密切联系群众和群众监督的一系列制度，使党员干部联系群众，以及群众评议评价党组织、党员和领导干部，做到客观化、常态化、制度化，并要求党组织、党员和领导干部及时作出负责任的回应。有了这样一种党内党外互动的科学机制，落实党要管党、从严治党方针，就有了更加可靠的保障。

原载《求是》2013 年第 10 期

以民之所望为施政所向

阳春三月，第十二届全国人民代表大会第一次会议决定了新一届国家领导人选。新一届中央人民政府将以怎样的态度履行职责？习近平主席提出"建设服务政府、责任政府、法治政府、廉洁政府"的要求。李克强总理说："我们将忠诚于宪法，忠实于人民，以民之所望为施政所向，把努力实现人民对未来生活的期盼作为神圣使命，以对法律敬畏、对人民敬重、敢于担当、勇于作为的政府，去造福全体人民，建设强盛国家。"这种以民为本、勇于担当的施政理念，受到了全国人民的赞许，也为今后五年各级政府的工作指明了方向。

科学发展是民之所望，必须坚持以经济建设为中心，全面推进社会主义经济建设、政治建设、文化建设、社会建设、生态文明建设。如李克强总理所说，离实现现代化越近，遇到的风险和挑战会越多。经济发展尤其如此。各级政府要居安思危，也要处变不惊，积极防范通货膨胀，控制潜在风险，努力使经济不发生大的波动，保持持续、健康发展的势头。其中，关键是推动经济转型，把改革的红利、内需的潜力、创新的活力叠加起来，形成新动力，使质量和效益、就业和收入、环境保护和资源节约有新提升，打造中国经济的升级版。应该看到，中国的经济到了今天，不转型难以为继。为此，政府必须坚持创新，依靠改革开放使经济社会充满活力。

改善民生是民之所望，必须不断做好改善民生的各项工作。施政当以民生为本。当前，要着力提高城乡居民，特别是低收入者的收入，持续地扩大中等收入群体。要把保障基本民生作为重点，编织一张覆盖全民的保障基本民生的安全网。其中包括义务教育、基本医疗、基本养老、保障房等，逐步把短板补上。还要坚守网底不破，通过完善低保、大病救助等制度，兜住特困群体的基本生活。政府要尽力，并调动社会各方面积极力量，帮助困难人群脱离生存的窘境，保障人们的基本生存权利和人格尊严。为了让人民过上好日子，政府就要过紧日子。民生支出是刚性的，只能增，不能减，那就需要削减政府的开支。各级政府都要严格遵循李克强总理确立的约法三章：本届政府任期内，政府性的楼堂馆所一律不得新建；财政供养的人员只减不增；公费接待、公费出国、公费购车只减不增。

公平正义是民之所望，必须采取有效措施促进社会公正。公正是社会创造活力的源泉，政府理应是社会公正的守护者。创造公平竞争、公平发展的机会，能够极大调动广大人民群众的积极性、创造性，也是提高人民满意度的一杆秤。要努力使人人享有平等的机会，不论是来自城市还是农村，不论是来自怎样的家庭，只要通过自身的努力，就可以取得应有的回报。不论是怎样的财富创造者，是国企、民企还是个体经营者，只要靠诚信公平竞争，都可以获得应有的成功。法治是实现社会公正的保证。各级政府要把法律放在神圣的位置，任何人、办任何事，都不能超越法律的权限，要实行铁腕执法、铁面问责，用法治精神来建设现代经济、现代社会、现代政府。

清正廉洁是民之所望，必须保持干部清正、政府清廉。腐败和人民政府的性质水火不容，以坚定不移的决心和意志反对腐败历来是人民政府的基本态度。为政清廉要从政府主要领导人做起。已正，才能正人；已不正，焉能正人？中国自古就有"升官发财"之说。但对于人民政府来说，这个说法不能成立。我们的理念是，"为官发财，应当两道"。当官则不许发财，想发财就不要来当官。既然担任了公职，为公众服务，就要断掉发财的念想。作为政府，还要建立和完善不能贪、不敢贪的反腐机制，让腐败行为、腐败分子依法受到严惩，绝不手软。要健全和完善政务公开和人民监督制度。让权力在公开透明的环境中运行，给权力涂上防腐剂，只能为公，不能私用。一切政府工作人员都要学会并乐于接受社会各界及媒体的监督，在人民监督中正确行使权力，确保清正廉洁。

原载《中国行政管理》2013 年第 2 期

2014 年

年度背景　1月，习近平总书记在十八届中央纪委三次全会上提出，要"形成不想腐、不能腐、不敢腐的有效机制"。全党深入开展党风廉政建设和反腐败斗争。

大公无私：可行且必行

我们党自成立之日起，就把立党为公庄严地写在自己的旗帜上，要求全体党员特别是党的领导干部做到大公无私。在十八届中央纪委三次全会上，习近平同志再次强调，作为党的干部，就是要讲大公无私、公私分明、先公后私、公而忘私。党员领导干部努力做到大公无私，对于改进党的作风、加强廉政建设具有重要意义。

在中华民族历史上，大公无私之说源远流长，大公无私的典型人物层出不穷。我们的祖先之所以要推举一些人为官，就是为了实现群体的共同利益即公益。因此，为公是"官"的原始基因。进入私有制社会后，官的性质发生异化，许多官员奉行"人不为己，天诛地灭"。统治者一心为私的结果，是公益受到严重损害，最终导致一个政权接着一个政权垮台。有鉴于此，古人很早就指出："一心可以丧邦，一心可以兴邦，只在公私之间尔。"今天，党的干部更须做到大公无私，充分认识到只有秉公用权、为民服务，光明磊落、堂堂正正，才能得到人民群众的真心拥护，才能走好人生路，不断推进事业发展，不断巩固党执政的群众基础。

然而，在现实生活中，有人怀疑大公无私的可行性，认为"在这个世界上，谁能没有私心呢？怎么可能做到大公无私？"甚至断言大公无私的要求"超越时代"。这个说法貌似有理，实则歪曲了大公无私的本来含义，混淆了大公无私的适用范围。的确，受社会发展阶段决定，现实中的人都会有私心、私欲、私事。不承认这一点，就不是唯物主义者。但是，承认人人有私，不等于对为官者不能提出大公无私的要求。其实，历来讲大公无私，都是将其严格限定在公共事务领域，而没有引入私人领域。大公无私所强调的是，在公共事务领域应克己奉公而决不能以权谋私，影响公众利益和公平正义。公共领域要讲公，私人领域才讲私，不能把这两个不同领域的处事原则混为一谈，否则就没有正确理解大公无私。

我国历史上大公无私的一个著名例子是春秋时期晋国祁黄羊的故事。晋平公有一次问大臣祁黄羊："南阳无令，其谁可而为之?"祁黄羊对曰："解狐可。"平公问："解狐非子之仇邪?"对曰："君问可，非问臣之仇也。"平公曰："善。"遂用之。国人称善焉。不久，平公又问祁黄羊曰："国无尉（军事长官），其谁可而为之?"对曰："（我的儿子）午可。"平公曰："善。"又遂用之。国人称善焉。孔子听说了这个"外举不避仇，内举不避子"的故事，称赞祁黄羊说："像祁黄羊这样的人，才够得上'大公无私'啊!"在这个事例中，祁黄羊有没有私仇、私欲呢? 当然有，但他没有把私仇、私欲带到公共事务中来。这说明，在公共事务领域讲大公无私不仅是应该的，而且是可行的。两千多年前的祁黄羊能够做到这一点，今天的党员干部又有什么理由做不到呢?

以大公无私的态度和理念处理公共事务，既是人民对党员干部的要求，又是党员干部具有远见和智慧的表现。《吕氏春秋》有云："私视使目盲，私听使耳聋，私虑使心狂。"其意是说，如果一个从事公共管理的人从私心出发、以权谋私，就得不到真知灼见，甚至会堕入腐败的深渊。那些被揭露出来的腐败分子，不都是这样的人吗? 无数经验教训告诉我们，一个真正有远见、有智慧的干部必然是大公无私的，也一定能够做到公私分明、克己奉公、严格自律。

原载《人民日报》2014 年 3 月 5 日

心存敬畏　不要心存侥幸

为官从政，如何能够行得正、坐得稳? 习近平同志在十八届中央纪委三次全会上指出：领导干部要心存敬畏，不要心存侥幸。这一告诫再次明确了一个道理：侥幸非常道，靠侥幸过日子，迟早要跌跟头。不论做官还是做人，都是如此。

大千世界，必然性与偶然性同时存在。比如，在体育比赛中，你的对手技术、经验、体力都比你强，通常情况下你必败无疑。可是，对手突然肌肉严重拉伤，无法继续比赛，裁判就会宣布你"胜出"。再如，某日某时你从家里刚走到室外，突然发生大地震，房倒屋塌，死伤众多，你却安然无恙。这类由于偶然的原因而意外获得成功或免受灾害，就是所谓的"侥幸"。应当说，侥幸的情况确实存在。问题是，你能指望侥幸天天降临到你头上吗？显然不能，因为这不符合规律，有违常识。

然而，古往今来却总有人在常识上犯错误。《韩非子·五蠹》载："宋人有耕田者。田中有株，兔走触株，折颈而死。因释其耒而守株，冀复得兔。兔不可复得，而身为宋国笑。"这个人人皆知的"守株待兔"故事告诉人们，意外收获会诱发人的侥幸心理，侥幸心理会引人走上邪路。一个农民，原本要靠辛勤的劳作养家糊口过日子，只因偶尔捡到一只撞在树桩上死了的兔子，便忽发奇想，放下锄头，不再劳作了，这不是走上了生活的邪路吗？怪不得当时宋国人笑他，后世人也笑他。

守株待兔者被人笑了几千年，可依然继者不绝。今日的许多腐败分子就是典型代表。面对严格的党纪国法，谁都知道为官者不能以公权谋取私利。可是，总有人以各种方式搞贪污受贿、巧取豪夺、权色交易等。诱使他们搞腐败的思想动因之一，就是侥幸心理。在纪检监察机关人员讯问腐败分子的过程中，几乎每一次都可以听到如下对话："你知道不知道以权谋私搞腐败是违纪违法行为，不能做？""知道。""既然知道，为什么还要去做？""我当时想，这样的事都是私下进行的，哪那么容易被发现啊？我知道某人的贪腐比我多，可他就什么事也没有。是一种侥幸心理让我铤而走险。"

毋庸讳言，由于偶然因素的作用，有的腐败分子长期没有被揭露，没有受到相应惩罚。但是，能把这种人的侥幸当作自己搞腐败的理由吗？显然不能。须知，偶然是例外，必然是常态。"若想人不知，除非己莫为"，"手莫伸，伸手必被捉"。有人腐败或许因"侥幸"一时躲过惩处，但保不齐明天就会被发现和查处。这样的事情真是太多了！话说回来，即便有这种侥幸，腐败分子的日子就真的好过了吗？当年唐太宗李世民曾对臣下有过这样一番谈话：贪财受贿必受惩处。受贿的人即使事情不暴露，难道就不担惊受怕吗？一个人在恐惧中生活，能活长久吗？他呼吁："大丈夫岂得苟贪财物，以害及身命，使子孙每怀愧耻耶？"看来，对贪官侥幸心理的愚蠢和危害，早就有人指出过。

人不能靠侥幸过日子，过日子还得回到过日子的规律上来。古人讲的是"耕读传家久"，当今时代则强调依法、勤劳致富。谁都不能心存侥幸摆脱规律，而应敬畏规律，按照规律行事。作为普通人，可以有买彩票、一夜暴富的梦想，但不能把全部生活希望都放在彩票上，总得学个一技之长，以自己的守法劳动安身立命、改善生活。作为领导者，可以有升职晋级的愿望，但不能靠侥幸、撞大运，更不能搞邪门歪道，而必须心存敬畏，敬畏人民群众，敬畏法律纪律，靠扎实工作、突出业绩，靠优良作风、良好形象，走好为官路、人生路。

原载《人民日报》2014 年 5 月 6 日

2015 年

年度背景　全党深入学习习近平总书记关于党风廉政建设和反腐败斗争重要论述。1月，十八届中央纪委四次全会，根据十八届四中全会通过的《中共中央关于全面推进依法治国若干重大问题的决定》，强调用法治思维法治方式深入推进党风廉政建设和反腐败斗争。

干部能下需去"官本位"

最近到基层调研，听到一些关于干部职位与能力不符现象的反映：有的干部本属于技术业务型人才，却被派了个"管人"的职位，结果成为官场里的书呆子，不适应管理的规矩和要求；有的干部只具备当乡镇长的能力，却当了县市长，日夜受着能力不足的煎熬；等等。表面看来，这是由于当事人缺少自知之明，但其背后则是"官本位"文化在作祟。联系到前不久中央办公厅印发的《推进领导干部能上能下若干规定（试行）》，感到推进领导干部能上能下，一个重要环节就是去"官本位"。

改革开放以来，关于"能者上、庸者下、劣者汰"的要求一直在讲，为什么这个问题至今还没有解决好？这需要从深层次寻找原因。应该说，之所以有些"能者"上不去、"庸者"下不来、"劣者"难淘汰，一个不可忽视的原因是一些地方和部门的政治文化落后，"官本位"大行其道。在我国历史上，受专制主义制度影响，"官本位"文化长盛不衰，"官贵民贱""上荣下辱"左右着许多人的人生观、价值观。这就使得一些本不该"上"的人也努力地"上"，本该"下"的人也硬撑着不"下"。有的人离开学校进入社会后，千方百计要挤进官场，而不管自己是否适合做管理工作；进入官场后，又千方百计要"往上爬"，而不管自己是否有担任高一层管理职务的能力。试想，在这种文化背景下，有谁愿意不求"荣"而求"辱"呢？于是，官员能上不能下的风气日益严重，"不能下"成为绝大多数官员难以触碰的底线。

可见，实现干部能上能下，应大力建设先进政治文化，清除"官本位"影响。在我国社会主义制度下，以人为本是基本文化理念。体现在社会职业上，法律允许的各行各业都是平等的，彼此是互助合作的关系，并不存在什么"本位"与"非本位"的区别。受不同行业、事业、产业发展变化和个人思想道德、技术专长、职业兴趣等不同情况的影响，每个工作岗位都是能进能出、能上能下的，都存在双向选择的权利。如果能够把这种文化观念树立起来，成为普遍的社会共识，那么，人们在某个行当中，包括官场，"上"也好，"下"也好，就不是什么荣耀或丢人的事情了，仅仅是双向选择的职业变化而已；而不管是选择了哪一个职业岗位，都不过是为了实现个人价值最大化，为了实现个人与家庭的生活改善，为了更好地对社会作贡献。自然，也就不存在什么"官贵民贱""上荣下辱"的问题了。

这样来看，作为党员干部，需要树立"选对岗位"的意识，不受"虚名"和"官位"所累。所谓"选对"，就是看哪个岗位适合自己，能够在这个岗位上胜任、愉快地工作并创造更大价值；作为单位和组织，需要坚持"用对人才"的观念，不以"官位"论英雄，切实做到"能者上、庸者下、劣者汰"。另一方面还应看到，有些被撤下和淘汰的干部，实际上并不是"庸者、劣者"，而是"用错了地方的人才"。应为这些人选对岗位创造条件，并形成相应舆论氛围。这两个方面都做到了，干部能上能下的问题就比较好解决了。

原载《人民日报》2015 年 09 月 29 日

坚持用法治思维法治方式反腐败

党的十八届四中全会审议通过的《中共中央关于全面推进依法治国若干重大问题的决定》，提出了全面推进依法治国的指导思想、总体目标、基本原则和一系列重要举措，是新时期加快建设社会主义法治国家的纲领性文件，也为正确开展反腐败斗争指明了方向。十八届中央纪委四次全会，根据党的十八届四中全会精神，就当前全面推进依法治国、深入开展党风廉政建设和反腐败斗争，提出了一系列重要思想和举措。当前，深入贯彻落实党的十八届四中全会和十八届中央纪委四次全会关于党风廉政建设和反腐败斗争的重要精神，总的要求是坚持用法治思维法治方式反对腐败。

一、坚持依法治国是解决腐败问题的必由之路

腐败，是当前阻碍中国社会和谐发展、科学发展的一个突出问题，是摆在执政党面前不好解决、又不能不解决的政治难题。一般地说，造成目前这种腐败易发多发状况的原因是多方面、多层次的；在如何反腐的问题上，

不能"就腐败讲反腐败"，必须着眼于社会的整体进步和全面发展，从治标与治本、惩治和预防两个方面作出努力，尤其要注重治本，注重预防，注重解决"腐败基因"。但当务之急、治本之策，是坚持依法治国，把权力装到法治的笼子里。道理很简单，如果做到依法治国，大家都按照法律、纪律、规则办事，哪里还会有那么多滥用权力谋私利的腐败呢？

1. 依靠法治解决腐败问题，是改革开放以来中国共产党的一贯思想和成功实践

1980 年，邓小平通过总结"文化大革命"的教训，深刻地指出："制度问题更带有根本性、全局性、稳定性和长期性。"①"公民在法律和制度面前人人平等，党员在党章和党纪面前人人平等。人人有依法规定的平等权利和义务，谁也不能占便宜，谁也不能犯法。不管谁犯了法，都要由公安机关依法侦查，司法机关依法办理，任何人都不许干扰法律的实施，任何犯了法的都不能逍遥法外。谁也不能违反党章党纪，不管谁违反，都要受到纪律处分，也不许任何人干扰党纪的执行，不许任何违反党纪的人逍遥于纪律制裁之外。只有真正坚决地做到了这些，才能彻底解决好特权和违法乱纪的问题。"②1985 年，邓小平指出，解决贪污腐化和滥用权力的问题主要通过两个手段，"一个是教育，一个是法律"。1992 年他在南方谈话中再次提出，廉政建设"还是要靠法制，搞法制靠得住些"。至此，形成了邓小平"廉政建设要靠法制"③的完整思想。

2000 年 12 月，江泽民在中央纪委第五次全会上提出："反腐倡廉工作要逐步实现制度化、法制化。"④党的十五届五中全会提出："健全依法行使权力的制约机制，加强对权力运行的监督，使廉政建设法制化。"⑤

2005 年，胡锦涛在十六届中央纪委第五次全会上指出，"继续在完善制度上下功夫，推进反腐倡廉工作的制度化、法制化，发挥法规制度的规范和保障作用"。⑥

习近平同志任总书记后，第一次到中央纪委全会上讲话，就提出"善于用法治思维和法治方式反对腐败"。⑦ 他说："要坚持党纪国法面前没有例外，不

① 邓小平文选：第 2 卷[M]. 北京：人民出版社，1994：333.
② 邓小平文选：第 2 卷[M]. 北京：人民出版社，1994：332.
③ 邓小平文选：第 3 卷[M]. 北京：人民出版社，1994：379.
④ 江泽民文选：第 3 卷[M]. 北京：人民出版社，2006：188.
⑤ 江泽民文选：第 3 卷[M]. 北京：人民出版社，2006：292.
⑥ 胡锦涛. 从提高党的执政能力的战略高度标本兼治加大预防腐败工作[N]. 人民日报，2005-1-12.
⑦ 十八大以来重要文献选编（上）[M]. 北京：中央文献出版社，2014：135.

管涉及谁，都要一查到底，决不姑息。要继续全面加强惩治和预防腐败体系建设，加强反腐倡廉教育和廉政文化建设，健全权力运行制约和监督体系，加强反腐败国家立法，加强反腐倡廉党内法规制度建设，深化腐败问题多发领域和环节的改革，确保国家机关按照法定权限和程序行使权力。要加强对权力运行的制约和监督，把权力关进制度的笼子里，形成不敢腐的惩戒机制、不能腐的防范机制、不易腐的保障机制。各级领导干部都要牢记，任何人都没有法律之外的绝对权力，任何人行使权力都必须为人民服务、对人民负责并自觉接受人民监督。"①

正是在这一系列思想的指引下，我国的依法依纪反腐败取得了重大成就。实践证明，坚持依法治国，就能够逐渐地解决好腐败问题。

2. 依靠法治解决腐败问题，是现阶段深入开展反腐倡廉建设的迫切需要

党的十八大以来，党中央坚持从严治党的方针，坚持"老虎""苍蝇"一起打，既坚决查处领导干部违纪违法案件，又切实解决发生在群众身边的不正之风和腐败问题，取得了全党全社会公认的巨大成效。但现实的情况仍如中央纪委书记王岐山在中央纪委四次全会所说："在惩治腐败的高压态势下，仍有一些党员干部不收敛不收手，甚至变本加厉。"②

2014 年 11 月公布的中央巡视组的巡视情况表明，当前腐败现象依然严重，反腐败形势依然严峻。如"有的领导干部插手工程建设、土地转让、矿产资源开发、国有资产处置、官商勾结、谋取利益；有的利用手中的行政审批权、司法权、执法权，搞权钱交易，以权谋私；有的道德败坏，生活腐化。"③

为什么还有这么严重的腐败问题？一个基本原因，就是王岐山讲的，"从十八大以来查处严重违纪违法'活'的案例看，有的领导干部根本不学党规党纪，不知法律法规，无视规矩、不讲廉耻，根本不把党纪国法当回事，毫无戒惧之心。"④另一个基本原因，就是法治欠缺，没有把权力装到法治的笼子里，造成一些地方和单位腐败现象蔓延。所以，解决当前的严重腐败问题，必须全面推进依法治国。

3. 依靠法治解决腐败问题是人类文明的优秀成果，应充分吸收

自从进入阶级社会以来，廉与贪就是一个永恒的话题。以人民群众为主体的推动社会进步的正义力量，总是要与贪污腐败的现象作斗争。不论是中

---

① 习近平谈治国理政：第 1 卷[M]. 北京：外文出版社，2018：385.

② 王岐山. 在中国共产党第十八届中央纪律检查委员会第四次全体会议上的讲话[N]. 人民日报，2014-10-26.

③ 姜洁. 中央巡视组将重点进行专项巡视[N]. 人民日报，2014-11-15.

④ 王岐山. 在中国共产党第十八届中央纪律检查委员会第四次全体会议上的讲话[N]. 人民日报，2014-10-26.

国还是外国，反腐、廉政的呼声始终不绝于耳。在反腐败的社会实践中，人们逐渐摸索出了一些规律性的东西，其中重要成果之一，就是依靠法治进行廉政建设。廉政建设和反腐败要靠法治，不是哪个阶级、哪个国家所特有的，而是人类共同的财富，是廉政建设应该遵循的普遍原则。

据"透明国际"调查，当今世界比较廉洁的那些国家，都是高度重视反腐败法治建设的国家。在法治背景下"系统反腐"，建设系统的法律制度，是当今世界反腐倡廉的总趋势。那些比较廉洁的国家在反腐倡廉制度建设方面，坚持从腐败现象易发生的经济、政治、文化、社会原因入手，从宏观上、战略上进行总体设计；坚持统筹兼顾的原则，使多方面的制度紧密配合、环环相扣，不留制度死角，综合发挥作用；坚持通过廉政文化建设和加强社会监管等多方面举措，确保各项法律制度得到有效落实。例如：

进行反腐败立法。主要有预防性的廉政规范立法与惩治性的反腐立法。前者如美国有"从政道德法"，英国有"荣誉法典""防腐败法"等；后者如美国有"1977 年涉外贿赂法"，德国有"利益法""回扣法"等。这些法律规定，公务员禁止经商，禁止接受礼品，限制兼职，实行回避制度等。

实行透明政治的法律制度。早在 1776 年瑞典就开放了政府记录，供民众查询。美国制定了"情报自由法""联邦行政程序法"等。1976 年美国通过的"阳光下政府法"规定，联邦政府的 50 个机构和委员会的会议必须公开举行，应律师的请求根据法律许可而举行的秘密会议除外；美国的媒体也可几乎无限度地报道所有的人物和事件，以满足公众的知情权。

实行新闻监督的法律制度。通过自主的新闻报道、转播、调查、评论等，使各级官员的权力运行暴露在众目睽睽之下。尼克松总统曾抱怨，即使换一把椅子，也得小心翼翼，以免被新闻界抓住口实。1971 年《纽约时报》连载美国卷入越战的文件，尼克松总统以涉及国家机密为由要求停止连载，但《纽约时报》拒绝，官司一直打到美最高法院，最后法院裁决，总统败诉，报纸继续连载。1972 年水门事件时，《华盛顿邮报》记者深入调查，尼克松总统威胁吊销其所属公司的营业执照，即使这样，也没能阻止住报纸彻底地揭露丑闻。

建立弹劾的法律制度。这些国家反腐败无禁区，通过落实弹劾制度、责任追究制度等，即使像贵为总统的尼克松、克林顿，也免不了尴尬甚至下台的命运。

规范政党筹款的法律制度。在实行政党政治的西方发达国家，政党如何筹款，是反腐败的一个大问题。美国规定，个人向候选人捐款一次不得超过 1000 美元，一年不得超过 2.5 万美元；候选人收到的捐款只要超过 200 美元，就必须公布捐款者的姓名、住址、职业、捐款日期和数额；候选人的开支超过 200 美元的，也必须公布；德国、法国、瑞典等国则按照获得选票的数量对政党进行补贴。

实行政务官与事务官分开的现代公务员法律制度。西方国家克服了早年的恩赐官职制、政党分肥制的弊端，逐步发展为如今的占职位少数的政务官由党派轮流充任、占职位多数的事务官由考试录用的制度。美国规定，政务官官职不得作为竞选的许诺；事务官不受政务官更迭的影响，其升迁实行考绩制，不犯过失即不得被解职。这些措施，都有力地遏止了官员的结党营私。

实行金融实名的法律制度。大多数发达国家都规定，存取款必须使用真实姓名。韩国 1993 年 8 月 12 日起实行实名制，同时清查匿名存款。韩国两位前总统全斗焕、卢泰愚的巨额秘密资金案由此东窗事发。

实行集中采购、招标投标的法律制度。大部分西方国家解除了政府对企业的行政管制，减少了对经济的干预，让资源充分地市场化，这样，从源头上断绝了钱权交易的机会。同时，政府对于办公用品、军火、市政建设、公共服务等，都实行集中采购、招标投标的制度。

实行司法监督的法律制度。西方国家司法独立，不受行政的干预，保证了司法系统独立地开展工作，从而能够真正地起到监督的作用。美国还设立了特别检察官制度，可以对重大事件、对总统开展调查、检控。

建立议会监督的法律制度。议会以立法权、重大决策审批权对行政进行监督。一些国家还在议会设立了监察专员制度，对政府的不良行政进行纠正，如瑞典设有新闻监察专员、警察监察专员等。

建立审计监督的法律制度。发达国家的审计部门要么独立于行政、立法、司法之外，如日本、德国；要么隶属于立法机构，如美国、英国；要么隶属于司法机构，如法国、西班牙。这样有助于他们公正、独立地进行审计。

建立内部监督的法律制度。许多国家有行政内部监督，如行政监察；立法内部监督，如美国众议院的道德委员会、参议院的规范与品德特别委员会；司法内部监督，如美国的司法道德委员会。

建立公众监督的法律制度。选民通过选举、罢免等行为对行政官员、议员、党派等进行选择，公众通过舆论、举报、游行、示威、罢工等揭露腐败，调整政府的行为。

上述各国丰富的反腐败法律制度建设和举措，有力地保证了反腐败斗争的成效。尽管我们不可能照抄照搬他们的做法，但确实能够启示我们如何加强反腐倡廉法律制度建设，如何在反腐倡廉建设中贯穿民主、法治、文明精神，从根本上推进我国的反腐倡廉建设。

为什么法治能够在廉政建设和反腐败斗争中起到如此重要的作用？这是

由国家管理的一般规律和法治所固有的内在本质决定的。它们具有以下共同特性。

一是依据性。国家管理必须有章可循，而法制就是其可循之章。实现法制化就能够克服人为因素的不确定性和主观随意性。

二是程序性。程序是法的精髓。国家管理在法的范围内活动，就能够克服管理的随机性，防止管理者滥用权力。

三是规范性。通常情况下权力本身具有无限扩张的特性。只有依靠法制的规范，才能够限制权力的扩张，使管理者不至于以权谋私。

四是可控制性。法律和制度都具有强制性，这正是管理所需要的。依靠法制，既能够控制被管理者，也能够控制管理者，防止权力失控。

五是可重复性。在常态管理下，管理者掌握了法规制度，就是掌握了对可重复性事件的处理方法，这样可以避免重复错误，降低管理成本，而这正是廉政本身的要求。

六是可持续性。可持续发展是现代社会发展的必然要求。只要依靠具有长期性、根本性特点的法律制度，充分发挥其规范和约束的作用，就能够使管理者树立全局意识、未来意识，克服短期行为。

法治不仅具有路径的效力，更具有牵引的力量，发挥着引领和规范的双重作用。因此，法治能够起到防范、制约、监督和惩处腐败行为的功能，不仅是廉政建设和反腐败斗争的迫切需要，也是勤政、优政、治政的可靠保证。

二、当前运用法治思维法治方式反腐败必须解决的几个主要问题

党的十八届四中全会提出，为实现依法治国总目标，必须完善以宪法为核心的中国特色社会主义法律体系，加强宪法实施；深入推进依法行政，加快建设法治政府；保证公正司法，提高司法公信力；增强全民法治观念，推进法治社会建设；加强法治工作队伍建设；加强和改进党对全面推进依法治国的领导。根据党的法治理论和廉政理论，运用法治解决腐败问题的基本要求，就是在党和国家廉政建设的基本方面和主要环节上，都建立相应的法规、制度、体制和机制，保证国家机关及其工作人员所掌握的公共权力的授予和行使受到监督、制约和规范，教育和培养国家工作人员崇高的从政道德素质，促进其清正廉洁，保证及时揭露和依法惩处腐败行为。当前应做好以下工作。

1. 建立一套符合中国国情的健全的廉政法律体系和党内法规制度体系

建立完善的法律体系是运用法治思维法治方式反腐败的前提和基础。无论是对公共权力的授予、行使和监督、制约，还是对腐败行为的惩治，预防腐败的各种措施，都要以国家法律为最终保证。要通过完善立法，形成一整

套内容翔实、形式科学、门类齐全、体系严谨的廉政建设法律体系。当前，尤其应该制定一部权威的、管总的《廉政法》(或者叫《反腐败法》)，使廉政建设、反腐败斗争的各个方面和主要环节都做到有法可依。

党规党纪是管党治党建设党，也是反腐败的重要法宝。王岐山指出："拥有一套完整的党内法规是我们党的一大政治优势。"①但还必须与时俱进，要立足当前、着眼长远，统筹推进党内法规制度建设，确保到建党 100 周年时，建成内容科学、程序严密、配套完备、运行有效的党内法规制度体系。要将党的纪律检查体制改革的实践成果固化为制度。当前应修订《中国共产党党员领导干部廉洁从政若干准则》《中国共产党纪律处分条例》《中国共产党巡视工作条例(试行)》等，不断完善党风廉政建设和反腐败工作相关党规党纪和法律法规。

2. 建立一套依法建立的完善的体制机制，保证权力的授予和运行受到必要的监督制约

运用法治思维法治方式反腐败的关键，就是通过改革和创新体制、机制，进一步细化和完善监督制约规范。要通过加强党内监督、法律监督、群众监督等，建立健全依法行使权力的制约机制和监督机制。关键要加强对领导干部的监督，保证他们正确运用手中的权力。要通过努力，加强对权力运行的制约和监督，把权力关进制度的笼子里，尽快建立包括不敢腐的惩戒机制、不能腐的防范机制、不易腐的保障机制在内的完备的制度体系。

3. 健全有足够权能的执纪执法机构，并保障其保廉惩腐的职能不受随意干预

全面推进依法治国，深入开展反腐败斗争，需要有精干、统一、高效并相对独立的、权威的执纪执法机构体系，专司廉政建设和反腐败的预防、监督、教育、惩处等工作。应通过党内法规和国家法律明确规定执纪执法机构的地位、作用、职责、权力和基本工作手段等，保证其可以采取各种法律法规授予的和允许的手段对国家机关及工作人员进行监督、检查、惩处。

建设高素质法治专门队伍。抓住立法、执法、司法机关各级领导班子建设这个关键，突出政治标准，把善于运用法治思维和法治方式推动工作的人选拔到领导岗位上来。推进法治专门队伍正规化、专业化、职业化，提高职业素养和专业水平。

各级纪检监察机关要按照全面推进依法治国的要求，深化转职能、转方式、转作风，聚焦中心任务，深入推进党风廉政建设和反腐败斗争。有权必

---

① 王岐山. 在中国共产党第十八届中央纪律检查委员会第四次全体会议上的讲话[N]. 人民日报，2014-10-26.

有责，责任要担当。要深入推进党的纪律检查体制改革，紧紧抓住落实党风廉政建设主体责任这个"牛鼻子"，强化"两个责任"，深化组织和制度创新，不断完善党内监督。广大纪检监察干部要心存敬畏和戒惧，做遵纪守法的表率，自觉维护和执行党的各项纪律。要强化自身监督，坚决查处纪检监察干部违纪违法案件，防止"灯下黑"，打造一支忠诚、干净、担当的纪检监察干部队伍。

4. 及时揭露并依法查处各种违法违纪行为，切实做到执法必严，违法必究，坚持"老虎""苍蝇"一起打

通过国家法律和党内法规的有效实施，保证能够及时发现、揭露并依法依纪严厉惩治各种腐败行为，是运用法治思维法治方式反腐败，最终使腐败分子不能逃脱党纪国法制裁的基本途径。要通过依法狠狠打击腐败分子，把腐败变成"高风险""高成本"和"无收益""负收益"的行为，最大限度地遏制腐败现象的滋生和蔓延。当前，党风廉政建设和反腐败斗争形势依然严峻复杂。党中央已经横下一条心，一定要遏制住腐败蔓延势头。各级党组织和政府必须持续保持高压态势，以零容忍态度惩治腐败。重点查处十八大后不收敛不收手，问题线索反映集中、群众反映强烈，现在重要岗位且可能还要提拔使用的领导干部。要通过治病树、拔烂树，强化"不敢"腐败的氛围。惩治是预防的前提。只有惩治有力，才能预防有效，逐步实现"不能""不想"腐败的社会效果。

5. 加强法治教育，增强法治观念，提高法治素养

法律法规是人民制定的，也要靠人民去遵守、去执行。增强全体公民和国家工作人员的法治观念，提高干部群众的法治素养，是运用法治思维法治方式反腐败的根本。推进依法治国，坚持依法依纪反腐败，最重要的也是最难的，是让法治被信仰，提高全民首先是党和政府的法治素养。必须懂得，我们这么大一个国家13亿人，不可能仅仅靠法律来治理，需要法律和道德共同发挥作用。法律法规再健全、体系再完备，最终还要靠人来执行。领导干部一旦在德上出问题，必然导致纲纪松弛、法令不行。我们的一切权力来自人民、源自法授。这就要求所有领导机关工作人员，能够自觉地敬畏法律，把法治内化于心，努力用法治思维去思考问题，用法治方法去解决问题。通过法治教育，一方面，培养造就国家工作人员高尚的从政道德素质，使廉洁从政和依法行政成为其发自内心的自觉行动；另一方面，增强公民的依法监督的自觉性和能力，实现对国家机关及其工作人员的有效监督。深入开展法治宣传教育，引导全民自觉守法。各级领导干部应带头遵守宪法和法律，不断提高法治意识和依法行政能力，用法治引领改革发展破障闯关、推动民生

改善和社会公正。努力以法治凝聚改革共识、规范发展行为、促进矛盾化解、保障社会和谐，努力推动形成办事依法、遇事找法、解决问题用法、化解矛盾靠法的良好法治环境，在法治轨道上推动各项工作。各级党政机关及工作人员不得违法行使权力，不得干预司法，更不能以言代法、以权压法、徇私枉法。要以更加奋发有为的精神状态，坚定不移地在法治轨道上推动反腐败工作迈上新台阶。

原载《中共中央党校学报》2015 年第 2 期

2016 年

年度背景　10 月，党的十八届六中全会审议通过了新修改的《关于新形势下党内政治生活的若干准则》和《中国共产党党内监督条例》。党中央采取一系列重大举措，加强干部队伍建设，强力推进全面从严治党，努力"凝聚中国力量"。

中国力量何以能凝聚并强大起来

习近平同志指出："实现中国梦必须凝聚中国力量。"只有中国力量不断凝聚并强大起来，才能实现中华民族伟大复兴的中国梦。为什么要不断凝聚中国力量，怎样才能使中国力量越来越强大？这是一个必须搞清楚的重大问题。

一、不断增强凝聚中国力量的自觉性

认识上的觉醒，是凝聚中国力量的前提。凝聚中国力量的自觉性，源自对一百多年来列强入侵和帝国主义侵略唤起的民族觉醒。在腐败的清政府统治下，看起来是"泱泱大国"的中国，实则外强中干、"一盘散沙"。1840 年第一次鸦片战争，英国仅凭 40 多艘舰船和 1.5 万人的军队，就迫使大清王朝签订丧权辱国的《南京条约》；1860 年第二次鸦片战争，只有 2.5 万多人的英法联军，竟然长驱直入中国首都杀人放火，将圆明园付之一炬；1900 年，总兵力不足 2 万人的八国联军，在 10 天内就攻陷中国首都北京，清政府赔款达到空前的 4.5 亿两白银。为什么清政府如此不堪一击？清政府垮台后，中国的基本情况并没有得到根本性改变。1931 年"九一八"事变时，东北地区日军只有 1 万余人，而中国东北军人数达 19 万之众，日军却只用一星期就控制了辽宁，三个月占领整个东北。1937 年 7 月 7 日卢沟桥事变，华北地区全部日军最高统计数字只有 8400 人，同一地区的中国军队仅宋哲元 29 军就不下 10 万人，可一个月时间华北就沦陷。这是为什么？原因只有一个：敌强我弱。我之弱，不仅是国力弱、军力弱、装备弱，更是精神弱、意志弱、心理弱、斗志弱、领导者弱。而抗战胜利的过程，就是包括国力、军力、精神力、意志力、领导力等在内的中国力量不断凝聚、壮大的过程。中国力量足够强大了，才能一雪国耻，实现一百多年来梦寐以求的民族解放和独立。

凝聚中国力量始终是一个方向、一个过程，永远不会停息；凝聚中国力量的认识必须与时俱进、不断发展，永远不能停留在一个水平上。

冷战结束后，和平与发展成为时代主题，但各国间的激烈竞争从未停息。竞争的实质，是综合国力的竞争。力不如人，就难免受欺负。如今，我国虽然已成为世界第二大经济体，但仍然是发展中国家，综合国力还不够强。综合国力的竞争是此消彼长的。如果我们故步自封、不思进取，综合国力就可能被别的国家超过，历史悲剧很难说不会重演。

要警惕和防止中国力量被削弱、被消解的现象。如，腐败现象是对中国力量的极大消解和破坏。一些领导干部以权谋私搞腐败，不仅破坏了社会主义市场经济秩序，破坏了党纪国法，而且损害了党和国家形象，对中国力量造成极大的负面影响。又如，一些人丑化、攻击我们党和政府，企图唱衰中国，让中国人民离心离德，让统一的中国分崩离析。因此，必须不断增强凝聚中国力量的自觉性。这不仅是历史的启示，更是现实的需要、未来的希望。

二、凝聚中国力量的基本途径

凝聚中国力量，必须懂得力量之源在哪里。历史唯物主义认为，人民、只有人民，才是创造世界历史的动力。国家力量，最根本的是这一国家人民的力量。一旦人民的历史主动性充分调动起来，主体地位作用充分发挥出来，必然会凝聚成为强大的国家力量。总结中国近现代历史经验，凝聚中国力量，必须坚持以下基本途径。

坚持党的正确领导。近代以来，为什么中国人民反抗外来侵略的斗争一次又一次失败，而抗日战争能够取得彻底胜利？关键在于有了中国共产党的坚强领导。毛泽东指出："抗日战争的经验，给了我们和中国人民这样一种信心：没有中国共产党的努力，没有中国共产党人做中国人民的中流砥柱，中国的独立和解放是不可能的。"今天，办好中国的事情，凝聚中国力量，关键依然在党。我们党是用科学理论武装起来的中国工人阶级的先锋队、中国人民和中华民族的先锋队，是带领人民实现中华民族伟大复兴的坚强领导核心。在新的历史起点上，我们党坚持全面从严治党，不断提高自我净化、自我完善、自我革新、自我提高能力，保持和发展党的先进性和纯洁性。坚持党的正确领导，凝聚中国力量就有了根本保证。

坚持社会主义道路。分散的阳光，通过聚光镜，会形成强大能量，点燃干柴，燃起熊熊火焰。中国特色社会主义道路就是凝聚中国力量的聚光镜。

习近平同志指出："中国近代以来的历史充分证明：方向决定道路，道路决定命运。"我们党坚持从国情出发，通过艰辛探索，走出一条中国特色社会主义道路，迎来了中华民族伟大复兴的光明前景。世界在变化，中国也在变化。在新的历史起点上实现中华民族伟大复兴的中国梦，必须坚持道路自信，倍加珍惜这条道路，坚定不移走好这条道路，与时俱进拓展这条道路，使中国道路越走越宽广，中国力量越聚越强大。

坚持先进文化引领。一个没有精神力量的民族难以自立自强。民族精神的萎靡，社会文化的落后，是近现代中国挨打的重要原因；而"以爱国主义为核心的伟大民族精神是中国人民抗日战争胜利的决定因素"。这种精神是凝心聚力的兴国之魂、强国之魄。今天，文化越来越成为民族凝聚力和创造力的重要源泉，成为综合国力竞争的重要因素，成为经济社会发展的重要支撑。在新的历史起点上实现中华民族伟大复兴，必须建设先进文化，尤其需要进一步弘扬以爱国主义为核心的民族精神、以改革创新为核心的时代精神，把培育和弘扬社会主义核心价值观作为凝魂聚气、强基固本的基础工程，不断夯实中国特色社会主义的思想道德基础，不断增强团结一心的精神纽带、自强不息的精神动力，振奋起全民族的"精气神"，为凝聚中国力量提供强大精神动力。

坚持全面创新发展。近代以来中国历史昭示我们，发展是硬道理，增强综合国力是硬道理，推进社会全面进步是硬道理。没有发展，就没有强大的国力。在新的历史起点上实现中华民族伟大复兴，必须坚持发展是党执政兴国的第一要务，协调推进"四个全面"战略布局，主动适应经济发展新常态，树立并切实贯彻创新、协调、绿色、开放、共享五大发展理念，推动发展质量和效益提升，全面推进经济建设、政治建设、文化建设、社会建设、生态文明建设，实现、维护和发展好最广大人民的根本利益，不断夯实凝聚中国力量的物质基础。

坚持团结合作共赢。海纳百川，有容乃大。第二次世界大战的历史表明，抗日民族统一战线和国际反法西斯统一战线的建立，为赢得中国人民抗日战争和世界反法西斯战争胜利奠定了基础。世界和平需要通过世界各国的共同努力来实现，世界发展同样需要通过世界各国的团结合作来实现。在实现中华民族伟大复兴的征途中，必须注重团结的力量、合作的力量。不仅要凝聚全中国人民的力量，也要借助全世界人民的力量。要有团结、合作、互利、共赢的意识，持开放、包容的态度，破除"我荣你衰"的对立性思维方式，秉持求同存异、共存共生的和谐思维方式；树立人类命运共同体意识，国与国之间要相互尊重、平等相处、互利互惠、共同繁荣，始终坚持走和平发展道路。

三、凝聚中国力量需要解决的紧迫问题

当前，国内外环境都在发生极为广泛和深刻的变化，我国发展面临一系列突出矛盾和挑战，前进道路上还有不少困难和问题。我们要坚决按照党中央的部署和要求，扎扎实实地解决好这些问题。解决问题的过程，就是凝聚中国力量的过程。

深化改革开放创新，促进经济稳定快速增长。经济发展是凝聚中国力量的基础。我国经济在经历改革开放 30 多年高速增长后，正在向形态更高级、分工更复杂、结构更合理的阶段演化，经济发展进入新常态。受世界经济总体复苏疲弱态势和国际金融市场波动加大的影响，我国经济下行风险加大。必须坚持稳中求进工作总基调，坚持以提高经济发展质量和效益为中心；把转方式调结构放在更加重要位置，狠抓改革攻坚和扩大开放；突出创新驱动，积极推进"互联网＋"行动计划，广泛开展"大众创业、万众创新"活动，把经济发展动力从传统增长点转向新的增长点；强化风险防控，加强民生保障，促进经济平稳健康发展和社会和谐稳定。

加强民主法治建设，调动全社会积极性、创造性。民主法治是政治文明发展到一定历史阶段的重要标志。有了民主，人民才能有"社会主人""当家作主"的地位和感受，才会积极主动思考国家的盛衰兴亡，并为之付出心血、精力和智慧。有了法治，人民的各项民主权利才能得到保证，凝聚中国力量的积极性、创造性才能充分发挥。当前，我国的民主制度还不够健全，有法不依、执法不严、违法不究以及执法不文明、不规范的现象还比较普遍。必须按照党中央的要求，进一步加强民主法治建设，努力创造"又有集中又有民主，又有纪律又有自由，又有统一意志、又有个人心情舒畅、生动活泼，那样一种政治局面"。

全面加强国防建设，确保强大军事自卫能力。为了确保人民福祉，捍卫国家主权和领土完整，维护国家长治久安，使中华民族免遭被侵略受奴役的厄运，必须把增强国防和军事实力放在突出位置，大力加强国防建设，建设一支听党指挥、能打胜仗、作风优良的人民军队。这既是党在新形势下的强军目标，又是凝聚中国力量的重要任务。听党指挥是灵魂，决定军队建设的政治方向；能打胜仗是核心，反映军队的根本职能和军队建设的根本指向；作风优良是保证，关系军队的性质、宗旨、本色。要统筹经济建设和国防建设，努力实现富国和强军的统一。有了足够强大的国防和军事实力，中国力量的凝聚、中国事业的发展，才会底气十足。

坚持全面从严治党，深入反腐倡廉广聚人心。随着党执政日久，腐败的

危险严重起来。习近平同志指出："腐败问题越演越烈，最终必然会亡党亡国。"为了把我们党建设好，为了不使几代人凝聚起来的中国力量毁于一旦，必须坚持党要管党、全面从严治党，坚定不移地把反腐败斗争进行到底。要按照十八大以来党中央反腐败斗争的战略构想，持续保持高压态势，以零容忍态度惩治腐败，强化"不敢腐"的氛围；加大治本力度，选对人、用好人，深化改革，加强制度建设，强化日常管理和监督，完善激励和问责机制，逐步实现"不能腐"的目标；最终靠坚定理想信念，增强宗旨意识，真正筑牢"不想腐"的思想根基。总之，要横下一条心，坚决遏制住腐败蔓延势头。只有这样，才能使我们党深得人心、广聚人心，不断凝聚、壮大中国力量，早日实现中华民族伟大复兴的中国梦。

原载《求是》2016 年第 1 期

心理健康应成为选任干部的重要标准

2009 年 4 月 20 日凌晨，年仅 33 岁的中共四川省北川县委宣传部副部长冯翔自缢身亡。在领导和群众眼里，冯翔是汶川大地震抗震救灾的英雄，是灾后重建工作的骨干。而事实上，他也是这场大地震中痛失爱子的受害者。他心理不堪重负，最终选择了以这种方式解脱。事发后，中共中央组织部领导同志及时作出批示，要求各级灾区党组织倡导干部之间、群众之间、干群之间的团结、关心、互助、和谐，组织部门要切实履行"干部之家、党员之家"的责任，及时发现、检查干部在心理上是否有"难负其重"的情况，及时提出建议，采取保护措施，防止悲剧再次发生。这样的批示，是我们党执政后的第一次，不但体现了党对干部的深情与关怀，而且开启了对干部心理健康、心理疾病和心理疏导的关注。这启示我们，在干部的培养、选拔和使用过程中，必须充分注意其心理健康问题。尤其在当今世界大科学群迅猛发展的时代，世间万物几乎都受到革命性冲击。心理科学的发展，既唤醒了人们的心理健康意识，也提示我们，应该把心理健康作为选任干部的重要标准。

一、心理健康与否是影响干部行为的重要因素

现代科学研究表明，人的健康包含躯体健康和心理健康两大部分，两者密切相关。心理健康每时每刻都在影响人的生理健康，也影响着人的行为。据世界卫生组织估计，全球每年自杀未遂的人达 1000 万以上；造成功能残缺最大的前 10 位疾病中有 5 个属于精神障碍；推算中国精神疾病负担到 2020

年将上升至疾病总负担的1/4。在中国，目前保守估计，大概有1.9亿人在一生中需要接受专业的心理咨询或心理治疗。据调查，13亿人口中有各种精神障碍和心理障碍患者达1600多万。在这样一个大背景下，干部中具有心理疾患乃至发生自缢身亡的现象就不足为奇了。根据近年来中央纪委和地方各级纪委查办案件的情况看，一些干部之所以违纪违法乃至成了腐败分子，一个重要因素是具有严重心理疾患。如2008年用爆炸手段杀死情妇的济南市人大常委会原主任段义和，就是一个具有严重暴力心理倾向的人。

事实表明，第一，某些干部具有心理疾患是客观存在的，必须正视这个问题；第二，具有严重心理疾患的干部，不仅会给自身带来痛苦，而且极易在工作方面、廉洁自律方面、人际关系方面等出现问题；第三，有些干部的心理疾患可以通过相应的心理治疗治愈，但有些严重的心理疾患很难治愈，对有这样问题的干部只能通过组织手段予以解决。

现代领导心理学的研究表明，心理健康是制定和实施正确领导决策的必要条件。在人类领导史上，一些本来优秀的领导者甚至领袖人物，晚年之所以犯有这样那样的严重错误，同自身的心理变化特别是发生心理疾患有直接关系。容许有心理疾患的人走上或留任重要领导岗位，就有可能付出沉重的代价。因此，不论从人道主义的角度，还是从工作角度考虑，都不应该把那些具有严重心理疾患的人提拔到重要领导岗位；对于那些已经表现出严重心理疾患的领导干部，应尽快将其撤离领导岗位。

二、因心理疾患不适合担任重要领导职务的种类分析

根据现代领导心理学的理论和我国干部队伍的实际，至少有以下种类严重心理疾患的人是不能委以领导重任的。

嫉妒心理。这种心理疾患严重的人妒贤嫉能，容不得比自己能力强的下属；在同级竞争中会采用不正当手段排挤、诬陷、迫害、打击比自己强的对手。这种人在领导岗位上，不利于人才的成长，不利于干部队伍的团结。

暴力心理。这种心理疾患的人往往心狠手辣，解决矛盾纠纷或排斥、迫害异己易使用极端的或暴力的手段，会导致重大恶性事件发生。近年来揭露的几起"副职为扶正，雇凶杀正职"，就是典型。

报复心理。这种心理疾患严重的人一般心胸狭窄，缺乏包容性，会以各种手段报复不同意见的人和与自己有过节的人，使下属没有安全感，不利于正常开展工作。

偏执心理。这种心理疾患严重的人看问题易极端，固执偏颇，好自以为是，刚愎自用。这样的领导干部很难听取别人的意见，不利于正确决策。

自大狂妄心理。这种心理疾患严重的人往往自视过高，妄自尊大，自我感觉极好，难以冷静地分析和处理领导工作中的各种问题。

自恋心理。这种人习惯以自我为中心考虑问题，过分注重自己的内心感受，不会换位思考，表达中爱使用"我"，常常认为自己受到不公正待遇，爱抱怨、散布悲观情绪。这种人当领导，难以营造和谐的领导氛围，无法充分发挥下属的积极性。

依赖心理。领导工作的本质是创造，但依赖心理严重的人不会创造。他们只会唯上是从，自己毫无主见，不敢承担责任，无开拓意识。这种人当官只能是庸官、摆设。

冷漠心理。我们的一切领导工作都是为人民服务，都需要对人民、对工作具有满腔热情。而冷漠心理严重的人感情淡漠，缺乏同情心，不关心他人，只知索取，不懂感恩回报。这种人当领导难以积极主动地解决干部群众面临的实际困难，不利于党群、干群关系的改善。

奉承心理。表现为只听好话，听不进坏话，爱听报喜，厌听报忧。这种心理疾患严重的人当领导，下面的人就会"报喜得喜，报忧得忧"，只能培养出一大批溜须拍马者。所以，他们不能了解下面的实情，容易作出错误的判断和决策，给事业带来损失。

物质依赖心理。典型的如药物依赖、毒品依赖，亦称"药瘾""毒瘾"。近年来在官场中也出现了物质依赖心理现象。这些人利用手中权力，凡是做一点事情，就要回报。对组织，有点成绩就伸手要官；对他人，帮一点忙就要好处。久而久之，索贿受贿成瘾，滑进了腐败的泥潭。

说谎癖。具有这种心理疾病的人，常常完全不能控制自己的说谎行为，甚至习惯成自然。他们只要不说谎心里就很难受，成为一种强迫症。有的领导干部，对说谎乐此不疲，别人分不清他的哪一句话是真，哪一句话是假。这样的领导干部完全不能取信于民。

人的心理变化是个非常复杂的过程，受多种外在的或内在的因素影响。如果上述心理状况仅仅只是偶然表现出来，就不能称为心理疾患，一般情况下对领导工作也未必会有较大影响；但如果上述心理状况反复出现、日益严重，那就是心理疾患了，会对领导工作产生种种不利的影响，必须给予认真对待和有效解决。

三、心理健康是选任干部标准与时俱进的必然要求

时代在前进，实践在发展，我们的干部工作、干部标准也必须与时俱进，应将心理健康作为选任干部的重要标准。

　　为政之要首在得人。从我们党的组织工作角度来讲，这个"人"就是干部，而且必须是"好干部"。所谓"好干部"，在不同的社会背景下，面对不同的工作任务，是有不同标准的。在党夺取政权的战争岁月，"好干部"的基本标准就是听党指挥、能打胜仗。党执政后，强调的好干部基本标准是"德才兼备、群众拥护"。在全面建成小康社会的今天，党中央根据新的形势和任务，明确提出"好干部要做到信念坚定、为民服务、勤政务实、敢于担当、清正廉洁"。这20字标准是现阶段好干部的基本标准。从干部工作来讲，仅仅停留在基本标准层面是不够的，还应该有一系列具体标准和要求，如知识化、专业化等。而其中，就应该引入现代领导心理学的理论与方法，把心理健康作为选任干部特别是领导干部的重要标准。这样做，是干部标准与时俱进的必然要求。

　　把心理健康作为选任干部的重要标准，是干部工作的重要一环，但并不是党组织对干部心理健康工作的全部。心理健康，几乎是每一个干部都可能面临的实际问题，应该得到党组织的高度重视。首先，要把心理健康教育作为干部的常规教育内容，努力使每一个干部都能够掌握心理健康的基本知识。其次，每个党组织都应自觉关注党员干部的心理健康状况，一旦发现心理疾患的苗头，应及时请专家对其进行心理医治，尽早帮助其恢复心理健康。最后，对于短时间内无法治愈的严重心理疾病患者，应及时退出干部工作岗位。这样做既是对干部本人的健康负责，更是对党的事业负责。

原载《中国党政干部论坛》2016年第3期

2017 年

年度背景 10月，党的十九大召开，确立习近平新时代中国特色社会主义思想为全党的指导思想。这一年，人民解放军隆重庆祝建军 90 周年。

强军是强国的标配

今年是中国人民解放军建军 90 周年。90 年来，中华民族的独立和解放，中国人民的平安与幸福，都与人民军队的丰功伟绩紧密相连。新形势下，我们要牢固树立强国必须强军的理念，全面推进军民融合发展的国家战略，大力支持国防和军队建设，确保强军目标尽快实现。

大国兴衰史表明，强军是强国的标配。一个强大的国家必定有一支能够维护国家主权、安全、发展利益的强大军队，没有强大的军队便不能成为强大的国家。1126—1127 年，北宋被金国摧毁，是谓"靖康耻"。北宋经济繁荣、文化昌盛，在经济、文化方面堪称当时世界首屈一指的先进国家。它之所以挨打，最直接的原因是缺少一支能够抵御外敌入侵、保卫国家安全的强大军队。国防力、军事力落后，也是鸦片战争以来近代中国挨打、受辱的一个直接原因。历史的教训需要吸取。新中国成立后特别是进入 21 世纪以来，我国国防和军队建设大踏步前进，但国防力、军事力同我国经济规模还不匹配，同国家安全需要还不适应。当前，我们面临的安全环境极为复杂，各种可以预见和难以预见的风险、挑战不断增多。一些敌对势力对我国虎视眈眈，战争的危险依然存在。如果我们不能尽快提升应对突发事件、打赢保卫祖国战争的能力，一旦有战事发生，就会使国家和人民遭受巨大损失。强军才能强国。国防和军队建设是人民解放军的大事，更是全国人民的大事，必须给予大力支持。

以习近平同志为核心的党中央根据我国经济社会发展和国家安全面临的新情况新问题，把军民融合发展上升为国家战略。这是对经济建设和国防建设协调发展规律认识的深化，是与时俱进的理论创新和战略升华。实现安全与发展兼顾、富国和强军统一，就是要发挥好军民融合对国防建设和经济社会发展的双向支撑拉动作用。既以经济社会发展促进国防和军队建设，又最大限度地发挥国防和军队建设对经济社会发展的拉动作用。全面推进军民融合发展，就要既注重发挥政府在规划引导、体制创新等方面强有力的主导作用，又注重发挥市场在资源配置方面的决定性作用；既做活做强做优军工企业，又做大做精做细民用工业企业。应当看到，全面推进军民融合发展的国家战略，形成全要素、多领域、高效益的军民融合深度发展格局，构建军民一体化的国家战略体系和能力，是新形势下支持国防和军队建设的重要方式。

建设一支听党指挥、能打胜仗、作风优良的人民军队，是党在新形势下的强军目标。习近平同志指出，强国强军必须强后勤。地方各级党组织和政府也是人民军队的大后勤部。党的十八大以来，部队后勤建设确立了"四套五化"精细化管理格局，即通过聚智聚力，梳理构建一套法规制度、优化再造一套流程标准、建立健全一套评估体系、集成建设一套信息系统，着力推进目标责任具体化、业务工作流程化、优质服务标准化、监控考评全程化、运行平台信息化。这个管理格局的精髓，同样适用于地方对军队的后勤保障工作。要按照党中央、国务院的统一要求和部署，全力做好国防和军队建设的后勤保障工作，不断满足国防和军队建设日益提高的需求。尤其是在加强国防动员建设、发展国防科技工业等方面，要主动思考、主动对接、主动服务。地方的后勤保障工作做得越好，强军目标就越能早日实现。

原载《人民日报》2017 年 8 月 21 日

对干部要约束也要激励

《关于新形势下党内政治生活的若干准则》提出："干部是党的宝贵财富，必须既严格教育、严格管理、严格监督，又在政治上、思想上、工作上、生活上真诚关爱，鼓励干部干事创业、大胆作为。"重视对干部的鼓励激励，有助于激发广大干部干事创业的积极性、主动性和创造性，有效破解"为官不为"问题。

任何事业的发展都是人在起主导作用。人的积极性、主动性、创造性发挥得如何，直接影响事业的成败。而人是具体的，都有自己正当的利益需求和精神追求。如果缺乏有效激励，人们的利益需求和精神追求得不到满足，其积极性、主动性、创造性就很难得到有效发挥。虽然说干部应比群众有更高的觉悟，但他们也有正当的利益需求和精神追求。忽视对干部的激励，很容易造成"不作为"，最终损害党的事业发展。当前，我国正处在实现"两个一百年"奋斗目标的关键时期,特别需要广大干部奋发有为。因此,在对少数干部违法违纪、贪污腐败、不作为、乱作为现象进行严格监督、约束、问责和惩治的同时,还要加大对广大干部的激励力度,使他们迸发出干事创业的热情、贡献出成就事业的智慧。

对干部的激励不应只是个别的、偶然的行为,而应是全面的、经常的行为,要形成系统、管用的激励机制。经过长期的探索和实践,我们党的激励机制已基本形成,主要方式有三。一是目标激励。即把党和政府工作的大目标分解为若干具体的小目标,分解到每个部门、每个干部身上,通过考核确认目标实现程度,进行相应的奖惩。绝大多数干部都有实现自身价值的强烈愿望,这正与目标激励相契合,所以会彰显巨大的激励作用。二是信任激励。我国一向有"士为知己者死"的文化传统,信任是增强人的自信的催化剂。组织的信任、领导的信任,往往会极大激发干部的能动性和创造性。三是晋升激励。在党政机关工作,职务晋升几乎是所有干部追求的目标,因为这是对干部能力、水平和价值的肯定。如果对德才兼备的干部压制、打击,那么,不仅当事人没了工作积极性,其他人看了也会心凉。如果形成了"能者上、庸者下、劣者汰"的正确用人导向,就会激励更多有才干的干部积极进取、奋发向上,事业发展就有了不竭动力。除了这三种主要激励方式,还有薪酬激励,根据国家经济发展情况及时给干部涨工资;荣誉激励,对工作成绩突出的干部及时进行表扬或授予荣誉称号;培训激励,通过组织培训使干部对前途充满信心、对工作充满热情;等等。

激励是一种方法,更是一门艺术。要在实践中有效发挥激励的作用,应把握好以下原则:目标性原则,始终着眼于实现党和国家的工作大目标,抓住大目标,激励才不会走偏;合理性原则,激励措施要公开、公平、公正,同时也要量力而行;实效性原则,善于把握激励的时机,做到"雪中送炭",避免"雨后送伞";按需激励原则,认真分析研究干部的实际需求,努力做到因人而异、因事而异,争取最佳激励效果;激励与惩治相结合原则,做到奖惩分明。在监督约束工作做到位的情况下,进一步做好鼓励激励工作,就能使干部想干事、干成事、不出事。

原载《新湘评论》2017 年第 13 期

举理论红旗　为人民求是

为贯彻党中央关于"在党刊有效覆盖、有效传播上下功夫"的指示,求是杂志社与四川省委宣传部共同召开"学党刊用党刊"研讨会，很有意义，很有必要。不仅有利于进一步办好《求是》杂志，而且对促进党的理论发展与传播十分重要。

一、应进一步重视党的理论研究与传播

在我们党，对党中央机关理论刊物《求是》重视与否，在一定程度上反映了对党的理论的态度。

中国共产党作为马克思主义政党，很早就重视党的理论研究与传播。早在建党前夕，27 岁的青年毛泽东就大声疾呼："主义譬如一面旗子，旗子立起了，大家才有所指望，才知所趋赴。"这里讲的"主义"，并不是一般的"主张"，而是以系统的理论为基础的主张、目标和追求。千百年来，有多少人提出过各种各样的美好的主张啊，但真正能够吸引人、形成气候的，并没有几个。这是因为，更多的主张没有能够说服人的理论为基础。只有建立在雄厚理论基础上的"主义"，才有号召力，才能引导历史。

由于我们党对理论的高度重视，所以，尽管在革命战争年代的艰苦岁月，党依然坚持创办理论刊物。据统计，仅中央主办的机关刊物就有 16 种之多。其中影响较大的有《新青年》《向导》《布尔塞维克》《斗争》《解放》《群众》《共产党人》等。这些刊物及其刊发的理论文章，对我们党领导人民取得革命事业从胜利走向更大胜利起了很大作用，也是党从小到大、从幼稚到成熟的真实记录和历史见证。中国共产党之所以能够从小到大、由弱到强，成为当今世界上最大的执政党，一个重要原因，是党有强大的科学理论支撑。历史告诉人们，由于把马克思主义理论与中国革命具体实践相结合产生了毛泽东思想，党才能夺取政权，领导中国人民站起来，走上了社会主义道路。党坚持理论上的与时俱进，把毛泽东思想适时发展到中国特色社会主义理论体系，才有了改革开放和社会主义现代化建设的伟大成就，领导中国人民富起来、强起来，成为全世界瞩目的重要国家。实践证明，一个政党要成为国家、民族的坚强领导核心，其凝聚力就在于其科学理论以及这一理论指导下的伟大实践。

党执政后，中央决定创办一个具有高度权威的理论期刊，毛泽东亲自命名为《红旗》。"红旗"，极其恰当地反映了这个杂志的性质与重要性：它以研究和传播党的理论为宗旨，党的理论是党的旗帜；有这面"红旗"的指引，党就有前进动力，人民就有前进方向。我们这一代人都清楚地记得，那个时代，全党重视理论学习，集中体现在重视《红旗》的学习与运用。《红旗》杂志上发表的许多文章，人们都翻来覆去地学习、领会，并努力用来指导工作。

后来，有人借口说，《红旗》宣传了错误理论，所以就把《红旗》砍了。应

该说，这样做没道理。第一，以前的理论有错误，并不是一切理论都错，《红旗》刊发的理论文章更不是一切都错；第二，以前理论的错误，源于党犯了错误。《人民日报》不是也宣传过错误的东西吗？为什么没有把《人民日报》砍了？党可以改正错误，一个报纸、杂志也可以改正错误。杂志毕竟只是一个"平台"。戏演得不好，可以换剧本、换演员，有必要把戏台子扒了吗？

再后来，办起了《求是》，但杂志社的"格"降了。这不仅仅是一个杂志社的命运，而是党的理论地位变化的一种折射。本来，社会越是发展、进步，越应该重视理论。然而，这些年来，有人竟把理论视为发展的障碍，提出所谓"不争论"。常识表明，任何科学理论都是在争论中成熟、发展和完善的。"不争论"的背后，要么是轻视理论，认为理论只会"坏事"不会"成事"；要么是缺乏理论自信，不相信自己那一套是真理，更不相信能够被人民群众接受。在权力的作用下，"不争论"还真的推开了。于是，轻视理论、贬低理论、排斥理论的现象泛滥开来。人们越来越重视老板、明星和产值、税收，有谁重视理论工作者和理论期刊呢？社会对理论不再重视，浮夸奢靡之风、急功近利之气盛行，理论很大程度上失去了对社会的指导作用。既有的理论作品也多沦为粘贴复制的抄袭，不但有量没质，而且带坏了理论学术风气。粘贴复制的理论作品既没有经典理论的功底，也没有对社会现实问题的回应和关切，也就是说，没有创新。这样的理论当然是没有生命力的，无用的。党的理论是党吸引人民、率领人民前进的旗帜。如果一个党真的轻视理论了，党的理论真的没有生命力了，还会有活力和前途吗？如果一个民族缺乏了理论思维和科学理论支撑，还会有上升的希望和空间吗？结论是不言自明的。

所幸的是，以习近平同志为核心的党中央，高度重视党的理论工作。他强调，我们党之所以能够历经考验磨难无往而不胜，关键就在于不断进行实践创新和理论创新。全党特别是领导干部的学习，这是推动党和人民事业发展的一条成功经验。他号召，加强理论研究与传播，进一步把马克思主义同中国实际相结合，实现中国化、时代化。近日，中共中央办公厅印发了《中国共产党党委（党组）理论学习中心组学习规则》，要求各地区各部门认真遵照执行。《规则》提出，党委（党组）理论学习中心组学习，是建设学习型服务型创新型的马克思主义执政党、提高党的执政能力和领导水平的重要途径，是中国共产党一个独特的政治优势。中心组学习以政治学习为根本，以深入学习中国特色社会主义理论体系为首要任务，以深入学习贯彻习近平总书记系列重要讲话精神为重点，以掌握和运用马克思主义立场、观点、方法为目的，坚持围绕中心、服务大局，坚持知行合一、学以致用，坚持问题导向、注重实效，坚持依规管理、从严治学。毫无疑问，这对于党的理论研究与传播是个利好消息。我们应该抓住这个机遇，进一步加强理论工作，把"学党刊用党刊"工作推向新的高度。

二、《求是》是党的理论研究与传播的第一平台

我们这代人年轻的时候，《红旗》杂志、《人民日报》是一个近乎神圣的字眼。在这一报一刊上发表文章，简直是想都不敢想的事。但实践可以改变一切。我是从 2001 年开始给《求是》杂志投稿的。到现在，17 年间，在《求是》共发表理论文章 24 篇。因为当了作者，所以格外关注杂志。深深感到，这些年，特别是党的十八大以来，杂志社紧跟党中央前进的步伐，在党的理论研究与传播方面，起到了"第一平台"的作用。正如 2015 年 10 月中央第四巡视组向求是杂志社反馈专项巡视情况时指出的，"党的十八大以来，求是杂志社深入学习习近平总书记系列重要讲话精神，认真贯彻中央重大决策部署，在引领主流思想舆论、加强党的思想理论建设中发挥了重要作用"。这里，我结合自己十八大以来在《求是》杂志发表的 8 篇文章，谈三点体会。

一是，《求是》杂志大力宣传习近平总书记系列重要讲话精神，成为十八大以来的一个鲜明特点。《求是》坚持把宣传习近平总书记的系列重要讲话精神放在首要位置，每一期都有多篇这方面的理论文章。这对于全党学习贯彻习近平总书记重要讲话精神，把各项工作推向前进，都大有益处。2015 年第5 期杂志，发表了我撰写的《伟大的战略擘画 强大的思想武器——深入学习习近平总书记关于党风廉政建设和反腐败斗争重要论述》。这篇文章，实际上初步系统论述了习近平反腐败的重要思想。从习近平反腐败思想的逻辑起点开始，到反腐败的领导力量、依靠力量，再到反腐败的战略策略及反腐败的基础工作等，进行了理论概括。这篇文章发表后，不论是在纪委系统，还是在理论界，都取得了一定的积极反响。它被中宣部评为 2015 年度优秀理论文章。

二是，《求是》杂志积极宣传党风廉政建设和反腐败斗争，为深入开展反腐败斗争、加强党的作风建设，发挥了重要的推动作用。我对这一点感受极深。十八大以来，我们党在治国理政方面取得了多方面的伟大成就。其中，最耀眼的，是反腐败。许多有识之士说，十八大以来中国共产党的反腐败，是振兴中华征程上的伟大创举和救亡行动。倘若没有以"不敢腐、不能腐、不想腐"为主旨的反腐败斗争，亡党亡国难以避免，中华民族伟大复兴不知会推到何年何月。在这样一场事关党和国家生死存亡的伟大斗争中，《求是》杂志坚定不移地走在前面。几乎每一期杂志，都有反腐败方面的文章。我在十八大后《求是》发表的 8 篇文章，大多数都是这个方面的。如，2013 年发的三篇：

第 5 期的《廉洁政治与长治久安》，第 10 期的《首先是管 关键在严》，第 17 期的《清除享乐主义之风》；2014 年，第 10 期发表的《关于系统反腐的几点思考》；2015 年，第 5 期发表的是《伟大的战略擘画 强大的思想武器》和第 24 期的《制度的生命力在于执行》；今年第 6 期发表的《全面从严治党必须强化党内监督》，都是以反腐败为主要内容的。我希望，《求是》关于反腐败的文章还要继续发下去，因为这个伟大斗争还在进行中。

三是，《求是》杂志正确宣传中国共产党和中华民族的历史，为捍卫党和民族的光荣不断作出贡献。这些年来，意识形态领域斗争的一个重要表现，就是对党和国家历史的歪曲与反歪曲。清代龚自珍说："欲知大道，必先为史。灭人之国，必先去其史。"他说的非常有道理：了解历史，就了解了世间大道；把握史学，才把握住社会规律。而要一个民族灭亡，首要方法是让它的史观消亡——践踏民族历史，解构民族文化，涤荡民族自信，破坏民族认同。习近平同志任总书记后，引用"灭人之国，必先去其史"的古训，强调牢记历史经验历史教训历史警示，为国家治理能力现代化提供有益借鉴。对绵延 5000 多年的中华文明，我们应该多一份尊重，多一份思考。在这个重大问题上，《求是》杂志同样付出了心血和智慧，发表许多有针对性的史学论著，正本清源，以正视听。我写的《中国力量何以能凝聚并强大起来》，在 2016 年第 1 期发表。这篇文章通过回顾鸦片战争以来我国受到列强侵略的历史和抗日战争的胜利，提出："原因只有一个：敌强我弱。我之弱，不仅是国力弱、军力弱、装备弱，更是精神弱、意志弱、心理弱、斗志弱、领导者弱。而抗战胜利的过程，就是包括国力、军力、精神力、意志力、领导力等在内的中国力量不断凝聚、壮大的过程。中国力量足够强大了，才能一雪国耻，实现一百多年来梦寐以求的民族解放和独立。"我认为，把这样的结论告诉大家，有利于中国人民团结在中国共产党的旗帜下，为民族振兴、国家富强、人民幸福，继续凝聚和壮大中国力量。

三、举全党之力办好《求是》杂志

习近平总书记指出，实践创新和理论创新永无止境。办好《求是》杂志，"学党刊用党刊"也是永无止境的。必须明确，《求是》是全党的理论刊物，是为全党的理论发展与创新服务的，也必须依靠全党的力量才能把它办得更好。

首先，全党同志，特别是党的高级领导干部，应加强理论思维，增强党的理论意识，把"学理论用理论"作为必修课。在此基础上，自觉地"学党刊用党刊"，学《求是》用《求是》。

其次，发动党内一切有理论写作功底的同志，积极向《求是》投稿。必须看到，当今世界，纸质刊物走向没落，网上杂志发展势头强劲。《求是》杂志的同志应该顺应这个大势，在继续办好纸质杂志的同时，增加网上《求是》的容量，吸纳更多的优秀理论文章，使《求是》不再是极少数领导干部和专家的"精英园地"，而真正成为全党的理论阵地。参与杂志的人多了，才能实现中央要求的"有效覆盖、有效传播"，才会有"学党刊用党刊"的热潮涌现出来。

再次，向党中央建议，使用部分党费，免费向全党每一个有需求的党支部赠阅党中央的一报一刊，即《人民日报》和《求是》。这些年来，报刊发行是办报办杂志的人最头疼的事情，包括《人民日报》和《求是》。每到发行季，各种各样的手段都用了起来，甚至出现了某些违纪违法行为。其他报刊我们不讲。作为党中央的机关报刊，完全可以不这样做。我们党已经执政多年，党的工作人员都纳入到国家公务员行列，党的机关办公经费都由国家财政列支。在这种情况下，党费干什么用是合理的？主要应该用于向党的基层组织赠阅党中央的机关报刊。事实上，我们的许多基层党组织囿于经费紧张，无力订阅党中央的机关报刊，许多党员常年看不到《求是》和《人民日报》。这对于宣传、贯彻党中央的重要思想理论和治国理政方略，是极其不利的。为此，党中央应该果断决定，拿出部分党费，向全党的基层组织赠阅《求是》和《人民日报》。与此同时，《求是》和《人民日报》必须相应"瘦身"。比如，《人民日报》正刊办 8 个版或 4 个版，只发布党中央最重要的信息（含政策、法规等）。原来的一般性文化、体育、经济和国际等信息放在子报上，付费发行。《求是》杂志的正刊可以是 32 个或 16 个页码，只发表那些最重要的理论文章。这样做，既能够使广大党员干部和基层的同志都可以及时听到党中央的声音，也有精力和时间进行阅读，方便大家"学党刊用党刊"，又倒逼《求是》和《人民日报》的编辑同志精益求精，办好报刊。

"学党刊用党刊"的基本前提是，党刊的质量得好。倘若杂志的质量不好，就别指望有人学、有人用。目前，我们的党刊基本情况是，"阐发""解读"有余，创新、发展不足。作为党刊，对于党中央的重大理论和决策当然要有"阐发""解读"，没有这个不行。但又不能都是这个。须知，理论的生命力在于创新。如果老是那一套，没有丝毫新意，任凭是谁，都不会感兴趣的。党刊也是这样。党的理论是需要不断发展与创新的，必须善于寻找发展源和创新点，尤其需要关注具有原创类理论的观点、火花。一旦发现，不应视之为洪水猛兽而排斥之、打击之甚至消灭之，应以共产党人的博大胸襟包容之。这是理论发展规律的启示。此外，理论的发展与创新，是在回应社会关切中实现的。随着社会发展，产生了许多新问题、新情况，需要进行理论回答。如果回答的好，就是理论的创新与进步。在当今中国，有一些社会思潮严重影响着党中央路线方针政策的贯彻落实，作为党的理论工作者和党刊，不应该回避，而应该直面回应。比如，对毛泽东、邓小平的评价，有些是全盘否定，有些全盘肯定，两种思潮相当对立；再比如，对"文化大革命"，对"中国特色"，对"普世价值"等，也有一些对立的观点。虽说，党的文件对这些人和事有过结论，但面对新问题，不该默不作声。党的理论是讲理的，讲理就要堂堂正正、理直气壮，既敢于坚持真理，也敢于修正错误。对于我们的先辈，应该把他们放在当时的历史条件下进行分析和评价。他们正确的东西，我们要肯定和继承。对于他们的错误和不足，我们要纠正和避免。绝不能抓住他们的某些错误就全盘否定，也不能为了维护他们正面形象就容忍、姑息他们的错误。只有这样评价历史人物，才能让人服气，达到统一思想、团结一致向前看的目的。

2015 年 5 月，王岐山在会见美国客人时说，中国特色社会主义的本质特征是中国共产党的领导，同中国打交道，不了解中国共产党不行。我们也可以说，要了解中国共产党，不了解党的理论不行。我们坚持"学党刊用党刊"，就是为了帮助全党同志了解党的理论，遵循党的理论，按照党的理论把我们的事业不断推向新的胜利。我想，这应该是"学党刊用党刊"的初心。

原载《四川日报》2017 年 4 月 17 日

2018 年

年度背景　全党深入学习贯彻习近平新时代中国特色社会主义思想，隆重纪念改革开放 40 周年，总结经验，解放思想，深化改革，加强党的长期执政能力建设。

解放思想重在坚持问题导向

40 年前，中国大地上兴起一场轰轰烈烈的真理标准问题大讨论。它冲破旧思想的严重束缚，推动全国性的思想解放运动，为中国共产党重新确立马克思主义的思想路线奠定了理论基础。40 年来，在党带领全国人民进行改革开放和社会主义现代化建设的过程中，解放思想从未停息。时至今日，中国特色社会主义进入了新时代，解放思想依然是我们不断前进的一大法宝，同时解放思想有了新的内涵、任务和要求。在新时代解放思想，重在坚持问题导向，解决好全面建成小康社会、全面建设社会主义现代化强国、实现中华民族伟大复兴中国梦进程中的重大问题。

一、坚持问题导向是新时代解放思想的必然要求

人类社会进步的过程，就是一个不断发现问题、解决问题的过程。从发现问题到解决问题，中间环节是认识问题。只有解放思想、实事求是，才能正确认识问题，找到解决问题的答案。可以说，离开问题的发现、认识和解决，解放思想就失去了它的全部意义。

在社会主义发展史上，任何一次重大思想解放都是研究问题的成果，也是正确解决问题的前奏。比如，170 年前，《共产党宣言》横空出世，标志着科学社会主义理论的诞生。这一人类历史上前所未有的思想解放，直接来自认识和解决资本主义社会生产力与生产关系、经济基础与上层建筑基本矛盾日益激化这一现实问题。又如，鸦片战争后，中华民族如何救亡图存、实现复兴，是中国人民面对的最大问题。着眼于解决这一重大问题，中国共产党人破除本本主义，坚持解放思想，把马克思主义基本原理同中国革命的具体实

际结合起来，形成了毛泽东思想，指引中国走向民族独立、人民解放，取得新民主主义革命的伟大胜利，建立了社会主义新中国。"文化大革命"结束后，为了回答中国向何处去这一重大问题，中国共产党人坚持解放思想，把马克思主义基本原理同中国当时具体实际结合起来，作出改革开放的历史性决策，开辟中国特色社会主义道路，形成中国特色社会主义理论体系，指引全党全国各族人民在中国特色社会主义道路上阔步前行，使中国大踏步赶上时代。可见，解放思想的出发点和落脚点都是为了解决问题。没有问题导向，就没有相应的思想解放。只有思想解放了，才能正确地以马克思主义为指导解决重大问题，实现理论和实践的新飞跃。

习近平同志指出，我们中国共产党人干革命、搞建设、抓改革，从来都是为了解决中国的现实问题。他强调，"问题是时代的声音""必须坚持问题导向"。他对解放思想的重要论述，都深刻体现着问题导向。比如，强调解放思想的过程就是统一思想的过程，思想统一了，才能最大限度凝聚改革共识，形成改革合力。强调解放思想是解放和发展社会生产力、解放和增强社会活力的总开关；解放思想，解放和增强社会活力，是为了更好解放和发展社会生产力。强调解放思想不是脱离国情的异想天开，也不是闭门造车的主观想象，更不是毫无章法的莽撞蛮干，解放思想的目的在于更好实事求是。强调推动思想再解放、改革再深入、工作再抓实，凝聚起全面深化改革的强大力量，在新起点上实现新突破。这些重要论述，为新时代解放思想指明了正确方向。

二、着眼于解决重大问题增强解放思想的自觉性

志向越远大，事业越宏大，面临的问题就越多，解放思想的任务就越重。对于立志领导中国人民实现中华民族伟大复兴的中国共产党人来说，前进道路上必然面临诸多需要解决的重大问题。比如，从大的方面看，新时代我国社会主要矛盾已经转化为人民日益增长的美好生活需要和不平衡不充分的发展之间的矛盾，解决这一社会主要矛盾的基本途径是什么？保障和改善民生要抓住人民最关心最直接最现实的利益问题，怎样才能完善公共服务体系，在保障群众基本生活的基础上不断满足人民日益增长的美好生活需要？党要团结带领人民进行伟大斗争、推进伟大事业、实现伟大梦想，必须毫不动摇坚持和完善党的领导，毫不动摇把党建设得更加坚强有力，怎样才能不断提高党的执政能力和领导水平？等等。解决这些重大问题，必须增强解放思想的自觉性，推动思想再解放改革再深入工作再抓实。

跟上时代步伐，打破主观偏见束缚，实现思想观念更新。思想观念的更

新是多方面、多层次的，对于党和国家来说，首要的是发展理念更新。发展理念是发展行动的先导，从根本上决定着发展的成效乃至成败。因此，必须把贯彻创新、协调、绿色、开放、共享的发展理念作为解放思想、更新观念的重要任务。坚持创新发展，不断推进理论创新、制度创新、科技创新、文化创新以及其他各方面创新；坚持协调发展，牢牢把握中国特色社会主义事业总体布局，不断增强发展的整体性协调性；坚持绿色发展，形成人与自然和谐发展现代化建设新格局，推进美丽中国建设，为全球生态安全作出新贡献；坚持开放发展，发展更高层次的开放型经济，积极参与全球经济治理和公共产品供给；坚持共享发展，作出更有效的制度安排，使全体人民有更多获得感、幸福感、安全感，朝着共同富裕方向稳步前进。新发展理念是我们党对经济社会发展规律认识的再深化和新飞跃，必将带来关系我国发展全局的深刻变革，必须通过解放思想牢固树立并切实贯彻。

发扬科学精神，跳出传统思维方式禁锢，实现思维方式变革。党的十九大报告强调，"增强政治领导本领，坚持战略思维、创新思维、辩证思维、法治思维、底线思维"。坚持战略思维，就应高瞻远瞩、统揽全局，善于把握事物发展总体趋势和方向，统筹推进工作。坚持创新思维，就应与时俱进、勇于创新，打破惯性思维，摒弃不合时宜的旧观念，使用新办法、创造新经验。坚持辩证思维，就应坚持用全面、联系和发展的眼光看问题，坚持"两点论"和"重点论"相统一，提高驾驭复杂局面、处理复杂问题的本领。坚持法治思维，就应崇尚法治、尊重法律，做尊法学法守法用法的模范，善于运用法律手段解决问题和推进工作。坚持底线思维，就应凡事从坏处准备，努力争取最好的结果，牢牢把握主动权。通过解放思想养成科学的思维方式，就能使我们少犯或不犯错误，不断推进工作。

强化责任担当，勇于自我革命，提振精神状态。良好的精神状态是做好一切工作的重要前提，是解放思想的题中应有之义。党的十九大报告指出："历史只会眷顾坚定者、奋进者、搏击者，而不会等待犹豫者、懈怠者、畏难者。全党一定要保持艰苦奋斗、戒骄戒躁的作风，以时不我待、只争朝夕的精神，奋力走好新时代的长征路。"面对现实生活中一些人精神懈怠、懒惰无为、不求上进的精神状态，必须在解放思想中强调自我革命，通过自我革命增强政治意识、大局意识、核心意识、看齐意识；保持锐意创新的勇气、蓬勃向上的朝气，撸起袖子加油干；坚持真理，修正错误，以与时俱进、奋发有为的精神状态发现问题、解决问题，以昂扬的精神状态推动改革不停顿、开放不止步。

反对因循守旧，勇于开拓进取，通过创造性实践解决问题。解放思想，就是使思想和实际相符合，使主观和客观相符合，其目的在于更好地实事求是，其外在表现是开展创造性实践去解决问题。思想是解放还是僵化，解放得够还是不够、对还是不对，不能凭感觉，而应坚持实践标准，看是否通过创造性实践有效解决问题，确保党的路线方针政策和决策部署不折不扣得到贯彻落实。只有这样理解和推进解放思想，才能不偏离解放思想的正确轨道。

三、推动解放思想迈向新高度

解放思想不是脱离实际的胡思乱想，也不可能一蹴而就、一劳永逸。在新时代解放思想，就要在习近平新时代中国特色社会主义思想指引下，通过深入研究和解决现实问题，不断推动解放思想迈向新高度。

坚持以习近平新时代中国特色社会主义思想为指导。解放思想，首先要有正确的指导思想。习近平新时代中国特色社会主义思想，围绕回答新时代坚持和发展什么样的中国特色社会主义、怎样坚持和发展中国特色社会主义这个重大时代课题，以全新的视野深化对共产党执政规律、社会主义建设规律、人类社会发展规律的认识，深刻回答了新时代坚持和发展中国特色社会主义的总目标、总任务、总体布局、战略布局和发展方向、发展方式、发展动力、战略步骤、外部条件、政治保证等基本问题，涵盖经济、政治、法治、科技、文化、教育、民生、民族、宗教、社会、生态文明、国家安全、国防和军队、"一国两制"和祖国统一、统一战线、外交、党的建设等各个方面，是全党全国各族人民为实现中华民族伟大复兴而奋斗的行动指南，也是新时代解放思想、解决一切重大问题的行动指南。认真学习、深刻理解、准确把握、始终遵循这一马克思主义中国化最新成果，就能保证解放思想保持正确方向、取得实际成效。

深入到人民群众坚持和发展中国特色社会主义的伟大实践中去。思想源于实践，又接受实践检验，并在实践中得到修正和升华。在新时代解放思想，必须坚持以人民为中心，深入到人民群众坚持和发展中国特色社会主义的伟大实践中去。只有深入到人民群众的实践中去，才能对已经感知的问题有更深刻、更透彻的认识。只有真心诚意地尊重人民群众主体地位和首创精神，拜人民为师，向群众求教，问政于民、问需于民、问计于民，才能加深对民心民意的感悟、对客观情况的了解、对实际问题的认识，找到解决问题的金钥匙。

运用科学方法研究问题、解决问题。解放思想是探索规律、追求真理的过程，也是运用科学方法研究问题、解决问题的过程。要学习掌握事物矛盾运动的基本原理，把认识和化解矛盾作为打开工作局面的突破口。运用辩证唯物主义和历史唯物主义，坚持具体问题具体分析，弄清楚哪些是体制机制弊端造成的问题，哪些是工作责任不落实造成的问题，哪些是条件不具备一时难以解决的问题，提出有针对性的解决方案。善于透过现象看本质，从苗头问题中发现事物的倾向性，从偶然问题中揭示事物的必然性，从而抓住主要矛盾和矛盾的主要方面，重点解决事关战略全局、事关长远发展、事关人民福祉的紧要问题，以重点突破带动整体推进，推动事业全面发展。

原载《人民日报》2018 年 7 月 31 日

着力加强党的长期执政能力建设

党的十九大报告指出："到建党一百年时建成经济更加发展、民主更加健全、科教更加进步、文化更加繁荣、社会更加和谐、人民生活更加殷实的小康社会，然后再奋斗三十年，到新中国成立一百年时，基本实现现代化，把我国建成社会主义现代化国家。"中国共产党自诞生之日起，就把实现共产主义作为党的最高理想和最终目标，义无反顾地肩负起实现中华民族伟大复兴的历史使命。为了顺利实现党的伟大目标，全党必须自觉顺应历史规律，密切与人民群众的血肉联系，加强党的组织建设，进一步增强党的长期执政能力。

一、加强党的长期执政能力建设，必须坚持全心全意为人民服务的宗旨，努力赢得最广大人民真心诚意的支持和拥护

习近平总书记指出，一个政党、一个政权，其前途命运取决于人心向背。我们党不论是进行革命、建设，还是进行改革开放，归根到底都是为了努力实现好、维护好、发展好最广大人民的根本利益。我们党之所以能够成为执政党并长期执政，说到底，就是因为赢得了最广大人民的支持和拥护。人民群众是推动社会进步的最伟大动力，是党执政能力的本源所在。从这个意义上说，增强党的长期执政能力，就是要通过党全心全意为人民服务的实际行动，密切与人民群众的关系，赢得人民群众的信任，增强人民群众对党执政的支持力、拥护力。最广大人民群众越是支持和拥护党，党的执政能力就越强。

中国特色社会主义进入新时代，我们党面临着长期执政考验、改革开放考验、市场经济考验、外部环境考验，习近平总书记指出："我们党要始终成为时代先锋、民族脊梁，始终成为马克思主义执政党，自身必须始终过硬。"最根本的，就是坚持全心全意为人民服务的思想过硬、本领过硬、制度过硬。

在指导思想上，必须始终坚持"以人民为中心"的执政理念。"以人民为中心"是习近平新时代中国特色社会主义思想的重要内容。人民是历史的创造者，是决定党和国家前途命运的根本力量。坚持"以人民为中心"，就必须坚持人民主体地位，坚持立党为公、执政为民，践行全心全意为人民服务的根本宗旨，把党的群众路线贯彻到治国理政全部活动之中，把人民对美好生活的向往作为奋斗目标，依靠人民创造历史伟业。想人民之所想、忧人民之所忧、急人民之所急，把实现人民的愿望、满足人民的需要、维护人民的利益，作为党执政的根本出发点和落脚点。

在具体实践中，必须始终坚持"一切为了群众，一切依靠群众，从群众中来，到群众中去"的群众路线，把执政宗旨化为全心全意为人民服务的实际行动，不断给人民群众带来看得见的实际利益。要着力解决好人民群众面临的各种困难和反映强烈的突出问题，如期打赢脱贫攻坚战；着力解决好社会公平公正问题，匡正社会风气；通过在具体工作中全心全意为人民服务的实践，自觉树立党员干部可亲、可信、可敬的良好形象，增强人民群众对党的信心，使我们党在世界形势深刻变化的历史进程中始终走在时代前列，在应对国内外各种风险和考验的历史进程中始终成为全国人民的主心骨，在坚持和发展中国特色社会主义的历史进程中始终成为坚强领导核心。

在制度建设方面，必须健全和完善社会主义民主制度，拓宽密切党同人民血肉联系的渠道。习近平总书记指出："我们要以更大的力度、更实的措施发展社会主义民主，坚持党的领导、人民当家作主、依法治国有机统一，建设社会主义法治国家，推进国家治理体系和治理能力现代化，巩固和发展最广泛的爱国统一战线，确保人民享有更加广泛、更加充分、更加真实的民主权利，让社会主义民主的优越性更加充分地展示出来。"健全和完善的社会主义民主制度有助于我们党了解群众的现状和愿望，进一步反映民意、集中民智，从而制定正确的路线带领群众前进；有助于党坚持依靠人民群众治理国家和社会，优化社会治理多元主体格局，支持人民群众参与社会治理，保证人民当家作主落到实处；有助于从根本上保证党永不脱离群众，从而获得执政和前进的动力。

二、加强党的长期执政能力建设，必须大力提高党组织的凝聚力、战斗力、牵引力

党的力量来自组织。党的全面领导、党的全部工作要靠党的坚强组织体系去实现。党中央是大脑和中枢，党中央必须有定于一尊、一锤定音的权威。党的地方组织的根本任务是确保党中央决策部署贯彻落实，有令即行、有禁即止。我们党在长期革命、建设与改革实践中，开展任何一项重要工作，总

要抓好"组织落实"。如果没有强有力的组织依托，没有有效的组织形式和机制，不论什么样的先进思想和正确路线都不可能落到实处。这就是党始终重视党的组织建设的根本原因所在。建设高质量的党组织，必须使其具有坚不可摧的凝聚力、无坚不摧的战斗力、强大磁场般的吸引力和牵引力。

建设高质量的党组织，必须不断吸纳更多高质量人才，全面提高党员素质。党是党员的集合体，党的力量首先取决于全体党员的素质。我们党之所以能够夺取政权、巩固政权，基础在于广大党员是用马克思主义武装起来的无产阶级先进分子。全心全意为人民服务，一刻也不脱离群众；一切从人民的利益出发，而不是从个人或小集团的利益出发；始终坚持向人民负责和向党的领导机关负责的一致性。我们党自成立以来，始终注重提高党员素质，广开进贤之路，吸纳众多高质量人才。习近平总书记强调，贯彻新时代党的组织路线，建设忠诚干净担当的高素质干部队伍是关键，重点是要做好干部培育、选拔、管理、使用工作。要建立源头培养、跟踪培养、全程培养的素质培养体系，教育引导干部加强党性修养、筑牢信仰之基，加强政德修养、打牢从政之基，严守纪律规矩、夯实廉政之基，健全基本知识体系、强化能力之基，增强干部素质培养的系统性、持续性、针对性。要加快实施人才强国战略，确立人才引领发展的战略地位，努力建设一支矢志爱国奉献、勇于创新创造的优秀人才队伍。要建立以德为先、任人唯贤、人事相宜的选拔任用体系，坚持好干部标准，把政治标准放在第一位，坚持五湖四海、任人唯贤，广开进贤之路，坚持事业为上，以事择人、人岗相适。要始终坚持吸纳人才，不断增强全体党员干部的素质，为坚持和加强党的全面领导、坚持和发展中国特色社会主义提供坚强组织保证。

建设高质量的党组织，必须建立健全一整套科学、高效、运转畅通的制度体系。广大党员的素质和能力高低，对于党的执政能力具有基础性作用，但党的执政能力不是党员能力的简单汇总。党之所以要组织起来，就是因为组织的整体力量大于组织内部个体力量的简单相加。在党员个体能力相对稳定的前提下，要保证和增强党的整体执政能力，就要保证党员与党员之间、党员与党组织之间、党组织与党组织之间实现科学、合理、有机的配置和组合。权力和责任配置合理、人员组合得当，党员和党组织的积极性就能够得到充分发挥，取得整体大于个体之和的效果；配置和组合得不好，就可能导致权责不清、沟通不畅、矛盾丛生、效率低下，出现整体小于个体之和的情况，甚至毫无整体力量可言。这种配置和组合，就是包括领导体制、工作机制、管理制度在内的党的组织制度体系。制度问题带有根本性、长期性、稳定性和全局性。党的基本制度好、领导体制适应党的事业发展要求、工作机制完善，党的执政能力就不断提高；反之则会下降。因此，加强党的长期执政能力建设，必须重视党的体制机制建设。

习近平总书记指出："与国内外形势发展变化相比，与党所承担的历史任务相比，党的领导水平和执政水平、党组织建设状况和党员干部素质、能力、作风都还有不小差距。"因此，全党同志必须增强组织建设意识，时刻警惕弱化组织的现象发生，坚持新时代党的组织路线，进一步加强党的组织建设。各级党组织应始终坚持党的指导思想，自觉遵守党章党规、坚持民主集中制，严肃党的纪律、优化党的作风。党中央是大脑和中枢，必须维护党中央的权威；党的地方组织必须确保党中央决策部署贯彻落实，有令即行、有禁即止；党的基层组织应从严抓好落实，加强各领域党建工作，确保党的主张和决策落到实处。

加强党的组织建设，坚持全面从严治党至关重要。要敢于进行自我革命，敢于刀刃向内，敢于刮骨疗毒，敢于壮士断腕。我们党只有勇于直面问题，消除一切损害党的先进性和纯洁性的因素，清除一切侵蚀党的健康肌体的病毒，不断增强党自我净化、自我完善、自我革新、自我提高的能力，才能确保党拥有旺盛的生命力和强大的战斗力，为党和国家事业发展提供坚强的政治保证。

原载《光明日报》2018 年 9 月 13 日

首要是端正思想方法和思维方式

按照党的十九大精神推进党风廉政建设和反腐败斗争，需要多方面的努力，但首要的是根据新时代特点和实践要求，确立正确的思想方法和思维方式。

思想是行动的先导。一个人、一个党怎样想问题、办事情，直接影响事业的成败。古语说："工欲善其事，必先利其器。"这里所说的"器"，一个重要的含义就是思想方法和思维方式。所谓思想方法，就是人们认识世界、研究问题的路子和方式；思维方式是指看待事物的角度和方法。它们对人的言行起决定性作用。我们党在领导革命、建设和改革的长期实践中，始终高度重视思想方法和思维方式问题。毛泽东强调，"全党都要学习辩证法，提倡照辩证法办事。"党的十一届三中全会前后，为了推动改革开放和社会主义现代化事业，邓小平提出"首先是解放思想"。进入新时代，习近平新时代中国特色社会主义思想中，不仅有鲜明的理论观点、深刻的思想内涵，而且蕴含着丰富的思想方法、思维方式和工作方法，既讲是什么、怎么看，又讲怎么办、怎么干，读来让人豁然开朗。科学方法论是贯穿习近平新时代中国特色社会主义思想的一条红线。

习近平总书记指出："辩证唯物主义是中国共产党人的世界观和方法论"，要"更加自觉地坚持和运用辩证唯物主义世界观和方法论"。照辩证法办事，最主要的就是要承认矛盾分析是最基本的思想方法。

其一，要两点论，不要一点论。矛盾具有普遍性。对任何事物，都要坚持"一分为二"的观点，不可犯片面性错误。对当前反腐败斗争形势，既要看到"不敢腐"的目标初步实现，"不能腐"的笼子越扎越牢，"不想腐"的堤坝正在构筑，也要看到滋生腐败的土壤依然存在，消除存量、遏制增量任务依然艰巨繁重，全面从严治党依然任重道远。

其二，坚持两点论的重点论。矛盾对立的双方并非处于同等重要的位置，必有一方居于矛盾的主导地位，决定着事物的性质。因此，必须善于抓住主要矛盾和矛盾的主要方面。就反腐败斗争来说，压倒性态势的形成，说明反腐败的力量远远大于腐败的力量，之前对抗反腐、阻挠反腐的力量已经处于明显劣势。我们应该更加坚定反腐败的信心与决心，没有理由对反腐败斗争前途悲观失望。

其三，坚持发展、转化的两点论。矛盾对立的双方在一定条件下可以互相转化。坏的东西可以引出好的结果，好的东西也可以引出坏的结果。主要矛盾和次要矛盾、矛盾的主要方面和次要方面的地位和相互关系也可以转化。这就要求我们对当前反腐败斗争中存在的问题不能掉以轻心。必须清醒地注意到，影响党内政治生活、政治生态的消极因素尚未根除，党的领导弱化、党的建设缺失、全面从严治党不力问题还没有彻底解决，一些地方和部门不正之风和腐败问题仍然多发。只有继续做好党风廉政建设和反腐败各项工作，才能防止已有的好形势逆转。

其四，重视矛盾的特殊性，坚持具体问题具体分析。具体问题具体分析，是马克思主义活的灵魂。当前的党风廉政建设和反腐败斗争，各地各单位的情况和问题是不同的。即使是相同的问题，"病因"也未必完全一样。这就要求坚持从本地本单位的实际情况出发，深入调查，具体分析，才能研究出切实可行的有效"药方"，有效地解决好自己的问题。

坚持正确的思想方法和思维方式，必须坚持"立"与"破"的有机结合。要坚持全面地、发展地、历史地看问题，克服片面性、表面性、主观性；坚持解放思想，防止思想僵化；讲究实事求是，避免理论脱离实际；坚持实践是检验真理的唯一标准，克服教条主义和经验主义的错误；等等。根据当前的形势和任务，应进一步明确"立"与"破"的重点。

从"立"的一面说，应深入学习习近平新时代中国特色社会主义思想，"掌握贯穿其中的立场、观点、方法，提高战略思维、创新思维、辩证思维、底线思维能力"。从战略层面看，要增强系统思维。切实把党风廉政建设和反腐败斗争作为一个系统来对待，统筹"不敢腐""不能腐""不想腐"，统筹"打虎""拍蝇""猎狐"，统筹推进党的政治建设、思想建设、组织建设、作风建设、纪律建设，把制度建设贯穿其中。从党员干部的自身发展看，要坚持底线思维。作为共产党员，要遵守党的纪律，不能违反党纪；作为公民，要遵守社会公德，不能触犯国家法律；作为干部，要遵守职业道德，不能玩忽职守、以权谋私。从纪检监察机关的工作看，要培养创新思维。在新形势新任务面前，只有解放思想、更新观念，努力挖掘创新潜能、提高创新能力，在继承前人的基础上不断超越，才能有新办法解决好新问题。

从"破"的一面说，需要坚决破除一切不合时宜的观念、做法和体制机制，特别要破除"骄""僵""惰"。破除"骄"，就是克服自满情绪，认清差距和问题。党的十八大以来，全面从严治党成效卓著，有的纪检监察干部飘飘然了，骄傲情绪滋长起来，工作没有了进取精神。这种情绪不破除，反腐败的"深入"就会流于空谈。破除"僵"，就是克服僵化思想，勇于探索新路。反腐败是一场攻坚战，也是一场持久战，必须通过深化改革来推动。如果拘泥于原有的一些观念和做法，不能根据变化了的形势提出新思路、新举措，对某些腐败就"反"不动。破除"惰"，就是克服懒惰习惯、振奋精神、改进作风。惰性不除、行动迟缓，就会导致该抓住的腐败分子抓不住、该办成的事情办不成。只有增强工作主动性、责任心、紧迫感，才能换来海晏河清、朗朗乾坤，实现"夺取反腐败斗争压倒性胜利"。

原载《中国纪检监察报》2018 年 2 月 9 日

2019 年

年度背景 全党全国隆重庆祝中华人民共和国成立 70 周年，全面总结党执政的新经验。1 月，党中央发布《中共中央关于加强党的政治建设的意见》。全党积极推进高质量发展，深入开展党风廉政建设和反腐败斗争。

团结·奋斗·胜利

在举国欢庆中华人民共和国成立 70 周年的伟大时刻，一切关心祖国前途命运的人都思考着这样的问题：在短暂的 70 年历史中，新中国是如何从一穷二白的落后国家发展成为世界第二大经济体，逐步引领时代？又是怎样实现中华民族从站起来、富起来到强起来的伟大飞跃？今后该怎样做，才能确保实现中华民族伟大复兴中国梦的目标和国家的长治久安？答案是，必须坚持中国共产党的领导，高举团结旗帜，不懈努力奋斗，不断从胜利走向新的胜利。

一、高举团结旗帜

团结是铁，团结是钢，团结就是力量。中国共产党内的大团结，中国人民的大团结，中国人民与世界人民的大团结，是中国人民和中华民族战胜前进道路上一切风险挑战、不断从胜利走向新的胜利的重要保证。应当明确，党和政府的领导本质上是政治行为，必须遵循正确的政治理念与原则。毛泽东说过，所谓政治，就是把拥护我们的人搞得多多的，把反对我们的人搞得少少的。在新的征程上，我们要高举团结的旗帜，紧密团结在党中央周围，巩固全国各族人民的大团结，加强海内外中华儿女的大团结，增强各党派、各团体、各民族、各阶层以及各方面的大团结，保持党同人民群众的血肉联系。体现在治国理政的工作方面，既要坚持党的领导，保持共同思想政治基础的一致，又要尊重社会利益的多元化、思想的多样性，在尊重多样性中寻求一致性，不要搞成"清一色"。坚持"团结—批评—团结"的方针，注重研究和及时解决群众的敏感点、风险点、关切点问题，求同存异、聚同化异。通过有效的团结工作，凝聚成一往无前的力量，推动中华民族伟大复兴的航船乘风破浪、扬帆远航。

二、不懈努力奋斗

70 年来新中国的发展历程，充满着苦难和辉煌、曲折和胜利、付出和收获。无论是在中华民族历史上，还是在世界历史上，这都是一部感天动地的奋斗史诗。中国人民这 70 年的奋斗，充分展现出忠诚、执着、朴实的鲜明品格。忠诚是从未改变的理想信念。每一位奋斗的中国人在各自所从事的领域都有着自己的奋斗目标，但归结到底是一个共同的理想信念——为中国人民谋幸福、为中华民族谋复兴。伟大的目标激励伟大的成就。无比崇高的理想、无比坚定的信念，是中国人内在的动力源泉。人生灯塔始终明亮，才能无畏礁石险滩，矢志不渝、百折不挠。执着是顽强坚韧的意志品质。每一位奋斗的中国人为国家建功的过程，都经历了难以想象的艰辛，进行了长期的拼搏和奉献，付出了鲜血、汗水、青春甚至是生命的代价。伟大的事业孕育伟大的精神。以血肉之躯铸炼钢铁般的意志，才能将国家、人民、民族的事业视作自己人生之重，无怨无悔，牺牲小我，成就大我，展现无我。朴实是大爱无私的人生态度。每一位奋斗的中国人都是在平凡的岗位上作出了不平凡的功绩，无私奉献，不计个人得失，不慕虚名浮华，以赤诚真挚之心，坚守职责、追求卓越、突破进取。伟大的风范树立伟大的丰碑。有功成不必在我、功成必定有我的崇高精神，就有了中华民族光明的未来。

三、向着胜利前进

经过 70 年的团结、奋斗，社会主义中国巍然屹立在世界东方，没有任何力量能够撼动我们伟大祖国的地位，没有任何力量能够阻挡中国人民和中华民族的前进步伐。在向着胜利的前进征程上，我们要坚持中国共产党领导，坚持人民主体地位，坚持中国特色社会主义道路，全面贯彻执行党的基本理论、基本路线、基本方略，不断满足人民对美好生活的向往，不断创造新的历史伟业。我们要坚持科学精神、理性思维，大力发展教育和科学事业，加强民主法治建设，加强先进文化建设，着力提高全民族的思想道德和科学文化水平，为国家发展奠定坚实的基础。我们要坚持和平发展道路，奉行互利共赢的开放战略，继续同世界各国人民一道推动共建人类命运共同体，为国内的发展、改革和稳定创造良好的外部环境。我们要加强人民军队建设和国防建设，坚决维护国家主权、安全、发展利益，为实现国家完全统一而努力奋斗。通过不断取得胜利，把我们的人民共和国巩固好、发展好，早日实现

"两个一百年"奋斗目标,实现中华民族伟大复兴的中国梦!

原载《中国行政管理》2019年第10期

为高质量发展营造良好政治生态

2019年1月发布的《中共中央关于加强党的政治建设的意见》,对新时代条件下净化政治生态提出了明确要求。中国特色社会主义进入新时代,我国经济发展也进入了新时代,基本特征就是我国经济已由高速增长阶段转向高质量发展阶段。而要推动经济高质量发展,就必须营造与之相适应的良好政治生态。

一、高质量经济发展必然要求净化政治生态

经济发展有其特定规律。过去很多年,我国经济的高速增长主要依靠要素投入、规模扩张、外需拉动。随着低劳动力成本优势逐渐减弱、能源资源消耗刚性增长,环境成本不断上升,以往那种粗放增长模式已难以为继。与此同时,世界新一轮科技革命和产业变革正在多点突破,一些发达国家和新兴国家呈现出新的发展势头。在这样的大背景下,我们只有推动高质量发展,形成优质高效多样化的供给体系,才能实现经济持续健康发展,提高国际竞争力。

所谓高质量发展,就是能够很好满足人民日益增长的美好生活需要的发展,是体现新发展理念的发展,是创新成为第一动力、协调成为内生特点、绿色成为普遍形态、开放成为必由之路、共享成为根本目的的发展。推动高质量发展,必须贯彻习近平新时代中国特色社会主义经济思想。坚持加强党对经济工作的集中统一领导;坚持以人民为中心的发展思想;坚持适应把握引领经济发展新常态;坚持使市场在资源配置中起决定性作用,更好地发挥政府作用;坚持适应我国经济发展主要矛盾变化完善宏观调控,把推进供给侧结构性改革作为经济工作的主线;坚持问题导向部署经济发展新战略;坚持正确工作策略和方法,稳中求进,保持战略定力、坚持底线思维。

当前,有些地方、有些领域没有按照"高质量发展"要求推进发展,其主要原因不在经济本身,而是政治方面的问题。如,不能坚持党对经济工作的集中统一领导,尚未健全和完善党领导经济工作的体制机制;没有正确树立以人民为中心的发展思想,不是把满足人民日益增长的美好生活需要作为发展目标;具体管理经济工作的某些机构和负责人"四风"问题依然严重,在形式主义方面存在不求实效、花拳绣腿等问题,在官僚主义方面存在脱离实际、

脱离群众等问题。如果任由这些蔓延开来，或对问题见怪不怪，经济高质量发展会受到直接的影响。因此，推动经济高质量发展，必须首先解决好政治方面的问题，主要是净化政治生态。

二、为高质量发展建造良好政治生态基本途径

政治生态是党风、政风、社会风气的综合反映，影响着党员干部的价值取向和从政行为。政治生态好，人心就顺、正气就足，就有利于经济高质量发展；政治生态不好，就会人心涣散、弊病丛生，就不利于经济高质量发展。推动高质量发展，必须高度重视并做好营造良好政治生态的各项工作。

第一，继续推进全面从严治党，把党中央的要求落到实处。党的领导是中国特色社会主义最本质的特征，是中国特色社会主义制度的最大优势。我们党要始终成为时代先锋、民族脊梁，始终成为马克思主义执政党，自身必须始终过硬。当前，党的建设新的伟大工程全方位加强，全面从严治党实效性不断提高，党内政治生态进一步改善。但还要清醒地看到，违反党的政治纪律和政治规矩的行为依然不同程度地存在，党的一些决策也没有很好地落到实处。因此，必须增强"四个意识"、坚定"四个自信"、做到"两个维护"，以党的政治建设为统领全面推进党的建设。只有加强党的建设，全面从严治党，发挥党组织先锋队和战斗堡垒作用，才能应对"四大考验"、战胜"四种危险"，确保党始终成为中国特色社会主义事业坚强领导核心，确保政治生态得到净化，更好地推动经济高质量发展。

第二，以选对人用好人为突破口，着力健全选人用人管人制度。不论是高质量发展，还是优化政治生态，首要的问题都是选对人、用好人。要通过不断健全干部选拔任用和管理监督制度，把忠于党、忠于人民的好干部选出来、用起来，把优秀领导人才选拔到合适的领导岗位上。党中央提出了新时代好干部的五条标准，即信念坚定、为民服务、勤政务实、敢于担当、清正廉洁，要确保这五条标准落到实处。干部选拔制度改革是事关高质量发展的大问题。这方面的工作搞好了，会从根本上促进政治生态的净化，推动经济高质量发展。

第三，发挥理论引导作用，建设先进的政治文化。建设先进的政治文化，清除"官本位"的影响，必须充分发挥科学理论和正确舆论的引导作用。其一，作为干部，要树立"选对岗位"的意识，不受"虚名"所累。所谓"选对"，就是哪个岗位适合你，你能够在哪个岗位上胜任，能够愉快地工作并创造出更大的价值，哪里就是"对的"岗位。其二，作为党和政府，要坚持"用对人才"的观念，切实做到"能者上、庸者下、劣者汰"。还要看到，其中有些被撤下和

淘汰的人并不是本来意义上的"庸者、劣者",而是"用错了地方的人才",应该为这些人选对岗位创造条件,并形成相应舆论氛围。这两个方面做到了,对于改善政治生态有重要意义。

第四,各级领导干部积极带头,营造风清气正的政治生态。习近平总书记指出:"政治生态和自然生态一样,稍不注意,就很容易受到污染,一旦出现问题,再想恢复就要付出很大代价。要突出领导干部这个关键,教育引导各级领导干部立正身、讲原则、守纪律、拒腐蚀,形成一级带一级、一级抓一级的示范效应,积极营造风清气正的从政环境。"营造良好从政环境和政治生态,要从各级领导干部首先是高级干部这做起,抓好"关键少数"。每个领导干部都应带头依法用权、秉公用权、廉洁用权,坚持"三严三实"。要坚守正道、弘扬正气,坚持以信念、人格、实干立身;要襟怀坦白、光明磊落,对上对下讲真话、实话;要坚持原则、恪守规矩,严格按党纪国法办事;要严肃纲纪、疾恶如仇,对一切不正之风敢于亮剑;要艰苦奋斗、清正廉洁,正确行使权力,在各种诱惑面前经得起考验。总之,凡是要求全体党员干部做到的,领导干部必须首先做到;凡是党的制度、纪律、规矩明确规定的,领导干部必须带头执行。

高质量发展是一个系统工程,营造良好的政治生态也是一个系统工程。应在实践中把这两个系统工程有机结合起来,通过改善政治生态,加快形成推动高质量发展的指标体系、政策体系、标准体系、统计体系、绩效评价、政绩考核,创建和完善制度环境,推动我国经济在实现高质量发展道路上不断取得新进展。

原载《经济日报》2019 年 3 月 5 日

让小微权力在阳光下运行

当前,全面从严治党取得新的重大成果,反腐败斗争取得压倒性胜利,但反腐败斗争形势依然严峻复杂。一些发生在群众身边的不正之风和腐败问题,量大面广、易发多发,直接侵害人民群众切身利益,严重损害党和政府形象。习近平同志在十九届中央纪委三次全会上强调,向群众身边不正之风和腐败问题亮剑,维护群众切身利益。

为推动全面从严治党向纵深发展,整治群众身边存在的弄虚作假、优亲厚友、不公不明、以权谋私等"小微腐败"问题,促进党的惠民政策在基层落地生根,许多地方根据自身实际进行了积极探索。重庆市大足区推行党员干部亲属涉权事项公开制度(以下简称"涉权事项公开制度"),取得了明显成效。

大足区自 2017 年起试点推行涉权事项公开制度。这项制度主要有 6 个环节,即报告、比对、核查、公示、在民主生活会上作说明、监督执纪。由区级部门、镇街的行政及事业人员和村(社区)的四职干部报告本人的亲属关系及其变化情况。在此基础上,建立全区党员干部亲属关系数据库、部门(行业系统)党员干部亲属关系数据库、镇街党员干部亲属关系数据库。各区级相关部门、各镇街在审批惠民资金和建设项目时,将其受益人信息数据与所在系统或镇街的党员干部亲属信息数据库进行比对。按照谁审批、谁负责的原则,各业务部门对比对出来的亲属涉权事项进行合规性核查。核查发现不符合相关政策和规定的及时取消,并作为问题或问题线索移送纪检监察部门。同时,对通过核查的涉权事项,在党员干部所在单位和其亲属所在村(社区)或项目实施地分别进行公示,接受群众监督。党员干部对其亲属涉权事项以及由此受到处理的情况,应在当年的民主生活会或组织生活会上作出说明。

这项制度实施以来,截至 2019 年 8 月,共有 7400 多名党员干部报告亲属信息 8.5 万多条,共比对惠民资金(项目)2400 多项、总额约 44.88 亿元,发现党员干部及其亲属涉权 1.6 万多人次,涉及资金 4 亿多元。经核查,取消不符合条件的 700 多人次,查处党员干部亲属违规涉权问题 94 件 142 人,给予党纪政务处分 33 人,问责 36 人,移送司法机关 1 人。监督权力运行更加有力,落实惠民政策更加精准,收到了较好成效。

大足区的实践说明,基层"小微腐败"具有一定隐蔽性,日常监督检查方式耗时耗力,效果不够理想。抓住党员干部亲属涉权这个关键点,盯住惠民政策落地这个焦点,有助于精准发现问题线索,精细监督小微权力。

基层干部直接面对群众,是惠农政策的宣传者,也是涉农项目、资金在"最后一公里"落实的执行者,其权力的行使直接关系群众的切身利益。群众对权力行使中的不公平、不公正现象感受最深刻。及时将群众关心、担心、疑虑的问题公开,可以充分调动群众参与监督的积极性和自觉性,让小微权力在阳光下运行。同时,扎紧制度的笼子,用制度消除人情干扰,打消干部思想顾虑,让公道办事的干部底气更足、勇于进取的干部劲头更足,净化了基层政治生态和社会风气。

精准治理微腐败离不开先进技术手段的支持。在基层治理中,可以考虑灵活运用大数据技术,使其成为提升治理精准度的助推器。在涉权事项公开制度实施过程中,建立信息化管理系统和相关数据库,实现数据自动碰撞比对,可以做到人在干、数在转、云在算,有效提升排查问题线索的效率和精准度,增强监督实效。

原载《人民日报》2019 年 9 月 17 日

2020 年

年度背景　2020 年初，世界暴发了新冠肺炎疫情。这是百年来全球发生的最严重的传染病大流行，是新中国成立以来我国遭遇的传播速度最快、感染范围最广、防控难度最大的重大突发公共卫生事件。中国共产党团结带领全国各族人民，进行了一场惊心动魄的抗疫大战，取得抗击新冠肺炎疫情斗争重大战略成果。这一年，全党努力提高解决实际问题能力，如期完成了新时代脱贫攻坚目标任务，现行标准下农村贫困人口全部脱贫，贫困县全部摘帽，消除了绝对贫困和区域性整体贫困，基本实现了"第一个百年目标"。

战胜疫情首要是坚定信心

2020 年 1 月，新冠肺炎疫情在武汉暴发，很快蔓延全国，一场声势浩大的人民疫情防控战争迅速在全国打响。1 月 25 日农历正月初一以来，习近平总书记多次主持会议，确定了"坚定信心、同舟共济、科学防治、精准施策"的疫情防控工作总要求。强调，新冠肺炎疫情不可避免会对经济社会造成较大冲击。越是在这个时候，越要用全面、辩证、长远的眼光看待我国发展，越要增强信心、坚定信心。这表明，坚定信心是党中央的明确要求，是战胜这次疫情的第一要义。

一、有战胜疫情的坚定信心，才会有战胜疫情的勇气和智慧

新冠肺炎疫情一发生，便显现出"来势汹汹"的势头。一些疫区的人慌乱了，一些染病的人悲观了。诚然，看到亲人在疫情中煎熬甚至被疫情夺去生命，任谁都是痛苦的。但是，越是疫情险重，骇浪袭来，人越需要冷静、理智，越要坚定生存与胜利的信心。悲观失望、心慌意乱不能解决任何问题，反而会与解决问题的方法失之交臂。这是几千年来人类对战胜疾病经验的科学总结。

人类的历史，就是一部与天灾人祸战斗并不断胜利的历史，其中就包括无数次对各种瘟疫的斗争。暴发于 1348 年英国的鼠疫（亦称"黑死病"），断断

续续延续了 300 多年，在欧洲夺去了 2500 万余人的生命，英国近 1/3 的人致死。西班牙型流行性感冒在 1918—1919 年造成全世界约 10 亿人感染，2500万到 4000 万人死亡（当时世界人口约 17 亿人），比持续了 52 个月的第一次世界大战死亡人数还多。因为当时的科学技术和医学不发达，人们还不知道怎样科学防治，所以患病者、死亡者很多。尽管如此，还是有更多的人健康地活了下来。除了幸运，更重要的是他们有信心。他们本能地认识到，人类诞生以来，经历过无数次各种各样的瘟疫和疾病，都没有使人类灭亡，为什么我们就一定会死？一定会有办法活下去。因为有生存信心，他们就能积极主动地寻找活下去的办法，自觉逃离也好，试用土法验方也好，总之是"拼得一死求一生"，而不是坐以待毙。人类生存经验表明，对传染病一定要重视，但决不能被它吓倒。吓倒了，命可能就真的没了。

我们这代人熟知的 2003 年"非典"，暴发时何尝不是"来势汹汹"，结果呢？不过半年多，它同欧洲的黑死病、西班牙型流行性感冒一样，也成为了历史。战胜"非典"的一个基本经验，是必须有信心。有了信心，才有战胜疫情的勇气、智慧和方法。当然，与当年欧洲黑死病、西班牙型流行性感冒时期人类的信心和勇气不同的是，我们今天战胜疫情的信心是建立在高度发达的科学、医学基础上的，是建立在中国特色社会主义优越制度基础上的，因而更为可靠。

二、战胜疫情的信心来自现代科学和医学的发展

人类发展到今天，已经进入了一个全新的科学时代，对各种疾病和传染病的防治有史上前所未有的科学认识。这次新冠肺炎疫情发生不久，它的病毒特征、传播途径和临床表现就被准确地描述出来，国家权威的诊疗方案不断推出，治愈出院的病例越来越多。患者康复后体内含有大量综合抗体，能够对抗病毒。对这些抗体的研究和使用，可以为新冠肺炎疫情防控作出贡献。事实雄辩地说明，在西医和中医的共同努力下，新冠肺炎是完全可以战胜的。

新冠肺炎是很强的传染性疾病，需要治好，更需要防好。党和国家已经认识到，抗击疫情是一场全民行动，更是一场科学战役。病毒的复制、感染，疫情的发生、发展和防控，都有其规律。要打赢疫情防控阻击战，就要掌握病毒感染的科学知识，懂得疫情的传播规律，在此基础上才能科学有序防控，做到防控指挥体系的构建科学合理，疫情防控的技术手段正确运用，疫情监测、排查、预警等工作精准到位。如今人人皆知的"没事不出门，出门戴口罩""多洗手，少聚会"等预防疫情的基本常识，对疫情集中地区实行适当封锁，就是源自对疫情传播的科学认识。值此信息化时代，完全可以运用大数

据、云计算、人工智能、人脸识别等，为科学判断形势、精准把握疫情提供坚实的科学支撑，根据疫情发展变化情况，灵活调整应对政策。相信科学、尊崇科学、依靠科学，做到依法、科学、有序防控，发挥科技利器作用，就一定能把疫情的危害降到最低。党和国家确立的"科学防治，精准施策"方针，是牢固树立战胜疫情坚强信心的基本根据。

三、战胜疫情的信心来自中国共产党的坚强领导和中国特色社会主义的优越制度

纵观人类历史，横览当今世界，不同国家、不同政府在应对传染病疫情的时候，都是各有各的做法，有的有效，有的无效。我国在 2003 年抗击"非典"疫情的时候，充分体现出党的领导的坚强有力和"集中力量办大事"的制度优越性。这次抗击新冠肺炎疫情的实践，更加有力地证明了这一点。

新冠肺炎疫情发生后，在党中央的统一领导和指挥下，举国行动，"把疫情防控工作作为当前最重要的工作来抓"，坚持把人民群众生命安全和身体健康放在第一位，全力应对。疫情就是命令，防控就是责任。中央应对疫情工作领导小组及时研究部署工作，国务院联防联控机制充分发挥作用，加大政策协调和物资调配力度，及时研究解决防控工作中的问题，各项防控措施有力有序开展。

党中央采取最彻底、最严格的防控举措，打响了一场疫情防控的人民战争。首先，从各省市和军队，调来最强的医疗和护理团队到重灾区湖北省武汉市第一线开展救护；集中力量解决好床位和医务人员等医疗资源不足问题，快速建设和改造扩容定点医院，增加重症床位供给，畅通收治转诊通道，全面增强收治能力，加快疑似病例检测速度，做到应收尽收、应治尽治，全力以赴救治感染患者。其次，采取对口支援的办法，19 个省份对口支援湖北省武汉以外地市，责任包干，任务落细落实。次外，组织药品、医疗设备和居民生活物资运往湖北省，确保重灾区疫情防控工作和人民生活得到充分的后勤保障。

在党中央集中统一领导下，全国各地按照坚定信心、同舟共济、科学防治、精准施策的总要求，全面开展疫情防控工作。各地党委和政府突出重点、统筹兼顾，分类指导、分区施策，把疫情防控各项工作抓实、抓细、抓落地，积极履职尽责，着力围绕提高收治率和治愈率、降低感染率和病亡率，抓好疫情防控的重点环节；严格落实早发现、早报告、早隔离、早治疗措施，加强社区防控，切断疾病传播途径，降低感染率；提高患者特别是重症患者救治水平，集中优势医疗资源和技术力量救治患者，及时总结推广行之有效的诊疗方案，加大药物和疫苗科研攻关力度。发热病人多的城市增加定点医院、

治疗床位和隔离点，提高收治率。广大医务人员冲锋在前、无私奉献。全国各族人民众志成城、团结奋战。与此同时，我国政府积极与世界卫生组织和周边国家、国际社会保持密切联系，及时沟通疫情信息，接受国外援助。经过艰苦努力，疫情形势出现积极变化，防控工作取得积极成效。

疫情首发地武汉率先"封城"，之后，又有一些疫情严重的城市"封城"，农村和城市的小区"封区"。这种隔离的办法，十分有效地阻断了疫情的传播。一些共产党员和志愿者挺身而出，承担起"封城""封区"的管理责任和服务工作。虽然"封城""封区"了，上亿人居家隔离，但是广大居民仍然平静地生活着。水不停，电不停，暖气不停，通信不停，生活物资供应有保障，一旦有病立刻有人来帮助送医院。社会秩序不乱，国家机器运转正常，有条不紊应对。一些居家隔离的人，通过微信群、抖音、朋友圈交流，激发热血沸腾、乐观向上的满满正能量。一位侨居欧洲的华人感慨地说，这种情况在国外是不可想象的。受国家体制所限，许多政府的力量很小，一旦发生重大疫情，难以调动全国的力量进行防治，主要靠百姓自己想办法应对。老百姓自己没办法了，就去教堂祷告，求助上帝。如果真的像中国这样出现大的疫情，而不能及时"封城""封区"，调动全国的力量防疫，那么很可能不出一个星期就要崩溃了。

有比较才有鉴别。防治疫情以来的实践证明，没有中国共产党坚强领导，没有中国特色社会主义制度，就没有防治疫情的一系列重大举措和成效。有党中央的坚强领导，有依靠全国人民万众一心、集中力量办大事的制度优势，有强大的物质和技术基础，我们就有信心、有能力、有把握打赢这场疫情防控阻击战。

当前，我国新冠肺炎疫情形势仍然复杂严峻，疫情防控正处于关键时期。在这种形势下，全党和全国人民一定要继续坚定信心。有了更坚定的信心，才能同舟共济、科学防治、精准施策，早日打赢疫情防控的人民战争。

原载《新湘评论》2020 年第 5 期

努力提高解决实际问题能力

习近平总书记在 2020 年秋季学期中央党校（国家行政学院）中青年干部培训班开班式上，发表重要讲话强调："面对复杂形势和艰巨任务，我们要在危机中育先机、于变局中开新局，干部特别是年轻干部要提高政治能力、调查研究能力、科学决策能力、改革攻坚能力、应急处突能力、群众工作能力、抓落实能力，勇于直面问题，想干事、能干事、干成事，不断解决问题、破解难题。"中国共产党领导人民干革命、搞建设、抓改革，都是为了解决我国的实际问题。面对复杂形势和艰巨任务，开启全面建设社会主义现代化国家新征程、向第二个百年奋斗目标进军，亟须干部特别是年轻干部提高解决实际问题能力，更好地肩负起新时代赋予的职责与使命。

一、牢记初心使命，坚定理想信念

习近平总书记指出："我们干事业不能忘本忘祖、忘记初心。我们共产党人的本，就是对马克思主义的信仰，对中国特色社会主义和共产主义的信念，对党和人民的忠诚。我们要固的本，就是坚定这份信仰、坚定这份信念、坚定这份忠诚。"中国共产党近百年的历史一再证明，初心和使命是激励中国共产党人危难之际毫不畏惧、困难面前奋发有为的精神动力，是想干事、能干事、干成事的源头活水。

我们党在初创时期力量弱小，时刻面临被扼杀的危险，党的主要任务是带领中国人民搬掉压在头上的帝国主义、封建主义、官僚资本主义"三座大山"。这么弱小的党，能够解决如此重大的实际问题吗？以毛泽东为主要代表的中国共产党人，明知革命道路上会面临崇山峻岭、激流险滩，仍然义无反顾地肩负起这个使命，因为在他们内心深处，为中国人民谋幸福、为中华民族谋复兴的理想信念坚如磐石。初心在怀，使命在肩。在强烈事业心和责任感的驱动下，中国共产党人想干事的精神意志从未动摇，以坚定信心和勇气直面问题、迎难而上，努力找到解决问题的方法和途径，进而克服困难、解决问题。

中国特色社会主义进入新时代，我们比历史上任何时期都更接近、更有信心和能力实现中华民族伟大复兴。越是接近目标，越不能丧失革命精神和斗志。党的十八大以来，广大党员干部不断提升守初心、担使命的思想自觉和行动自觉，着力解决人民群众普遍关心的突出问题，人民群众获得感、幸福感、安全感更加充实、更有保障、更可持续。但也有极少数党员干部，干工作、抓落实重形式轻内容、重印象轻实质，搞形式主义。究其根本原因，主要是理想信念不坚定，"总开关"出了问题。干部特别是年轻干部把不忘初心、牢记使命作为终身课题，常怀忧党之心、为党之责、强党之志，保持永不懈怠的精神状态和一往无前的奋斗姿态，就会不断提高解决实际问题能力。

二、加强学习实践，克服"本领恐慌"

解决实际问题的能力不是与生俱来的，也不可能一蹴而就，需要通过持续不断的学习和实践来获得。党和国家事业发展没有止境，学习实践也没有止境。在革命、建设、改革各个时期，面对新形势新任务，我们党总是号召全体同志加强学习实践。干部特别是年轻干部要不断更新知识、拓宽视野，把所学运用于实践，在实践中提高解决问题能力，克服"本领恐慌"，赢得主动、赢得优势、赢得未来。

随着世情国情党情不断发展变化，各种困难、风险、挑战层出不穷，一些干部"本领恐慌"逐渐显现。好学才能上进，掌握新知识、新技能才能解决新问题。中国共产党人依靠学习走到今天，也必然要依靠学习走向未来。必须认真学习领会马克思主义理论特别是习近平新时代中国特色社会主义思想，这是党员干部提高解决实际问题能力、做好一切工作的看家本领。习近平新时代中国特色社会主义思想以全新的视野深化对共产党执政规律、社会主义建设规律、人类社会发展规律的认识，提出一系列治国理政的新理念、新思想、新战略，开辟了马克思主义中国化新境界。干部特别是年轻干部理解把握贯穿其中的马克思主义立场、观点、方法，面对大局、大势和大事才能站得高、望得远、看得清，不断提高解决各种复杂问题、应对各种风险挑战的能力。

随着我国经济社会快速发展，社会问题呈现专业性、关联性强等特征，社会治理面临的形势更为复杂多变。干部特别是年轻干部必须紧跟时代步伐，立足工作实际，把书本知识的学习与具体实践结合起来，围绕最紧迫和最需要解决的问题进行全面系统学习，深入研究思考，深刻领会党中央战略意图，懂得怎样统筹国内国际两个大局，努力让自己成为行家里手。掌握学习的辩证法，既抓住学习重点，坚持干什么学什么、缺什么补什么，有针对性地学习做好领导工作、履行岗位职责必备的知识，不断提高知识化、专业化水平，增强解决实际问题能力；又拓展学习领域，广泛涉猎哲学、历史等知识，以学益智，以学修身。

三、深入人民群众，汲取智慧力量

习近平总书记指出："人民群众中蕴藏着治国理政、管党治党的智慧和力量。"干部特别是年轻干部深入人民群众实践，尊重人民主体地位，尊重人民首创精神，自觉拜人民为师，善于从人民群众中汲取智慧和力量，就能不断提高解决实际问题能力。

紧紧依靠人民推动改革发展，是我们党治国理政的宝贵经验。基层是最大的课堂，群众是最好的老师。虚心向人民请教，从人民群众创造的新经验新做法中汲取智慧，有助于理清工作思路、做好统筹谋划，推动解决各种问题和矛盾。干部特别是年轻干部要深入人民群众，倾听群众呼声、体会群众感受，了解社情民意，作决策、定政策时自觉站在人民群众立场上，想群众之所想、急群众之所急，解决人民群众最关心最直接最现实的利益问题，实现好、维护好、发展好最广大人民根本利益。拜群众为师，把人民放在心中最高位置，在改革发展的进程中增长政治智慧，在群众的创造性实践中增强解决实际问题能力。

调查研究是问政于民、问需于民、问计于民的一条重要途径。调查就要深入人民群众，对实际问题进行调查，把群众的所思所想、问题的来龙去脉搞清楚；研究就要对调查得来的大量材料和情况进行认真剖析，由此及彼、由表及里，找寻真相，探求规律，提出对策。对经过充分研究、比较成熟的调研成果，可上升为决策部署，转化为具体措施；对尚未研究透彻的调研成果，更深入地听取意见，切实加以完善；对已形成举措、落实落地的，及时跟踪评估，视情况调整优化。调查研究切忌形式主义、官僚主义。走马观花、蜻蜓点水、应景作秀的调查研究，不仅增加基层负担，而且无益于问题解决。干部特别是年轻干部勤于善于调查研究，才能知民意、察实情，全面掌握第一手材料，不断提高解决实际问题能力。

四、坚决执行制度，勇于担当作为

"经国序民，正其制度。"制度具有根本性、全局性、稳定性和长期性。中国特色社会主义制度是党和人民在长期实践探索中形成的科学制度体系，是党员干部干事创业的基本依据。干部特别是年轻干部能否提高解决实际问题能力，能否勇于担当作为，要看能否坚决执行制度，以钉钉子精神稳扎稳打，在不断化解难题中开创工作新局面。

习近平总书记指出："中国共产党是风雨来袭时中国人民最可靠的主心骨，我国社会主义制度是抵御风险挑战的最有力制度保证。"中国共产党领导是中国特色社会主义最本质的特征，是中国特色社会主义制度的最大优势。解决我国经济社会发展中的重大理论和现实问题，必须始终坚持中国共产党领导和我国社会主义制度。凡是有利于坚持党的领导和我国社会主义制度的事就坚定不移做，凡是不利于坚持党的领导和我国社会主义制度的事就坚决不做。干部特别是年轻干部要坚守这一底线，不断增强政治敏锐性和政治鉴别力，始终做政治上的"明白人""老实人"，确保中国特色社会主义伟大事业沿着正确方向阔步前行。

党的十八大以来，以习近平同志为核心的党中央总揽全局、统筹谋划，着力解决我国经济社会发展的深层次矛盾和问题，推出一系列重大体制机制改革，打通理顺许多堵点难点，增强了全社会创新发展活力。全面深化改革为坚持和完善中国特色社会主义制度提供了强大动力，也使得广大干部特别是年轻干部学习掌握了改革攻坚的正确方法，坚持创新思维，跟着问题走、奔着问题去，准确识变、科学应变、主动求变，在把握规律的基础上实现变革创新，勇于担当作为，解决实际问题能力不断增强。

原载《人民日报》2020 年 11 月 4 日

严禁铺张浪费

习近平总书记强调："无论我们国家发展到什么水平，无论人民生活改善到什么地步，艰苦奋斗、勤俭节约的思想永远不能丢。"今年的《政府工作报告》要求："严禁铺张浪费。"严禁铺张浪费，不仅关系人民群众切身利益，更关系党和国家长远发展。

铺张浪费会吞噬发展成果。我国有 14 亿人口，任何微小的浪费都能汇成一个巨大的数字。"奢侈之费，甚于天灾。"虽然经过 40 多年持续快速发展，我们的生活一天天好起来了，但如果不加珍惜，随意挥霍浪费，即使金山银山也会吃光挖净。

铺张浪费会败坏社会风气。"俭，德之共也；侈，恶之大也。"铺张浪费不仅会毁掉有形的物质成果，更可怕的是对人精神的腐蚀。贪图享乐、奢侈浪费，会消磨意志斗志、淡化理想信念，进而助长拜金主义、享乐主义、极端个人主义等腐朽思想。扩散开来，会影响和败坏整个社会风气。

铺张浪费会损害党和政府的形象。从党的十八大以来查处的案件看，一些党员、干部贪腐落马，与其铺张浪费、挥霍无度不无关系。党员、干部铺张浪费虽然是个别现象，但会严重损害党和政府在人民群众心目中的形象，在一些地方甚至像一堵"无形的墙"把党和人民群众隔离开来。

勤俭节约、反对浪费是我们党的优良传统。早在中央苏区时期，毛泽东就强调："应该使一切政府工作人员明白，贪污和浪费是极大的犯罪。"新中国成立后，我们党领导开展了反贪污、反浪费、反官僚主义的"三反运动"。改革开放之初，邓小平指出："要使大家懂得，我们的资金来之不易，我们生产出来的东西来之不易，任何浪费都是犯罪。"正是由于我们党带领全国人民一边加快发展经济，一边注重节约、反对浪费，才有了今天我国经济总量接近100 万亿元的发展成就。

严禁铺张浪费，要作为一个系统工程来抓。首要的是加大宣传引导力度，大力弘扬中华民族勤俭节约的优良传统,大力宣传节约光荣、浪费可耻的思想观念,努力使厉行节约、反对浪费在全社会蔚然成风。作为"关键少数"的领导干部要率先垂范,严格落实各项节约措施,坚决杜绝公款浪费现象,采取针对性、操作性强的举措,加强监督检查,鼓励节约,整治浪费。重点是抓好制度建设,以完善公务接待、财务预算和审计、考核问责、监督保障等制度为抓手,努力建立健全制度体系,以刚性的制度约束、严格的制度执行、强有力的监督检查、严厉的惩戒机制,切实遏制各种违规违纪违法现象。此外,后续工作要不断跟进,坚决防止走过场、一阵风,真正做到一抓到底、善始善终。

"兴家犹如针挑土,败家犹如水冲沙。"家庭的富裕,离不开开源节流、勤俭持家;国家的强大,需要党员干部和广大人民群众养成节约习惯、形成勤俭之风。这就要求全社会行动起来,反对铺张浪费,让勤俭节约蔚然成风。

原载《人民日报》2020 年 6 月 23 日

2021 年

年度背景 在两个百年的历史交汇期，隆重庆祝中国共产党成立 100 周年。结合学习党的历史，强调学史明理、学史增信、学史崇德、学史力行。全党和全国人民为实现中华民族伟大复兴努力奋进。

换届中怎样发现好干部

2021 年，是中国共产党建党 100 周年，是国家"十四五"规划开局之年，也是地方领导班子集中换届之年。这是一个极其重要的历史交汇期。历史经验表明，凡是引领社会进步的领导者，总要在历史交汇期进行一番宏伟擘画；擘画的核心历来是"人"，即选用什么样的领导人才引领新的社会进步。这是因为，"事在人为"。用人得当，事半功倍；用人不当，目标落空。及时选用符合新形势新任务要求的领导人才，是对我们党 100 年成功经验的基本总结，也是实现"十四五"规划和 2035 年远景目标的迫切要求。把一大批适应高质量发展要求的优秀领导人才选拔到适当的领导岗位，不仅直接关系到 2021 年"开好局、起好步"，也关系到"十四五"规划和 2035 年远景目标的实现，更关系到我们党百年来为之奋斗的中华民族伟大复兴的中国梦，必须予以高度重视。

一、正确把握新时代好干部标准

在换届中发现好干部，前提是正确把握现阶段好干部标准。我们党在百年历史上，虽然始终强调坚持任人唯贤的干部路线和德才兼备的干部标准，但在不同历史时期，好干部的具体标准是不一样的。党的十八大后，中国特色社会主义进入新时代。习近平总书记审时度势，在 2013 年全国组织工作会议上首次提出新时代好干部标准：信念坚定、为民服务、勤政务实、敢于担当、清正廉洁。这"20 字"好干部标准，为新时代选人用人树立了鲜明导向，也是当前做好换届工作务必透彻理解的基本根据。

信念坚定。优秀的党员干部首先政治必须过硬，必须有坚定的共产主义信仰和中国特色社会主义信念。坚守共产党人精神追求，始终是共产党人安身立命的根本，是新时代好干部的首要标准。

衡量干部是否有理想信念，关键看是否对党忠诚。对党忠诚，就要增强"四个意识"、坚定"四个自信"、做到"两个维护"，严守党的政治纪律和政治规矩，始终在政治立场、政治方向、政治原则、政治道路上同党中央保持高度一致。这种一致必须是发自内心、坚定不移的，任何时候任何情况下都要站得稳、靠得住。忠诚和信仰是具体的、实践的。要经常对照党章党规党纪，检视自己的理想信念和思想言行，不断掸去思想上的灰尘，永葆政治本色。

为民服务。以人为本、执政为民是检验党一切执政活动的最高标准。领导干部任何时候都要把人民放在心中最高位置，把人民利益放在第一位，始终和人民风雨同舟、血脉相通、生死与共。这是我们党战胜一切困难和风险的根本保证。始终坚持全心全意为人民服务，是新时代好干部的必备标准。

习近平总书记强调，为什么人、靠什么人的问题，是检验一个政党、一个政权性质的试金石。广大干部要坚持立党为公、执政为民，虚心向群众学习，真心对群众负责，热心为群众服务，诚心接受群众监督。要拜人民为师、向人民学习，放下架子、扑下身子，接地气、通下情，深入开展调查研究，解剖麻雀，发现典型，真正把群众面临的问题发现出来，把群众的意见反映上来，把群众创造的经验总结出来。干部要怀着强烈的爱民、忧民、为民、惠民之心，心里要始终装着父老乡亲，想问题、作决策、办事情都要想一想是不是站在人民的立场上，是不是有助于解决群众的难题，是不是有利于增进人民福祉，要不断增强人民群众获得感、幸福感、安全感。这样的干部才是新时代党和人民需要和拥护的好干部。

勤政务实。干部者，领导他人干事之人也。在我们党执政的条件下，所谓"领导他人干事"，就必须勤于政、务于实。古往今来，"功崇惟志，业广惟勤"，"空谈误国，实干兴邦"。勤政，就是勤勉政事、恪尽职守；务实，就是实事求是，重实际、办实事、求实效。倘若不干"政"事、不办实事，只会高高在上摆架子、弄虚作假装样子，党和人民要这样的干部何用？立足本职工作，勤于公务政事，勤奋敬业苦干，是好干部的必备条件和基本要求。

习近平总书记积极倡导干部要学理论，但他同时强调，武装头脑、指导实践、推动工作，落脚点在指导实践、推动工作；学懂弄通做实，落脚点在做实。要牢记空谈误国、实干兴邦的道理，坚持知行合一、真抓实干，做实干家。干部要做"起而行之"的行动者，不做"坐而论道"的清谈客，当攻坚克难的奋斗者，不当怕见风雨的泥菩萨，在摸爬滚打中增长才干，在层层历练中积累经验。

敢于担当。在一个地方或单位，领导干部是"当家人""主事人"。不管出了什么困难、问题和挫折，领导干部都得把"事儿"扛起来。不扛"事儿"的人没有资格当领导干部，只会让人瞧不起，工作也干不下去。当前，我们正处于世界百年未有之大变局，机遇前所未有，各种风险和挑战也前所未有，尤其需要"大力选拔敢于负责、勇于担当、善于作为、实绩突出的干部"。改革创新、干事创业，迎难而上、开拓进取，成为这次换届选任好干部的重要标准。

能否敢于负责、勇于担当，最能看出一个干部的党性和作风。干部要面对大是大非敢于亮剑，面对矛盾敢于迎难而上，面对危机敢于挺身而出，面对失误敢于承担责任，面对歪风邪气敢于坚决斗争，做疾风劲草、当烈火真金。统筹推进"五位一体"总体布局、协调推进"四个全面"战略布局，贯彻落实新发展理念，做好稳增长、促改革、调结构、惠民生、防风险、保稳定工作，等等，都需要担当，都需要发扬斗争精神、提高斗争本领。要用知重负重、攻坚克难的实际行动，诠释对党的忠诚、对人民的赤诚。

清正廉洁。古今中外"清正廉洁"是对官员的基本要求。中国共产党是中国工人阶级的先锋队，是中国人民和中华民族的先锋队，本质上与腐败水火不相容，所以对干部"清正廉洁"的要求更加自觉、更加严格、更加长久。党执政的时间越长，对腐败危害的认识越深刻，对干部清正廉洁的要求也就越高。进入新时代后，习近平总书记多次强调，党的干部必须"始终做到秉公用权、不以权谋私，依法用权、不假公济私，廉洁用权、不贪污腐败"，始终保持共产党人的政治本色。他以通俗的语言告诫所有干部："鱼和熊掌不可兼得，当官发财两条道，当官就不要发财，发财就不要当官……做到清清白白做人、干干净净做事、坦坦荡荡为官。"公正用权、依法用权、为民用权、廉洁用权，是共产党人的高尚品格、政治操守和为官从政的底线，也是选拔干部须臾不可忽视、轻视的基本标准。

新时代"20 字"好干部标准，内涵极为丰富，要求非常明确。结合换届实际严格坚持这个标准来发现好干部，就能够把干部选好、用好，换届的基本方向就不会出错。

二、换届中发现好干部的重要前提和基本途径

2021 年的换届工作，涉及的面广、人多，"动静大"。做好换届工作，需要保持平稳推进，"不出事"，但更重要的是尽可能多地发现和启用党和人民事业发展急需的好干部。

换届中发现好干部的一个重要前提是，有权力选人用人的人要有"求贤若

渴"的愿望。在我国目前体制下，换届，就是发现人才、选用人才，具体工作一般由极少数党委领导干部和组织人事部门的人去做。此时，那些直接担负选人用人工作的人，以什么样的心态去面对换届工作，去考察、挑选换届对象，就是换届中能不能发现好干部的前提。怎么发现和选出好干部？首要的是树立"为国聚贤""为党求才"的强烈意识。2013年，习近平总书记在全国组织工作会议上特别强调："要树立强烈的人才意识，寻觅人才求贤若渴，发现人才如获至宝，举荐人才不拘一格，使用人才各尽其能。"求贤若渴，才有可能发现好干部。

拓宽发现好干部的渠道，改进识别好干部的方法。干部选任是事关党和国家前途命运的大事，必须给予高度重视，并确立正确的干部路线方针政策、干部标准和用人原则、制度等。这对于大批领导人才的成长和使用，极为重要。但是，人才不是抽象的，而是具体的。所有有关人才的路线方针政策和制度规定，归根结底都要落实到具体的人身上——某人是不是人才？是什么样的人才？适合在什么岗位上工作？怎样才能发挥出更大的作用？只有这些问题解决得好，干部问题才算是落实了。对人才最终要看一个"用"字。邓小平指出，有些地方是"真正的人才没有很好地发现，发现了没有果断地起用"。应该看到，对人才的用与不用，会带来一系列的连锁反应。起用一个优秀的领导人才，会使许多人才受到鼓舞；而错用一个坏人执掌大权，则会造成劣币驱逐良币的恶果。所以，必须从对人才的发现和使用做起，树立正确的用人导向。

由于社会的复杂性和人的复杂性，以及识人者的局限性，"知人"是古往今来公认之"难事"，对人知之不准、知之不深的事例非常多。总结中国共产党识人的历史经验，结合今天的实际，要准确发现好干部，"深知其人"，必须遵循"六看"原则。

一是自己看。这里所说的"自己"，就是准备选用下级干部的上级主要领导。上级领导对于拟任用的下属，一定要亲自了解，亲自考察。自古道："一流之人，能识一流之善；二流之人，能识二流之美。"考察者的水平高低、"眼力"好坏，直接影响对"好干部"的认识，影响干部选拔工作的质量。省委书记要亲自考察和了解地市委书记，地市委书记要亲自考察和了解县区委书记，县委书记要亲自考察和了解乡镇党委书记，不能把换届考察重要干部的责任完全推给组织人事部门。

二是群众看。群众对干部的优劣最有发言权。识人、用人应当贯彻人民公认的原则。一般地说，绝大多数人说"好"的干部，不会差到哪里去；绝大多数人说"坏"的干部，不会好到哪里去。群众的眼睛是雪亮的。尊重人民群众意见，是我们党和国家实行民主选举制度的重要基础。

三是看政绩。政绩是干部德才素质的综合反映和集中体现，是干部的主观努力见之于工作实践的一种客观结果。看干部的德才，归根结底要看他对人民所作的实际贡献。坚持注重实绩的原则，就是坚持实践第一的标准。

四是看全面。对领导人才不能求全责备，不能以一次成败论英雄，而要看全部历史和全部工作。要有举大功不记小过、举大善不疵细瑕的眼光和胸怀。同时，要看到人的长处与缺点的辩证关系。应牢记习近平总书记的要求，"领导干部不仅要有担当的宽肩膀，还得有成事的真本领。既要大胆讲政治，又要善于讲政治；既要矢志抓发展，又要善于抓发展；既要勇于抓改革，又要善于抓改革；既要敢于直面矛盾和问题，又要善于化解矛盾和问题；既要有想干事、真干事的自觉，又要有会干事、干成事的本领"。具有这种全面领导能力的人，是新时代迫切需要的好干部。

五是看大节。重要领导岗位上的人才，特别是"一把手"，不是在"小节"上取胜的人，而是在"大节"上取胜的人。"大节"如何，主要表现在对"大事""大局"问题的处理上。在日常工作和生活中，往往看不大清人的品德高低、能力强弱。这时谁的"细节"处理得好，似乎谁就好，就容易进入领导选人的视野。其实不然。唐朝魏徵讲过："疾风知劲草，板荡识诚臣。"要在"大风大浪"中发现和选拔领导人才。当一些重大事件和扑朔迷离的历史性事件猝不及防来临时，干部的政治素质、道德品质就会"本能"地暴露出来；他的判断能力、应变能力、处事能力、指挥能力等也会充分地显示出"本来面目"。

六是看潜能。一个人是不是某一岗位上合格的领导人才，需要靠实践去证明。选拔领导人才实质上是一种预测，需要对已有的材料进行正确的推断，需要挖掘并分析人的潜能。优秀的领导人才，总会在以往的工作中显露出一些良好的潜在素质。比如，在原有工作岗位上显示出的战略思维、创新思维、辩证思维、法治思维、底线思维；牢固树立"四个意识"、坚定"四个自信"、做到"两个维护"，严格遵守党的政治纪律和政治规矩，坚决维护党中央权威和集中统一领导，确保党的路线方针政策和党中央决策部署不折不扣得到贯彻落实；对新发展理念的贯彻落实态度坚决，高质量发展成效突出；在日常工作和生活中始终坚持共产党人的信仰、作为、担当、境界；"既要做让老百姓看得见、摸得着、得实惠的实事，也要做为后人作铺垫、打基础、利长远的好事，既要做显功，也要做潜功，不计较个人功名，追求人民群众的好口碑、历史沉淀之后真正的评价。"这些都是新时代好干部的可贵品质和素养。

三、为换届中发现好干部提供有力的制度保障

选人用人，历来是备受关注的问题，有时还是敏感的问题。这次换届干

部队伍变动比较大，尤其需要发挥制度优势，排除各种干扰，为发现和选用好干部创造良好的环境。

坚持党的领导制度，为换届工作提供坚强政治组织保障。换届工作面对的是批量干部的选拔任用，是对党的执政资源的一次全面性、系统性整合。这项工作牵一发而动全身，稍有疏漏，就会影响换届的整体成效，影响到下一阶段党中央各项重大决策部署的顺利落实。各级党组织必须加强党的领导，全面贯彻落实党中央关于选人用人的指导思想和换届的工作部署，切实贯彻党管干部原则，确保选人用人的正确导向。党组织在选人用人过程中要认真起到领导把关作用，在分析研判、动议、民主推荐、考察、讨论决定各环节，始终坚持新时代好干部标准，牢牢树立好干部的政治标杆，坚决把政治标准放在首位，严格政治筛选。绝不能为了追求地方政绩，就在一些经济工作能力突出的干部任用上放松政治标准，甚至对一些"问题"干部搞缓冲、打折扣，要严防"带病提拔"，特别要加强对政治"两面人"在选拔任用环节的预先防范。

依靠国家法律和党内法规制度发现和选拔好干部。换届，就是从许许多多可以使用的领导人才中好中选好、优中选优，实际上是领导人才的竞争。但这个竞争不是无序的，而是有序的，要按照特定的法律制度来进行。在选人用人上，"还是制度靠得住些"。我们党执政 70 多年来，已经形成了比较健全的国家选举制度和党内选举制度。《中国共产党基层组织选举工作条例》和《中国共产党地方组织选举工作条例》是规范党组织选举的重要制度，是这次党内换届的基本依据。各级党组织必须提高政治站位，深刻认识这些条例的重要意义，准确把握核心要义和精神实质，坚决按照其程序办事。各级政府也要坚决按照选举法和公务员法办事。党政干部的选拔任用，都要遵照《党政领导干部选拔任用工作条例》。法律制度的生命力在于执行。严格按照这些法律制度的精神和程序办事，有利于发现好干部、考察好干部、选举好干部。

任何法律制度总要随着实践不断健全和完善。改革开放以来，我国干部人事制度改革不断推进，但邓小平指出的"论资排辈"等某些落后制度的痕迹还在。"由少数人选人，在少数人中选人"和"神秘地选人，不是公开地选人"的情况仍然存在；传统的"相马"方法也在运用。这些落后的东西，直接影响发现好干部、使用好干部。因此，应当结合换届实际，进一步改革干部选拔制度，建立先进的干部选拔制度。一是具有广泛的民主性。它不排斥领导人对人才的推荐，但必须能够最充分地反映大多数人的意志，体现"由多数人选人，在多数人中选人"的原则。二是具有现代科学性。要把社会学、政治学、领导学、管理学、人才学等有关理论和方法引入干部选拔工作的各个环节中，形成系统的科学方法和机制，增强客观性、公正性，减少主观盲目性。三是具有真实的公开性。人才的公平竞争要有公开化作保证。只有建立在公开公平公正基础上的干部选拔制度，才能保证广开进贤之路、纳新之路，广开去劣之路、吐故之路，发现好干部，选用好干部。

加强换届工作监督，发挥纪检监察制度保障作用。以往换届的实践表明，换届期各种拉票贿选、诬告陷害等违法违规活动会严重干扰换届工作，对清晰辨识、选好用好干部造成不利影响。这就需要纪检监察部门及时跟进，对换届工作全过程实施有效监督。对拟提拔干部加强监督，严查各种形式的拉票贿选行为；对一些诬告陷害拟提拔干部的行为加强监督，打击那些恶意妨碍换届工作的违法违纪人员，保护好干部，努力营造风清气正的换届环境。对换届工作中各个重要环节，也要加强监督。通过有序、有力的监督工作，确保换届制度顺利实施、换届工作顺利推进，使更多的好干部脱颖而出。

原载《中国党政干部论坛》2021 年第 4 期

高举团结的旗帜

习近平总书记在庆祝中国共产党成立 100 周年大会上的重要讲话中指出："以史为鉴、开创未来，必须加强中华儿女大团结。"在中央民族工作会议上强调："必须高举中华民族大团结旗帜，促进各民族在中华民族大家庭中像石榴籽一样紧紧抱在一起。"团结就是力量，团结就是胜利，团结是中国人民和中华民族战胜前进道路上一切风险挑战、不断从胜利走向胜利的重要保证。新的征程上，我们要高举团结的旗帜，巩固全国各族人民大团结，加强海内外中华儿女大团结，汇聚实现中华民族伟大复兴的磅礴力量。

早在 170 多年前，《共产党宣言》就提出了"全世界无产者，联合起来"的伟大口号。马克思在总结第一国际的经验时指出："国际的一个基本原则——团结。如果我们能够在一切国家的一切工人中间牢牢地巩固这个富有生气的原则，我们就一定会达到我们所向往的伟大目标。"这充分表明，加强团结是共产党人扩大群众队伍的必然要求，是取得共产主义事业胜利的重要保证。

高举团结的旗帜，团结一切可以团结的力量，是我们党百年来不断取得胜利的一大法宝。我们党成立时，只有 50 多名党员。正是因为始终坚持以马克思主义为指导，坚定共产主义理想，践行初心使命，不断加强党内团结，加强党与工农群众的团结，加强党与一切可以合作的同盟者的团结，党领导的队伍日益壮大，党的事业胜利推进。抗日战争爆发后，为了团结更多的人救亡图存，我们党高举民族团结的旗帜，建立最广泛的抗日民族统一战线，赢得了民族解放战争的完全胜利。抗战胜利后，我们党继续巩固和发展最广泛的统一战线，团结一切可以团结的力量、调动一切可以调动的积极因素，最大限度凝聚共同奋斗的力量，赢得了新民主主义革命的胜利。新中国成立后，我们党始终秉持"赶考"意识，始终注重"团结全党，团结国内外一切可能团结的力量"。改革开放以来，我们党不断巩固壮大爱国统一战线，扩大团结对象范围，形成了最广泛的联盟。

高举团结的旗帜，汇聚实现民族复兴的磅礴力量，是新时代中国共产党人的重要任务。党的十八大以来，在以习近平同志为核心的党中央坚强领导下，全党全国各族人民团结奋斗，实现了第一个百年奋斗目标，在中华大地上全面建成了小康社会，历史性地解决了绝对贫困问题。当今世界正经历百年未有之大变局，实现中华民族伟大复兴正处于关键时期。越是接近目标，越是形势复杂，越是任务艰巨，越要高举团结的旗帜，把各方面的智慧和力量凝聚起来。新的征程上，我们要实现第二个百年奋斗目标、实现中华民族伟大复兴的中国梦，必须加强中华儿女大团结。坚持大团结大联合，坚持一致性和多样性统一，加强思想政治引领，广泛凝聚共识，广聚天下英才，努力寻求最大公约数、画出最大同心圆，形成海内外全体中华儿女心往一处想、劲往一处使的生动局面。

在新时代讲团结，必须坚持以习近平新时代中国特色社会主义思想为指导，高举团结的旗帜，团结一切可以团结的人，把各方面积极力量紧密团结在党中央周围。大力培育和践行社会主义核心价值观，用共同理想信念凝聚人心，用中国精神激发中国力量。团结的过程就是凝聚力量、增进共识的过程，就是同心协力推进中国特色社会主义事业的过程。广大党员干部必须增强团结意识，从团结的真诚愿望出发，动员各方面力量为实现中华民族伟大复兴共同奋斗。

原载《人民日报》2021 年 9 月 8 日

附　录

邵景均主要著作目录

(1)《领导与社会》(上下卷),华艺出版社 1996 年 6 月版。

(2)《发展与战略》(主编),经济日报出版社 1996 年 7 月版。

(3)《中国国情丛书——百县市经济社会调查 德州卷》(主编),中国大百科全书出版社 1997 年 3 月版。

(4)《古今官德五字谈》,济南出版社 1998 年 7 月版。

(5)《居安之思》(上下卷),人民日报出版社 2003 年 6 月版。

(6)《科学发展观视野下的反腐败六论》,中国方正出版社 2007 年 1 月版。

(7)《执政当以民生为本》,山东人民出版社 2007 年 8 月版。

(8)《新中国反腐简史》,中共党史出版社 2009 年 8 月版。

(9)《中国反腐倡廉之路》,中国方正出版社 2009 年 8 月版。

(10)《廉政党课三十讲》,中国方正出版社 2009 年 8 月版。

(11)《图说中国廉政文化》(邵景均、单卫华著),山东画报出版社 2013 年 1 月版。

(12)《反腐倡廉基本知识简明读本》(邵景均、肖自立),中国方正出版社 2013 年 1 月版。

(13)《怎样做好官》,中国方正出版社 2014 年 4 月版。

(14)《人民日报刊载邵景均理论文集》,人民日报出版社 2014 年 10 月版。

(15)《反腐败永远在路上》(主编),中共党史出版社 2018 年 6 月版。

(16)《纪检监察工作热点九讲》(主编),东方出版社 2020 年 6 月版。